ALGUMAS MATRIZES FILOSÓFICAS NO PENSAMENTO DE BION

Blucher

SBPRP

ALGUMAS MATRIZES FILOSÓFICAS NO PENSAMENTO DE BION

Coordenadora

Patrícia Rodella de Andrade Tittoto

Organizadoras

Alessandra Paula Teobaldo Stocche

Cristina Mendonça

Lídia Neves Campanelli

Luciana Marchetti Torrano

Marta Dominguez Sotelino

Acervo da Sociedade Brasileira
de Psicanálise de Ribeirão Preto (SBPRP)

Algumas matrizes filosóficas no pensamento de Bion

Alessandra Paula Teobaldo Stocche, Cristina Mendonça, Lídia Neves Campanelli, Luciana Marchetti Torrano, Marta Dominguez Sotelino (organizadoras)
Editora Edgard Blücher Ltda.

Publisher Edgard Blücher
Editores Eduardo Blücher e Jonatas Eliakim
Coordenação editorial Andressa Lira
Produção editorial Kedma Marques
Preparação do texto Ana Lúcia dos Santos
Diagramação Thaís Pereira
Revisão de texto Bruna Marques
Capa Laércio Flenic
Imagem da capa Vaso grego restaurado digitalmente por Lucas Busatto

Blucher

Rua Pedroso Alvarenga, 1245, 4º andar
04531-934 – São Paulo – SP – Brasil
Tel.: 55 11 3078-5366
contato@blucher.com.br
www.blucher.com.br

Segundo o Novo Acordo Ortográfico, conforme 6. ed. do *Vocabulário Ortográfico da Língua Portuguesa*, Academia Brasileira de Letras, julho de 2021.

Dados Internacionais de Catalogação
na Publicação (CIP)
Angélica Ilacqua CRB-8/7057

Algumas matrizes filosóficas no pensamento de Bion / coordenação de Patrícia Rodella de Andrade Tittoto ; organização de Alessandra Paula Teobaldo Stocche...[et al]. - São Paulo : Blucher, 2023.

p. 540

Bibliografia

ISBN 978-85-212-2154-8

1. Psicanálise 2. Filosofia 2. Bion, Wilfred Ruprecht, 1897-1979 I. Tittolo, Patrícia Rodella de Andrade II. Stocche, Alessandra Paula Teobaldo

23-4909 CDD 150.195

Índices para catálogo sistemático:
1. Psicanálise

Dedicatória

Em memória da
Dra. Martha Maria de Moraes Ribeiro

Prefácio

Alessandra Paula Teobaldo Stocche
Cristina Mendonça
Lídia Neves Campanelli
Luciana Marchetti Torrano
Marta Dominguez Sotelino
Patrícia Rodella de Andrade Tittoto

Germinavam, havia alguns poucos anos, dentro da Comissão Espaço Cultural da Sociedade Brasileira de Psicanálise de Ribeirão Preto (SBPRP), os primeiros brotos nascidos de alguns dos sonhos plantados por uma pessoa muito familiarizada com a vida em meio à natureza verde e à natureza humana, Dra. Martha Maria de Moraes Ribeiro. O evento Matrizes Míticas na Obra de Bion, organizado[1] como parte do Encontro Internacional Bion 2018: Pensamentos Selvagens, cresceu no plantio interno dos participantes nutridos pela rica qualidade científica apresentada, permeada pela beleza e vivacidade das apresentações artísticas e musicais reverenciadas.

Uma das mais férteis ramificações desse evento resultou nas inquietantes folhas de composição de um livro, sob o mesmo nome.[2]

1 Organização do evento Matrizes Míticas na Obra de Bion pela Comissão Espaço Cultural então vigente, composta pelos membros da SBPRP Andréa Ciciarelli Pereira Lima, Cláudia Fernanda Bianchi, Débora Agel Mellem, Lídia Neves Campanelli, Martha Maria de Moraes Ribeiro (coordenadora) e Sônia Maria de Godoy.

2 *Matrizes míticas na obra de Bion*, publicado pela editora Blucher em 2020.

Com a intenção de seguir contemplando as geniais contribuições de Wilfred Ruprecht Bion (1897-1979) e buscando manter em semeaduras esses campos que foram abertos, batizados de "Matrizes", o caminho subsequente eleito foi o de tentar gestar um espaço favorável ao vislumbre da filosofia no pensamento desse psicanalista britânico cujas obras não cessam de obter abrangência epistemológica e humanística.

Sob a forma de um valioso presente, Dra. Martha agraciou a nova composição de membros – que agora lhe escreve – da Comissão Espaço Cultural da SBPRP com o artigo "Notas sobre algumas das bases filosóficas do pensamento de W. R. Bion", de Dr. Fernando Giuffrida.

Recebemos esse trabalho, reproduzido adiante nas páginas deste livro, como uma composição em incitantes tijolos... E cuja desconstrução nos permitiu ir pegando tais e tais elementos indicadores, eles próprios, de enorme potencial para criar e erigir, com suas articulações, novos ensaios que versassem sobre nosso anunciado interesse.

Para que o novo evento pudesse ganhar uma autorreferencialidade e o direcionamento para a realidade, iniciou-se um longo e comprometido percurso no exercício de seleção de renomados psicanalistas com amplo conhecimento na teoria bioniana e filósofos especialistas em pensadores cujas obras dialogam – em confluências, divergências, expansões – com o pensamento de Bion: Aristóteles, Locke, Heidegger, Hume, Kant, Nietzsche, Platão, Poincaré, Sócrates, Wittgenstein, entre outros.

Tivemos de restringir quais desses filósofos seriam abordados, em função da medida que nos foi colocada, de tempo e espaço, na agenda de nossa instituição, tendo sido sugerido a nós, posteriormente, criar um grupo de estudos para ampliar contato com essa área em tanta conexão com a psicanálise.

Direcionamos muitos de nossos agradecimentos aos dois conselhos diretores[3] vividos durante o desenvolvimento deste projeto, principalmente às gestões da Diretoria de Cultura e Comunidade da SBPRP, nas pessoas de Andréa Ciciarelli Pereira Lima e Carla Cristina Pierre Bellodi, e à professora Marisa Giannecchini Gonçalves de Souza, ao Dr. Arnaldo Chuster e ao Dr. Paulo César Sandler, grandes colaboradores na estruturação de nosso programa científico.

Nascia o curso Algumas matrizes filosóficas no pensamento de Bion. Este se compôs de seis encontros, cada qual com uma apresentação artística inicial, dois palestrantes (com exceção da última mesa) e uma coordenadora, que se responsabilizava pelo contato e pela recepção dos convidados e pela divulgação nas mídias sociais. Após cada reunião, ao menos um participante do público era convidado a escrever livremente sobre a experiência emocional vivida naquele contexto, sem necessidade de prender-se a quaisquer materiais teóricos.

O local eleito, a princípio, havia sido o auditório da SBPRP, onde se propunha acolher todos os participantes desde o adentrar, com uma experiência sensório-estética afinada com flores e mesa com degustação de pratos e bebidas dispostos em atrativos arranjos.

Fomos atravessados, no entanto, pela pandemia da Covid-19, trazendo perplexidade com o que estava acontecendo por todo o território mundial e o alerta de *lockdown*. Dentro de nossa área psicanalítica, o forte impacto recaiu não apenas na passagem abrupta do divã para a tela de um computador, de um celular, mas na necessidade de tornar virtual — eleger plataformas virtuais com as quais tínhamos pouca ou nenhuma familiaridade — como meio

3 Os presidentes do conselho foram a Sra. Silvana Maria Bonini Vassimon (2018-2020) e o Dr. Miguel Marques (2020-2022).

de "receber em nossa casa". A capacidade de adaptação ao novo e a busca de competências na gestão de informática reverberou por toda nossa a Sociedade. E, nesse sentido, não teríamos conseguido amparo sem a presença atuante de Felipe André Colella, Kátia Galassi, Carolina de Paula Rodrigues, Vanessa Alves Zagatto, Karolina Bonfogo Marcondes e da psicanalista Marystella Carvalho Esbrógeo.

O conceito de Bion (*Atenção e interpretação*, 1975) de "continência" e o que carrega acerca de presença/ausência, força/fraqueza foi-nos um suporte em lembrança-afetiva de que não poderíamos deixar colapsarem as bases e estruturas fundamentais do que propúnhamos ser, o Matrizes Filosóficas: um espaço não de "confinamento", mas de "renascimento", de gestação de ideias e favorecimento da expansão do pensar.

Dessa forma, os três últimos encontros on-line, também puderam ser realizados tendo os participantes provado de suas condições de vivenciar "capacidade negativa" para lidar com as eventuais interrupções de transmissão, ruídos, incertezas diante dos momentos presente e seguinte.

As impressões deixadas por aqueles inscritos foram repletas de respeito, de paciência diante de alguma intercorrência e de receptividade ao que ensejávamos.

Os seis encontros foram assim apresentados:

1. **08/06/2019 – Bion & filosofia + linha do tempo das escolas filosóficas**
   Apresentação do coral regido pela senhora Sílvia Maria Pires Cabrera Berg
   Fernando Giuffrida & Marisa Giannecchini Gonçalves de Souza
   Coordenação da mesa: Patrícia Rodella de Andrade Tittoto

2. **10/08/2019 – Sócrates & Platão**
   Apresentação artística de Alan Faria (tenor)
   Maria Aparecida Sidericoudes Polacchini & Olavo Negrão Pereira Barreto
   Coordenação da mesa: Alessandra Paula Teobaldo Stocche

3. **30/11/2019 – Kant**
   Apresentação artística de Giovana Ceranto (cravo) e Luís Guilherme Walder de Almeida (violoncelo)
   Luiz Carlos Uchôa Junqueira Filho & Paulo Roberto Litch dos Santos
   Coordenação da mesa: Cristina Mendonça

4. **27/06/2020 – Nietzsche (on-line)**
   Apresentação artística de Marta Dominguez Sotelino (dramatização de trechos da obra *Assim falou Zaratustra*, de Friedrich Nietzsche)
   Arnaldo Chuster & Julio César Walz
   Coordenação da mesa: Marta Dominguez Sotelino

5. **15/08/2020 – Hume (on-line)**
   Apresentação artística de Maria Yuka de Almeida Prado (soprano)
   Ney Marinho & Danilo Marcondes
   Coordenação da mesa: Lídia Neves Campanelli

6. **24/10/2020 – Teoria das Ciências (on-line)**
   Apresentação artística de Karina Giannecchini (atriz)
   Paulo César Sandler
   Coordenação da mesa: Luciana Marchetti Torrano

Finalizados os encontros, um leque de composições altamente significativas foi aberto com o intuito de que retratassem a experiência emocional vivida, como dissemos anteriormente. Chegaram para completar esse circuito de comunicações os artigos de Ana Regina Morandini Caldeira, Luciano Bonfante, Luiz Celso Castro de Toledo, Marcelo Laudelino Salles Bueno, Renata Sarti e Sônia Maria Nogueira de Godoy.

Exímia anfitriã do nosso projeto Matrizes Filosóficas, Silvana Maria Bonini Vassimon, então presidente da SBPRP, estendeu sua hospitalidade, agora sob a forma de orelha e quarta capa deste livro, convertendo em palavras escritas seu suave movimento gestual: achegue-se!

Permaneceu à porta deste livro, convidando aquele que se move pela curiosidade a não se contentar apenas com a fachada ali repousada, instigando-o a adentrar as intersecções entre os diversos autores e seus artigos, entre o que foi dito e o que lhe reserva em mistérios; incitando-o desbravar a densidade emocional que emana desses arranjos.

Não poderíamos deixar de exultar a presença de Ester Hadassa Sandler, que, em sua imensa delicadeza e generosidade, aceitou a incumbência de escrever a Introdução deste livro, empreendimento que requer reincidentes viagens aos artigos redigidos, passeios por sonhos/pesadelos instigados e insônias resultantes do labor literário.

Ester tem um raro talento para nos trazer leituras "em estado de gravidez". Fez à comissão colocações que nos aproximaram de faltas nossas, antes tão alonjadas em acobertadas posições abortivas ao respiro deste livro.

O reconhecimento da pluralidade de suas sensíveis capacitações legitima nossa grata e feliz escolha.

A fertilidade da lavoura podendo germinar, agora, em novas mãos... nessas suas que aqui a pastoreiam em companhia de seus olhos e vozes indagadoras internas.

Benditos sejam os frutos, entreabertos em novas possibilidades de significações que você, aguardado leitor, propôs dar-se a saborear...

Conteúdo

Sócrates & Platão

Introdução: um diálogo entre amigos

Ester Hadassa Sandler

Ao receber o honroso convite de Patrícia Tittoto, representando a Comissão Espaço Cultural da Sociedade Brasileira de Psicanálise de Ribeirão Preto (SBPRP), tive clara noção dos desafios implicados na tarefa de introduzir este livro ao leitor. Laços duradouros com o grupo me encorajaram a aceitar.

O curso que originou o livro *Algumas matrizes filosóficas no pensamento de Bion*, realizado de junho de 2019 a outubro de 2020, passou-me despercebido em meio a ofertas de outros eventos científicos, e imagino que isso possa ter ocorrido em relação a outros. Soube, depois, que cada encontro ofereceu ao público contribuições nas dimensões artística, filosófica e psicanalítica; assim, quanto mais eu me inteirava da forma e do conteúdo do evento, mais eu lamentava por tê-lo perdido. Será que a leitura dos artigos poderia compensar as experiências que não tive? Entendi que essa circunstância serviria como prova de fôlego e autonomia para o próprio livro, um livro que valeria a pena ser lido por quem tivesse perdido os encontros e também por quem lhes assistiu.

A primeira leva de textos que recebi disparou surtos de arrependimento. Eram muitos os artigos, alguns muito extensos; todos densos, complexos, evocativos e provocativos; não bastava ler; havia que pensá-los com calma e deixar que as turbulências que suscitavam assentassem e permitissem vislumbrar o sedimento. No entanto, o interesse vívido que experimentei nas leituras e releituras me impeliu a ir em frente, questionando sempre se o meu raso conhecimento de filosofia não empobreceria a compreensão e análise do conteúdo.

Tive acesso à gravação em áudio do primeiro encontro e pude apreciar o quanto o estímulo artístico e a fala dos palestrantes se conjugavam, entrelaçando as três linhas propostas pelos organizadores para urdir a trama da concepção de matriz, entendida aqui não apenas como a origem de certas ideias na obra de Bion, mas como entidade viva e pregnante em sua escrita.

Reservei o tempo de férias, em julho de 2021, para desenvolver o trabalho. Fiz um plano. Leria todos os textos para poder destacar os principais aspectos de cada um; depois, em uma ou mais releituras, poderia encontrar a intersecção dos temas, invariantes, dissensões, as vozes do livro. Ao fim de julho, só tinha realizado uma pequena fração do que pretendia e tive de admitir que havia subestimado a tarefa.

De volta à rotina do consultório, tive de me haver com a escassez de tempo, a multiplicidade de compromissos, a preocupação com o prazo de entrega e o assombro pela magnitude do trabalho. Pensei se deveria continuar com a empreitada ou dar a mão à palmatória e desistir. Conseguiria renunciar ao privilégio de escrever essa introdução e decepcionar os editores? Seria essa introdução necessária, ou bastaria deixar o livro se apresentar ao leitor e permitir que este retribuísse a gentileza?

Novamente, o entusiasmo despertado pelas contribuições me fez persistir. Lembrei-me das ocasiões em que Freud usou um expediente para apresentar e debater suas ideias, o diálogo ficcional com um interlocutor imparcial e informado, mas leigo. Um exercício de dialética, maiêutica e aporia, como aprendi nas valiosas contribuições, as inspiradas e apaixonadas aulas de filosofia que Marisa Giannecchini, Olavo Negrão Pereira, Paulo Roberto Licht dos Santos e Danilo Marcondes ofereceram em linguagem clara e acessível, sem renunciar à complexidade do assunto. Quanto aprendi com essas generosas contribuições!

Valendo-me também da conhecida frase de Hannah Arendt, de que o pensar é um diálogo entre amigos, recrutei a ajuda de um amigo imaginário, capaz de enfrentar o desafio de dar vida ao que lê nos pequenos espaços de tempo que a lida diária lhe permite. É ele quem vai me acompanhar, mas logo teremos companhia.

O amigo aponta para um enorme tomo na estante da livraria. Antes de retirá-lo do lugar, recita em voz alta o título e pergunta: "do que trata esse livro, o que significa a palavra 'matrizes'?". "Acho que se refere a algo da matemática", respondo. "Estudei no colégio matrizes e funções, fazíamos tabelas, e elas nos auxiliavam a realizar operações". Meu companheiro pondera: "Matriz não é o nome que se dá a um animal selecionado como reprodutor em um rebanho?". Animada, consulto o dicionário e resumo: "Matriz, substantivo feminino, aquela que gera e gesta, abstrata e concretamente".

O amigo atenta para o fato de que o título quantifica, qualifica e restringe as matrizes em questão; são algumas e, portanto, não todas; são filosóficas e, portanto, nem biológicas nem matemáticas; dizem respeito especificamente à obra de Bion, ponto-final, *touché*. Prestes a recolocar o livro na prateleira, o amigo justifica: "Não é para meu bico, é para conhecedores; sou músico, nem sei quem é esse Bion". "Um psicanalista", respondo. "Ah, é mesmo, eu me esqueci de que você é psicanalista; então, é para filósofos e psicanalistas, psicanalistas filósofos", conclui. "Ouvi falar que Freud tinha restrições à filosofia e que chegou a qualificá-la como uma perturbação mental, ou quase; você concorda?". O amigo é afiado, adora um debate.

"Não é bem assim", esclareço. Freud ao longo de sua vida nunca cessou de reformular os próprios pontos de vista; sempre que julgou necessário, cuidou de estabelecer os fundamentos da psicanálise como uma nova ciência e delimitar o seu campo conceitual, e só isso o ligaria indissoluvelmente à filosofia. Houve momentos em que ele chegou a afirmar que a metapsicologia o afastou da medicina e aproximou-o da filosofia. Preocupado como estava em afirmar as bases da psicanálise e suas especificidades, talvez não tenha sido justo consigo mesmo nem com a filosofia, pois, desde sua origem, a psicanálise impactou o pensamento de cientistas sociais e filósofos, recebendo, em troca, instrumentos críticos para revisão de suas metas e seus métodos. Como aponta Arnaldo Chuster em seu artigo, uma das proposições básicas da teoria do pensamento de Bion é que "a psicanálise é uma resposta prática para questões filosóficas".

O amigo ouve meu discurso e brinca: "Ficou brava? Acho que vou dar esse livro de presente para você". Contemporizo; penso no acúmulo de leituras a fazer e declino: "Você me conhece, sou psicanalista, formada em medicina, leiga em filosofia, não sei se dou conta do livro". O amigo objeta: "mas esse Bion, você não traduziu livros dele?". "Sim, mas nunca os estudei a partir do enfoque filosófico, não tenho apetrechos." Ele não desiste. "Mesmo sendo casada com o Paulo Cesar Sandler? Não acredito!" "Problema seu, não somos siameses." Para arrefecer os ânimos, sugiro uma pausa para o café.

Depois do café concordamos em examinar o grande livro em um canto sossegado da livraria. Começamos o exame por capa, orelhas, prefácio, índice; passamos em revista o papel, a impressão. Temos apreço pelo livro como objeto. "Será que tem alguma mídia anexa com as apresentações artísticas?", indaga desejoso o meu interlocutor. Depois de revirar o livro, exclamamos em uníssono: "Não tem! Que pena!".

Esqueci de mencionar que nossa conversa animada havia chamado a atenção de outros frequentadores da livraria, amantes de livros como nós. Uma senhora de cabelos brancos, porte imponente e olhar vibrante se aproxima: "Posso participar?" Ela se apresenta e diz que é escritora, mas já exerceu a psicanálise. Conhece um pouco de filosofia, diz com modéstia. Depois de examinar o livro, comenta: "Qual é o projeto editorial desse... 'livro'?" Explicamos o que tínhamos descoberto, a transcrição de palestras, o tema, os autores. Ao que tudo indica, trata-se de uma coletânea. "Não é meu formato predileto, seja como leitora ou escritora", pondera. Aguardamos curiosos, ela explica.

"Penso que a reunião de artigos de diversos autores costuma impactar o resultado de duas maneiras: por excesso de padronização e de heterogeneidade, ao mesmo tempo. Participei de alguns projetos desse tipo; você tem de cortar o texto, contar palavras, alterar o estilo, injunções que podem comprometer aquilo que se tentou dizer. Os retalhos, por mais padronizados que sejam, nem sempre se alinhavam entre si. Ou, se o fazem, podem não passar de uma colcha de retalhos."

Entendemos que isso a desagrada. O amigo reforça: "É como um programa de concerto... desconcertado, um *pot-pourri*". Voltamos ao trabalho.

Passado um tempo, a bela senhora comenta: "Este livro me parece diferente... os artigos variam em extensão e estilo, o que traduz liberdade de expressão e respeito aos autores. Vejo também que alguns textos dialogam entre si. Neste caso, o que temos em mãos não é uma simples coletânea. Preciso observar melhor, ainda não sei como qualificá-lo". Revisitamos a classificação de formatos: antologia, compêndio, enciclopédia, jornal, livro de texto; não chegamos a nenhuma conclusão satisfatória. "Livro e pronto", meu amigo pragmático declara, e avisa: "Parece que estão esperando a gente sair para fechar a livraria". Levamos três exemplares e combinamos de nos encontrar dali a um mês.

A nossa nova amiga tem uma impressionante capacidade para ler e analisar textos, deu conta do livro inteiro. Sem rodeios, dá sua opinião. "Devo dizer que gostei dos textos, têm vida, 'gotas de sangue', como diz Mario de Andrade. A linguagem é clara, a escrita é boa. Os autores têm conhecimento e ferramentas para expressar o que pensam."

O amigo assente diz: "Também gostei; consegui compreender as ideias, e a leitura fluiu. O artigo do Luciano Bonfante, li ao som do *Bolero de Ravel*, revi *Retratos da vida*".[1] A amiga alfineta: "E *Tristão e Isolda*... ninguém prestou atenção na história que Sonia Godoy nos conta? Como a genialidade musical de Wagner pode conviver com o tacanho, o ódio e o preconceito?", pergunta em voz alta a escritora, brincando com a metáfora do Umberto Eco que o Luciano traz, "o anão lado a lado com o gigante". "É para pensar essas situações que precisamos da filosofia", diz o músico, "especialmente as três perguntas de Kant a respeito das quais Paulo Licht falou com tanta clareza. "

"Quantas boas aulas temos aqui", repito entusiasmada, "aprendi muito. Vocês sabem que a palavra 'aula' significa, do grego, 'espaço aberto para ventilar?". "Sim, sabíamos", respondem os dois. "Todos parecem conhecer muito bem suas partituras, ninguém desafina", avalia o músico. "E você, psicanalista, o que mais tem a dizer dos textos dos colegas?"

1 Filme de Claude Lelouch, *Les uns et les autres* (1981).

"Os textos são investigativos, não saturados. As invariantes, os elementos em comum, são indagações sobre o conhecer e o conhecimento, a sabedoria e a ignorância; realidade, verdade e mentira, referidos com muita propriedade à obra de Bion, especialmente à teoria do pensar, que todos os autores demonstram conhecer muito bem". O amigo me interrompe: "Falou difícil! Qual a diferença entre verdade e realidade, realidade sensorial e psíquica?". As perguntas em *staccato* pairam no ar, tensas e provocativas como o acorde tristão.

A tensão sustentada pede uma pausa na cafeteria. O amigo pergunta se lemos tudo, se obedecemos à sequência. Faço um sinal afirmativo com a cabeça. Ele zomba: "Nem precisava dizer". A escritora contempla fascinada um *éclair* de chocolate na vitrine de doces e nem se digna a responder. Como falar de um livro, de um autor, sem tê-lo lido com atenção? O amigo propõe: "O prefácio e a introdução, já vimos o mês passado. Vamos aos artigos. Vocês sabem, a abertura na composição musical é muito importante, anuncia o tema ou temas principais, informa a tonalidade, o compasso. A partir daí, a composição se desenvolve de forma complexa". A escritora, que parecia distraída, intervém: "Então, esse livro é um concerto para filosofia, psicanálise e orquestra".

"Vocês vão me desculpar", diz ela, olhando para o relógio. "Daqui a pouco tenho de pegar o avião, moro em outra cidade. Mas não queria deixar nosso trabalho assim, pela metade. Proponho a vocês uma espécie de jogo. Cada um, sem pensar muito, escolhe uma frase de cada artigo. O que vocês acham?" "Difícil", eu digo. "Com tantas ideias importantes, não seria justo." Ela retruca: "mas as pessoas vão ler os artigos na íntegra, não vão? E tenho certeza de que vão ler mais de uma vez, pois esse é um livro para degustar com calma e prazer, para deixar na cabeceira. Não se preocupe", ela me explica com voz mansa. "Nós só vamos oferecer um aperitivo para despertar o apetite do leitor." O amigo apanha um papel e avisa: "Eu anoto o programa do 'concerto'".

Bion & filosofia + linha do tempo das escolas filosóficas: Nascentes de sentidos[2]

Assim se propõe o percurso deste trabalho: pelo viés da Poesia, investe-se o olhar para a Filosofia, não para vencê-la, mas assumindo o *mythos*, em processo iniciático a enfrentar os desafios. Vamos andar juntos, à maneira da Grécia Antiga, *mythos* e *logos* pelo caminho.

Marisa Giannecchini

Contudo, se considerarmos que a psicanálise se ocupa essencialmente da investigação dos processos mentais inconscientes, enquanto a filosofia, em geral, opera na área da razão e da consciência, pode-se conjecturar que o emprego que Bion faz da Filosofia e suas derivadas epistemológicas pode não constituir mera adição, mas, sim, desempenha o papel de uma linha paralela à da psicanálise, que da filosofia se aproxima e se afasta regularmente, sem que haja uma efetiva intersecção.

Fernando Giuffrida

Nós, os vivos, pulsamos como o ritmo do *Bolero de Ravel*, ainda em estado de duração, *tá-tá-tá, tá-tá-tá, tá-tá-tá*... E, enquanto duramos, cabe refletir se as angústias e as dúvidas serão sempre as mesmas presentes em nossa inquietude de hoje.

Luciano Bonfante

---

2 Alguns dos trechos presentes nesta Seção são citações exatas dos textos reunidos neste livro, enquanto outros são sínteses e paráfrases que a autora da introdução fez das apresentações. (N.E.)

Sócrates & Platão: a vida não refletida não merece ser vivida

Com Sócrates (via Platão), a filosofia faz um movimento para o interior do sujeito – "Conhece-te a ti mesmo" – sem perder de vista a análise política, da pólis, tão importante na tentativa de condicionar a felicidade que é possível graças aos condicionamentos externos, em prol, também, da compreensão interna de nossas condições, como o conhecimento sobre o que não conhecemos, nossa ignorância. Aristóteles deixará um pouco mais claro que ética e política são indissociáveis. O indivíduo-cidadão só o é na pólis. É inconcebível um ser dotado de plena autonomia para condicionar sua existência.

Olavo Negrão Pereira

Para Platão, trata-se da diferença entre o confinamento no mundo sensível, da matéria, da sombra, dos fenômenos, das crenças, do corpo, finito, imperfeito, e o desenvolvimento do mundo inteligível, da beleza das ideias, da alma racional, imortal pelo conjunto de ideias que se mantêm vivas por gerações; para Bion, é o sensorial a ampliar-se em mente sonhadora e pensante, pela experiência emocional, com potencial infinito da imaginação, em direção ao pensamento simbólico, à verdade e ao conhecimento.

Maria Aparecida Sidericoudes Polachinni

Qual é o preço a pagar por deixar a escuridão da caverna? Quais são as consequências de retornar para contar aos prisioneiros das sombras sobre o que se encontra lá fora?

Luiz Celso Castro de Toledo

Kant: conceito sem intuição é vazio, intuição sem conceito é cega

Talvez já tenham se tornado tangíveis a urgência e o grande alcance que Kant confere à primeira pergunta fundamental e a todo ato de perguntar em geral. A pergunta seriamente formulada e compreendida em toda a sua extensão permite delimitar o escopo da investigação, a forma como levá-la adiante e a resposta que se pode encontrar. O perguntar é, então, o arco, a flecha e o arqueiro, por um lado, e o próprio alvo, por outro.

Paulo Roberto Licht dos Santos

Qual não foi a minha surpresa quando, no apagar das luzes, uma luz brilhante se acendeu, levando-me a encarar o bando de arruaceiros como arautos da liberdade: em termos de Bion, esse episódio foi a realização que me permitiu lapidar a preconcepção de liberdade que dormitava indolentemente em meu mundo interior.

Luiz Carlos Uchôa Junqueira Filho

Ao mesmo tempo, diferentemente dos "cientistas do céu" e suas galáxias distantes, o trabalho analítico se funda na dupla presente: dois universos mentais, cada qual único, juntos, compartilhando uma experiência naquele instante. Nesse encontro, o essencial já não é a singularidade de cada mente, mas o que vai se passando entre elas. Que imensidão!

Renata Sarti

Nietzsche: a maior inimiga da verdade não é a mentira, mas, sim, as convicções

Em síntese, para Bion, a condição humana de desenvolvimento da psicanálise vincula-se ao resgate do ato de fé, para, com ele, libertar a capacidade imaginativa.

Arnaldo Chuster

Existe algum caminho que se possa rastrear para escaparmos do sem saída da verdade sem cairmos no relativismo ou obscurantismo do vazio oriundo da sensação de perda de sentido? Eis a proposta de Nietzsche: *amor fati*.

Julio Walz

Talvez a escolha pelo caminho seja menos importante que o investimento amoroso empregado na estrada; porque, no *amor fati*, quem sabe, rompemos com o tempo.

Marcelo Laudelino Salles Bueno

Entrego-me à descoberta dessa desconstrução e aceito que, apesar do conhecido que busco, necessito do escuro, do encontro com a cegueira, para encontrar-me com a luminosidade que possa chegar. "É preciso ter o caos dentro de si para dar à luz uma estrela dançante [cintilante, segundo algumas traduções]. E vos digo: o caos ainda persiste dentro de vós" (Nietzsche).

Sônia Maria Nogueira de Godoy

Hume: a razão é escrava das paixões

Junto com "a dúvida filosófica (como) a ferramenta do analista", entendemos a leitura cética como um abandono da noção de certeza em favor do "ato de fé", em detrimento de qualquer fundamentação científica e de outras formas de dogmatismo que obstaculizem a constante pesquisa em que consiste a aventura psicanalítica. (...) A implicação técnica mais evidente é o tornar-se a atividade psicanalítica uma permanente pesquisa, tanto por parte de analista como de paciente.

Ney Marinho

Quando Hume define as "estranhas enfermidades do entendimento humano", quando os seres humanos têm uma *fond opinion of themselves*, que podemos aproximar da presunção, ou seja, de nossos preconceitos, e o *prejudice against antagonists*, que podemos aproximar da prevenção, o remédio é uma pequena dose (*a small tincture*) do ceticismo, que pode ser capaz de curvar o seu orgulho (*abate their pride*). Portanto, o emprego do método pode nos levar com isso a uma "determinação salutar" e à *superação da enfermidade que anteriormente nos acometera*. E nos faz ver as coisas de uma outra maneira.

Danilo Marcondes

"Toda coisa que é pode não ser", diz Hume.

...

Talvez o mundo tenha pressa demais.

Porque nossas memórias e formas de ver a vida vão se transformar sempre, fugazmente.

Ana Regina Morandini Caldeira

Sônia Maria Nogueira de Godoy

Método científico: toda novidade não passa de esquecimento

Qual é a realidade na teoria científica e no método científico que podemos encontrar na obra de Bion? A mesma que encontramos na obra de Freud: em psicanálise, realidade é aquilo que emana do paciente, "mensurado" no contato e relacionamento íntimo que ele ou ela pode ter com seu analista.

...

Sempre dentro do modo escolhido para a confecção deste texto, podemos exemplificar a postura de Bion em relação à psicanálise como um método científico para o estudo de nosso aparato psíquico – uma postura que se iniciou com a própria descoberta da psicanálise.

Paulo Cesar Sandler

Talvez nossos maiores paradoxos sejam que acabamos por buscar pela verdade ao mesmo tempo que nos afastamos dela. Pois enlouquecemos por nos mantermos distantes da verdade, tanto quanto adoecemos ao tomarmos contato com ela.

Ana Regina Morandini Caldeira

Fechamos o livro e ficamos alguns segundos em silêncio, respeitando a pausa necessária para a finalização de nossos pensamentos. Dentro de nós, as diferentes contribuições ressoam, conversam entre si e conectam-se em um conjunto articulado orgânico e flexível, descortinando a desafiadora aventura do ser humano em busca de conhecer seu mundo mental e o mundo que o rodeia, com a consciência de ser essa fascinante e inalcançável meta.

Dedico este escrito com gratidão e saudades a Martha Maria de Moraes Ribeiro.

Bion & filosofia + linha do tempo das escolas filosóficas

1. Notas sobre algumas das bases filosóficas do pensamento de W. R. Bion[1]

Fernando Giuffrida

1.1 Introdução

A discussão das bases filosóficas do pensamento de um autor psicanalítico é, usualmente, uma tarefa complexa. Por um lado, pela falta de tradição entre nós, psicanalistas, de submetermos nossas teorias e formulações clínicas a um exame epistemológico pormenorizado e sistemático; e, por outro, pelas controvérsias que a correlação entre psicanálise e filosofia têm gerado dentro do próprio movimento psicanalítico desde o seu início.

Se procurarmos investigar a origem histórica dessas dificuldades, veremos que suas raízes se tornam claras a partir dos textos de Freud, que, ao ver-se diante da necessidade de construir uma teoria da clínica e uma metapsicologia genuinamente psicanalíticas,

---

1 Artigo originalmente publicado em 2001, na revista *Ide* (n. 34, pp. 34-50). Resolvemos reproduzir seu artigo por ter ocasionado o desdobramento de todo o evento que resultou neste livro. As citações de trechos de trabalhos publicados originalmente em inglês e espanhol são traduções livres do autor.

procurou deliberadamente evitar a influência de ideias filosóficas no seu pensamento (Freud, 1925/1976).

Entretanto, apesar do aparente consenso entre os psicanalistas de que Freud nutria certa antipatia pela filosofia, se examinarmos atentamente sua obra, observaremos que essa impressão de modo algum se confirma, ainda que seu interesse maior não tenha sido pela filosofia enquanto ciência, mas, sim, pela reflexão crítica das bases epistemológicas sobre as quais a psicanálise deveria se desenvolver.

Algumas evidências do interesse de Freud por certas ideias filosóficas e sua correlação com alguns conceitos psicanalíticos são encontradas, por exemplo, no paralelo que é estabelecido entre as incognoscibilidades: da realidade última, a "coisa em si", de Kant, e a do inconsciente em si (Freud, 1915/1974), entre o imperativo categórico kantiano e o conceito de superego (Freud, 1923/1976); no termo "Id", empregado originalmente por Nietzsche com um sentido muito próximo ao utilizado por Freud na segunda tópica (Freud, 1933/1976); na noção de *deslocamento* nos sonhos, fenômeno que havia sido descrito também por Nietzsche, como uma "transposição de todos os valores psíquicos" (Freud, 1900/1974, capítulo 4); no reconhecimento de que as descrições de Schopenhauer sobre o predomínio das emoções, da supremacia da sexualidade e do fenômeno da repressão na vida mental correspondiam aos achados da psicanálise (Freud, 1925/1976).

Por outro lado, tudo indica que esse emprego criterioso que Freud fez da filosofia foi perdendo gradativamente a função original de resguardar a identidade da psicanálise e adquiriu contornos de um litígio, certamente infundado, entre psicanálise e filosofia.

Alguns sinais desse desconforto epistemológico podem ser detectados, por exemplo, no prefácio escrito por Strachey para o artigo

"O inconsciente" (Freud, 1915/1974), no qual diz: "deve-se, porém, repetir que Freud não estabeleceu uma mera entidade metafísica. O que ele fez no capítulo VII de *A Interpretação de Sonhos* foi, por assim dizer, revestir a entidade metafísica de carne e sangue" (p. 188).

Naturalmente, esse comentário mostra a antiga preocupação da psicanálise de não se confundir com a filosofia, na medida em que, à primeira vista, ambas estariam tratando de questões de natureza análoga. Entretanto, se pretendemos maior clareza de discriminação, é necessário ter em conta que há um evidente equívoco nessa afirmação de Strachey, pois, se uma entidade metafísica é revestida de carne e sangue, certamente deixa de ser metafísica,[2] assim como, se isolarmos a psicanálise do seu vértice clínico, ela perderá sua identidade específica.

Atualmente, contudo, creio termos boas razões para não temermos uma sobreposição entre a psicanálise e a filosofia, na medida em que tanto o vértice clínico quanto o fato de a psicanálise se ocupar essencialmente da investigação dos processos mentais inconscientes a diferenciam da maioria dos sistemas filosóficos, que, além de empregarem métodos de investigação que independem de qualquer aproximação que se assemelhe à abordagem clínica, em geral operam na área da razão e da consciência.

Ademais, ao longo desses mais de 100 anos de existência, a psicanálise desenvolveu um consistente conjunto de princípios e postulados, tanto na área clínica quanto teórica, que, ainda que multifacetado, em função da diversidade de linhas de pensamento

---

2 A palavra "metafísica" foi utilizada pela primeira vez como uma denominação classificatória da obra de Aristóteles e, portanto, significava originalmente "o texto que vem 'depois da física'", isto é, após os textos de física. Atualmente, é por vezes empregada, de forma imprecisa, como sinônimo de filosofia (Mora, 1974/1978).

dentro do próprio movimento psicanalítico, tem servido de referência para inúmeros ramos das ciências, entre os quais a própria filosofia.

Por outro lado, é necessário termos em conta que algumas áreas de natureza conceitual em comum entre essas duas disciplinas não apenas permaneceram praticamente inalteradas ao longo do tempo, mas, em certos casos, ampliaram-se, na medida em que a psicanálise, principalmente a partir de Bion, passou a dar mais atenção aos processos pelos quais certos fenômenos podem ser observados e compreendidos pelo observador – uma área de investigação que, ao contrário da psicanálise, tem se constituído em um dos pilares da filosofia e da teoria da ciência.

Considerando-se, portanto, os aspectos conceituais específicos e as áreas de interface entre psicanálise e filosofia, qualquer tentativa de comparação ou contraste entre ambas nos colocará, inevitavelmente, diante de dificuldades insuperáveis para estabelecerem-se fronteiras absolutamente distintas, tanto em uma quanto na outra disciplina.

Desse modo, penso ser conveniente que o emprego de certas ideias filosóficas como elementos auxiliares para a compreensão de questões clínicas e teóricas que interessam à psicanálise ocorra, preferencialmente, de forma relativística e parcial – é sob esse enfoque que procurarei desenvolver esta discussão.

1.2 Algumas ideias filosóficas como referência

A psicanálise, a exemplo de toda ciência que se fundamenta em princípios teóricos e que depende da observação empírica para a formulação e validação de seus postulados, tem a necessidade de "tentar compreender a sua própria compreensão" (Bion, 1962/1991, "Introdução").

Dito de outro modo, é necessário nos perguntarmos por meio de quais sistemas filosóficos e a partir de quais referenciais epistemológicos estamos formulando hipóteses clínicas ou teóricas, de modo a tornar o conjunto com o qual operamos livre, na medida do possível, de contradições e ambiguidades.

Bion ocupou-se sistematicamente dessa questão. Ao longo de sua obra, podem ser encontradas generosas referências a sistemas epistemológicos herdados de diferentes escolas filosóficas, particularmente do idealismo kantiano, que assumem a função de balizamento para questões relacionadas à teoria e à clínica psicanalíticas.

Apesar da imprecisão e, até certo ponto, do reducionismo, podemos dividir a filosofia anterior a Kant em dois grandes grupos: o *racionalismo* e o *empirismo*. O motivo dessa divisão se deve ao fato de que Kant (1781/1983) desenvolveu a sua *Crítica da razão pura* basicamente a partir dessas duas grandes escolas do pensamento filosófico.

O racionalismo pode ser definido, sinteticamente, como a teoria das ideias inatas, em que os conceitos fundamentais do conhecimento, apesar de não precederem a experiência, pertencem à razão; o pensamento, por conseguinte, é a única fonte de conhecimento. Essa linha de pensamento é comumente atribuída a Descartes (1628/1989, regra III) e a Leibniz (1684/1982).

Ao empirismo geralmente estão associados os nomes de Locke (1690/1973) e Hume (1784/1973), que, resumidamente, descreveram o espírito humano como originalmente vazio, um papel em branco, no qual o conhecimento se dá apenas mediante o acúmulo de experiências externas captadas pelos órgãos dos sentidos, as quais se transformam em representações. Esse sistema nega, portanto, qualquer papel do inatismo na aquisição do conhecimento.

Kant (1781/1983), por sua vez, partindo do racionalismo e do empirismo, propõe uma teoria até certo ponto conciliadora, segundo a qual a *matéria* do conhecimento advém da experiência, isto é, da intuição sensível (que, para Kant, está relacionada, invariavelmente, aos órgãos dos sentidos), e a *forma* do conhecimento procede do pensamento, isto é, da elaboração de conceitos cuja base formal e a priori é representada pelas *categorias*.[3]

A partir dessa concepção geral, Kant (1781/1983) formula alguns conceitos fundamentais que, sucintamente, podem ser assim definidos:

- "Coisa em si" ou *númeno* (descrito por Bion pela letra O): a realidade ou a verdade última, por definição, incognoscível, por não ser captável por meio dos órgãos dos sentidos, e que, por isso, pode ser apenas pensada, mas nunca conhecida.
- Fenômeno: é somente a representação de coisas que existem, mas que não podem ser conhecidas em si. Refere-se, portanto, à operação que abrange a intuição (sensível) e o desenvolvimento de um conceito cuja forma é delineada, desenhada, por assim dizer, pelas *categorias*. O processo de representação do fenômeno se dá, portanto, invariavelmente por meio de uma relação biunívoca entre sujeito e objeto, o que lhe confere um caráter sempre subjetivo.
- Intuição: diz respeito à nossa percepção sensorial, isto é, ao que nos sensibiliza por meio dos nossos órgãos dos sentidos.
- Conceito: corresponde ao que comumente chamamos de pensamento ou representação simbólica do fenômeno.

3 As categorias em Kant não se referem a nenhum objeto específico, na medida em que descrevem apenas a forma pela qual os estímulos captados pelos órgãos dos sentidos se organizam na mente do observador. São exemplos genéricos de categoria: qualidade/quantidade, causa/efeito, possibilidade/impossibilidade, entre outros.

- Conceitos a priori: referem-se a representações preexistentes e equivalem ao que Bion descreve como preconcepção.

Para Kant, o processo pelo qual se forma uma representação simbólica ocorre tanto pela intuição do objeto – a sensação que temos do objeto por meio dos órgãos dos sentidos – como pela aplicação de conceitos a priori efetuada pelo sujeito – ambas as operações atuando em consonância resultam num sentido interno, simbólico, do fenômeno.

Por outro lado, na medida em que pretendemos estudar de forma segmentada e comparativa as diferentes maneiras de pensar epistemologicamente a psicanálise e, particularmente, as raízes filosóficas do pensamento de Bion, postularei, à guisa de simplificação, que um dado sistema científico pode ser decomposto em quatro eixos fundamentais, a saber: (1) o *objeto de investigação*; (2) o *método de investigação* empregado; (3) os *pressupostos teóricos* que vão orientar o processo investigativo; e (4) o *modelo epistemológico* empregado pelo investigador.

Penso que, para a psicanálise, tanto o *objeto de investigação*, representado pela realidade psíquica como o *método de investigação*, isto é, o próprio método analítico, têm se mantido relativamente estáveis. Dessa maneira, podemos dirigir nossa atenção para os dois eixos restantes, as *teorias* utilizadas pelo observador psicanalítico e o *modelo* epistemológico empregado – é sob esse vértice que pretendo me orientar.

Creio haver um certo consenso entre os psicanalistas que têm se ocupado com o estudo das bases epistemológicas da psicanálise de que o pensamento de Freud, apesar de continuamente voltado à observação clínica (o que sugere um método de investigação de base empirista), desenvolveu uma metapsicologia de base inatista e com características bastante próximas à filosofia racionalista.

Uma evidência dessa concepção pode ser encontrada em um de seus últimos trabalhos (Freud, 1937/1976), nos quais, ao ilustrar o processo de *construção*, Freud formula uma observação em que tanto a cadeia associativa do analisando como a experiência compartilhada na sala de análise se tornam elementos periféricos e secundários.

Em contrapartida, a abordagem teórico-clínica de algumas escolas psicanalíticas mais recentes e cujo enfoque privilegia o "aqui e agora" da sessão, tende a considerar a experiência de analista e analisando na sala de análise como a pedra de toque do sentido atribuído à situação clínica – o que lhes confere um perfil epistemológico de base marcadamente empirista.

Esses dois vértices de aproximação, apesar de eventualmente adotarem teorias psicanalíticas análogas como pano de fundo, operam segundo referenciais epistemológicos distintos, dado que, no primeiro, a significação do evento clínico está compreendida numa dimensão que independe da relação analista-analisando e está contida previamente no objeto de investigação, isto é, no analisando; no segundo, por considerar que a significação da experiência analítica é um constante devir, desenvolve-se a partir da relação compartilhada na sala de análise.

Entendo, portanto, que, na medida em que pudermos nos servir de certos referenciais epistemológicos para colocarmos sob escrutínio as diferentes *formas* de compreensão teórico-clínica em psicanálise, talvez possamos considerar de maneira abrangente a sugestão apresentada não por um psicanalista ou por um filósofo, mas pelo físico responsável pelo desenvolvimento de grande parte das teorias relativas à mecânica quântica, que diz: "temos que nos lembrar de que aquilo que observamos não é a natureza em si, mas sim a natureza exposta ao nosso método de questionar" (Heisenberg, 1958/1995, p. 48).

1.3 Bion, uma ou mais "filosofias"?

Apesar de haver certo consenso entre os estudiosos da obra de Bion de que a base filosófica do seu pensamento está assentada prevalentemente nas ideias de Kant, creio ser necessário considerarmos mais detalhadamente o percurso percorrido pelo seu pensamento, a começar pela primeira parte de *Second thoughts* (1967/1993), no qual estão publicados os artigos escritos entre 1950 e 1962, até *Transformações* (1965/1983).[4]

Se considerarmos, inicialmente, os artigos escritos entre 1950 e 1959 (de "O gêmeo imaginário" a "Ataques ao vínculo"), que foram reunidos posteriormente em *Second thoughts*, penso ser possível identificar o trabalho de um analista tipicamente kleiniano, cujo principal foco de atenção está voltado para a correlação entre a observação clínica e as teorias que formam a base do pensamento de Melanie Klein.

Uma característica marcante desse período é o conjunto de premissas adotadas por Bion, segundo as quais ele parece considerar a experiência clínica predominantemente no âmbito da transferência, no uso da contratransferência como instrumento de observação clínica e de modo semelhante ao proposto por Heimann (1950), assim como na utilização dos conceitos de instinto de vida e de morte, equação simbólica etc.

Outro aspecto significativo dessa fase dos escritos de Bion, que parece mostrar uma estreita correlação com os pressupostos teóricos

---

4 Limitarei estas notas sobre as bases filosóficas do pensamento de Bion até 1965, ano em que publicou *Transformações*, por entender que, em suas publicações subsequentes, ele modifica consideravelmente seus referenciais epistemológicos, fato que, a meu ver, demandaria um outro estudo dessa parte de sua obra.

e epistemológicos que adota, são as longas e minuciosas descrições clínicas, cuja intenção parece ser a de reproduzir textualmente os eventos ocorridos no consultório.

Nesse período, não é possível falar de uma base filosófica específica do pensamento de Bion, tendo em vista que seu referencial, por ser essencialmente kleiniano, organiza-se por meio de uma abordagem de base marcadamente empírico-positivista em relação às questões clínicas e teóricas.

Essa abordagem sugere que a descrição de uma situação clínica mantém praticamente invariantes as características de certos objetos psicanalíticos, assim como suas relações entre si, dando ensejo, portanto, à transposição desses objetos de uma esfera de aplicabilidade para outra, isto é, da situação clínica propriamente dita para a narrativa clínica.

Sob esse enfoque, os próprios elementos narrativos passam a ser compreendidos, de certo modo, numa área equivalente àquela da situação clínica em si.

Exemplos genéricos dessa concepção também podem ser vistos em discussões clínicas em nosso meio, nas quais os elementos narrativos são compreendidos, frequentemente, como se fizessem referência exatamente ao que ocorreu na sala de análise.

Entretanto, verificando as opiniões expressas por Bion (1967/1993) no capítulo introdutório de *Second thoughts*, o qual foi escrito em época posterior à publicação de *Transformações*, é possível observar tanto a sua desconcertante opinião a respeito das narrativas clínicas como as profundas mudanças ocorridas em seus referenciais epistemológicos nesse período:

> *Eu não considero que nenhuma narrativa que pretenda ser um relato de fatos, seja a respeito do que o paciente*

> *disse ou do que eu disse, possa ser considerada como um "relato factual" do que aconteceu. Em primeiro lugar, eu não atribuo à memória o significado que lhe é normalmente dado. O fato de as distorções involuntárias terem sido bem estabelecidas pela própria Psicanálise tornaria absurdo nos comportarmos como se nossos relatos estivessem, de alguma maneira, isentos de nossos próprios achados. A memória nasce da experiência sensorial e só a ela se adapta. (p. 1)*

Se considerarmos essas afirmações de maneira abrangente, é possível que tenhamos um campo fértil para uma ampla reflexão a respeito dos limites de uma prática tão comum quanto consagrada na atividade analítica, que é a do relato de casos clínicos e, por conseguinte, da própria atividade de supervisão.

1.4 Uma primeira mudança de vértice epistemológico

Em 1962, Bion acena com uma primeira e significativa mudança no seu referencial epistemológico ao publicar "*A theory of thinking*" (1962/1993). Nesse artigo, propõe uma nova terminologia, derivada quase integralmente das ideias de Kant, e são cunhados termos como "preconcepção" (cujo sentido é análogo ao proposto por Kant para os conceitos a priori ou pensamentos vazios), "concepção" (que equivale a pensamentos com certo grau de insaturação que ainda não podem ser representados por uma palavra)[5] e "conceitos" (análogos ao que Kant denomina "pensamento" ou "representação").

5 Apesar de Bion não se utilizar do termo "conjectura", creio que essa expressão poderia, eventualmente, ser usada para nos aproximarmos do significado de *concepção*.

O modelo geral utilizado por Bion para essa teoria considera que, quando uma preconcepção (como a preconcepção do seio) é posta em contato com uma realização que dela se aproxima (o próprio seio), o resultado é uma concepção (neste caso, uma concepção do seio real na mente do bebê).

Analogamente, em Kant (1781/1983), o processo pelo qual se adquire um conhecimento ou uma representação do objeto é: conceito a priori + intuição → conhecimento, sendo que, para o filósofo, os conceitos a priori não têm conteúdo, mas são apenas formas de conhecimento, assim como a intuição está invariavelmente associada ao estímulo provocado pelos objetos nos nossos órgãos dos sentidos. Dessa concepção decorre o conhecido aforismo kantiano "pensamentos sem conteúdo são vazios, intuições sem conceito são cegas".

Vendo por esse ângulo, poderíamos dizer que Bion praticamente efetuou uma mera transposição de algumas ideias de Kant para a psicanálise, sem nada acrescentar ao que esse sistema filosófico já havia desenvolvido. Entretanto, é exatamente nesse ponto que se dá uma primeira e importante deflexão das ideias de Bion em relação ao modelo kantiano para a formação dos pensamentos.

Apesar de adotar de forma precisa a equação kantiana (nos termos de Bion, preconcepção + realização = concepção) como ponto de partida para suas proposições, na medida em que a conjuga com as concepções de Freud (1911/1974) expressas em "Formulações sobre os dois princípios do funcionamento mental", Bion (1962/1993) expõe o que efetivamente parece configurar-se em um novo referencial epistemológico para a formação dos pensamentos ao escrever: "cada vez que uma preconcepção se une a sua realização, se produz uma concepção. As concepções, por conseguinte, sempre estarão unidas a uma experiência emocional de satisfação. Limitarei o termo 'pensamento' à conjunção de uma preconcepção com uma frustração" (p. 111).

Em outros termos, "o pensamento é o produto da justaposição de uma preconcepção com uma realização negativa" (p. 112). E acrescenta: "O ponto crucial está na decisão entre iludir ou modificar a frustração" (p. 112).

Neste ponto, uma breve digressão se faz necessária.

Na maioria das discussões entre estudiosos da obra de Bion, o termo *frustração* (geralmente precedido pela expressão "tolerância a...") não só é utilizado com maior frequência como geralmente é empregado no seu sentido negativo, isto é, na acepção de uma ausência ou de uma "falta da presença" do objeto.

Por outro lado, apesar de menos utilizada, a expressão "realização negativa" veicula uma ideia que, a meu ver, representa de modo bem mais preciso a função que é conferida a esse fator nos processos de pensamento descritos por Bion.

Seria possível argumentar que, em princípio, ambas as expressões significam exatamente a mesma coisa, isto é, que tanto uma quanto a outra significam que um determinado objeto é esperado e não se faz presente; mas não é bem assim.

Se considerarmos a expressão "realização negativa" de maneira mais precisa, vemos que o termo "realização" traz consigo um sentido positivo, isto é, de "fazer real e efetiva alguma coisa" – nessas circunstâncias, tornar real a "não-coisa" ou *realizar* a "presença da ausência do objeto" (em oposição à "ausência da presença").

Ademais, a expressão "ausência do objeto" não se refere à ausência física do objeto (o que implicaria uma concretificação da imaterialidade dos processos mentais); refere-se, na verdade, a uma experiência emocional na qual um objeto concreto pode até mesmo estar presente, mas, invariavelmente, mostrar-se-á diferente do objeto desejado.

A importância dessa discriminação reside no fato de que o passo seguinte, isto é, iludir a frustração ou modificá-la, dependerá não apenas da tolerância do sujeito à frustração em si, mas também da sua consciência de que o objeto presente não é aquele cuja expectativa estava, por assim dizer, "desenhada" em sua mente.

Se essa consciência se torna efetiva, é possível, por meio de uma relação biunívoca entre objeto da mente e objeto presente, estabelecer uma correlação entre ambos (ainda que o objeto presente seja, "em-si-mesmo", "des-conhecido") e, a partir desse ponto, desenvolver uma representação do fenômeno.

Se retomarmos agora as proposições de Bion para a formação dos pensamentos e adotarmos como referência adicional as considerações dos parágrafos anteriores, penso ser possível identificar o que efetivamente se configura numa teoria epistemológica genuinamente psicanalítica para a formação dos pensamentos, na qual, ao contrário do que propõe Kant, a representação do objeto, isto é, o pensamento, advém da experiência emocional de *realização* da "presença da ausência" do objeto – um processo para a formação dos pensamentos absolutamente inaceitável para o sistema kantiano, o qual condiciona seu desenvolvimento à conjunção entre a sensação física do objeto e os conceitos a priori.

Entretanto, penso ser necessário reafirmarmos que Bion não abandona propriamente a equação kantiana para a formação dos pensamentos, mas, sim, torna-a adequada à investigação psicanalítica, isto é, ao âmbito da experiência emocional, na medida em que acrescenta ao esquema kantiano original tanto o objeto de investigação de interesse específico da psicanálise, a própria realidade psíquica (distinguindo-a da realidade material), como o próprio método analítico e suas teorias correspondentes.

Nesse sentido, creio ser útil termos em conta que um dado referencial epistemológico não nos fornece o conjunto de fatores com os quais vamos operar, mas apenas uma espécie de esquema compreensivo no qual são empregados nossas teorias e nosso método de investigação.

Em outras palavras, um dado referencial epistemológico não nos fornece um sentido lógico ou "psico-lógico" dos fenômenos que observamos, ou seja, não nos orienta para o *que* ou o *quanto* conhecemos, mas apenas *como* conhecemos.

1.5 Aprendendo da experiência emocional

Na introdução de *Learning from experience*, Bion (1962/1991) nos sinaliza um importante referencial que vai conduzir suas hipóteses de trabalho sobre a relação entre a experiência emocional e o aprendizado ao dizer: "na metodologia psicanalítica, o critério não deve depender de determinado uso ser correto ou incorreto, ter significado ou ser verificável, mas de sua capacidade de promover desenvolvimento" (p. 3, "Introdução").

Dado que Bion adota esse viés – a meu ver, genuinamente epistemológico –, considera desenvolvimento psíquico como algo independente da adequação a preceitos normativos psicanalíticos ou filosóficos e insere o trabalho do analista na área do desconhecido e do pensamento crítico e reflexivo.

Essa linha de pensamento, se comparada com as recomendações da metodologia científica aplicada à pesquisa empírica, poderia sugerir certa falta de rigor no que diz respeito ao estabelecimento de pressupostos previamente testados e comprovados, os quais vão conferir validade metodológica e estatística aos resultados obtidos por meio de determinado processo de investigação. Entretanto, devemos nos perguntar se a psicanálise deve adotar de forma irrestrita os preceitos das ciências empíricas, uma vez que não se ocupa da investigação da realidade material, mas da realidade psíquica.

A essa pergunta Bion certamente responderá negativamente, reafirmando o aforismo de Freud (1900/1974) de que "a realidade psíquica é uma forma especial de existência que não deve ser confundida com a realidade material" (p. 658).

É exatamente com o propósito de não confinar a psicanálise em sistemas científicos previamente constituídos, assim como a uma determinada escola filosófica ou epistemológica, que Bion (1962/1991) nos informa no capítulo 1 de *Learning from experience* que *função alfa* é um termo intencionalmente desprovido de significado, e acrescenta que "o objetivo desse termo sem significado é prover a investigação psicanalítica de um equivalente da variável dos matemáticos, uma incógnita" (p. 3).

E mais adiante: "é importante que não se empregue esse termo prematuramente para comunicar significados, porque esses significados prematuros podem ser precisamente aqueles que é necessário excluir" (p. 3).

A partir dessa linha de pensamento, Bion propõe, ao longo de *Learning from experience*, uma série de conceitos primariamente sem sentido, como *função alfa*, *elementos alfa*, *elementos beta*, *barreira de contato*, *rêverie*, *tela beta*, entre outros, cujo eventuais desenvolvimentos de significados estão invariavelmente vinculados à experiência emocional compartilhada por analista e analisando por meio dos vínculos L, H e K,[6] assim como pela relação entre

6 Os vínculos representados pelas letras L, H e K se referem, respectivamente, aos vínculos de amor (*love*), ódio (*hate*) e conhecimento (*knowledge*).

♀♂ (continente e conteúdo) e PS ↔ D – uma base epistemológica estranha à filosofia ou à teoria da ciência.

Por outro lado, Bion também deixou clara sua intenção de não criar teorias ad hoc com o objetivo de descrever eventuais achados clínicos que, supõe-se, ainda não tenham sido observados.

Entretanto, a partir desse vértice de compreensão epistemológica que empregou em *Learning from experience*, certas teorias psicanalíticas adquiriram sentidos até então inexplorados – o que, em alguns casos, restituiu a essas teorias um vigor análogo ao de uma concepção inédita em função da ampliação do seu sentido e, por conseguinte, da sua abrangência como instrumento clínico.

Um exemplo típico dessa expansão pode ser visto no dinamismo conferido à passagem da posição esquizoparanoide para a posição depressiva (PS → D), contida na formulação original de Melanie Klein (1946/1982), em que a introdução de um duplo sentido de direção (PS ↔ D) transforma ambas as posições em um par complementar cuja constante relação dialética passa a ser essencial para o desenvolvimento do pensamento simbólico.

Essa relação dialética, apesar de não alterar o significado original dos conceitos formulados por Melanie Klein, visto que são empregados não mais segundo um viés empírico-positivista, mas segundo um vértice relacional, biunívoco e complementar, confere a ambas as posições um sentido epistemológico até então não utilizado.

Além do mais, ainda que não alterando minimamente a qualidade fantástica da identificação projetiva conforme descrita por Klein (1946/1982), passou a utilizá-la como um elemento móvel da realidade psíquica, que transita com dupla mão de direção na relação interpessoal mãe-bebê (e, por analogia, entre analista e analisando), que pode ter o seu significado primitivo modificado por meio da capacidade de *rêverie* materna ou de continência do analista.

Por outro lado, inaugura um conceito marcadamente epistemológico e de aplicação clínica direta que está presente em várias passagens de sua obra e é essencial para a compreensão de seu pensamento.

Refiro-me ao conceito de *insaturação*, usualmente representado pela letra grega ξ (*csi*) e cujo sentido se refere à parte da experiência que aguarda o desenvolvimento de um significado a partir da experiência emocional compartilhada entre analista e analisando.

Um outro aspecto, a meu ver, igualmente significativo do descompromisso de Bion com um referencial filosófico ou epistemológico específico, que faz com que possamos afirmar que desenvolveu uma epistemologia própria para os fenômenos psicanalíticos, pode ser observado no uso dos termos *conjunção constante* e *fato selecionado*.

O primeiro pode ser encontrado na filosofia empirista de David Hume (1784/1973) e significa sinteticamente que a noção de que certos elementos estão *constantemente conjugados* é uma operação que se dá na mente do observador e depende, essencialmente, de uma repetição de experiências análogas que reiteram que, por exemplo, um determinado efeito é provocado por uma causa específica.

Em outras palavras, a *conjunção constante* é produto do *hábito* do observador de relacionar eventos distintos – um processo que suponho ser familiar a nós, analistas, na medida em que frequentemente relacionamos certas peculiaridades do comportamento do cliente na sala de análise a observações que fizemos anteriormente a respeito do seu funcionamento mental.

Quanto ao *fato selecionado*, trata-se de um conceito elaborado pelo matemático Henri Poincaré[7] e refere-se ao resultado

---

7 Henri Poincaré foi o matemático francês responsável pelo desenvolvimento das equações matemáticas da teoria da relatividade, mas que, embora reconhecido por suas formulações inovadoras, não alcançou a mesma notoriedade de seu contemporâneo Albert Einstein.

da conjugação de certos elementos clínicos (para Poincaré, de certos elementos matemáticos) até então dispersos, que, ao serem relacionados, conferem um sentido específico e operativo à situação analítica.

Esses dois exemplos, além de fornecerem alguns indicadores do diversificado sistema de notação empregado por Bion, podem nos ser igualmente úteis para observarmos o alto grau de dificuldade de seguirmos a sua recomendação de não se atribuir precocemente um significado a determinados termos, dado que tanto a expressão *conjunção constante* quanto o termo *fato selecionado* foram adquirindo, ao longo do tempo, não mais a sua configuração original de uma incógnita que diz respeito aos processos mentais do analista, mas o sentido de conceitos que descrevem, quase concretamente, certas peculiaridades do funcionamento mental do analisando.

Em suma, o aspecto para o qual procuro chamar a atenção nesse contexto é que certas formulações propostas por Bion foram perdendo gradativamente a qualidade e o frescor de um fator cujo significado emerge da experiência analítica e adquiriram o valor de uma constante – no caso da função alfa, por exemplo, não é infrequente a vermos descrita de forma quase biológica, análoga à de um órgão do corpo humano, cujo metabolismo normal produzirá elementos alfa e, se comprometido, elementos beta.

Bion foi, a meu ver, o primeiro psicanalista, depois de Freud, a colocar sob amplo escrutínio as bases filosóficas e epistemológicas da psicanálise.

Suas reflexões parecem estar permeadas por um deliberado desprendimento de algumas regras preestabelecidas, as quais, em certos sistemas científicos, além da função de sistematizar uma determinada metodologia, contribuem, de forma indireta, para que o investigador mantenha um estado mental com discreto grau de ansiedade e de incertezas, tanto no que diz respeito ao método de investigação empregado quanto em relação aos "fatos" que supõe observar.

Entretanto, é necessário não perder de vista que Bion procede suas incursões por novas formas de compreensão teórico-clínicas, invariavelmente, de acordo com um estrito rigor científico, de modo que a compreensão de muitas de suas proposições deve considerar um aspecto muitas vezes destacado em seus textos, isto é, de que o importante não é exatamente *qual*, mas *como* um observador opera um determinado sistema de observação e notação.

Dito de outro modo, independentemente do referencial teórico e do sistema de notação adotados pelo observador psicanalítico, Bion nos pergunta: qual a experiência emocional do observador? Curiosidade? Arrogância? Rivalidade? Amor à verdade? Manutenção do *establishment*?

Por outro lado, desconheço que haja alguma corrente filosófica cuja pedra de toque para o desenvolvimento de uma representação, uma compreensão ou um pensamento, seja a emoção.

Considero ser uma compreensão possível de alguns escritos de Bion que *aprender da experiência emocional* pode significar que o analisando aprende sobre si mesmo e sobre suas emoções a partir das interpretações do analista.

Penso que essa compreensão permeada por concepções que nos remetem aos conceitos de transferência e repressão, além de nos colocar, enquanto analistas, numa posição razoavelmente confortável, na medida em que conserva um viés empírico-positivista, o qual considera as interpretações do analista como uma descrição de "fatos" observados no analisando, não nos contempla com o aparecimento do que Bion denomina uma "nuvem de probabilidades" quanto ao sentido de determinado evento clínico.

Um exemplo ilustrativo dos diferentes sentidos que uma teoria psicanalítica pode adquirir, dependendo do referencial epistemológico adotado, foi dado por uma paciente, cujos relatos de sonhos são espontaneamente frequentes e que, num dado momento da análise, comenta: "eu descobri que tenho três tipos de sentimentos muito diferentes com os meus sonhos: um quando eu sonho, outro quando me lembro do sonho e um terceiro, quando eu o conto a você na sessão".

Se considerarmos, nesse caso, a narrativa do sonho segundo a concepção clássica de Freud (1900/1974), certamente teremos um único sonho sonhado pela paciente, isto é, aquele narrado na sessão e cujo sentido pode ser dado pelo analista a partir das associações da analisanda.

Entretanto, se, em vez de dirigirmos nossa atenção somente para a estrutura imagética do sonho – a meu ver, apenas uma espécie de "espaço cenográfico" sem um significado específico próprio –, procurarmos avaliar a qualidade das emoções presentes cada vez que essas imagens oníricas se apresentam à consciência, talvez possamos considerar que um mesmo sonho, isto é, um mesmo conjunto de imagens oníricas, poderá conter um grau variado de significados que dependerão da experiência emocional presente.

Essa forma de compreensão pode ser igualmente observada na descrição feita por Bion (1992, p. 180) da imagem de uma igreja que lhe vem à mente enquanto conversa com um amigo (a igreja do povoado próximo ao local onde estaria durante as férias), que, nessa concepção, adquire a função de representar a totalidade da experiência emocional do encontro com o amigo.

Independentemente das teorias que adotamos para pensar psicanálise, é necessário que tenhamos em conta que essas mesmas teorias, dependendo do referencial epistemológico que adotamos, apresentarão configurações singulares e sentidos muitas vezes inusuais, se comparados ao seu significado original.

1.6 Elementos de psicanálise: matematização ou expansão

Bion é frequentemente visto por seus críticos ou por seus defensores ora como filósofo, ora como matemático, porém, suas proposições, independentemente do vértice que adota, têm, invariavelmente, o viés psicanalítico como pedra de toque, ainda que expresse em sua obra, e particularmente em *Elements of Psychonalysis* (1963/1989), um contínuo interesse pela busca de padrões que possam conferir à prática psicanalítica certo potencial de generalização.

Um exemplo da busca de padrões que possam auxiliar o psicanalista a pensar clinicamente fora do contexto da sala de análise está na elaboração da Grade (Bion, 1963/1989, p. 22-27) – um sistema de coordenadas cartesianas composto por um eixo genético, que representa crescimento segundo diferentes graus de desenvolvimento do pensamento, e um eixo sistemático, que representa os possíveis usos das ideias.

Na Grade, Bion procura desenvolver um sistema constituído por regras e princípios com suficiente grau de abstração e generalização, de modo a permitir que a configuração de determinados objetos psicanalíticos (estes últimos, uma abstração altamente sofisticada dos eventos clínicos) possa ser descrita com certo grau de independência da narrativa do analisando ou do analista.

Outrossim, a elaboração da Grade também parece estar baseada em certos princípios da lógica aristotélica, segundo a qual é possível construir um sistema de notação que expressa, em linguagem matemática, tanto as estruturas quanto as operações do pensamento, deduzindo-as de um número reduzido de axiomas com a intenção de criar uma linguagem rigorosa, adequada ao pensamento científico como é concebido pela tradição empírico-positivista – o que poderia ser eventualmente compreendido como uma tentativa de aplicar à psicanálise um conjunto de preceitos matemáticos que podem ser manipulados a partir de operações lógicas.

Entretanto, é necessário nos perguntarmos se Bion, ao adotar uma linguagem matemática para descrever certos eventos clínicos, simplesmente abdicou da especificidade da psicanálise, depurando-a de seu caráter inefável e subjetivo, ou se, ao contrário, atendeu à necessidade de evitar seu isolamento epistemológico, inserindo-a no campo da transdisciplinaridade, contando, para isso, com a contribuição da filosofia e da matemática, além de disciplinas como a física, a biologia, a química, a astronomia, entre outras, cujas referências podem ser encontradas em seu livro *Cogitations* (Bion, 1992).

Bion (1962/1989) parece procurar incluir nas proposições de *Elements of Psychoanalysis* o objetivo comum a todas as ciências, isto é, a criação de um sistema de postulados e axiomas em que a filosofia e a matemática são meros instrumentos de representação dos padrões encontrados a partir da experiência clínica e não devem ser confundidas com o objeto de investigação, tampouco com a teoria ou com o método psicanalíticos.

Por outro lado, apesar de dedicar boa parte dos *Elements of Psychoanalysis* para o estudo da Grade, seu foco de atenção também se dirige, talvez de forma até mais abrangente, para uma série de questões que interessam de perto à prática clínica, como a função da mentira, a função da curiosidade, o papel dos mitos pessoais do analisando e do analista, da descrição dos elementos de psicanálise (relação continente-conteúdo e PS ↔ D), da particularização de L, H e K como vínculos entre os objetos psicanalíticos e da delimitação do campo das ideias e da razão a serviço das paixões.

Entretanto, seu interesse não parece estar voltado apenas para a sistematização de certos elementos de psicanálise, pois, a partir da definição de suas especificidades, Bion passa a operar de diferentes *vértices*, os quais vão conferir a esses mesmos objetos sentidos igualmente diversos – uma concepção que expandirá consideravelmente em *Atenção e interpretação* (Bion, 1970/1973).

Um exemplo expressivo desse emprego pode ser observado a partir dos diferentes ângulos pelos quais aborda o mito de Édipo, em que se destacam, de forma quase caleidoscópica, ora a curiosidade, ora a arrogância de Édipo, o pronunciamento do oráculo, em outro momento o emprego da mentira por Tirésias etc.

A partir desse modelo, Bion não mais nos estimula a considerarmos os processos pelos quais se formam os pensamentos ou as representações, ou se estamos nos movimentando na área da fragmentação ou da integração das ideias, mas nos chama a atenção para o fato de que um mesmo objeto pode ser visto de diferentes pontos de vista, de diferentes *vértices*, como prefere chamar, e que, dependendo do ângulo pelo qual o observamos, teremos uma configuração peculiar.

Um modelo que, apesar de sensorial, parece apropriado para ilustrar esse viés epistemológico é o do sólido geométrico multifacetado: dependendo do ângulo pelo qual o observamos, teremos a visão de algumas de suas faces, enquanto outras estarão fora do nosso campo visual.

Essa nova compreensão que Bion sugere para os objetos psicanalíticos nos coloca diante de problemas análogos àqueles enfrentados no século XX pela mecânica quântica, que, a partir da constatação da impossibilidade de termos uma descrição completa dos fenômenos relacionados ao comportamento de certas partículas subatômicas, formulou o conhecido *princípio da incerteza* ou *da indeterminação*.

A exemplo do que Freud legou à psicologia do inconsciente, Kant, à filosofia, e Einstein, Poincaré e Heisenberg, à física e à matemática, Bion expandiu consideravelmente na psicanálise os limites da dúvida e do desconhecido, e o significado da experiência analítica se libertou dos limites impostos tanto pelo vértice racionalista quanto pelo viés empírico-positivista, e adquiriu o desconcertante relativismo indeterminístico contido na concepção de que o aprendizado, seja ele qual for, se dá a partir da "experiência emocional" e de que "os objetos psicanalíticos são associações e interpretações com extensões no domínio dos sentidos, do mito e da paixão" (Bion, 1963/1989, p. 103).

1.7 Transformações: evolução ou ruptura

A teoria de transformações tem sido compreendida por muitos estudiosos da obra de Bion como uma continuidade de suas ideias anteriores desenvolvidas em *Learning from experience* (1962/1991) e *Elements of Psychoanalysis* (1963/1989).

Essa compreensão se deve a dois fatores principais: primeiro pelo fato de Bion conservar as noções básicas de Freud relativas à teoria da transferência, dos princípios de prazer e dor e princípio da realidade, assim como por adotar amplamente as concepções kleinianas de relação objetal, clivagem, identificação projetiva etc.; e segundo, por manter certas noções da epistemologia kantiana como base para suas formulações.

Algumas evidências desses referenciais teóricos freudianos e kleinianos podem ser observadas, por exemplo, na formulação do conceito de transformação em movimento rígido, que se refere ao tipo de transformação que guarda as características de repetição próprias da transferência, assim como o de transformação projetiva, que se refere à dinâmica envolvida nos processos de clivagem e de identificação projetiva.

Entretanto, é necessário termos em conta que Bion esclarece que a teoria de transformações não pretende se constituir em uma nova teoria psicanalítica, mas, sim, em uma teoria de *observação psicanalítica*.

Sob esse vértice, podemos considerá-la mais como uma teoria epistemológica do que psicanalítica, na medida em que seu foco de atenção parece estar voltado prevalentemente para as condições pelas quais podemos observar determinados fenômenos clínicos, isto é, para o exame do nosso instrumental de investigação clínica.

Entretanto, é essencial considerar que a teoria de transformações traz em sua base um significativo distanciamento dos referenciais epistemológicos empregados por Freud e Klein, segundo os quais o conceito de *interpretação*, por exemplo, se alicerça em uma epistemologia de inspiração empírico-positivista e determinística, que descreve o dado de observação a partir do objeto e considera o analista, enquanto livre de reações contratransferenciais, como fator potencialmente neutro na relação analítica – um modelo com características muito próximas ao adotado pela medicina.

No entanto, apesar de certos elementos "diagnósticos" continuarem se mostrando úteis tanto na clínica como na formulação de teorias psicanalíticas, o fato de ficarem mais e mais evidentes os aspectos assim chamados psicóticos no funcionamento mental de indivíduos considerados normais fez com que tanto a função diagnóstica, conferida à psicanálise a partir do modelo médico, quanto a ideia de que o psicanalista pode operar nas mesmas condições de assepsia de um cirurgião ou de um arqueólogo, como queria Freud (1937/1976), fossem perdendo gradativamente seu sentido operativo original.

A teoria de transformações passou a considerar, como nenhuma outra, as peculiaridades do analista enquanto agente dotado de vontade e decisão na situação clínica e cuja interferência não se limita aos entraves provocados pela contratransferência ou ainda por suas preconcepções teóricas, sua análise pessoal e de supervisão, mas também, e talvez principalmente, pelas características de sua personalidade e por seu próprio estado de espírito no momento da sessão.

Creio que cada um de nós, visto que acumulamos suficiente experiência clínica e adquirimos uma certa liberdade para transitar por meio de nossas concepções clínico-teóricas e por nossos mitos pessoais, podemos detectar essa condição como mais comum do que os textos que trazem descrições de fragmentos clínicos podem sugerir.

Na medida em que consideramos que tanto o analisando quanto o analista efetuam transformações do que ocorre na sala de análise, o significado do termo *interpretação*, a partir da teoria de transformações, perde seu caráter determinista e passa a ter um sentido meramente opinativo (Bion, 1965/1983; Meltzer, 1996/1997) – uma concepção expressa por Bion no capítulo 4 de *Transformações* nos seguintes termos: "a expressão verbal (do analista) deve ser limitada de maneira que expresse verdade sem qualquer implicação além da implicação de que ela é verdade na *opinião do analista*" (p. 53).

Por outro lado, esse novo referencial, ainda que desconstrutivo em relação à epistemologia psicanalítica clássica, mantém praticamente inalterados dois dos elementos fundamentais utilizados tradicionalmente pela psicanálise, a saber, o *objeto de investigação*, que se mantém no âmbito da realidade psíquica, e o método de investigação, que tem como pedra de toque o próprio processo psicanalítico. Entretanto, abandona sistematicamente o clássico viés determinístico da psicanálise em favor de uma epistemologia que considera a relação sujeito-objeto, o par analisando-analista, como uma configuração *sui generis*, cujas características não podem ser reproduzidas a não ser num plano histórico-narrativo baseado nos recursos da memória, cujo vértice de compreensão está assentado fundamentalmente na experiência ocorrida durante a situação de análise. Segundo essa configuração, Bion (1965/1983) propõe que tanto analista quanto analisando têm apenas acesso aos "fatos" que ocorrem na sessão, ao "O" da sessão, como diz.

Do ponto de vista filosófico, as ideias expressas na teoria de transformações não representam, no meu entender, uma mudança completa de vértices (se comparada às suas concepções anteriores), pois mantêm em sua base as formulações originais de Kant relativas à diferenciação entre *número* e *fenômeno*, *intuição* e *conceito*, e de qualidades primárias e secundárias[8] que são atribuídas aos objetos enquanto parte da relação sujeito-objeto.

A manutenção do esquema epistemológico de Kant pode ser observada, por exemplo, nos processos de *transformação* descritos por Bion, em que os fatores O, Tα e Tβ parecem corresponder, respectivamente, à "coisa em si kantiana" (O), ao processo (Tα) pelo qual o sujeito (o analisando ou o analista) vai "construindo" um conhecimento possível e, por fim, ao significado do fenômeno (Tβ).

Entretanto, o mesmo não se pode dizer quanto à possibilidade de se ter um conhecimento completo dos processos pelos quais se adquire conhecimento, como queria Kant (1781/1983), uma vez que Bion considera *conhecimento* como um constante devir de preconcepções que, porquanto encontram realizações que conferem um sentido possível a um fenômeno observado, transformam-se em novas preconcepções, as quais imprimem um caráter sempre evolutivo ao conhecimento e cuja pedra de toque é o *desconhecido* – uma

8 Kant denomina de *qualidades primárias* aquelas "inerentes" aos objetos, a saber: forma, extensão, impenetrabilidade etc.; e de *secundárias* aquelas que dependem da subjetividade do observador, isto é, calor, cor, gosto etc.

concepção expressa frequentemente por Bion por meio do aforismo de Maurice Blanchot de que "a resposta é o infortúnio da questão".

As implicações contidas nessas ideias, a meu ver, revolucionárias, têm, por vezes, levado alguns autores à compreensão de que o abandono do referencial epistemológico empírico-positivista pode levar a psicanálise ao limbo de uma pseudociência em que o "palpite" do analista passa a ser a pedra de toque na situação clínica.

Entretanto, há um profundo equívoco nessa compreensão, notadamente pelo fato de que, na medida em que o analista que passa a levar em conta a sua própria experiência emocional como um dos elementos fundantes para a formulação de uma "interpretação", ele terá de haver-se, inevitavelmente, com o contínuo desenvolvimento de uma disciplina interna por meio da qual o vértice analítico seja mantido livre, o quanto possível, da interferência de fatores ligados à memória, desejo e compreensão, ainda que dentro do clima de turbulência emocional invariavelmente presente no encontro de duas pessoas na sala de análise.

Por fim, penso que, se pudermos nos utilizar de uma visão macroscópica sobre esses mais de 100 anos de existência, talvez possamos considerar que a psicanálise passou, e tem passado, pelas mesmas vicissitudes que a própria filosofia experimentou no decorrer de sua longa história, visto que, com Freud, viveu um período marcadamente racionalista; com Klein, evoluiu sob forte influência do empirismo inglês; e, com Bion, atingiu certo grau de maturidade com a adoção de um sistema que não se volta aos extremos, mas que considera, com igual importância, sujeito e objeto, ou analisando e analista, como elementos complementares que sofrem interferências mútuas dentro do mesmo e único processo – a relação psicanalítica.

Referências

Bion, W. R. (1973). *Atenção e interpretação: uma aproximação científica à compreensão interna na Psicanálise e nos grupos* (C. H. Afonso, Trad.). Imago. (Trabalho original publicado em 1970)

Bion, W. R. (1983). *Transformações: mudança do aprendizado ao crescimento* (C. H. P. Affonso, M. R. A. Junqueira e L. C. U. Junqueira Filho, Trads.). Imago. (Trabalho original publicado em 1965)

Bion, W. R. (1989). *Elements of Psychoanalysis*. Karnac. (Trabalho original publicado em 1963)

Bion, W. R. (1991). *Learning from experience*. Karnac. (Trabalho original publicado em 1962)

Bion, W. R. (1992). *Cogitations*. Karnac Books.

Bion, W. R. (1993). A theory of thinking. In *Second thoughts* (pp. 110-119). Karnac. (Trabalho original publicado em 1962)

Bion, W. R. (1993). *Second thoughts:* selected papers on Psychoanalysis. Karnac. (Trabalho original publicado em 1967)

Descartes, R. (1989). *Regras para a direção do espírito* (J. Gama, Trad.). Edições 70. (Trabalho original publicado em 1628)

Freud, S. (1974). A interpretação de sonhos. In *Edição standard brasileira das obras completas de Sigmund Freud: Vol. 5. A interpretação dos sonhos (II) e Sobre os sonhos (1900-1901)* (W. I. Oliveira, Trad., pp. 543-568). Imago. (Trabalho original publicado em 1900)

Freud, S. (1974). Formulações sobre os dois princípios do funcionamento mental. In *Edição standard brasileira das obras completas de Sigmund Freud: Vol. 12. O caso Schreber, Artigos sobre técnica e outros trabalhos (1911-1913)* (J. O. A. Abreu, Trad., pp. 273-288). Imago. (Trabalho original publicado em 1911)

Freud, S. (1974). O inconsciente. In *Edição standard brasileira das obras completas de Sigmund Freud: Vol. 14. A história do movimento psicanalítico, Artigos sobre a metapsicologia e outros trabalhos (1914-1916)* (J. Salomão, Trad.). Imago. (Trabalho original publicado em 1915)

Freud, S. (1976). O ego e o id. In *Edição standard brasileira das obras completas de Sigmund Freud: Vol. 19. O ego e o id e outros trabalhos (1923-1925)*. Imago. (Trabalho original publicado em 1923)

Freud, S. (1976). Um estudo autobiográfico. In *Edição standard brasileira das obras completas de Sigmund Freud: Vol. 20. Um estudo autobiográfico, Inibições, sintoma e ansiedade, Análise leiga e outros trabalhos*. Imago. (Trabalho original publicado em 1925)

Freud, S. (1976). Conferência XXXI: A dissecção da personalidade psíquica. In *Edição standard brasileira das obras completas de Sigmund Freud: Vol. 22. Novas conferências introdutórias sobre psicanálise e outros trabalhos (1932-1936)*. Imago. (Trabalho original publicado em 1933)

Freud, S. (1976). Construções em análise. In *Edição standard brasileira das obras completas de Sigmund Freud: Vol. 23. Moisés e o monoteísmo, Esboço de psicanálise e outros trabalhos (1937-1939)*. Imago. (Trabalho original publicado em 1937)

Heimann, P. (1950). On counter-transference. *The International Journal of Psychoanalysis 31*, 81-84.

Heisenberg, W. (1995). *Física e Filosofia* (J. L. Ferreira, Trad.). Editora Universidade de Brasília. (Trabalho original publicado em 1958)

Hume, D. (1973). *Investigação sobre o entendimento humano*. Abril Cultural. (Trabalho original publicado em 1784)

Kant, I. (1983). *Crítica da razão pura* (V. Rohden e U. B. Moosburger, Trads.). Abril Cultural. (Trabalho original publicado em 1781)

Kant, I. (1984). Introdução à crítica do juízo. In *Textos selecionados* (R. R. Torres Filho, Trad., pp. 163-203). Abril Cultural. (Trabalho original publicado em 1789)

Kant, I. (1988). *Prolegómenos a toda a metafísica futura* (A. Morão, Trad.). Edições 70. (Trabalho original publicado em 1783)

Klein, M. (1982). Notas sobre alguns mecanismos esquizoides. In M. Klein, P. Heimann, S. Isaacs, & J. Riviere, *Os progressos da Psicanálise* (A. Cabral, Trad., 2a ed., pp. 313-343). Zahar Editores. (Trabalho original publicado em 1946)

Leibniz, G. W. (1982). Meditaciones sobre el conocimiento, la verdad y las ideas. In *Escritos filosóficos* (R. Torretti, T. Zwanck e E. Olaso, Trads., pp. 271-278). Editorial Charcas. (Trabalho original publicado em 1684)

Locke, J. (1973). *Ensaio acerca do entendimento humano* (A. Aiex e E. J. Monteiro, Trads.). Abril Cultural. (Trabalho original publicado em 1690)

Meltzer, D. (1997). *Meltzer em São Paulo: seminários clínicos* (M. O. A. F. França e E. S. Marra, Orgs.). SBPSP; Casa do Psicólogo. (Trabalho original publicado em 1996)

Mora, J. F. (1978). *Dicionário de Filosofia* (A. J. Massano e M. J. Palmeirim, Trads.). Publicações Dom Quixote. (Trabalho original publicado em 1974)

2. Matrizes filosóficas em diacronia

Marisa Giannecchini Gonçalves de Souza

2.1 À guisa de prefácio

Não faças versos sobre acontecimentos.
Não há criação nem morte perante a poesia.
Diante dela, a vida é um sol estático,
não aquece nem ilumina.
...
Nem me reveles teus sentimentos,
que se prevalecem do equívoco e tentam a longa viagem.
O que pensas e sentes, isso ainda *não é poesia. [grifo meu]*

Carlos Drummond de Andrade, "Procura da poesia"

Em 2019, a Sociedade Brasileira de Psicanálise de Ribeirão Preto (SBPRP) promoveu, de forma presencial, um curso voltado à interlocução entre Bion e a filosofia. Objetivava-se estabelecer matrizes filosóficas que, incorporadas na obra do psicanalista, materializassem o encontro de campos em interação. No primeiro momento, o programa determinou apresentar ao público, em apontamentos, a história da filosofia ocidental, situando, no espaço e no tempo, pensadores que sustentaram suas teses, trazidas, em permanente diálogo, ao presente da enunciação. Na mesma mesa inicial, o psicanalista Fernando Giuffrida trazia a abertura para reflexões sobre Bion & filosofia, marcadas por referências filosóficas, em ressonância no campo teórico analítico bioniano.

Coube, portanto, no início dos trabalhos, ser apresentada a linha do tempo da filosofia Ocidental em síntese, de forma a criar a atmosfera adequada aos encontros subsequentes. Em primeira mão, tendo sido disponibilizado o material impresso para cada participante do evento, contendo a proposta diacrônica, a fala inicial traduzia o desejo de mobilizar o público para vivenciar os desdobramentos da programação em outras mesas, sempre com especialistas em dupla, um deles trazendo um filósofo selecionado no quadro geral, e o outro relendo Bion, em contato com as matrizes pelo caminho: Sócrates e Platão, Hume, Kant e Nietzsche,[1] e, no fechamento, teorias da ciência, no diálogo de Bion com a filosofia, com a arte e com a ciência, sempre em interação.

A partir dessas considerações, atando duas pontas – a matriz clássica, vinda da Grécia Antiga, e o estudo das linguagens, tão caro aos encontros interdisciplinares da filosofia e outros campos, nos séculos XX e XXI –, o presente Capítulo pretende ser o mais próximo possível da exposição oral, estando esta enunciadora convencida de que o novo momento, relativo à escritura, transforma a cena primeira. Assim, essa transliteração está longe de ser "perfeita correspondência" com o gesto inaugural, modalizado pelo sensível, diante do público presente, naquele sábado, na SBPRP.

Drummond (1973), em epígrafe, é convocado nesta introdução, dado que a linha do tempo a ser apresentada *ainda* não é filosofia. Se os fatos cotidianos, segundo o eu lírico mineiro/universal, *ainda*

1 Os nomes mencionados correspondem às mesas subsequentes ao longo do curso.

não são matéria poética – deverá haver um salto qualitativo nesse processo –, somente adentrar o "reino das palavras" e fazer pulsar latências garante a produção estética consistente. Assim também este momento, em tempo de ajustamentos: a filosofia, para além dos quadros a serem apresentados em primeira instância, aguarda a sequência da programação para ver o público leitor mergulhar nas matrizes que se reinventam na obra bioniana. A partir dessa abertura, há um convite e uma convocação: na sequência dos Capítulos deste livro, o que se faz ensaio ganha, neste caso, a cena para a constituição do projeto inicial: a psicanálise no feliz encontro de Bion e da filosofia.

2.2 Do mythos *ao* logos

Cada vez que o reino humano me parece condenado ao peso, digo para mim mesmo que, à maneira de Perseu, eu devia voar para outro espaço. Não se trata absolutamente de fuga para o sonho ou o irracional. Quero dizer que preciso mudar de ponto de observação, que preciso considerar o mundo sob outra ótica, outra lógica, outros meios de conhecimento ...

Italo Calvino, *Seis propostas para o próximo milênio*

Italo Calvino, italiano por convicção, recebeu, em junho de 1984, o convite para um ciclo de conferências na Universidade de Harvard, em Cambridge, no estado de Massachusetts, Estados Unidos. O tema "Poetry Lectures" se desdobraria em seis conferências sobre valores que deveriam compor o programa, em diferentes linguagens, para o milênio seguinte. Não se realizaram as conferências, em virtude da morte precoce de Calvino. Tendo o original de cinco delas já datilografado e disposto em pastas, coube a Esther Calvino, sua esposa, a publicação do livro (Calvino, 1990), valendo-se também de depoimentos casuais do autor italiano com seus amigos interlocutores, o que compôs a sexta lição. São elas: "Leveza", "Rapidez", "Exatidão", "Visibilidade", "Multiplicidade" e "Consistência". A primeira conferência traz o mito de Perseu e Medusa.

No presente Capítulo, elejo, nessa trilha, a linguagem poética como porta de entrada ao reino da filosofia ocidental. Valho-me do mito de Perseu e Medusa, de um espelho da arte para enfrentar a filosofia, que, dada a sua complexidade, implica o risco, petrificando meu olhar. Vou, então, pelo mito, pelos mitos, narrativas poéticas, figurativas, da ordem do sensível, dos sonhos, para dar os primeiros passos. Sou provocada por uma questão: visto que o momento estético da criação é, em princípio, um gesto inaugural, não seria essa poesia, em sua depurada construção, única e individual? Diante da tradição que afirma serem eles (os mitos) uma produção coletiva, pulsa neste trabalho a hipótese de que o material poético, incorporado por aqueles que o absorvem, acaba ganhando uma esfera coletiva, na ordem da oralidade, rumo a posteriores gerações. Gesto inaugural, essas histórias já trazem as questões fundantes do ser humano; contêm, em latência, a fonte primeira acolhida pela tradição. Do caráter único a uma voz plural, uma dança entre limiares, reflexão movida a intuição, em consonância com a natureza da produção poética.

Segundo a narrativa em questão, Perseu promete ao rei Polidectes que, em sua homenagem, trará a ele, como presente, a cabeça de Medusa. Neto de Acrísio e filho de Dânae, Perseu parte para dominar a górgona mortal, uma vez que outras duas, Estene e Euríale, eram imortais. Os deuses protegem o filho de Dânae: Atena dá-lhe o escudo; às Ninfas, sandálias aladas; Hermes, a espada; e mesmo Hades está entre os protetores – o elmo lhe chega pelo deus subterrâneo. Medusa era um monstro de escamas de dragão e dentes semelhantes aos de javalis, além de ter serpentes na cabeça. Valendo-se de estratégias,

Perseu a vê refletida no escudo e, com a espada, corta-lhe a cabeça, vencendo-a. Do sangue de Medusa, nasce um cavalo alado, Pégaso, que faz jorrar uma fonte da qual as musas beberão.

Assim se propõe o percurso deste trabalho: pelo viés da Poesia, investe-se o olhar para a filosofia, não para vencê-la, mas assumindo o *mythos*, em processo iniciático, a enfrentar os desafios. Vamos andar juntos, à maneira da Grécia Antiga, *mythos* e *logos* pelo caminho.

Os mitos, "concatenação dos atos", segundo a etimologia, são textos narrativos da ordem da figuratividade, antes de materializarem-se em expressão escrita, na literatura e em outros campos. Depreende-se deles o movimento para buscar respostas, sem ter ainda a sustentação do discurso filosófico e científico. Quando este se impõe, o *logos* diante do *mythos*, há a tentativa de ruptura entre um novo percurso de busca do conhecimento, pautado por outro caminho – o da investigação –, ora tratando o mito como mentira, ora assistindo a dois procedimentos para fundamentar a visão de mundo, sem exclusão.

Os filósofos gregos da Antiguidade Ocidental – pré-socráticos, Sócrates e os sofistas, Platão e Aristóteles, e outros do período helenístico – não rompem definitivamente com a matéria poética anterior. Platão e seu mito da caverna é um modelo figurativo para apresentar a teoria do sensível (relativo aos sentidos, enganosos) e do inteligível (perfeito, das ideias). Entre *mythos* e *logos*, há "bordas borradas", modelos, muitas vezes, intercambiáveis, a provar que o "escudo de Perseu" se faz metáfora para desafios, a romper um conhecimento unilateral, capaz de petrificar-nos. E os filósofos entram em discordância fértil: Heráclito é o movimento; Parmênides, o monismo; Sócrates é a busca da verdade; os sofistas são a persuasão e a retórica para criar "a verdade" que valha construir por conveniência. E, nesse percurso, Platão é o mundo das ideias; e Aristóteles, no *Organon*, é fundador da lógica.

O filósofo à época era, em essência, "amigo da sabedoria". Suas reflexões abordavam diferentes áreas, a exemplo de Pitágoras, pré-socrático, matemático, músico, filósofo. Platão, por exemplo, no *Crátilo*, discute se os signos linguísticos são motivados ou imotivados (apenas convencionais). Em seu espectro, buscou construir a identidade de Sócrates, que não deixara obra escrita, mas se estendeu a múltiplos vértices, a exemplo de *A República*. E Aristóteles, autor da *Arte retórica* e da *Arte poética*, discutiu, nesse tratado, a epopeia, a tragédia, a comédia, fundando o *logos* poético, a filosofia da arte, da literatura. A pluralidade de temas na Grécia Antiga se reinventará, em especial nos séculos XX e XXI: tão modernos, tão arcaicos, em interação, voz plural, sem unilateralidades.

Entrar, neste momento da exposição, na Idade Média é encontrar o poder da Igreja Católica, convocando-nos para a patrística e a escolástica, filosofias que recriam, respectivamente, Platão e Aristóteles. Santo Agostinho defende a tese de que só os "eleitos" serão acolhidos por Deus; poucos saem da caverna, à maneira platônica. São Tomás de Aquino elege o livre arbítrio, em uma linha que vem da Antiguidade e chega à Baixa Idade Média, em um caminho (re) visitado como filosofia aristotélico-tomista. É fundamental rever a arte em interação com a filosofia, *mythos* e *logos* no diálogo fértil, em tempo de invariâncias.

Umberto Eco (1983), no romance *O nome da rosa*, obra do século XX, traz à tona a *querela dos universais*, inscrita na Baixa Idade Média. Segundo o nominalismo, em uma das posições defendidas, contrapondo-se ao realismo, o *nome* é mais forte do que a *coisa* que ele busca traduzir. A rosa, por exemplo, é efêmera; o *nome* que se atribui a ela sobrevive, elegendo a flor como símbolo da nomeação, em primeiro plano, ante o objeto que se nomeia.

A obra de Umberto Eco (1983), ficcional, apresenta um protagonista de espírito crítico, renascentista, investigando, em uma abadia medieval, sucessivas mortes, em um tempo de total controle da ordem religiosa no monastério. O riso era proibido. Descobre-se, na sequência dos atos, que as mortes aconteciam para aqueles que ousassem entrar na biblioteca. Diante da decifração do enigma, o que se fez por meio do protagonista, a biblioteca é incendiada e, entre os livros, a *Comédia* de Aristóteles se revela a leitura proibida. "*Ridendo castigat mores*": "rindo, corrigem-se os costumes". Há o medo da Igreja de perder o controle e o poder se os leitores tiverem acesso ao texto que faz rir, mas este é, em essência, revolucionário: faz pensar. Enfim, a arte, seja o romance ou o filme homônimo (Annaud, 1986), reafirma o ritmo entre épocas, em contínua construção dialógica.

A Idade Moderna, inaugurando outro tempo, além da apologia ao absolutismo, propõe outras velhas/novas questões. Descartes e sua dúvida na busca do conhecimento inauguram o *Discurso do método* e a defesa do inatismo, a priori, o que será contestado por John Locke, para quem a mente é uma "tábua rasa", e todo conhecimento se adquire a posteriori. David Hume faz avançar a visão empírica, chamando atenção para o fato de que todo conhecimento provém de impressões sensíveis, considerando o hábito como forma indutiva de transformar o conhecimento em generalizações. Seu pensamento põe em discussão o método adotado, até então, pelo empirismo inglês, dado que uma amostra corre o risco de impor-se como verdade, sem que haja certeza. Seu pensamento ganhou muito espaço em formulações filosóficas posteriores.

Leibniz é também presença nos séculos XVII-XVIII. Opondo-se à dúvida cartesiana, absoluta, aponta para que se considerem os graus de concordância ou discordância, ao examinar as razões que movem a relação do homem diante do conhecimento. Segundo o filósofo em questão, em sua *Monadologia*, o mundo é constituído de mônadas, desde a matéria inanimada até Deus, Suprema Mônada. Em harmonia, instaura-se "o melhor dos mundos possíveis". Voltaire, em passo seguinte, ironiza a existência desse "melhor dos mundos". "Cândido" é o conto que, mudando a conotação, traz o protagonista alienado, fechado entre privilégios, assistido por Pangloss, seguidor "desviante" do sentido original proposto pelo pensamento leibniziano.

Enfim, no século XVIII, época do iluminismo, tempo de Voltaire, Montesquieu e Rousseau, a voz de Kant soa como nova "revolução copernicana". O criticismo que pontua sua visão filosófica faz coexistir os dados a priori e os a posteriori, intuição e conceito conjugados na busca do conhecimento. Sempre o fenômeno, o *phaynos*, a luz, mundo das representações, sem nunca chegar ao *noûs*, número, a "coisa em si", inatingível. Herdeiro das ideias de Platão, não há, contudo, a saída da caverna. E, nesse contexto, movido a ética, sua discussão entre menoridade e maioridade, entre tantas outras dimensões de sua obra, aponta para a busca de liberdade e autonomia do ser humano, livre de amarras de tutores que impedem esse caminho. Toda ação individual, na visão kantiana, reflete-se na sociedade, cabendo a cada ser a responsabilidade de transcender o singular no contexto plural.

E, no exercício de buscar iniciação nos textos bionianos, a Grade, proposta pelo psicanalista, da ordem do *logos* aristotélico, faz ressoar a visão kantiana no embate entre fenômeno e número. Há um desafio sempre reinventado de atar pontas, juntar áreas do conhecimento em busca das matrizes, ecos que fazem ressoar o arcaico a cada passo da interpretação. Entre o "compositor" e o "intérprete", há espaços sensíveis no ritmo que chega ao leitor, ouvinte, espectador, em sinestesia. O mito de Édipo Rei, por exemplo, entre arrogância e desamparo, está entre os cinco modelos que Bion elegeu para compor a cena no processo analítico.

A Idade Contemporânea nos põe em contato com Schopenhauer, instaurando o sensível para apreensão do mundo, Kierkegaard e Nietzsche. O filósofo do niilismo condena a verdade absoluta: "É preciso instaurar o princípio da incerteza", contra o apolíneo que pautou a busca do conhecimento absoluto, e reinaugurar o dionisíaco, os mitos, o poético. A Filosofia, em reversibilidade, deveria, portanto, buscar matrizes, capazes de vencer a descrença que se foi instaurando no curso da história, denunciada por Nietzsche.

A segunda metade do século XIX se organiza em torno do materialismo histórico: Hegel, Marx, Comte. Na trilha de Heráclito, assiste-se à dialética de Hegel em tese, antítese e síntese, modelo histórico que desliza para se refletir também sobre a trajetória individual. Marx e Engels, em *Manifesto comunista* e, assinado pelo primeiro, *O capital*, promovem o debate sobre o percurso do capitalismo ao socialismo e ao comunismo. À frente do sonho marxista de uma sociedade perfeita com a queda do capitalismo, estão as matrizes freudianas que expandem a discussão sobre o inconsciente, diante da ilusão de um modelo social perfeito. Auguste Comte – e o positivismo, como terceiro estágio – faz crer que, libertando-nos dos mitos e da galeria de deuses, há um novo tempo que vai reger a sociedade, em termos de ordem e progresso material.

Enquanto se apresentava o quadro da filosofia ocidental ao público na SBPRP, chegar ao século XX e XXI, às tendências filosóficas voltadas às linguagens, permitia um olhar em um tempo comum, vivenciado pelo público presente no evento: a multidisciplinaridade reinventa as nascentes dos sentidos.

O acesso às linguagens, forma de expressão do ser humano em travessia, é objeto também da filosofia, que, em interação com outros campos, propõe, por meio do enunciado verbal ou não verbal, ou em sincretismo, ir além das máscaras do discurso. Em um coro de vozes, sentam-se à mesa a filosofia, a matemática, a psicanálise, a arte, a linguística, a antropologia, a sociologia, a semiótica, em meio a outros atores, movimento dialógico, polifônico, em expressão bakhtiniana. Há, ainda, espaço para o existencialismo de Sartre, a fenomenologia da percepção de Merleau-Ponty... Em busca de interação e de matrizes, este esboço apenas inicia o "reino da filosofia" no tempo atual, em diálogo circular, tendo as linguagens como ponto de intersecção, cruzamentos de vozes e invariantes. Heráclito já propunha, no século VI a.C., que o movimento era essencial. A reflexão contemporânea dialoga, nessa perspectiva, sem perder os fundamentos de "outroras grandezas".

No momento em que se apresentava, na oralidade, a linha do tempo da filosofia, projetavam-se imagens que compunham o ritmo plástico de obras de arte. Caravaggio, em sua *Medusa*, e Magritte, na obra *Les vacances de Hegel* estiveram na abertura e no fechamento da apresentação. Entre essas obras, outras, em interlocução com o discurso poético a viva voz.

2.3 Em conclusão

Querer dizer o indizível, pintar o invisível: provas de que a coisa, única, adveio, que outra coisa seja talvez possível. Nostalgias e esperas alimentam o imaginário cujas formas, murchas ou desabrochadas, substituem a vida: a imperfeição, desviante, cumpre assim, em parte, seu papel. Vãs tentativas de submeter o cotidiano ou dele esvair-se: busca do inesperado que foge. E, todavia, os valores ditos estéticos são os únicos próprios, os únicos que, rejeitando toda negatividade, nos arremessam para o alto. A imperfeição aparece como um trampolim que nos projeta da insignificância em direção ao sentido. O que resta? A inocência: sonho de um retorno às nascentes quando o homem e o mundo constituíam um só, numa pancália original. Ou a vigilante espera de uma estesia única, de um deslumbramento ante o qual não nos encontraríamos obrigados a fechar as pálpebras.

Mehr Licht!

Algirdas Julien Greimas, *Da imperfeição*

Do ditirambo ao coro grego.

Toda a produção verbal constitutiva de Matrizes Filosóficas na Obra de Bion e inscrita também neste Capítulo impõe não só a coerção da linearidade, própria da escrita, mas também o ponto-final. Talvez mero artifício discursivo, pois tanto a pulsação das entrelinhas quanto a *obra aberta* a leituras plurais (Eco, 1962/2015) se podem instalar nesse contexto.

Para que se construa, materialmente, o ponto-final, o presente enunciado traz uma reflexão, em síntese, sobre o ditirambo e o coro grego. Antes de existirem as peças trágicas, às mãos de Ésquilo, Sófocles e Eurípedes, os espetáculos na Grécia Antiga apresentavam um canto coral, de ordem dionisíaca, conhecido como *ditirambo*. As festas em Atenas contavam com apresentações e concursos, elegendo-se o grupo cuja performance garantia o prêmio. Téspis, um poeta da época, propôs um animador para entretenimento, em um intervalo entre a primeira e segunda parte do canto coral. Essa inserção, *mise-en-scène* de um único ator, ganhou progressivamente sua ampliação em dois, três atores *na cena*...

Assim se inicia o gênero trágico. Era preciso, então, encontrar uma nova função para o canto a várias vozes: nasce o coro na tragédia grega, vindo do dionisíaco. A partir da evolução do gênero, geralmente contido na *orquestra*, esse grupo, regido por uma poesia com métrica específica, adequada ao canto, passou a ler, interpretando em voz alta os conflitos em *cena*. O coro grego, assumindo aparente distanciamento, tornou-se o moralizador do comportamento observado, entre outras funções que lhe cabem na dinâmica do teatro, etimologicamente "o que se vê". O coro, em uníssono, ou corifeu, chefe do coro, *nunca* perderam a pulsação dionisíaca. Assumindo variadas funções, como interlocutores dos atores em cena, descrevendo estados de alma por trás das máscaras, ele compunha o cenário a ser apreendido pelo leitor/espectador que ia construindo, pelo ritmo da *mise-en-scène*, as linguagens a instaurarem sentidos, ampliando os signos do espetáculo. Em *As bacantes*, de Eurípedes, o coro canta e dança; mulheres vindas da Lídia e da Frígia, chegando a Tebas: elas ocupam o espaço cênico, a provar que *cena* e *orquestra* têm um ritmo deslizante. Baco e suas seguidoras levam a paixão à *cena*, mas as bacantes voltam à *orquestra*, em contenção, no final dos atos. Sob máscara apolínea, capas de ficção, a gênese do canto coral, da ordem do sensível, vive uma aparente opacificação no drama, mas (re)vela-se, vinda das estruturas profundas, por exemplo, na sustentação da ordem dionisíaca, construindo a atmosfera para a *katharsis* do próprio espectador.

Em suma, a formulação do *mythos* ao *logos*, ou seja, da Poesia à filosofia e à ciência, nos acorda para transcender unilateralidades. Neste artigo, a exemplo do canto ditirâmbico, cedendo espaço à *cena*, pretendeu-se manter o distanciamento exigido por trabalho científico, sem perder o sensível intrínseco a ele. Na *orquestra*, reafirma-se que é possível continuar a ser *poeta*, valendo-se do espelho/escudo para adentrar o reino da Filosofia, processo iniciático, em ensaio para o "vir a ser"! Neste livro, em primeiro plano, Bion e a filosofia, diante do olhar do leitor/espectador, mediado pela sensibilidade poética que não se perde em travessia.

Referências

Andrade, C. D. (1973). *Poesia completa e prosa*. Companhia José Aguilar Editora.

Annaud, J.-J. (Diretor). (1986). *O nome da rosa* [Filme]. Constantin Film; Cristaldifilm; Les Films Ariane; ZDF.

Bakhtin, M. (2015). *Questões de Literatura e Estética* (P. Bezerra, Trad.). Editora 34.

Brait, B. (2012). *Bakhtin: dialogismo e polifonia*. Editora Contexto.

Calvino, I. (1990). *Seis propostas para o próximo milênio* (I. Barroso, Trad.). Companhia das Letras.

Eco, U. (1983). *O nome da rosa* (J. V. Carvalho, Trad.). Gradiva.

Eco, U. (2015). *Obra aberta* (G. Cutolo, N. Cunha, P. Carvalho e I. A. Oliveira, Trads.; 10a ed. rev. e ampl.). Perspectiva. (Trabalho original publicado em 1962)

Greimas, A. J. (2002). *Da imperfeição* (A. C. Oliveira, Trad.). Hacker Editores. (Trabalho original publicado em 1987)

Grimal, P. (2011). *Dicionário de mitologia grega e romana* (V. Jabouille, Trad., 6a ed.). Bertrand Brasil. (Trabalho original publicado em 1951)

Marcondes, D. (2007). *Iniciação à História da Filosofia: dos pré-socráticos a Wittgenstein* (2 ed. rev. e ampl.). Zahar.

Souza, M. G. G. (1997). *O coro e suas ficções: máscaras na orquestra* [Tese de doutorado, Universidade Estadual Paulista Araraquara]. Repositório da universidade.

3. Bion e os gigantes ao som do *Bolero de Ravel*

Luciano Bonfante

Em memória de Martha Maria de Moraes Ribeiro,
mentora do projeto que justifica este livro.

Bernardo de Chartres dizia que somos como anões em ombros de gigantes, de modo que podemos ver mais longe que eles, não em virtude de nossa estatura ou da acuidade de nossa visão, mas porque, estando sobre seus ombros, estamos acima deles. (Eco, 2018, p. 22)

Enquanto os colegas vão preenchendo o auditório da Sociedade, o burburinho da movimentação provoca minha memória e um devaneio me assalta. Sou lançado para a saída da escola, numa quinta-feira qualquer do passado, caminhando para casa debaixo de um sol a pino. Era costume meu desviar o trajeto diário em uma quadra acima, a fim de passar em frente ao Cine São João. Quinta-feira era dia de mudança de programação dos filmes. Enquanto vejo os cartazes, ouço o ruído do trinco da janelinha de madeira da bilheteria que abre para a calçada. É o senhor Deny, que se prepara para mais um dia de trabalho, no mais antigo cinema da cidade. Ele reconhece o frequentador e anuncia:

— Oi, Luciano. Esta semana tem uma fita boa, não vai perder, hein!

Já não me lembro exatamente em que ano estávamos. O cinema, nem o nome de santo o salvou do vexame de virar supermercado, e o senhor Deny desapareceu no tempo. Contudo, não perdi aquela fita. Era *Retratos da vida* (*Les uns et les autres*), do francês Claude Lelouch (1981), um filme cujo argumento conta a vida de algumas famílias num período do início da Segunda Grande Guerra até décadas seguintes da catástrofe. Assistimos às agruras e às alegrias de suas histórias pessoais, carregadas de encontros e desencontros de um período sombrio. E, no final, as personagens, nem todas com relações entre si, encontram-se presentes na plateia de um espetáculo na cidade de Paris, nos Jardins das Tulherias, com a Torre Eiffel ao fundo. No palco ao ar livre, o bailarino Jorge Donn dança a coreografia de Bejart durante a execução do *Bolero de Ravel* e suas batidas repetitivas – *tá-tá-tá, tá-tá-tá, tá-tá-tá*... A imagem da dança, na sequência do filme, continua associada à composição de Ravel. Além da música, o filme me marcou pelo enredo forte, por saltos temporais, por ver, entre tantos figurantes na plateia do espetáculo do filme, personagens de cuja história de vida o espectador conhece a saga, até chegar aonde está. Desde então, o menino que fui brinca de inventar biografias para desconhecidos de uma grande reunião.

As lembranças mantinham seu fluxo durante a espera do início do evento Matrizes Filosóficas na Obra de Bion. Naquele momento, os vestígios de uma época compareciam com certa nostalgia e o entendimento íntimo com a passagem do tempo. A memória da experiência com o filme emergiu quando via, ali no anfiteatro da SBPRP, a reunião que colocava pessoas juntas como personagens, vindas de várias origens geográficas e temporais, unidas para o mesmo fim. Uma reunião salpicada de sabedoria e poesia cotidiana, entremeadas nas falas dos convidados e do público presente. Havia o sentimento de que estarmos numa sala reunidos poderia ser mais que a constatação de que na vida somos apenas elos genéticos numa cadeia engendrada algures, mais que seres de origem e descendência. Eram momentos de estesia também.

Ao anotar este texto, divago pensando que nasci desprovido da "necessidade orgânica" de escrever, na expressão do escritor português Gonçalo M. Tavares, ideia que me incutiu algo bem próximo do que se chama inveja de um dom assim. Portanto, preciso me valer do que a memória guarda e transpirar outro tanto para externar impressões. Tentar desvencilhar-me da exigência de que, se não é um bom poema, um ensaio bem escrito, uma crônica precisa, são apenas registros piegas, bem como ronda o risco de pastiche quando inclui mencionar ideias de outrem. Relatos pessoais comportam essa condição de risco. Há como nomear o gênero da narrativa que componho? Assim, receio resvalar para a pieguice por não escrever como resultado da comichão da "necessidade orgânica", desconfiando que a facilidade para escrever vem como dádiva, que escritores admiráveis nascem prontos, como na tão antiga quanto suspeita expressão "quem é bom já nasce feito". Fim da divagação, como escusas ao leitor.

Essas elucubrações não teriam registro escrito se não houvesse uma chamada para a participação aqui. Por ter produção nem sempre frequente de textos, o valor intrínseco deste registro nasce no estritamente pessoal, de valor afetivo, informado pela experiência da presença no evento e pelo prazer das relações. Experiência que se faz como prazeroso ofício de ocasião pelo qual me sinto grato. Somos sujeitos de narrativas, logo nos dirá Marisa Giannecchini, uma das convidadas do dia.

O texto livre me libera de ser "científico" ou da argumentação dos textos acadêmicos com objetivos comprobatórios. Se não me apoio em teorias, estou orientado pelo sentimento, movido pelos vestígios da emoção vivida, para tentar transmitir um pouco da experiência na ficção em que ela se transformou. E, aqui mesmo, na trilha de Heráclito sobre não se banhar duas vezes nas mesmas águas, esse pensamento andarilho sempre mensageiro a advertir sobre o movimento da vida. Desses movimentos, Fernando Giuffrida, outro convidado para o evento, logo me deixa à vontade, ao considerar que cada psicanalista, de acordo com sua própria experiência, tem modo particular de pensar. Há um sentido singular na experiência emocional de cada um, ele dirá.

A arte musical é abertura para o evento, como uma senhora abre alas ditando a atmosfera, talvez para dizer que, no princípio, é a arte, não o verbo, embora o verbo ainda possa ser um deus. Heresia ou não, o fato é que o homem pré-histórico primeiro expressou seu mundo em pinturas de barro, carvão e sangue nas paredes das cavernas para atravessar o tempo e receber o estatuto de arte rupestre. A caverna, Platão transformou em alegoria para nossa lucidez, ou a falta dela, em duradouras reflexões filosóficas. Na retórica de Marisa, o questionamento é reposto: quando começamos a pensar? Quando saímos da caverna? Da caverna, uns saem; outros, não. Cada um tem seu tempo para sair, e seria inútil voltar e contar aos outros a visão de fora. O ser humano sai um pouco da caverna, vê, volta, sai e entra a toda a hora, ela diz.

Marisa traz uma linha do tempo mostrando a evolução do pensamento filosófico e alerta-nos que não é filósofa, mas "amiga da sabedoria", oferecendo-nos uma doce contradição. Essa "amiga da sabedoria" instiga a pensar mesmo sem o propósito de fazê-lo, quando, por exemplo, diz descontraída: "adoro namorar, em todos os sentidos". Namorar é estar em amor. E, *em todos os sentidos*, em diversos campos do conhecimento, é uma declaração de amor à vida, além de dizer da cautela de que um casamento definitivo com um pensador pode não gerar boa prole. Assim, ela é livre para dizer "meu Platão" ou "Sócrates é lindo", entre outros filósofos queridos, ensinando algo fundamental sobre filosofia e a relação com o saber. E é essa a vitalidade presente na centelha poético-filosófica – "adoro namorar em todos os sentidos" – que brota espontaneamente, cheia de vitalidade, plena de eros. Vibrações alegres vindas do público confirmam o clima de satisfação da reunião.

Um encontro com filósofos precursores é como estar "nos ombros de gigantes", ideia contida no aforismo que serve de título a um belo texto de Umberto Eco (2018), em que ele escrutina exaustivamente o caminho percorrido pela sentença. O aforismo cruzou oito séculos: inicialmente, era referência à relação com os pais, sobre o tabu do matricídio e parricídio, lembrando a história de Édipo em simetria. Tal aforismo permitia resolver, de modo não revolucionário, o conflito de gerações. Se os antigos são gigantes, mesmo como anões em seus ombros, podemos ver mais longe. Depois, a sentença ganhou significados diferentes, passando pela filosofia e para o processo da ciência, que se apoia em saberes anteriores, mas se inova, superando em sucessão de saberes e descobertas. Constatamos um percurso que confirma a instabilidade dos sentidos, presente no pensamento bioniano.

A respeito da ciência, no mesmo texto, Eco (2018) cita Max Gluckman: "Ciência é qualquer disciplina na qual até um estúpido desta geração pode ultrapassar o ponto alcançado por um gênio da geração passada" (p. 24) Entre a máxima de Bernardo de Chartres e Gluckman passaram-se oito séculos, e algo aconteceu: "um dito que se referia à relação com os pais no pensamento filosófico e teológico transforma-se em um dito que evidencia o caráter progressivo da Ciência" (p. 24).

Do conflito das relações parentais e do fato de estarmos em seus ombros como apoio para olhar o horizonte, ao transpormos o aforismo para o conhecimento, somos sempre anões em ombro de gigantes, prontos para enxergar algo além. Eco (2018), ele mesmo um gigante de seu meio, entrega a conclusão – *reflexão* seria melhor – ao dizer que os modelos devem ser geracionais, reformulando o aforismo: "talvez na sombra já rondem gigantes que ainda desconhecemos, prontos para sentar em nossos ombros de anões" (p. 36). Desconheço se Bion tomou contato com tal sentença, mas reconheço, na reformulação de Eco, os ensinamentos de superação de modelos, na proposição de um status de obra aberta para seu legado teórico, por mais original que seja seu pensamento.

Ouvir os filósofos antigos como "redescobertas de pais distantes" – como fez Platão, conta Marisa, ocupando uma parcela de seu tempo de existência empenhado na recuperação do pensamento de seu mestre Sócrates – é lição para toda a história. Apesar de frequentarmos ombros de gigantes particulares, olhando o horizonte, vislumbrando novos panoramas, estando nós vivos, devemos aproveitar a sabedoria herdada, mas cuidar de não sermos prisioneiros delas para podermos expandir em contínua reelaboração, vermos melhor, ideia de Gasset mencionada por Eco (2018) no mesmo texto. E, então, outro questionamento se impõe sobre os tantos suscitados pelo aforismo: trata-se de humildade ou soberba? Cada leitor pode ocupar-se dessa indagação e conceber as próprias reflexões, num exercício pessoal de maiêutica, e parir as próprias ideias – um ensinamento socrático que transcende a aporia.

Ainda sobre o aforismo, ele leva a pensar que não precisamos escrever como os antigos, mas aprender com eles e ter a própria escrita com qualidade que, futuramente, desperte reflexão. Podemos tê-los como inspiração, mas é preciso autonomia e coragem para inovar. Marisa deseja que seus alunos sejam melhores que ela. Um bom mestre deve gerar autonomia. Volto a reconhecer Bion como bom mestre, sendo sua obra, de epistemologia própria, aberta a contínuas elaborações, entre tradição e inovação, considerando o caminho percorrido pela história do pensamento psicanalítico até chegar à originalidade de seu pensamento e à autonomia de livre pensar como proposição.

Os homens estão "uns sobre os ombros dos outros, e aquele que está no alto desfruta da impressão de dominar os outros, mas deveria perceber que, ao mesmo tempo, é prisioneiro deles", afirma Eco (2018, pp. 23-24). As "redescobertas de pais distantes" nas vozes dos gigantes que nos habitam quando pensamos ou escrevemos trazem a debatida "angústia da influência"; mas, se a toleramos bem, tentaremos alguma originalidade em novos arranjos e a possibilidade de afastar o aprisionamento. O novo arranjo nasce do "aqui e agora" da experiência, pois os homens que pensaram o que ainda reverbera no tempo, ainda que gigantes, não estão vivos para o novo. Nós, os vivos, pulsamos como o ritmo do *Bolero de Ravel*, ainda em estado de duração, *tá-tá-tá, tá-tá-tá, tá-tá-tá...* E, enquanto duramos, cabe refletir se as angústias e as dúvidas serão sempre as mesmas presentes em nossa inquietude de hoje.

Se o dito salomônico prevalece, e continuamos sem novidades embaixo do sol, há o que possa mudar esse fato e trazer o realmente novo? É provocador Eco (2018) dizer que um pensador de hoje, para ser levado a sério, "deve demonstrar que está dizendo algo diferente do que era dito por seus imediatos predecessores, e quando não o faz, deve fingir que sim" (p. 21). A irreverência desse pensamento e os seus desdobramentos ficam a cargo do leitor para seguir pensando se poderá produzir sofismas, ou se é apenas uma provocação intelectual. Ou, ainda, se isso, contendo ironia socrática, embora imbuída de liberdade, conduz à aporia, os becos sem saída do pensamento. E Eco não daria ponto sem nó: se ele insta inclusive fingir dizer algo novo, que seja com argumentos fortes para que se torne verdade, do contrário, os argumentos fracos nos farão mentirosos, como expõe Marisa em sua fala sobre a ambiguidade da linguagem em pleno jogo retórico.

Por falar em linguagem, encontramos na poética uma síntese bem-humorada, talvez pessimista, do texto de Umberto Eco no poema "Do exercício da Filosofia", do nosso Mário Quintana (2008/1945):

> *Como um burrico mourejando à nora,*
> *A mente humana sempre as mesmas voltas dá...*
> *Tolice alguma nos ocorrerá*
> *Que não a tenha dito um sábio grego de outrora...*

E agora? O primeiro verso do poema pândego de Quintana diz de um sujeito em sacrifício, um burrico. Será possível a analogia de que, feito Sísifo, estamos sempre carregando a pedra pesada do conhecimento, que sempre escorrega, e voltamos como um pobre animal a levá-la de volta ao topo? Mas que topo? O homem atingiu algo equivalente a isso? Como para o personagem mitológico, terá sido um trabalho inútil se hoje o mesmo homem que investiga o solo marciano não mata a fome dos terráqueos? Há um acúmulo de conhecimento que pode pesar como pesa ao misantropo Peter Kien, de *Auto-de-fé* (Canetti, 1935/2011), que amava livros, mas desprezava a humanidade. Mesmo ciente de que ações diretas nos percursos políticos da humanidade não sejam função direta da filosofia ou da psicanálise, aqui estou me lembrando da assertiva de Bion de que a psicanálise deve ser a solução prática para questões filosóficas. Pena que tais soluções ainda não possam ser praticadas em escala planetária. Na ambição de expandirmos tanto em conhecimento, descuidamos da alma, o que implica a tragicidade de sua degradação.

Então, a galhofa poético-filosófica "quintaniana" parece zombar dos gregos que deitaram e rolaram quando queriam dizer o que se passava em suas cabeças e não eram lá de revelar os donos dos ombros em que se apoiavam, mas nos legaram uma cultura imensurável. E por que entre eles não haveria tolices? Queria argumentar para contradizer os versos do poeta, mas incorreria em reincidência do sentido como uma cobra comendo o próprio rabo – se não for isso o que fazemos o tempo todo, se considerarmos que não saímos da caverna, apenas subimos em um ombro aqui, outro ali, dando uma espiadinha e descendo.

Pessimismos à parte, quando pensamos nos ombros de gigantes, tornamos contemporâneo tudo que eles disseram. As ideias se presentificam. Pensamos com eles há milênios. Ao final, o objetivo é alcançado; viemos para o evento para falar das Matrizes Filosóficas na Obra de Bion, para conhecermos em que ombros ele mesmo se apoiou para, então, guardando diferenças de grandezas e áreas de conhecimento, ele possa oferecer seus próprios ombros para sustentar a psicanálise contemporânea e os contínuos iniciados em seu pensamento.

Volto ao *Bolero de Ravel*, seguindo com meu devaneio. Mais tarde, fui saber por entendidos sobre o bolero: é uma peça musical de melodia em escala diatônica, sem complexidades nas harmonias, e no citado ritmo repetitivo das batidas no tarol, uma célula de dois compassos que pulsa para o infinito e sustenta a segunda melodia com um serpenteio de flauta, meio jazzística, um pouco exótica. Os outros instrumentos entram aos poucos, um a um vão se juntando à sessão rítmica, e tudo vai crescendo, ampliando a orquestra. Penso nessa composição como uma boa metáfora para a vida, e, quando parece que as batidas não terminam mais, o arremate alto e forte do gongo, do prato e do bumbo encerra a partitura. Não fosse a coda, a música entraria em modo perpétuo. A mim remete a um inconsciente cuja pulsão não reconhece o tempo até a coda que põe, aparentemente, fim a tudo, propondo em reversibilidade, outros recomeços. Por enquanto pulsa, *tá-tá-tá, tá-tá-tá, tá-tá-tá...*

Referências

Canetti, E. (2011). *Auto-de-fé* (2a ed.). Cosac Naify. (Trabalho original publicado em 1935)

Eco, U. (2018). *Nos ombros dos gigantes* (E. Aguiar, Trad.). Record.

Lelouch, C. (Diretor). (1981). *Retratos da vida* [Filme]. Les Films 13; TF1.

Quintana, M. (2008, 12 de junho). XLVII. Do exercício da Filosofia. In *Mario Quintana: Eterno Espanto* [Blog]. http://bit.ly/3Zu84f9. (Trabalho original publicado em 1945)

Sócrates & Platão

4. Eco socrático-platônico na obra de Bion

Maria Aparecida Sidericoudes Polacchini

4.1

Era noite quando fui surpreendida com o honroso convite para tratar desse tema, e, apesar de profundamente agradecida, declinei-o, pois, no momento, nenhuma ideia substancial vinha ao meu encontro. Mas, diante de uma calorosa insistência, ainda fechada, sem pensamentos, o único que me ocorreu foi pedir tempo para pensar. Entretanto, logo nas primeiras horas, reconheci ideias que foram se achegando e me clareando; percebi a angústia dissipar-se. Então, ao amanhecer, quando minha experiência parecia compassada ao tema, aceitei com entusiasmo e gratidão esse convite. Posteriormente, encontrei em Meg Williams (2010/2018) a oportuna citação: "a caverna de Platão[1]...

1 Platão (427–347 a.C.), filósofo do Período Clássico da Grécia Antiga, com forte influência no pensamento ocidental. Dedicou-se anteriormente à geometria, à matemática e à astronomia. Fundou em Atenas a primeira escola do mundo ocidental. Autor de diversos diálogos filosóficos, muitos dos quais têm como personagem principal Sócrates, cujas ideias foram transmitidas oralmente. Platão, a partir da maiêutica socrática (diálogo para a parturição das ideias),

é o protótipo poético para todas as representações... da condição claustrofóbica do indivíduo que aguarda por inspiração" (p. 134).

Tenho procurado conhecer a obra de Bion nas traduções disponíveis e faço-o também por meio de psicanalistas estudiosos de sua obra; sobre o pensamento socrático-platônico, visitei ao longo do tempo alguns diálogos de Platão e acredito minimamente o suficiente para reconhecer nos textos de Bion uma presença marcante do pensamento socrático-platônico, embora Sócrates e Platão sejam pouco mencionados.

Entretanto, parece ser essa uma característica de Bion, que se harmoniza com seu pensamento de não se fossilizar mentalmente com teorias psicanalíticas ou outras fontes de conhecimento, não as repetir, não aprisionar ideias, tampouco aprisionar-se nelas, mas reconstrui-las e expandi-las a partir da própria experiência e tê-las transformadas, não apenas em conhecimento (que denominou de transformação em K), mas em possibilidades de vir a ser, tornar-se (que nomeou de transformação em O) – proposta que coincide com o pensamento socrático-platônico.

Gisbert (2010/2018), em comentário sobre o que chamou de "estranho" estilo discursivo de Bion em seus seminários, considera que é porque "na sua condição de analista, subjaz a condição de filósofo" (p. 126, tradução livre).

Segundo sua autobiografia, Bion, na infância, fazia muitas perguntas e costumava recitar um poema do poeta indo-britânico Kipling, "The Elephant's Child". Aqui, apresento apenas os três primeiros versos, suficientes, a meu ver, para se compreender o

---

chegou a um novo método na busca do conhecimento, a dialética. Nos diálogos, fez amplo uso de metáforas, dentre as quais uma das mais conhecidas é a "alegoria da caverna", apresentada no livro VII de *A República*. Aqui também serão citados alguns trechos do diálogo *Teeteto*, sobre a natureza do conhecimento e sua relação com a verdade.

espírito filosófico e científico de indagação, nele já nascente: "Eu tinha seis honestos servidores / Eles me ensinaram tudo que sabiam / Seus nomes eram O que e Por que, Quando, Como, Onde e Quem" (citado por Chuster et al., 2003, p. 153).

Sobre a herança cultural do psicanalista, Gisbert (2010/2018) questiona: "se justifica que um psicanalista guie seu trabalho... sob a influência de uma determinada doutrina filosófica?". Ele acredita que sim, que isso é "inevitável, especialmente se essa influência não é plenamente consciente", mas "pré-consciente" (p. 127, tradução livre).

Por outro lado, Sandler (apresentação em reunião, 2002),[2] ao considerar as influências filosóficas e literárias em Bion, diz que é a "liberdade de Bion acoplada à sua experiência clínica que o permitiu enxergar o *ethos* profundo e fundamental das obras de grandes autores, soterrados por séculos de academicismos e autoritarismo escolástico".

Bion, referindo-se à repercussão dos autores clássicos, na voz de P.A. (psicanalista), personagem de *Uma memória do futuro: Vol. 2. O passado apresentado* (1991/1996a), observou: "o que eles disseram com um dado significado, acabou adquirindo, como um diamante multifacetado, um brilho novo e fulgurante de verdade que eles, os 'geradores', não conheciam nem sabiam – porque isto ainda não havia acontecido" (p. 20). Assim, aponta o futuro, muitas vezes remoto, como possibilidade de as ideias anteriores e germinais transporem a barreira do tempo, alicerçando novos conceitos e novas teorias, novas realidades, favorecendo redescobertas e a valorização e expansão do pensamento originalmente formulado – ocasião a se reconhecer em autores do tempo à frente, ampliando a voz de seus precursores e com reconhecimento amplo do anteriormente descoberto, favorecendo novas apreensões. Por exemplo, a psicanálise transpôs o tempo e

2 Trabalho intitulado "O desassossego de Russell, as irrelevâncias de Dirac: origens inéditas da obra de Bion".

extraiu da mitologia e da tragédia gregas, especialmente de *Édipo Rei*, de Sófocles, os elementos que serviram de fundamento para a elaboração de noções psicanalíticas básicas, ampliando a repercussão do mito e da tragédia.

Meg Williams (2010/2018), ao considerar as ideias platônicas absorvidas por Bion em novo contexto, o da psicanálise, diz: "se as ideias vêm ou não carregando um 'rótulo' (Bion, 1997, p. 27), tornam-se próprias somente se seus 'antepassados' forem internamente reconhecidos... Pensar com seus antepassados significa ler e reconhecer pessoas que estimulam suas ideias" (p. 121).

Assim, também podemos reconhecer na obra de Bion uma fonte de saber indiscutivelmente significativa para a psicanálise e para a vida, cada vez mais valorizada com o transcorrer do tempo, ganhando novas descobertas e ampliação em outras mentes. Na voz de um personagem de *Uma memória do futuro*, ele sintetiza poeticamente o oferecimento das próprias ideias: "uma centelha no meio das cinzas que pudesse ser soprada numa chama na qual outros pudessem aquecer suas mãos" (citado por Williams, 2009/2018, p. 17).

Aqui, citarei Bion em alguns momentos de sua obra, nos "aquecendo" com suas falas, identificando, a meu ver, ecos dos filósofos Sócrates e Platão com um "brilho novo", psicanalítico, tendo por referência os diálogos de Platão em relação à maiêutica socrática (*Teeteto*, sobre a parturição do pensamento e conhecimento), à passagem do mundo sensível às formas ideais (*A República*, com a alegoria da caverna) e à teoria da reminiscência ou da rememoração (*Fédon*, sobre o já visto e as formas ideais).

Antes de apresentar as citações de Bion, me reporto aos sentidos desses símbolos: a saída da restrita visão das sombras efêmeras e da ilusória realidade na caverna para o sol, a luz, é metáfora preciosa no caminho da sensorialidade à abstração, do finito ao infinito, do corpo à alma, caminho de iluminação e dor pelo conhecimento de si mesmo e vir a ser (do mundo sensível ao mundo das ideias, às formas ideais). Diz Pessanha (1992/2002): "o prisioneiro da caverna, enquanto não faz a conversão do olhar, só conhece o que lhe é apresentado pelo teatro da ilusão" (p. 33). Mais adiante, propõe também que, após a conversão do olhar, a libertação se processará, especialmente, pela "criação e uso das múltiplas formas de linguagem, correspondentes aos diversos objetos apreendidos nas sucessivas etapas do itinerário da sombra à luz, da repetição escravizante do mesmo [discurso] à variedade libertadora" (p. 33). Momentos de retorno à caverna são possibilidades de "pôr em prática a nova visão" (Williams, 2010/2018, p. 135). Nos textos de Bion, a alegoria da caverna está implícita no desenvolvimento de elementos beta ao pensamento mais abstrato, das crenças à realidade e à verdade; a referência às formas ideais está explícita na preconcepção e em O, a realidade última; e a teoria da reminiscência comparece explícita no que já foi uma vez conhecido. A maiêutica aparece explícita como metáfora nas afirmações de Bion (1976/1992) sobre psicanálise e o método analítico, ao situar o analista como "versão moderna de parteira mental" (p. 200). Já no texto "Cesura" (1977/1981), cujo modelo é o nascimento, a mente aberta ao surgimento de novas ideias, a maiêutica está implícita. Podemos dizer também que a maiêutica, à medida que "torna possível alcançar a universalidade das essências a partir da multiplicidade da experiência" (Costa, 2018, p. 74), e a alegoria da caverna, significando a passagem do concreto ao abstrato, do múltiplo ao uno, do mundo fenomenológico das aparências à aproximação da realidade e da verdade por meio do pensamento, estão implícitas enquanto metáforas epistemológicas para a psicanálise: a teoria, o universal, com abertura para que seja sempre revista, a partir da experiência clínica; da multiplicidade dos fenômenos à ideia. O objetivo da maiêutica é alcançar o autoconhecimento, e é a partir deste que se chega ao conhecimento do "não eu", do mundo (Platão, 2017), conhecer sempre incompleto, que não se realiza sem dor: proposta fundamental da psicanálise.

Ampliando essa questão, na situação analítica podemos compreender as intuições, interpretações e *insights* como caminhos de iluminação, por meio dos significados, para libertar o *self* prisioneiro das ilusões de realidade única, expandi-lo, levando-o ao despertar e ao redespertar da multiplicidade de pensamentos e ao encontro com o *self* verdadeiro, consciência (luz) da então inconsciência (sombras, trevas). Por outro lado, a mente em sua invariante, no inalterado que transcende à mudança, evoca um eco platônico com rastros de Parmênides; o universo psíquico em expansão, em transformações, fontes do vir a ser, sugere um eco platônico, com vestígios de Heráclito.

4.2

Passarei, agora, a algumas citações de Bion. Para além do reconhecimento de predecessores, ele privilegiou conhecimento vindo da própria experiência. Disse:

> *É aterrador a pessoa se sentir limitada àquilo que pode observar por si mesma, pois aí aprendemos o quão falhos são os nossos sentidos. Mas caso se possa ver ou ouvir por si mesmo, pelo menos pode-se ter uma certa quantidade de evidência para aquilo que se está dizendo. (Bion, 1976/1992, p. 27)*

Consonante a isso, está *Uma memória do futuro*, trilogia na qual Bion, à moda dos diálogos de Platão, se mantém mais distante como autor, embora apresentando os próprios pensamentos, reunindo inúmeros interlocutores imaginários, personagens que representam diferentes vértices de pensamento e dialogam livremente entre si sobre diversos temas, desde a mais primitiva e íntima natureza humana, com seus paradoxos. No vol. III, *A aurora do esquecimento* (1991/1996b), referindo-se ao conhecimento obtido desde a educação familiar ao treinamento psicanalítico, por meio do personagem P.A., propõe "a necessidade de distinguir entre a experiência do conhecimento comunicado por outros e o conhecimento derivado da capacidade que o analista tem de transformar em alimento aquilo que os seus sentidos lhe contam" (p. 40). Ha aí semelhança com Sócrates que, em diálogo com Teeteto (Platão, 2001), ao dizer que "desde o nascimento os homens têm o poder de captar as impressões que atingem a alma por intermédio do corpo" (p. 59) e ao formular perguntas em exercício de pensamento, leva o jovem Teeteto a buscar dentro de si o conhecimento. Assim como "o que é o conhecimento" é questão epistemológica que não se fecha nesse diálogo, para Bion também conhecer é processo aberto de transformação da sensorialidade em pensamento, seguindo em contínua indagação, com tolerância ao não saber e consciência maior da própria ignorância quanto mais se avança na investigação e no conhecimento, embora este sempre esteja baseado na experiência emocional. No citado diálogo, entre muitos questionamentos nos quais a dúvida se apresenta, Sócrates se dirige a Teeteto usando a expressão a expressão "isso se mostrará por si mesmo", o que significa que "só resta tentar para saber, ou seja, somente a experiência e o risco a ela inerente trarão conhecimento" (Platão, 2017, p.137, nota de rodapé).

Significativo para nossos propósitos é perceber, nas duas citadas afirmações de Bion (1976/1992; 1991/1996b), a importância dada aos sentidos. No entanto, ali ele também aponta para "quão falhos são os nossos sentidos". Para alcançar o inteligível, é necessário que as sensações sejam transformadas em qualidades psíquicas, passagem da sensorialidade e emoções ao pensamento e ao conhecimento. No livro *Atenção e interpretação* (1970/1973), ele dedica-se a caracterizar a natureza da realidade sensorial, psíquica e última, que denominou de O. Propõe o uso da observação para o contato com a realidade sensorial, da intuição para a realidade psíquica e do ato de fé para a realidade última. Para além da aparência enganosa dos fenômenos detectados pelos sentidos – na visão platônica, as sombras na caverna –, é preciso que nos voltemos em direção à realidade e à verdade – caminho em direção ao sol, à luz, às formas ideais, ao bem, à beleza, ampliação e abstração do real, do particular, palco dos universais. Bion (1962/1966), além de apontar a intuição para o contato com a realidade psíquica, apresenta também o que denominou de função alfa, função de transformação, "gênese de toda a abstração" (p. 82), cuja característica é "transformar sensações e emoções em *elementos visuais, os elementos alfa*" (Tirelli, 2018, p. 32). Sandler (apresentação em reunião, 2002) define essa função como "de-sensorializante". Com ela se processam os sonhos, os mitos, os pensamentos oníricos de vigília, se constrói o conhecimento e se "armazenam as recordações" (Tirelli, 2018, p. 32). Sol, luz da razão e "inteligência intuitiva" para Platão (Costa, 2018), intuição e função alfa para Bion.

Na visão platônica, segundo a filósofa Izabela Bocayuva (2008), discernir sombras da realidade, ou seja, discernir o "parecer ser" do "ser", é o primeiro estágio do aprender. O despertar do discernimento vem com "a torção de alma" (*periagogé*), estado "daquele que percorreu o longo caminho em direção ao sol", momento em que vê a luz e coincide com o nascer do pensamento, e o pensamento passa a ter "a si mesmo como tema" (pp. 72-73). A teoria bioniana mostra clara identificação com essa visão em relação às transformações que a função alfa promove: o aprender com a experiência, a tomada do próprio pensamento como objeto a ser pensado, discernimento e autoconhecimento.

Desde *O aprender com a experiência* (1962/1966), ao se referir a fatores e funções, Bion tende às notações abstratas. Diz Grotstein (2007/2010) que o termo "função", de origem matemática, "é usado por Bion para expressar uma *articulação viva* (semelhante à articulação das juntas) entre diferentes aspectos da personalidade e entre o indivíduo e personalidades externas" (p. 113). Ainda nesse texto, Bion apresenta o "objeto psicanalítico" em caracteres matemáticos e, segundo Chuster et al. (2011), esse é um modo de "manter-se coerente com a proposta epistemológica de não saturar o conceito com significados" (p. 125).

Platão, influenciado pelos pitagóricos, considerou o conhecimento em matemática e geometria como primeiro degrau do que é inteligível, uma preparação do espírito para o exercício da racionalidade, do uso da razão,[3] e, por isso, "preparação para a dialética: o poder de usar a palavra certa... e fazer ver... a partir dela" (Bocayuva, 2008, p. 74). Na escola criada por Platão, a Academia, havia a recomendação de que só entrassem aqueles que tivessem conhecimento em matemática e geometria. Bion almejou um desenvolvimento para a psicanálise sugerindo o uso da matemática e da geometria, especialmente em *O aprender com a experiência* (1962/1966) e em *Transformações* (1965/1983). Muito antes, em *Experiências com grupos* (1961/1970), já assinalara analogia com a matemática. Ao longo de sua obra, observamos recorrência a essa analogia, especialmente em *Cogitações* (1992/2000), e até em seu último seminário publicado, o de 1978, em Paris (López-Corvo & Morabito, 2010/2018), também tomou emprestado um termo matemático para ampliar o que se discutia no momento.

---

3 "Razão" origina-se da palavra grega "*logos*" e da palavra latina "*ratio*", derivadas, respectivamente, de dois verbos com sentidos parecidos: *legein* e *reor*, que querem dizer "contar", "reunir", "juntar", "calcular", "medir". Por isso, *logos*, *ratio* ou razão significam: pensar e falar ordenadamente, com medida e proporção, com clareza e de modo compreensivo para outros (Chauí, 1997).

Bion aspirava ao uso de ideias abstratas, por meio de símbolos matemáticos, para expressar o mundo das experiências emocionais? Utilizava tais símbolos e ainda a referência da geometria como fonte de modelos para esclarecer a vida psíquica e a comunicação a respeito dela, para não as saturar? Ou, como entende Gisbert (2010/2018), sugeria o uso de símbolos matemáticos para "superar uma possível fonte de mal-entendidos que é a palavra" (p. 125)? Grotstein (2007/2010), nessa direção, supõe que foi o sentimento de pesar de Bion ao perceber discórdias entre as escolas psicanalíticas – que acreditava se deverem à falta de estandardizar cientificamente a psicanálise – que fez surgir o "Bion matemático", e "de forma ousada e obscura" (p. 112). Por outro lado, Sandler (apresentação em reunião, 2002) informa, a partir de comunicação pessoal com Parthenope Bion, que "Bion jamais se interessou por Matemática em si, mas por Filosofia da Matemática" (p. 9), ou seja, sobre as implicações da matemática e seu lugar na vida real das pessoas.

Bion (1962/1994), ao desenvolver um sistema teórico sobre o pensamento, o pensar e a relação com o conhecimento, temas caros à filosofia, demarcou a diferença entre suas indagações e as da filosofia: em "Cesura" (1977/1981) disse: "a Psicanálise ocupa-se com o domínio de ideias" (p. 124), "mas destina-se ao uso clínico" (1962/1994, p. 127). Nas *Conferências brasileiras* (1973/1975), disse Bion: "não temos o privilégio de jogar uma partida de dúvida filosófica; temos de usá-la na prática. Do mesmo modo, temos de usar um método que inclui não somente a compreensão, mas também a compreensão distorcida" (pp. 49-50).

Reconheço na trajetória de Bion alguma semelhança com a de Platão, quando este, na Academia, espaço fechado, transmitia as ideias de Sócrates e, depois, as próprias: Bion permanecera longo tempo na Sociedade e no Instituto de Psicanálise britânicos transmitindo conhecimento psicanalítico e já delineando e apresentando ideias próprias. Liberto dos "muros" da instituição (Chuster et al., 2011), semelhantemente a Sócrates na Ágora, espaço aberto, Bion passou pelas sociedades e grupos de psicanálise de vários continentes – Europa, América do Norte e do Sul, onde visitou a Argentina e o Brasil – realizando conferências, seminários e supervisões, encontros esses que foram caracterizados pelo estilo socrático de não dar respostas e expandir a pergunta. Chegou a dizer aos seus interlocutores psicanalistas que, mesmo que soubesse as respostas, não lhes daria, e convidou-os a encontrá-las por si mesmos, a explorar o autoconhecimento pelo inconsciente, a descobrirem-se e redescobrirem-se, um despertar e redespertar de O, como também chamou de "Bela Adormecida" "a sabedoria que está dormindo em algum lugar no bosque" (Bion, 1997, citado por Williams, 2010/2018, p. 13).

Bion não dava o que esperavam dele, ou seja, respostas diretas, e, segundo Weischedel (1966/1999), essa característica era em Sócrates o que certamente provocara encantamento nos jovens ouvintes. Parece que não menos curiosidade provocou Bion em seus interlocutores, e até seguidores, pelos questionamentos que abria. Outra característica de ambos, também própria da filosofia, que Bion incorporou à psicanálise, é problematizar, colocar o saber em dúvida. Tolerar dúvida, paradoxos (*aporia*), tensão entre o estabelecido e a ideia nova são ecos socrático-platônicos que ressoam nas propostas de Bion.

No "Seminário quatro" dos *Seminários italianos* (1985/2017), ele disse algo que encarna fortemente a atitude socrática:

> *Talvez alguém aqui poderia formular mais profundamente a natureza deste problema. Penso ser uma ideia errada que haja algum analista que saiba as respostas. Hoje sei o bastante para saber que não sei. E apesar de toda a pressão a que estou sujeito para saber as respostas, não as sei, mas estou certo que possamos aprender*

> *um pouco mais e estarmos um pouco mais sábios até amanhã... (p. 65).*

Em outro seminário, em Paris, propõe que "quanto mais souberem de si mesmos, mais saberão escolher o vértice para abordar o problema" (López-Corvo & Morabito, 2010/2018, p. 28, tradução livre). Em *Experiências com grupos* (1961/1970), apresentou a questão do dual e da perspectiva reversa, sugerindo que de uma ideia contemplemos, no mínimo, dois lados. Zimerman (2005) aponta como novo paradigma da psicanálise resultante da obra de Bion o que denominou de modelo "vincular-dialético", em que o vínculo entre analista e paciente "guarda um modelo dialético, em que a 'tese' do paciente se confronta com a 'antítese' do analista, resultando numa 'síntese'... que funciona como uma nova tese, e reinicia-se o ciclo, cada vez mais modificado" (p. 68).

Grotstein (2007/2010), autor aqui já citado, foi analisando de Bion e diz que ele "nunca fora dogmático – exceto sobre sua ignorância!", e complementa: "ele era certamente descendente de Sócrates" (p. 47).

Bion (1973/1975) iniciou as *Conferências brasileiras* em São Paulo, em 1973, deste modo:

> *Procurarei nestes seminários fornecer um esboço da área em que me sinto preparado para expor minha ignorância, e responder às perguntas que desejarem formular. Façam a mesma pergunta sempre que quiserem, e responderei, se puder, ainda que provavelmente, de cada vez, de um modo diferente. (p. 13)*

Ao mesmo tempo aberto para as descobertas que colocariam novas perspectivas de problemas, assim como ele próprio fez revisitando e comentando seus trabalhos iniciais (Bion, 1962/1994), o autor estimulava também em seus ouvintes o surgimento de "pensamentos à espera de um pensador", pensamentos que, segundo Grotstein (2007/2010), "buscam encarnação na experiência humana para alcançar a *realização*" (p. 116). Nos *Seminários italianos* (1985/2017) e na preparação destes em *Domesticando pensamentos selvagens* (1997/2015), Bion tratou exaustivamente dessa questão e, com o mesmo propósito, um ano depois, na "Conferência em São Paulo" (1976/1992), disse: "será que podemos apanhar o gérmen de uma ideia e plantá-lo onde possa começar a se desenvolver até que a ideia esteja suficientemente madura para nascer?" (pp. 181-182).

Isso nos remete ao surgimento da própria psicanálise. Meg Williams (2010/2018), ao referir-se ao mito de nascimento da psicanálise na perspectiva de Bion, traz uma citação de Meltzer falando da psicanálise como ideia (uma "coisa em si") "que existia no mundo antes de ser descoberta pelo gênio místico de Freud ... que lhe deu forma". Segundo a autora, a psicanálise surgiu como "o encontro estético de O com um pensador", e continua: "parafraseando Menon, de Platão, a alma da Psicanálise preexiste, assim como o pensamento que exige seus pensadores para realizá-lo" (p. 23).

Podemos reconhecer a memória do futuro do método analítico nos diálogos de Platão à medida que a ideia ali nasce sempre de uma relação dialógica compartilhada, "não por ensinamento", mas "por recordação", "[trazida] à tona como num sonho" (Burton, 2013, p. 118), a "verdade presente e latente dentro de nós" (E. Bini, em Platão, 2017, p. 26).

Grotstein (2007/2010) aponta que, "como Sócrates, [Bion] sempre insistia que todo indivíduo tinha dentro de si toda a sabedoria potencial de que um dia precisaria (as Formas ideais de Platão, os númenos, de Kant)" (p. 25). É inequívoca a semelhança com Sócrates levando o jovem Teeteto, mediante perguntas, a deixar a certeza do conhecido vindo de outros para a incerteza e a alcançar o próprio conhecimento que desconhecia trazer dentro de si.

4.3

Em uma relação estética e ética significativa entre pensamento, linguagem, conhecimento, verdade e beleza, Platão criou narrativas míticas de cunho poético. Bion usou, ao longo de sua obra, citações poéticas, inúmeras metáforas, imagens visuais e mitos para expandir o pensamento psicanalítico e o conhecimento em direção à realidade e à verdade. Diz Bocayuva (2008) sobre os mitos em Platão e suas relações com o *logos*: "o mito nunca é ingênuo, sempre já está atuando diretamente sobre o pensamento em sua raiz" (p. 75). Bion (1963/1996) privilegiou o mito de Édipo, sinalizando a arrogância, a curiosidade e a estupidez, ampliando as questões sobre o saber e o não saber. Sobre os mitos do Jardim do Éden e da Torre de Babel, para além do conhecimento desejado, apontou o ataque ao conhecimento, chamando atenção para o saber hostilizado e proibido, e, em Babel, também destacou as questões ligadas ao ataque à linguagem. Podemos perceber um eco socrático-platônico forte em Bion quando, em relação ao Édipo, deslocou a questão da sexualidade para a investigação: Eros, voltado ao conhecimento, discriminando ainda onisciência de investigação.

Sócrates e Platão estiveram voltados ao amor pelo conhecimento e pela sabedoria. Aristóteles, discípulo de Platão, considerou que conhecer é da natureza humana. Na Psicanálise, Klein apontou o instinto epistemofílico, impulso inato do ser humano ao conhecimento. Bion, para além do vínculo das paixões de amor e conhecimento, observou o ódio ao conhecimento, o ataque, o desejo de não conhecer, de distorcer, o mal-entendido (–K), e valorizou "o impacto da qualidade emocional" desses vínculos (Tirelli, 2018, p. 20). Considerou, então, o conhecimento como função de um vínculo emocional e distinguiu conhecimento de sabedoria: "eu sinto que a maioria das pessoas atinge uma idade em que elas têm tanto conhecimento que não podem penetrar a sabedoria – é um novo tipo de floresta na qual você não pode ver por causa das árvores" (BION, citado por Williams, 2010/2018, p. 29, nota 11). Conhecimento acumulado, fechado, sedimentado, tomado como possuído, por vezes, preso a detalhes (árvores) que impossibilitam a visão do todo (floresta), que não promove transformações nem permite variações e ampliações de sentido de acordo com a experiência emocional atual. Diz Williams (2005/2019) que a "verdadeira sabedoria ou conhecimento da alma", para Bion, "é uma função do tornar-se e não do possuir" (p. 43).

Se Sócrates e Platão se preocuparam em discriminar a verdade (*alétheia*) da ilusão, da crença, da opinião (*dóxa*) e da retórica, Bion (1965/1983) também observou que a verdade não é para ser possuída, mas apreendida, e chamou a atenção para a diferença entre verdade e propaganda, verdade e mentira (1970/1973), e alertou para situações nas quais, em lugar da verdade, o que comparece é a moral (1962/1966). Importante ressaltar na psicanálise bioniana a verdade no sentido da "capacidade anímica de acolher, entrar em contato, reconhecer e nomear as experiências emocionais" (Figueiredo et al., 2011, p. 96).

Bion (1976/1992) disse: "penso que é razoável partir do pressuposto de que quando um paciente nos procura ele quer sinceramente falar a verdade, mas pode não estar cônscio das grandes dificuldades envolvidas. No entanto, nós deveríamos estar cônscios destas dificuldades" (p. 224).

Bion (1970/1973), em eco socrático-platônico, apontou a importância de nomear as experiências como modo de abrigá-las e tolerá-las para aproximar-se da verdade, e falou-nos sobre o psicanalista ser um tanto artista, poeta e teólogo, como modelos de linguagem a dar expressão simbólica às qualidades sensoriais e psíquicas, a "encontrar a formulação verbal de que as realizações psicanalíticas se aproximem" (p. 128). Em "Uma teoria sobre o pensar" (1962/1994), a função de propiciar a gestação e o nascimento de pensamentos, da linguagem e mais amplamente do mental foi conferida à *rêverie* materna, que acolhe, sonha e nomeia desde as primeiras experiências sensoriais do bebê, possibilitando que a protomente, na indiferenciação do físico e psíquico, transforme-se, por meio desse vínculo, em qualidade emocional, psíquica e de pensamento simbólico. A linguagem materna que nomeia é tanto não verbal quanto verbal. No entanto, mesmo atendendo às expectativas do bebê, chamadas por Bion de preconcepções, estas, segundo Chuster et al. (1999), "[mantêm] um vigor excedente, assim, haverá sempre a *mente embrionária*, pronta a nascer em algum momento da vida" (p. 193). Isso nos remete a Sócrates dizendo a Teeteto: "não estás vazio, algo em tua alma deseja vir à luz" (Platão, 2001, p. 13).

Por outro lado, segundo Meg Williams (2009/2018), Bion constantemente nos lembra de que "não existem ideias novas – é apenas sua redescoberta e digestão que é nova" (p. 23) – indicação de forte similaridade com a teoria das formas ideais e da reminiscência platônicas. Continuando com a autora, seguindo Bion em *Uma memória do futuro*, ela propõe que, para ele, "cada vez que uma nova ideia é concebida", o indivíduo estaria "ressonhando as origens de sua própria mente" (p. 23). Em *Cogitações* (1992/2000), Bion falou dos desenvolvimentos atuais como repetição de situações precoces, um modo do passado presentificado:

> *Métodos de viagem modernos repetem os problemas e estímulos das primeiras tentativas de andar; métodos de comunicação modernos repetem em nível mais complexo*

> *os problemas da fala infantil; armas de destruição modernas produziram uma repetição de problemas da destrutividade infantil, os recursos de lazer modernos repetiram os problemas precoces da curiosidade e do brincar. (p. 351)*

Sócrates, em *Crátilo* (Platão, 2017), além de mostrar a necessidade de nomear, discute a origem e precisão das palavras e destaca a ambivalência delas e seus limites para alcançar o inteligível. Em outro eco de Platão, que define a linguagem como *phármakon*, remédio que possibilita o diálogo, a comunicação, – mas que, em seus excessos, é um veneno – Bion, além de apontar quão limitada é a linguagem verbal para traduzir qualidades psíquicas, mostrou uma preocupação contínua com a necessidade de aprimorá-la para a comunicação com o mundo psíquico e, nesse sentido, valorizou a linguagem poética. Observou também que a palavra nem sempre é usada para comunicar e pode ser usada para seduzir e evadir-se da verdade. Se Platão tratou de discriminar o "parecer ser" do "ser" em relação ao sofista e ao filósofo, um no uso da retórica, outro, da verdade, Bion (1970/1973) focalizou na pessoa do analista o compromisso com a verdade, ao mesmo tempo que sugeriu que a verdade não requer pensador.

Para Bion, analisando e analista se fortalecerão com a verdade, e apontou a "lealdade para com o vínculo K", mostrando que o paciente, ainda que busque a verdade (K), pode também evitá-la e recusá-la (–K), mas o analista deverá estar sempre voltado à verdade e ao conhecimento (K) (Figueiredo et al., 2011).

Evoco Sócrates, que diz: "e poderá atingir a verdade de alguma coisa quem não alcançar a sua essência? E do que não alcança a verdade, poder-se-á ter conhecimento?" (Platão, 2001, p. 59).

Disse Bion (1965/1983): "um desenvolvimento mental saudável parece depender da verdade do mesmo modo que o organismo vivo depende de alimento. Se ela está faltando ou é deficiente a personalidade se deteriora" (p. 54).

Bion, no já referido seminário de Paris (López-Corvo & Morabito, 2010/2018), usou a metáfora da árvore com suas raízes ocultas em analogia ao inconsciente, que requer que seja visto não com os olhos, mas com a intuição. Intuição, neste caso, entendida como "compreensão imediata de uma realidade ou verdade, sem elementos intermediários" (Bianchedi, 2010/2018, p. 114, tradução livre). Gisbert (2010/2018), comentando esse seminário de Paris, diz que ali para Bion "a busca da 'verdade' em Psicanálise seria a busca dessas raízes escondidas de sua metáfora da árvore, desse inconsciente..., desse O que... estaria ali ainda que não o vejamos" (p. 125, tradução livre). Aqui se compreende que a busca da verdade se dá pelo caminho do desvelamento.

Sócrates, Platão e Bion observam o enganoso, a verdade falsificada, mas Bion não a rejeita e, em "Cesura" (1977/1981), disse: "uma vez que estamos lidando com caracteres humanos, também nos interessamos por mentiras, enganos, evasões, ficções, fantasias, visões, alucinações – na realidade a lista pode ser alongada quase indefinidamente" (p. 125). Cito Sócrates sobre a maiêutica: "esta arte consiste em conhecer de pronto se a alma... está na iminência de conceber alguma quimera e falsidade ou fruto legítimo e verdadeiro" (Platão, 2001, p. 15). No instrumento da "Grade", Bion (1977/1982) destacou no eixo horizontal um lugar para a evasão da verdade e da verdade falsificada. Aqui, se compreende a busca da verdade no sentido de um consenso simbólico entre analisando e analista, pela experiência emocional compartilhada, vivida a dois.

Bion (1977/1981), no texto "Cesura", disse:

> *Qualquer que seja a disciplina, há uma linha primitiva, fundamental e inalterável – a verdade – sobre a qual se baseia e que restringe o trabalho do cientista, do religioso ou do artista... é nisto que estamos interessados – inescapavelmente e inevitavelmente – mesmo que não tenhamos ideia do que é verdadeiro e do que não é. (p. 125)*

Aponta a importância de nos inclinarmos em direção à verdade, mesmo que não saibamos o que seja e se a alcançaremos ou não, e, nos *Seminários italianos* (1985/2017), reafirmou: "se existe alguma verdade em Psicanálise ou alguma verdade em psiquiatria, será útil se qualquer um de nós pudesse fazer alguma coisa que tornasse essa verdade explícita... Não podemos perder de vista nosso objetivo principal: a verdade" (p. 135).

4.4

Bion (1976/1992), em conferência na qual cita Sócrates, o reverencia, reconhecendo a dívida para com o ancestral predecessor. Ele disse:

> *A Psicanálise ajuda o espírito, ou a alma, ou superalma, ou ego, ou superego – seja lá o nome que lhes apeteça dar – a continuar. No* Teeteto, *Platão descreve como Sócrates se intitula como sendo uma espécie de parteira mental. Não vejo por que não possamos reivindicar que haja desenvolvimento mental, ancestrais mentais, um deles sendo o próprio Sócrates. Se assim for poderíamos dizer também que somos uma versão moderna de parteira mental; ajudamos a alma, ou psique, a nascer, e a*

> *ajudamos também para que ela continue a se desenvolver depois de nascer. (p. 200)*

Avançou nessa questão e indagou: quando nascemos? E desde *O gêmeo imaginário* (Bion, 1950/1994) apontou para os pensamentos ainda não nascidos. Depois, em "Uma teoria sobre o pensar" (1962/1994), fez referência às preconcepções, pensamentos não nascidos, expectativas que buscam realização para se tornarem concepções, ou seja, pensamentos. Em *Uma memória do futuro* – Vol. 2 – O passado apresentado (1991/1996a), desenvolve ideias acerca da mente embrionária, estado de mente ou capacidades que ainda não nasceram, por vezes ainda não concebidas ou, se já em gestação, à espera de nascer e se desenvolver, e fala do analista no papel de ajudar o parto de ideias, "ajudar que o paciente nasça, emerja do ventre do pensamento" (Bion citado por Zimerman, 2005, p. 239).

Acompanhando Bion, Chuster et al. (1999) aponta que a preconcepção é compreendida como "essência – relação com a teoria das formas ideais de Platão – o inconsciente em sua acepção mais ampla, caracterizado matematicamente como infinito, dando origem à ideia – pensamento (concepção) – que é a forma" (p. 104). E esse pensamento (concepção) deve se manter aberto, tomado como nova preconcepção, ou seja, novas expectativas, aberturas ao futuro. As preconcepções se apresentam por meio da linguagem dos sonhos e mitos, ideias que se mantêm vivas por gerações, narrativas sempre abertas a novas significações, acompanhando experiências atuais.

Nessa mesma direção, para Grotstein (2007/2010), Bion "tomou emprestado o conceito das formas ideais de Platão e as denominou 'preconcepções inerentes' (ou 'memórias do futuro')" (p. 135). Esclarece que "as preconcepções inerentes são os 'pensamentos sem um pensador' e são mais velhas que os pensadores que os pensam"

(Grotstein, 2003, p. 26), como se fosse "um repertório antecipador de experiências" (p. 389).

No texto "Cesura" (1977/1981), Bion dedicou-se ao tema da transição de um estado de mente para outro, o surgimento de novos estados mentais, cesura significando corte e continuidade, cujo modelo é o nascimento, a passagem da mente pré-natal para a pós-natal, "partição e participação" (Rezende, 1999, p. 159). Bion (1978/1992) aponta que passamos por vários renascimentos entre a "época em que nascemos – no sentido obstétrico – e a época em que morremos. Isso inclui a época em que emergimos de um estado de mente a outro" (p. 180). Na sétima das supervisões organizadas por Junqueira de Mattos (A7), Bion mostrou a necessidade de o analista atender *às situações em movimento* – forte eco platônico, com vestígio de Heráclito. De acordo com Grotstein (2000/2003), "Bion gostava de citar Heráclito: uma pessoa não pode entrar no mesmo rio duas vezes" (p. 377). Nem o rio é o mesmo nem a pessoa é a mesma no contínuo movimento de renascer.

Segundo Meg Williams (2010/2018), é na cesura que as "emanações das ideias platônicas" são "impulsionadas à frente" até que se encontrem com uma mente humana para que aconteça a "realização", ou a "formação de símbolos" (p. 123) – cesura como espaço de potencialidade para realizações.

Ainda no texto "Cesura" (1977/1981), Bion não citou Platão, mas Martin Buber, da filosofia mítica judaica, que disse: "no ventre da mãe o homem conhece o Universo e esquece-o ao nascer" (p. 124), forte influência da teoria da reminiscência de Platão (*Fédon*), que aponta para a ideia de já termos assumido um estado no qual sentimos e vimos coisas que, embora sejam parte tão fundamental da mente, podem estar sendo esquecidas. Além das preconcepções, o conceito de memória-sonho, que evoca espontaneamente o já conhecido, pode ser também assim compreendido, bem como os restos mnêmicos, o pré-natal e o infantil de nós mesmos esquecidos a serem acessados e conectados a outras dimensões da mente. Em analogia aos restos embrionários no adulto, Bion (1997/2015), em "Domesticando pensamentos selvagens", editado por Francesca Bion, disse:

> *Se este é o caso fisicamente, acho que o mesmo pode ter ocorrido mentalmente: podem ainda existir traços na mente ou personalidade ou temperamento, no presente de partículas que possuem uma longa história, de coisas que esperaríamos serem fundamentais, básicas, primordiais. (p. 31)*

O título dos dois últimos volumes da obra *Uma memória do futuro*, de Bion, – "O passado apresentado" (1991/1996a) e "A aurora do esquecimento" (1991/1996b) – sugerem a questão das *partículas sobreviventes*, a serem nomeadas, significadas, trazidas à luz, a se transformar e se desenvolver.

Bion (citado por Williams, 2009/2018), como personagem de *Uma memória do futuro*, compara sua mente a "uma brasa adormecida aguardando ser reavivada", e disse ainda: ... Seria útil se eu pudesse buscar por entre os fragmentos de minha mente os remanescentes de cinzas daquilo que outrora viera a ser um fogo flamejante" (p. 17). Esse é um dos propósitos analíticos: redespertar, reavivar o adormecido, aproximar-se deste que coincide com a origem, realidade primeira e última, O.

Bion ampliou sobremaneira essa questão, pela importância dada ao presente para clarificar os pensamentos do passado, e ao futuro, por realizar muito à frente os significados do vivido: "memória do futuro". Em "Cesura" (1977/1981), diz: "eu posso imaginar que possa haver ideias que não podem ser expressas mais vigorosamente porque estão enterradas no futuro que ainda não aconteceu, ou enterradas no passado que está esquecido, e que mal podemos dizer pertencerem àquilo que chamamos pensamento" (p. 126).

Diz Bocayuva (2008) sobre a teoria da reminiscência de Platão:

> *Trata-se do conhecer de quem já viu, de tal forma que o conhecimento, para ele, é uma experiência... jamais emprestada de outrem. Essa experiência é tratada miticamente como sendo uma visão das* Idéai *antes do nosso nascimento.* Idéai *significa literalmente "o visto". (p. 75)*

Podemos associar isso à *alétheia*, a verdade como o "não esquecimento": recordar para reconhecer, realização que, entretanto, muitas vezes, só será possível no tempo ainda vindouro das experiências.

Bion (1976/1992) indicou que uma alucinação, ou um delírio, "pode ser a sobrevivência no adulto de alguma capacidade de ouvir e ver as coisas que foram subestimadas na infância" (p. 43). Verdades que sobrevivem distorcidas.

4.5

Bion apontou a realidade última e denominou-a O, e sua busca se dá pela fé, por uma espécie de "pulsão por verdade", como definiu Grotstein (2007/2010), verdade emocional, cujas ideias precursoras se encontram na teoria das formas ideais de Platão e no númeno de Kant.

Disse Bion (1970/1973):

> *A teoria platônica das formas e o dogma cristão da encarnação implicam essência absoluta, a qual desejo*

> *postular uma qualidade universal de fenômenos tais como "pânico", "ansiedade", "medo", "amor". Em suma utilizo O para representar esta característica central de toda e qualquer situação com que o analista tem de se deparar. O analista precisa "estar-uno-a" isso. (p. 98)*

Compreendemos esse "estar-uno-a" como experiência vivida e compartilhada por analisando e analista da realização da presença da mente, da presença de O (Rezende, 1999). Em uníssono, analista e analisando se deixam conhecer o que se revela a ambos.

Na 5ª conferência, de 1977 em Nova Iorque, diante de ouvintes ávidos em encontrar respostas, disse Bion (1976/1992):

> *na minha experiência, existe uma verdade real neste debate, ainda que eu mesmo não tenha chegado a ela, alguma outra pessoa pode chegar. Os diálogos de Platão provocaram pensamentos entre pessoas que nem mesmo existiam quando ele originalmente se engajou nelas. (p. 149)*

Aqui, a ressonância de uma verdade se dará em outras mentes e em tempos vindouros, como a repercussão e expansão do pensamento socrático-platônico na obra de Bion, bem como sua obra provoca compreensões ampliadas em psicanalistas de novos tempos. Sementes de ideias germinando no futuro.

Bion enfatizou o valor das ideias transmitidas por meio da linguagem, cuja força de penetrabilidade, durabilidade e extensão permanece na memória social, histórica e cultural da humanidade e nela se expande por meio dos indivíduos. Compreendemos que assim se constituem as preconcepções com as quais nascemos – para Platão, "verdades eternas". Em *Atenção e interpretação* (1970/1973), Bion fez referência à "linguagem de êxito". Usou o conceito de "capacidade negativa", influência do escritor John Keats, sobre a capacidade "de estar em incertezas, mistérios, dúvidas, sem qualquer tentativa irritável de alcançar fato e razão" (p. 138), condição geradora da referida linguagem de êxito, alcançada especialmente na poesia. Segundo Grotstein (2009/2017a), "o conceito de 'linguagem de êxito' é o que melhor resume a 'força da episteme' de Bion" (p. 493), e o autor nos conta como Bion lhe mostrou isso numa sessão de análise em que lhe disse: "não me ouça. Ouça a *si mesmo enquanto me ouve*". Continua Grotstein: "é como se Bion fizesse a seguinte recomendação: deixe que sua própria verdade interior encontre você" (p. 495).

Continuo com a conferência de Nova Iorque (Bion, 1976/1992), na qual participantes mostraram, por meio de perguntas e comentários, muita angústia, tentativas de conectar os novos pensamentos sobre o que se discutia, e um deles até se pergunta por que se sentia tão deprimido. Respondeu Bion:

> *Suspeito que exista alguma contrapartida do termo "nascimento de ideias"; existe alguma razão para imaginar que estas experiências dolorosas que temos estariam relacionadas com o processo de dar nascimento a uma ideia – ou lutar por fazer uma conexão, que é uma instância do pensamento. Uma instituição, uma sociedade de seres humanos, pode ser incapaz de sobreviver à agonia do nascimento de uma ideia – ela se esfacela. Sem sombra de dúvida, somos negligentes com a nossa obstetrícia psicológica. (p. 165)*

Bion questionou o quanto a mente, o indivíduo e a sociedade são capazes de suportar a ideia nova, por vezes, a dor do novo, este que tem sempre um caráter subversivo, revolucionário, e ainda chamou atenção para o quanto o grupo é capaz de tolerar o indivíduo excepcional, portador da ideia nova (1970/1973). Sócrates sugere a Teeteto, ao desenvolver o pensamento e o conhecimento,[4] a analogia com as dores da alma em trabalho de parto. Diz Sócrates a Teeteto: "essas dores é que minha arte sabe despertar ou acalmar" (Platão, 2001, p. 16). Por outro lado, Sócrates foi levado à morte por estimular nos jovens o pensamento, por isso acusado de corrompê-los. Para Bion (1973/1975) foi o fato de Sócrates mobilizar imagens visuais e poesia, "ambas poderosamente sedutoras" (p. 30), que o levou a essa acusação. É geral a observação de que Bion foi muito criticado por suas últimas elaborações a partir do vértice matemático e místico. Usando a alegoria platônica, é como se ele tivesse voltado à caverna para revelar aos prisioneiros o que vira fora dela, mas estes, por não terem alcançado ainda essa visão, dela desacreditam ou a consideram desvario.

Segundo Grotstein (2007/2010), Bion propiciava que os interlocutores estivessem "abertos ao surgimento espontâneo da resposta imprevisível latente *dentro deles*" (p. 30). A resposta de Bion era dada de modo que o "questionador inconscientemente *encontra* e *torna-se* sua própria resposta" (p. 30). Essa proposta é congruente com o modelo usado por Freud para especificar o método psicanalítico, extraído da escultura, definido por Leonardo da Vinci como *per via de levare*, em que se retira da pedra o excesso para que a forma,

4 "As palavras de origem latina para o conhecimento estão ligadas às experiências de gerar, nascer, germinar em conjunto. Conhecer é processo gerador de nascimentos. Por exemplo, em francês: *connaître*: conhecer; *connaissance*: conhecimento; *naissance*: nascimento; *naître*: nascer e *naître a*: despertar para." (Notas da tradutora Márcia de Sá Cavalcante, de *Ser e tempo*, de Heidegger, parte I, 1988, Ed. Vozes, p. 313.)

ali já contida, possa emergir. Esse modelo também se assemelha à maiêutica socrática para o surgimento da essência do ser, O.

Bion valorizou o vir a ser, o tornar-se. Platão aponta essa diferença em *Teeteto*, quando Sócrates (citado por Williams, 2005/2019) diz:

> *Todas as coisas que gostamos de dizer que "são", na verdade estão no processo de se tornar, como resultado do movimento, da mudança e do fundir-se umas nas outras. Estamos errados em falar delas como "sendo", pois nenhuma nunca é: elas estão sempre se tornando. (p. 337)*

Bion (1973/1975) chamou atenção para o fato de que a interpretação "ocasiona expansão do universo de discussão. Seu momento de iluminação é fugaz. Imediatamente, ele retorna ao desconhecido; o problema foi perdido de vista" (p. 37) – repercussão das ideias socráticas e platônicas, com influência de Heráclito. Bion, no vol. III de *Uma memória do futuro* (1991/1996b), por meio do personagem P.A., disse: "não desperdiço tempo acreditando em fatos ou qualquer coisa que eu conheça. Poupo a minha credulidade para aquilo que não conheço" (p. 24). Destaca-se aqui o desconhecido/o inesperado/o imprevisível, como objeto de investigação nas sessões de análise, especial condição de abertura psíquica ao desenvolvimento do pensamento e do conhecimento.

Cito Heráclito (citado por Bezerra, 2015): "a sabedoria é a meta da alma humana; mas a pessoa, à medida que em seus conhecimentos avança, vê o horizonte do desconhecido cada vez mais longe".

Meg Williams (2010/2018) traz uma citação de Bion: "Conhece-te a ti mesmo – o oráculo em Delfos. Hoje em dia nós não dizemos nada tão simples quanto isso, existe um termo muito mais amplo, como

Psicanálise, vinculado a isso, mas seu princípio é praticamente o mesmo" (p. 27, nota de rodapé). Assim, com as marcas dessa tradição, Bion propôs, na Psicanálise, que o paciente deve ser apresentado a si mesmo – complementa Meg Williams: "com o reconhecimento socrático da ignorância" (p. 15).

Disse Bion em *Atenção e interpretação* (1970/1973), no capítulo "Realidade última":

> *Em qualquer ponto da análise, a proporção do que é conhecido perante aquilo que não é conhecido é pequena. Portanto, a característica predominante de uma sessão é a personalidade não-conhecida, e não aquilo que o analista ou o analisando pensam que sabem. Todo progresso psicanalítico denota a necessidade de mais investigação. Existe uma "coisa-em-si", que nunca é sabida... (p. 96)*

Segundo Chuster et al. (2003), a "questão ética para a Psicanálise" apresentada por Bion é que "quanto mais sabemos, menos sabemos" (p. 201). Ética socrática.

4.6

O pensamento socrático-platônico ecoa em Bion não somente no sentido do saber e do não saber, mas de desconstruir as crenças daquele que não sabe e crê saber. Disse Bion (1965/1983, capítulo 11): "tudo que disse não é incompatível com Platão, Kant, Berkeley, Freud e Klein, para nomear apenas alguns dos que mostram a extensão em que acreditam que uma cortina de ilusões nos separa da realidade" (p. 173).

Aqui, retomo a referência à alegoria da caverna (de *A República*, de Platão), dos aprisionados no mundo fechado da sombra, da matéria, da ilusão, acreditando ser essa a única realidade e verdade, e com o desenvolvimento da análise a possibilidade de sair da caverna, pela observação e pelo abandono de crenças e preconceitos, desenvolvendo e ampliando o pensar e da linguagem. Para além da restrição das sensações, dos fenômenos, a inteligência intuitiva se abre para mundos até então não percebidos, o psíquico com a visão da complexidade de si e das coisas. Bion apresentou a proposta do mundo mental em contínuo trânsito e expansão, com movimentos de luz (saber) e escuridão (não saber) – saídas e retornos à caverna –, expansão e retração, e a capacidade ou a incapacidade de suportar tanto a luz quanto a escuridão, vivências de turbulência e mudança catastrófica em direção ao crescimento. Para Platão, trata-se da diferença entre o confinamento no mundo sensível, da matéria, da sombra, dos fenômenos, das crenças, do corpo, finito, imperfeito, e o desenvolvimento do mundo inteligível, da beleza das ideias, da alma racional, imortal pelo conjunto de ideias que se mantêm vivas por gerações; para Bion, é o sensorial a se ampliar em mente sonhadora e pensante, pela experiência emocional, com potencial infinito da imaginação, em direção ao pensamento simbólico, à verdade e ao conhecimento. Também se incluem aqui a mente consciente, restrita, finita, e o inconsciente, infinito. Disse Bion (1990/2017), em eco platônico, nos *Seminários na clínica Tavistock*: "o indivíduo é prisioneiro das informações trazidas por seus sentidos" (p. 33).

4.7

Amplio a questão do conhecimento e da verdade em relação às formas ideais, que até aqui foram tratados primeiramente como transformação do sensorial em psíquico, e, posteriormente, como conhecimento por rememoração. Agora, retomo esse último e acrescento o conhecimento por encarnação da divindade.

Para Grotstein (2009/2017a) é quando Bion usa o conceito de inconsciente não reprimido, inato ou coletivo que O se constitui como matriz das formas ideais. Bion, em *Transformações* (1965/1983, capítulo 10), afirmou que "o significado de O deriva da forma platônica" (p. 163) e é intrínseca a ela.

"O" é forma transcendental, contém as matrizes dos fenômenos e é inacessível aos sentidos. Os fenômenos são transformações de O e são alcançados pelos sentidos. Os fenômenos são, então, réplicas das formas transcendentais, são rememoração, recordação de O. Com esse conceito, segundo Figueiredo et al. (2011), Bion "aproxima a teoria das formas e do conhecimento como rememoração (*anámnesis*) à teoria das preconcepções e das antecipações inatas" (p. 115).

Diz Bocayuva (2008):

> *A* anámnesis *fala de uma ultrapassagem: do esquecido (oculto) para a lembrança (iluminado). O mítico que acompanha a* anámnesis *resguarda algo espantoso: o acontecimento súbito de uma virada, de uma torção, a* periagogé. *De repente, vê-se o invisível no claro, como se fosse o acordar de um sonho profundo por um longo tempo. (p. 76, grifos do original)*

Tomando algumas metáforas usadas por Bion já citadas, temos o despertar da "Bela Adormecida" e a visão intuitiva das "raízes ocultas das árvores", o despertar de O. Para Bion, a descrição mais próxima de O é o "amor apaixonado" (Williams, 2010/2018).

Disse Bion, em *Transformações* (1965/1983, capítulo 10), citando a teoria das formas de Platão:

> *Como eu entendo o termo, vários fenômenos, tais como a aparência de um belo objeto, são significativos não por serem belos ou bons, mas porque servem para "lembrar" ao observador da beleza ou do bom do que já foi uma vez, mas já não é mais conhecido. Este objeto, ao qual o fenômeno serve de lembrança, é uma Forma. Invoco Platão como um defensor para a pré-concepção* (sic), *o objeto interno kleiniano, a antecipação inata. (p. 163)*

Quando Bion (1962/1994) propôs a preconcepção do seio/mente pensante da mãe, do casal parental, de Édipo, do *self*, indicou que carregamos em nossa constituição um inato conhecimento social, cultural e histórico, e, com o nascimento, a expectativa de realizar esse encontro e conhecimento. Junqueira de Mattos (2018) associa as preconcepções ao inconsciente filogenético proposto por Freud, forte eco platônico, em que conhecer é reconhecer, é saber o que não sabia que sabia.

Meg Williams (2010/2018) diz:

> *Esse conhecimento inato é parte da condição humana, e a busca da vida é "recordar a realidade", fazer uso da faculdade da visão interior. . . Ao mesmo tempo, a capacidade dos indivíduos para fazer isto não é inerentemente igual. Almas que "viram a mais" em uma existência anterior entram em bebês que estão destinados a se tornar buscadores da sabedoria e da beleza, amantes*

> *e poetas. Esse "poder divino de conhecer" é a inspiração, a renovação de uma ligação entre a mente infantil e seus pais internos. (p.134)*

Aqui, a aproximação à verdade se dá pelo redespertar do já visto, ampliando e recriando a realidade interna.

Figueiredo et al. (2011) assinalam que

> *é quando Bion se interessa pela modalidade cristã do platonismo, ou seja, quando os fenômenos não são uma recordação das formas, mas uma "encarnação da pessoa de Deus", então, para além do conhecimento, a relação se dará pela "participação e comunhão" com a divindade... É deixar-se habitar pela divindade... do que conhecer pela via dos fenômenos que nos lembram das formas transcendentais... A experiência mística é o modelo da transformação em O, já não é um conhecimento de O, mas um ser (tornar-se) O. (p. 116)*

Para Grotstein (2000/2003) a "divindade" corresponde ao que denominou de "sujeito inefável do inconsciente", "entidade numinosa dentro de nós que organiza o inconsciente". Continua: "é o suposto Pensador dos 'pensamentos sem pensador'... o demiurgo de Platão, o arquiteto e criador de nosso mundo interno, que também é o dramaturgo, que arranja as peças da paixão dialética de nossos sonhos e de nossas análises". Diz ainda: "ao ser capaz de 'aprender com a experiência', o *self* finito do indivíduo progressivamente se reencontra com seu *self* infinito, sua deidade (divindade)", possível apenas "em um estado no qual estão ausentes memória, desejo e entendimento" (pp. 390-391).

Esse é outro movimento em direção a O, pelo encontro com a divindade dentro de nós mesmos, ou seja, pelas experiências de inspiração, criativa, que independem de conhecimento, pois são da ordem da imaginação criadora, dos *insights*, da sensação profunda de encontro com o âmago de nós mesmos, com a essência daquilo que nos toca profundamente, nos transforma, sem, no entanto, compreendermos de imediato a experiência vivida, mas com o forte sentimento de estarmos vivos. E na condição de uma mente fragmentada, seguindo o místico Baal Shem Tov (séc. XVIII), fundador do hassidismo, que propõe a ideia de "centelhas divinas enterradas nas rupturas da alma", Eigen (2017), de orientação bioniana, nos fala de "fagulhas de vida enterradas na psique fragmentada. . . que surgem liberando um *self* mais inteiro, vivo e rico" (p. 32).

Importante para Bion é que os analisandos aceitem o vir a ser O, ou seja, que se encontrem com o *self* criativo infinito. Sobre o vir a ser, Grotstein (2007/2010) conta que em comunicação pessoal Bion lhe disse que era como Platão o usava: "aquilo que está sempre se tornando" (p. 55, nota de rodapé). Seguindo Bion, lembra-nos Grotstein que "o vir a ser nunca é completado: está sempre evoluindo" (p. 55). Bion (1977/1981) também nomeou de transiência o que na sessão de análise está em contínuo movimento, em devir. Sócrates, em *Teeteto*, diz: "tudo se acha em perpétuo devir, o bem, o belo e tudo o mais" (Platão, 2001, p. 23). Bion, desde *Estudos psicanalíticos revisados* (1962/1994), mostrou abertura ao contínuo movimento de revisitar e repensar o já visto.

4.8

Reconheço, como alguns autores, entre os quais Grotstein (2000/2003) e Chuster et al. (2003), indícios platônicos nas coordenadas da Grade, instrumento criado por Bion (1977/1982) para posterior anotação e reflexão sobre uma sessão analítica, modo de comunicação entre analistas. Proponho uma diferenciação: no eixo vertical, genético, do desenvolvimento do pensamento, creio que se evidencia um rastro platônico, desde o sensível ao inteligível, passando pelos sonhos e mitos, ao pensar mais abstrato. No eixo horizontal, visualizo um vestígio socrático, pela experiência que se dirige à ação, tratando a primeira fala como hipótese a ser submetida a sondagem, discriminando categorias falsas de verdadeiras, em trabalho contínuo de atenção e investigação a se chegar ao conhecimento, à verdade e à ação. Evidentemente, os dois eixos, horizontal e vertical, interagem, expressando transformações. Numa visão socrático-platônica, a grade é como a indicação da radiância do inesgotável processo de pensar e conhecer.

Bion (1992/2000) apontou a importância do despertar da mente por meio dos sonhos de vigília, a falta deles na psicose e a importância de o analista poder sonhar pelo e com o paciente, usando de sua função alfa. Teeteto diz a Sócrates: "nada impede de admitir que o que acabamos de conversar tivesse sido dito em sonhos; e quando imaginamos em sonhos contar que sonhamos, é admirável a semelhança com o que se passa no estado de vigília" (Platão, 2001, p. 25). Complementa Sócrates a Teeteto: "é possível duvidar até mesmo se estamos acordados ou dormindo" (p. 25).

Ampliando, disse Bion, na Supervisão A45 (acervo pessoal da autora):

> *O problema ainda é: o que vemos e ouvimos quando estamos no estado de mente em que nos encontramos quando estamos dormindo, e o que vemos e ouvimos quando estamos no estado de mente em que nos encontramos quando estamos acordados. Pode esta atividade – que chamamos de Psicanálise – nos levar para mais perto de*

> *um estado de harmonização, ou casamento entre estes dois estados de mente...?*

Bion (1963/1966) estava em busca da essência, da natureza, das características do objeto psicanalítico, e observou as vibrantes relações que os elementos desse objeto estabelecem entre si: continente e conteúdo, trânsito entre posição esquizoparanoide e depressiva, Édipo, vínculos de amor, ódio e conhecimento. Continente e conteúdo, designados pelos ícones feminino e masculino, nos remetem à figura alada de Platão (em *O banquete*), pares que, em ato criativo, buscam necessariamente um ao outro para o desenvolvimento psíquico. Pela dimensão dos sentidos, dos mitos e da paixão, segundo Bion (1963/1966), nos aproximamos do objeto psicanalítico. A paixão, disse ele, "é a evidência de que duas mentes estão unidas" (p. 32), assim se afetando mutuamente, e podemos complementar: estado especial, dialógico, de inspiração amorosa, a resgatar a alma de seus aprisionamentos, abrindo caminhos possíveis da sensorialidade ao pensamento, indagações e evoluções para o crescimento psíquico, tolerando os contínuos movimentos de radiância e escuridão, saber e não saber, condição para promover capacidade de suportar a própria mente e seu desenvolvimento.

Encerro essas considerações com a última fala de Sócrates a Teeteto, condizente com a proposta bioniana, que, a despeito da mais ampla e profunda investigação – esta, sempre incompleta –, mantém seu potencial de busca, em movimento sempre aberto:

> *Se depois desta experiência, no futuro te dispuseres a tentar outros pensamentos, Teeteto, e realmente os conceba, estarás grávido de melhores pensamentos do que esses por causa da presente investigação; e se permaneceres estéril, te mostrarás menos duro e mais afável com teus compa-*

> *nheiros, pois estará munido da sabedoria de não pensar que sabes aquilo que não sabes. (Platão, 2017, p. 155)*

Referências

Bezerra, J. (2015, 30 de junho). *Heráclito*. Toda Matéria. https://bit.ly/3dwF0ka.

Bianchedi, E. T. (2018). Comentarios sobre el seminario presentado por W. R. Bion en París. In R. E. López-Corvo & L. Morabito (Eds.), *El seminario de Wilfred Bion en París: julio de 1978* (pp. 113-119). Ediciones Biebel. (Trabalho original publicado em 2010)

Bion, W. R. (1966). O aprender com a experiência. In *Os elementos da Psicanálise* (J. Salomão e P. D. Corrêa, Trads.). Zahar Editores. (Trabalho original publicado em 1962)

Bion, W. R. (1966). *Os elementos da Psicanálise* (J. Salomão e P. D. Corrêa, Trads.). Zahar Editores. (Trabalho original publicado em 1963)

Bion, W. R. (1970). *Experiências com grupos: os fundamentos da psicoterapia de grupo* (W. I. Oliveira, Trad.). Imago. (Trabalho original publicado em 1961)

Bion, W. R. (1973). Realidade última. In *Atenção e interpretação* (C. E. P. Affonso, Trad.). Imago. (Trabalho original publicado em 1970)

Bion, W. R. (1975). *Conferências brasileiras* (P. D. Corrêa, Trad.). Imago. (Trabalho original apresentado em 1973)

Bion, W. R. (1981). Cesura (M. T. M. Godoy, Trad.). *Revista Brasileira de Psicanálise, 15*(2), 123-136. (Trabalho original publicado em 1977)

Bion, W. R. (1982). La Tabla. In *La tabla y la Cesura* (S. Abreu, Trad.). Gedisa. (Trabalho original publicado em 1977)

Bion, W. R. (1983). *Transformações: mudança do aprendizado ao crescimento* (C. H. P. Affonso, M. R. A. Junqueira e L. C. U. Junqueira Filho, Trads.). Imago. (Trabalho original publicado em 1965)

Bion, W. R. (1992). *Conversando com Bion* (P. C. Sandler, Trad.). Imago. (Trabalho original publicado em 1976)

Bion, W. R. (1994). O gêmeo imaginário. In *Estudos psicanalíticos revisados* (W. M. M. Dantas, Trad., 3a ed. rev.) Imago. (Trabalho original publicado em 1950)

Bion, W. R. (1994). Uma teoria sobre o pensar. In *Estudos psicanalíticos revisados* (W. M. M. Dantas, Trad., 3a ed. rev.) Imago. (Trabalho original publicado em 1962)

Bion, W. R. (1996a). *Uma memória do futuro* (Vol. 2, O passado apresentado), (P. C. Sandler, Trad.). Imago. (Trabalho original publicado em 1991)

Bion, W. R. (1996b). *Uma memória do futuro* (Vol. 3, A aurora do esquecimento), (P. C. Sandler, Trad.). Imago. (Trabalho original publicado em 1991)

Bion, W. R. (2000). *Cogitações* (E. H. Sandler e P. C. Sandler, Trads.). Imago. (Trabalho original publicado em 1992)

Bion, W. R. (2015). *Domesticando pensamentos selvagens* (L. C. U. Junqueira Filho, Trad.). Blucher; Karnac. (Trabalho original publicado em 1997)

Bion, W. R. (2017). *Seminários italianos* (A. G. Growald, Trad.). Blucher; Karnac. (Trabalho original publicado em 1985)

Bion, W. R. (2017). *Seminários na clínica Tavistock* (P. C. Sandler, Trad.). Blucher; Karnac. (Trabalho original publicado em 1990)

Bocayuva, I. (2008). Para uma nova interpretação do relacionamento entre mito e logos na origem da Filosofia. In L. Mees & R. Pizzolante (Orgs.), *O presente do filósofo: homenagem a Gilvan Fogel*. Mauad X.

Burton, N. (2013). *O mundo de Platão: a vida e a obra de um dos maiores filósofos de todos os tempos* (M. Molina, Trad.). Cultrix.

Chauí, M. (1997). *Convite à Filosofia*. Ática.

Chuster, A. et al. (1999). *W. R. Bion: novas leituras* (Vol. 1, A Psicanálise: dos modelos científicos aos princípios ético-estéticos). Companhia de Freud.

Chuster, A. et al. (2003). *W. R. Bion: novas leituras* (Vol. 2. A Psicanálise: dos princípios ético-estéticos à clínica). Companhia de Freud.

Chuster, A. et al. (2011). *O objeto psicanalítico: fundamentos de uma mudança de paradigma na Psicanálise*. Publicação independente.

Costa, J. S. (2018). *História da Filosofia Ocidental: tópicos fundamentais*. Mauad.

Eigen, M. (2017). *Cabala e Psicanálise* (G. D. G. Silva, Trad.). Blucher; Karnac.

Figueiredo, L. C., Tamburrino, G., & Ribeiro, M. (2001). *Bion em nove lições: lendo transformações*. Escuta.

Gisbert, A. (2018). Un extraño psicoanalista. In R. E. López-Corvo & L. Morabito (Eds.), *El seminario de Wilfred Bion en París: ju-*

lio de 1978 (pp. 121-132). Ediciones Biebel. (Trabalho original publicado em 2010)

Grotstein, J. S. (2003). *Quem é o sonhador que sonha o sonho? Um estudo de presenças psíquicas* (S. M. T. Trunci, Trad.). Imago. (Trabalho original publicado em 2000)

Grotstein, J. S. (2010). *Um facho de intensa escuridão: o legado de Wilfred Bion à Psicanálise* (M. C. Monteiro, Trad.). Artmed. (Trabalho original publicado em 2007)

Grotstein, J. S. (2017a). *"... no entanto, ao mesmo tempo e em outro nível...": Vol. 1. Teoria e técnica psicanalítica na linha kleiniana/bioniana* (J. P. M. Souza, Trad.). Blucher; Karnac. (Trabalho original publicado em 2009)

Junqueira de Mattos, J. A. (2018). *Impressões de minha análise com Wilfred R. Bion e outros trabalhos*. Blucher.

López-Corvo, R. E., & Morabito, L. (Eds.). (2018). *El seminario de Wilfred Bion en París: julio de 1978*. Ediciones Biebel. (Trabalho original publicado em 2010)

Pessanha, J. A. (2002). O sono e a vigília. In A. Novaes (Org.), *Tempo e História* (pp. 33-55). Companhia das Letras; Secretaria Municipal da Cultura. (Trabalho original publicado em 1992)

Platão. (2001). *Diálogos* (C. A. Nunes, Trad.; 3a ed. rev.). Edufpa. [Vários volumes; diálogos citados: Teeteto, Fedro e Banquete]

Platão. (2017). *Diálogos* (Vol. 1. Teeteto, Sofista, Protágoras), (E. Bini, Trad.). Edipro.

Rezende, A. M. (1999). *Ser e não ser: sob o vértice de "O"*. Cabral Editora Universitária.

Tirelli, L. C. (2018). *Bion e a Psicanálise infantil: interações entre os indivíduos e nos grupos* (A. L. S. Scappaticci, Trad.). Primavera Editorial.

Weischedel, W. (1999). *A escada dos fundos da Filosofia: a vida cotidiana e o pensamento de 34 grandes filósofos*. Editora Angra. (Trabalho original publicado em 1966)

Williams, M. H. (2018). *O sonho de Bion: uma leitura das autobiografias* (L. C. U. Junqueira Filho, Trad.). Blucher. (Trabalho original publicado em 2009)

Williams, M. H. (2018). *O desenvolvimento estético: o espírito poético da Psicanálise: ensaios sobre Bion, Meltzer e Keats* (N. L. Cecílio, Trad.). Blucher. (Trabalho original publicado em 2010)

Williams, M. H. (2019). *O vale da feitura da alma: o modelo pós-kleiniano da mente e suas origens poéticas* (V. L. Siqueira, Trad.). Blucher. (Trabalho original publicado em 2005)

Zimerman, D. (2005). *Psicanálise em perguntas e respostas: verdades, mitos e tabus*. Artmed.

5. Platão: a fronteira entre o corpo e a psiquê – diálogo, mito e verdade

Olavo Negrão Pereira Barreto

Começo agradecendo imensamente a oportunidade que me foi concedida. Tanto quando pude ser palestrante em 2019 quanto agora, à publicação de meus fichamentos preparados à época, somando-se a quase 2 anos depois de quando o mundo mudou – sinceramente eu procurei no meu pobre vocabulário uma rica palavra, uma única, que pudesse descrever e causar um impacto no leitor em vista do que soa inenarrável ao que vivemos. Mas, não a encontrei... Parte dessa mudança, claro, diz respeito ao cenário pelo qual estamos passando, mas jamais poderia negar a mudança que se somou à minha história, à época com 30 anos, graças à oportunidade que a Sociedade Brasileira de Psicanálise de Ribeirão Preto (SBPRP) me deu. Não para transmitir o pouco que sei sobre um gigante (Platão), que, apesar de humano, soa como entidade metafísica, mas por me colocar em contato com um universo tão fascinante que é a psicanálise, além das brilhantes almas que me foram apresentadas. Sem dúvida alguma, vivi – e vivo – uma experiência de autoconhecimento para a qual um simples convite cordial me abriu portas que jamais se fecharão. Se alguém ousar fazê-lo, não hesito em dizer que passarei minha vida na luta por reabri-las. Obrigado à SBPRP e, em especial, à pessoa que me fez o convite, Alessandra Stocche.

Aproveito o espaço no qual agradeço para também me desculpar pela forma tão contínua com que o texto foi escrito.

Platão de Atenas (427–347 a.C.), de nome Arístocles, foi e é, sem a menor sombra de dúvidas um dos maiores nomes da história do pensamento. A grandiosidade de Platão se demonstra na contínua influência de seu pensamento até os dias atuais, e para muito além do campo filosófico. Não é possível, a meu ver, falar de filosofia sem, mesmo inconscientemente, trazer Platão ao palco. Copiando um pouco aquilo que se diz de Kant, existe filosofia antes de Platão, depois de Platão, mas não sem Platão. O filósofo americano Arthur Lovejoy chegou a dizer que a filosofia ocidental não passava de uma coleção de notas de rodapé de Platão a Aristóteles. Não é necessário, claro, que concordemos com o dito, mas a simples afirmação já é provocativa por si só e demonstra que nosso pensador foi muito mais que um mero coadjuvante para a filosofia. Enxergo-o como um grande protagonista no sentido estrito do termo: *ágon*, em grego, é "aquele que carrega o conflito dentro de si (Dunker, 2021). Qual, ou quais, conflito(s)? Acredito que o simples fato de estarmos falando do indivíduo que introduz de forma metodológica a dialética já nos mostra que o conflito era inerente ao seu ser.

Oriundo de uma família da aristocracia ateniense, Platão teve a política como um componente de formação de seu *habitus* (Bourdieu, 1989), de sua subjetividade, desde antes do nascimento, se assim é possível dizer. Seu pai, Ariston (Aristão), descendia do antigo rei Codro, e sua mãe, Perictíone, tinha ligações com o famoso legislador Sólon, além de Cármides e Crítias – parentes que participaram em governos por volta de 404 a.C.

Apesar de ser um ilustre filósofo, de farta obra, Platão não é mero teórico, mas adiciona suas experiências particulares em seu léxico teórico filosófico. Não são vivências, mas experiências.[1] Platão explora o significado das experiências que lhe formam o caráter sem as tratar como meras efemeridades, como quando vai a Siracusa, por volta de 388 a.C., a convite do tirano Dionísio I. Lá, esteve pelo menos três vezes, mas, pelo que sabemos, todas lhe trouxeram problemas, a ponto de ele ter sido vendido como escravo em Egina numa delas, e feito prisioneiro em outra. Mas, apesar de seus entraves, as viagens ampliaram seus contatos, principalmente com os pitagóricos, de onde reverbera não apenas a influência da geometria no pensamento de Platão – como bem sabemos da frase escrita nos portões da Academia, que dizia algo como: "Não passe por estes portões quem nunca estudou geometria" –, mas também a necessidade de incorporar a natureza em sua filosofia. Ao retornar da primeira viagem a Siracusa, Platão funda a Academia em Atenas no local de um ginásio que tinha o nome do herói Academos, de onde deriva o nome para o local de ensino de Platão (Antiseri & Reale, 1983/1990).

A princípio, a informação de que dispomos é que Platão foi discípulo de Crátilo – seguidor de Heráclito – antes de conhecer o mestre Sócrates. Aqui, já se faz importante outra grande consideração: falar de Platão nunca é fácil, não só pelo gigantismo de seu saber, ou até mesmo pela revolução filosófica que instaura na ordem do pensar, mas porque sempre estamos falando de, ao menos, dois sujeitos, nunca de um apenas, pois praticamente tudo o que sabemos de Sócrates provém de Platão e Xenofonte, sendo o primeiro considerado mais fidedigno. Ou seja, falar de Sócrates é

1 Apesar de soarem sinônimas, o sociólogo polonês Zygmunt Bauman (2015) nos ajuda a entender uma sutil diferença entre essas duas palavras, sendo a experiência uma forma de refletir sobre o que acontece conosco ao interagirmos com o mundo. A vivência, por sua vez, é o que nós vivenciamos nesse percurso, ou seja, resultante da nossa percepção do ocorrido e de nosso árduo esforço por torná-lo inteligível. Resumidamente, Bauman nos permite pensar que a experiência é algo objetivo, enquanto a vivência, subjetivo.

estudá-lo por meio de Platão, tornando difícil reconhecer a linha divisória entre ambos. Para além da cronologia dos sujeitos, fica clara a influência do núcleo básico do pensamento socrático em Platão, desde as críticas à democracia ateniense, que vão aumentar em Platão, após a condenação de seu mestre; até o parir das ideias, advindo da maiêutica socrática.

Eis, então, dois eixos de influência fundamentais sobre Platão: Sócrates e Pitágoras, como nos lembra Cornford (1932/2005):

> *De Sócrates, Platão aprendeu que os problemas da vida humana devem ser resolvidos pela moralidade da aspiração e da busca de um ideal imutável de perfeição. De Pitágoras, aprendeu como este conceito podia ser ampliado para além do campo das preocupações humanas e transformar-se num sistema que incorporasse toda a natureza e transformasse o escopo da ciência da forma que o Sócrates do Fédon desejava. (p. 57)*

Após transcorrer brevemente sobre sua biografia, buscando entender como ela aparecerá em seu pensamento filosófico, é importante lembrar que Platão é figura central, para além das questões epistemológicas ou metafísicas, em um fazer filosofia que difere do que vinha sendo feito até então em dois aspectos.

O primeiro é que a Filosofia é organizada como a história, quando vamos aprender sobre as eras por meio das divisões dos períodos, com uma nomenclatura que perpassa uma cronologia. Por exemplo: era pré-socrática, socrática, helenística, medieval, moderna etc. Mas aqui nos cabe uma pergunta – uma das perguntas centrais da filosofia e da vida desde a mais tenra infância: *por quê?* Diferentemente da história, em que os períodos são reclassificados mediante análise das modificações estruturais da sociedade – fundamentalmente os aspectos relacionados ao modo de produção, no que se refere às peculiaridades das forças produtivas e das relações de produção –, a filosofia também se reestrutura – mas mudando o seu objeto de análise. E por que isso é relevante? Porque Platão faz parte central dessa mudança, pois "a Filosofia Pré-Socrática começa com a descoberta da natureza, a Filosofia Socrática começa com a descoberta da alma humana" (Cornford, 1932/2005, p. 6). E poderíamos ainda nos perguntar: mas em que essa descoberta distancia a filosofia de seu aspecto anterior? Simples, pelo fato de que agora ela volta seus olhos de fora, da natureza (*physis*), para dentro do ser, da alma (*psyché*), para tratar das questões ético-políticas. Com Sócrates (via Platão), a filosofia faz um movimento para o interior do sujeito – "Conhece-te a ti mesmo" – sem perder de vista a análise política, da pólis, tão importante na tentativa de condicionar a felicidade, que é possível graças aos condicionamentos externos, em prol, também, da compreensão interna de nossas condições, como o conhecimento sobre o que não conhecemos, nossa ignorância. Aristóteles deixará um pouco mais claro que ética e política são indissociáveis. O indivíduo-cidadão só o é na pólis. É inconcebível um ser dotado de plena autonomia para condicionar sua existência.

O segundo aspecto é o fato de que a filosofia era, em grande medida, oral, e é em Platão que vemos muito de sua passagem à escrita. Mas, ainda que essa seja uma questão muito importante para a história da filosofia, vale lembrar que o próprio Platão não era completamente favorável a fazê-la pela escrita. Considerava a escrita como espécie de imagem do pensar e, como toda imagem, cópia de algo, e, como toda cópia, imperfeita, pelo simples fato de ser cópia. A escrita não se defende, não responde por si, é inanimada (Antiseri & Reale, 1983/1990).

A crítica sobre reduzir a filosofia à escrita era tal que, depois de montar a Academia, Platão mantinha as disciplinas que considerava mais importantes na formação dos alunos somente na oralidade, como o curso intitulado "Sobre o Bem". Diz-nos Platão (citado por Antiseri & Reale, 1983/1990) na "Carta VII":

> *O conhecimento dessas coisas não é de forma alguma transmissível como os outros conhecimentos, mas apenas após muitas discussões sobre tais coisas e após um certo período de vida comum, quando, de modo imprevisto, como luz que se acende de simples fagulha, esse conhecimento nasce na alma e de si mesmo se alimenta. . . . sobre essas coisas, não há nenhum escrito meu e nem haverá. (p. 129)*

Assim, pretendo fazer um mergulho um pouco mais profundo no pensamento de Platão, sem abandonar a superfície, destacando, desde já, duas coisas de absoluta importância para ele e com as quais, portanto, sua filosofia tem total compromisso: o diálogo e o compromisso com a verdade. Não à toa, a imensa maioria das obras de Platão é escrita em forma de diálogo; e, a meu ver, apesar de não podermos ter a oportunidade de ver o mestre trabalhar seus métodos oralmente e ao vivo, os textos nos relegam uma genialidade estratégica em seu objetivo de acender a fagulha, de trazer à tona, de relembrar, de colocar em exercício a maiêutica socrática. Somos tomados por uma onda prazerosa ao perceber que, por mais que Platão escreva por meio de diálogos entre interlocutores no texto, ele busca despertar a *maiêutica* (parto) em nós, leitores. Nós, que por meio do jogo de perguntas sábias da condução de Sócrates (principal interlocutor nas obras de Platão e que, para Reale, trata-se do próprio Platão), por meio de sua *ironia*, tomamos consciência de nossa ignorância, e isso revela outra característica dos diálogos, que é seu aspecto em forma de aporia, sem uma conclusão explícita, pois ela se dá no leitor.

Claro, o conhecimento, o amor, a beleza, a alma, o bem e, fundamentalmente, a morte serão objetos da mais absoluta importância para Platão. Afinal, não nos custa lembrar que, se tem algo que permite o nascer da filosofia é a morte enquanto objeto da consciência. Já nos disse Sócrates (Platão), ao perceber que seus discípulos estavam incrédulos de que tomaria a cicuta: "receio, porém, que, quando uma pessoa se dedica à Filosofia no sentido correto do termo, os demais ignoram que sua única preocupação consiste em preparar-se para morrer" (Platão, ca. 387 a.C./1972, p. 71). Acredito que, com isso, Platão possibilite que reflitamos no sentido de que a morte é a grande verdade comum a todos nós. Ela tem as características da verdade socrática: universal, imutável e eterna. A morte não nasce e, claro, não morre. A morte não muda, e ninguém lhe escapa. Assim, o filósofo é aquele que busca a verdade, vai em direção a ela e, em suma, a vida se resume a isso: ir em direção à verdade comum a todos nós, a morte. Ou seja, querendo ou não, a vida é um convite – que não se pode recusar – ao movimento em direção à verdade. A rejeição do fato dito não altera em nada o fim do fato, até mesmo para aqueles que encerram o seu movimento a partir da decisão consciente do suicídio. A morte volta como *fim*, mesmo sendo, para muitos, o *meio* de pôr *fim* ao sofrimento.

Feitas algumas considerações iniciais, julgo necessário começar pelo "meio": Sócrates. Chamo de meio porque divide a história da filosofia. Expus quão difícil é tecer uma linha divisória entre os dois – Sócrates e Platão –, mas o fato é que o primeiro marca o segundo em inúmeros aspectos, sendo um deles sua própria vida. Como assim? Simples: são poucos aqueles que vivem a própria filosofia. Um deles foi Sócrates. A partir de então, Sócrates se tornará, nos escritos de

Platão, mais que um sujeito, que um filósofo; torna-se um ideal. Mas, quando digo que a vida de Sócrates marca Platão, é absolutamente imprescindível incluir aí o elemento nevrálgico: a morte.

Ainda que Sócrates (Platão) argumente em favor da imortalidade da alma – como explicarei mais adiante –, a morte é parte integrante do período da alma encarnada no corpo adjacente ao mundo material, ou seja, a morte põe fim à vida do corpo, mas ela faz parte da vida, sendo o ato que impõe fim ao movimento desta. Nessa conjuntura, o que se destaca não é apenas a morte de Sócrates em si, mas a maneira como o fim se impõe. Lembremos: ele é condenado à morte depois de ser acusado, basicamente, de descredibilizar o sistema político ateniense, desacreditar dos deuses e corromper a juventude. O sábio mestre é, por mais paradoxal que possa soar, condenado ao suicídio – beber o veneno da cicuta –, e, nesse momento, acontece um fato tremendamente marcante na vida de Platão: a democracia ateniense matou não apenas um sábio, mas um inocente. O considerado sistema político de Atenas permitiu o inaceitável para Platão: buscou-se o exercício da justiça a partir do calor das emoções, e não por meio da razão e, além desses fatores, o condenado se despediu da vida com a mais tenra calma e fazendo o que de melhor fazia: filosofia. Tão calmo aparentava estar ante o desespero de seus seguidores que, segundo relatos, suas últimas palavras foram: "Críton, somos devedores de um galo a Asclépio; pois bem, pagai a minha dívida". Parece não ter sentido algum, deixando para os discípulos aquilo que é o cerne da filosofia: a dúvida. Mas Christian Dunker (2021) nos ajuda a alargar a compreensão da frase que marca a conclusão da vida com um sentido solto, suspenso, inconcluso:

> *A formulação é irônica, porque Asclépio é o pai mítico da medicina grega, senhor dos remédios e da cura e que naquela hora não poderia mais salvar o inventor da*

> *Filosofia. Se devemos um galo a Asclépio, é porque ele merece o sacrifício e o agradecimento por seu invento primeiro e maior: o* phármakon, *termo que significa, em grego, simultaneamente "veneno que mata" e "palavra que salva". (p. 217)*

Sócrates nos dizia que sábio é aquele que sabe que não sabe e, devido a isso, busca saber. Assim, deduzo que a ignorância, tão combatida pelos socráticos, revela-se por meio daquele que não sabe que não sabe e, por isso, acha que sabe e, desse modo, não precisa buscar saber, ou seja, jamais um filósofo. Afinal, filósofo é aquele que ama o saber, é amigo do saber, que *deseja* saber, mesmo sabendo que ele não se esgota, diferentemente da ignorância, que tem seu limite quando é reconhecida. Portanto, a sabedoria não é um acúmulo de conhecimento, não é o desenrolar de uma carga teórica; ela é uma atitude! Atitude ante o reconhecimento de nossa própria condição perante o mundo e os outros. É uma atitude que nos convida a uma reflexão não meramente do acúmulo teórico que temos calculado, mas da história de nossa vida, de nós mesmos, numa contínua revisão na busca pelo aperfeiçoamento da alma, que, para Sócrates, era a felicidade.

Isso permeia muito do pensamento dos principais socráticos, tanto Platão quanto Aristóteles. Se Platão nos lembra de que o bem é aquilo a que todas as ações se dirigem, em Aristóteles a felicidade (*eudaimonia*), o bem, é a finalidade última da conduta humana e a direção rumo ao bem, por sua vez, se dá por meio da razão. E, claro, Sócrates não escapa disso; afinal, lega-nos a famosa frase: "A vida não refletida não vale a pena ser vivida".

Curiosamente, o fundador da metafísica, Platão, defensor ávido da razão como elemento superior da alma tripartite – razão, ira e desejo –, demonstra em seus diálogos indireta e, talvez inconscientemente, os prováveis limites do pensar, do exercício da razão. Na construção de sua epistemologia, que tem por base a famosa teoria das ideias, ou formas (*eidos*), Platão se depara com um dilema de difícil resolução: o processo de conhecimento. Será difícil ao nosso mestre dar resposta dotada de sentido pleno para um processo que parece conter elementos tão obscuros que a racionalidade mostra não alcançar. Uma hora, há a impressão de que a razão se rende, e a consciência busca consolo, um "colo", mesmo que ela não reconheça o seu rendimento. Analogias à parte, o que quero dizer é que, apesar da linha divisória que busca se constituir desde o surgimento da filosofia com os pré-socráticos entre a razão – o *logos* – e o mito, parece que em Platão essa linha continua tênue, não muito bem delimitada, dotada de uma boa flexibilidade.

Em inúmeros diálogos de Platão – *O banquete*, *Fedro*, *Fédon*, *A república*, *Górgias*, *Teeteto*, entre outros – percebemos como ele recorre ao mito, e isso é interpretado por diferentes pensadores posteriores de maneiras distintas. Hegel conclui que o recorrer ao mito de Platão está ligado a certa imaturidade do *logos*, que não atingiu ainda sua plena liberdade, enquanto Heidegger interpreta que o recurso ao mito é fundamental em Platão, pois o *logos* capta o ser, mas não a vida, demonstrando os limites, o possível esgotamento da razão nas tentativas de atribuir sentido, na relação de causalidade, à natureza do ser. Por vezes, parece que o que lemos é um Platão desesperado, em busca de um sentido para um fenômeno que parece escapar da racionalização total.

> *Para Platão, mais do que expressão de fantasias, o mito é expressão de fé e de crença. Na verdade, em muitos diálogos, a partir de* Górgias, *a Filosofia de Platão relativa a certos temas se configura como* fé racionalizada *o mito procura clarificação no* logos *e o* logos *busca*

> *complementação no mito. Em síntese, ao chegar a razão a limites extremos de suas possibilidades, Platão confia à força do mito a tarefa de superar intuitivamente esses limites, elevando o espírito a uma visão ou, pelo menos, a uma tensão transcendente. (Antiseri & Reale, 1983/1990, p. 132, grifo meu)*

Curiosamente, séculos depois o mito continua sendo um referencial, ou seja, ele se faz presente no universo da ciência, nas inúmeras áreas do saber. Não que ele lhes sirva de complemento no sentido de trazer respostas à ciência, mas explorá-lo é uma forma de compreender melhor o humano, ou até mesmo de utilizar uma narrativa introdutória a uma dimensão complexa – como a história da maçã e de Sir Isaac Newton. Vale lembrar que o próprio Freud tem de encarar ataques à sua então "recém-fundada" psicanálise, que é chamada pelos discordantes de mito, desmerecendo-a enquanto não ciência; e cabe destacar que Freud encara os ataques de maneira maestral, e até de forma antecipada, quando deixa claro, em "A pulsão e seus destinos" (1933/1999), que "a doutrina dos *Trieb* (pulsões) é, por assim dizer, nossa mitologia. Os *Trieb* são entes míticos, grandiosos em sua indeterminação" (p. 101).

Recorrer aos mitos é tanto um aspecto pedagógico da escrita explicativa de Freud sobre as patologias como, principalmente, uma forma de explorar manifestações do comportamento humano. Assim como Claude Lévi-Strauss, ele entende que os mitos não são meras histórias interessantes, mas um saber acumulado sobre a condição humana (Santi, 2015) que transpõe em suas narrativas – pois todo mito é uma narrativa – aspectos fundamentais do comportamento humano. Tal qual os mitos, o sofrimento também é uma narrativa, uma narrativa de nós mesmos (Dunker, 2021). Enfatizo que o próprio Freud busca Platão como referência, não necessariamente em sua filosofia, mas justamente em um mito narrado por ele como condição explicativa de um fenômeno: o amor. Freud, apesar da persistência assídua que soa como uma herança positivista em provar que a psicanálise é ciência, entende, muito melhor que seus detratores, que o que não é considerado ciência não é vazio, mas repleto de significado que pode, inclusive, auxiliar a ciência. Apesar do gigantismo que a figura de Freud assume quando ainda vivo, ele mesmo é um bom exemplo em reconhecer figuras anteriores que lhe foram fundamentais na alusão a aspectos chaves de sua recente ciência, como o inconsciente ou a pulsão, agradecendo personalidades como Arthur Schopenhauer e Friedrich Nietzsche por exemplo – cito estes apenas porque são *filósofos*.

Deixo as comparações de lado para retomar o dilema do nosso filósofo na busca pela construção de uma filosofia que dê conta de explicar o dilema do conhecimento. O que é o conhecimento? Como conhecemos? O que nos permite conhecer? É possível conhecer o real? Quais os instrumentos do conhecimento? Antes de buscar elaborar sua gnosiologia respondendo às indagações mencionadas, Platão se depara com um dilema do qual o contato com os pitagóricos lhe ajudará a sair. Não que essa saída seja o desvelar de uma verdade absoluta, mas acredito que lhe satisfaz. O dilema é basicamente o seguinte: se eu passo a conhecer algo, é porque antes eu não o conhecia; mas como posso afirmar que conheço, que passei a conhecê-lo, que agora ele é do meu conhecimento, se antes não o conhecia? Em suma, o conhecimento é algo que pode vir "do nada"? Soa estranho, afinal, o máximo que o nada – outra grande e absolutamente complexa questão para a filosofia que não me cabe aqui abordar – pode fazer é: NADA. O conhecimento não é nada e, desse modo, não pode sair daquilo que não é. Soma-se a essa explicação, para aumentar o dilema, o fato de que não é possível investigar ou mesmo conhecer aquilo que não se conhece, assim como não é possível vir a conhecer aquilo que já se conhece. Platão reforça sua tese, pois, mesmo que viéssemos a descobrir algo que antes não conhecíamos, nos faltaria os meios para *identificar* tal elemento novo (Antiseri & Reale, 1983/1990). Em suma, ele já está nos dando a orientação de que o processo de conhecimento envolve um processo de identificação.

Por exemplo, quando faço um juízo de valor, como considerar algo bonito, belo? O que me faz reconhecê-lo enquanto tal? Para Platão, a matéria das coisas por si só não diz nada, ou seja, não é por formato e cor que a beleza lhe é atribuída. A beleza, como juízo de valor, não vem do objeto pelo seu aspecto material. Se eu chamo algo de belo, só pode ser porque eu sei o que é a beleza e consigo identificá-la nas coisas do mundo material. Não é possível ver algo e, sem nunca ter conhecido a beleza, deduzir que é belo. O que nós fazemos é identificar a beleza nas coisas. Mas, se a identificamos, é porque já a conhecemos, pois a identificação funciona por meio de um aspecto comparativo entre o que já carregamos em nós e aquilo que é novo e no qual vemos atributos que consideramos semelhantes.

O exemplo, e minha tentativa de explicar o dilema, é para chegar na fundação da metafísica, essa ciência que busca estudar a verdadeira realidade do ser, o ser em sua totalidade, as causas primeiras. Como podemos observar no exemplo, a causa da beleza não é a simples percepção do objeto julgado como belo e seu impacto nos meus sentidos – até porque a impressão que a beleza causa parece atingir, além do corpo, a alma –; mas qual é, então? O meu conhecimento da beleza, que é anterior ao objeto considerado belo.

Apelo a outro exemplo. Pensemos da seguinte forma: o corpo é matéria, e, como toda matéria, jamais pode dar vida a si próprio. Assim, se uma matéria é animada, tem vida, se move, tudo isso é decorrente de uma causa externa que obrigatoriamente tem vida.

Logo, se o corpo tem vida, essa vida vem de fora, daquilo que dá vida e faz isso porque a tem. O que dá vida ao corpo? Algo que está para além dele, ou seja, não é matéria: a alma. A alma racional.

Essa constatação é importante por quê? Porque a causa verdadeira das coisas não se encontra nas coisas, mas fora delas, e daí vem a teoria das ideias. A explicação do mundo sensível encontra-se fora dele, no mundo das ideias (suprassensível). "Com a teoria das ideias, Platão pretendeu sustentar o seguinte: o sensível só se explica mediante o recurso ao suprassensível, o relativo com o absoluto, o móvel com o imóvel, o corruptível com o eterno" (Antiseri & Reale, 1983/1990, p. 138).

A lógica racional levará nosso filósofo para um caminho que ele nos apresenta em sua teoria da reminiscência (*anamnese*) junto à formulação da teoria das ideias. Tal teoria é sua chave explicativa para a origem, a causa primeira da natureza dos seres e, nesse momento, Platão funda a concepção de uma realidade dual, binária, entre o metafísico e o físico, o inteligível e o material, o indeterminado (*ápeiron*) determinante e o determinado, o ilimitado limitante e o limitado, a alma racional (razão) e o corpo (desejo), o eterno e o finito, o imóvel em face do móvel, o imutável contra a mutabilidade constante, a verdade (*episteme*) ante a opinião (*doxa*).

Nessa relação de uma realidade binária, Platão nos deixa claro que o, assim chamado, mundo material, habitado pelo corpo, pertencente aos sentidos, finito, é uma cópia imperfeita do "Mundo das Ideias", e, enquanto imperfeição, nele a verdade não pode habitar, e assim fica visível a inferioridade que Platão atribui ao mundo material. Essa visão será extremamente criticada por Friedrich Nietzsche (1889/2017) no *Crepúsculo dos ídolos*, alegando que Platão é responsável por fundar um modo de pensar que nega a vida, no sentido de que desvaloriza o mundo material em prol de uma ilusão, esse tal mundo das ideias. Algo semelhante acontecerá no cristianismo, e muitos são os que associam o platonismo ao cristianismo. Alguns de forma a buscar adaptar o platonismo para enaltecer a fé cristã, como Santo Agostinho, e outros que dirão, como Nietzsche, que "o cristianismo é um platonismo para o povo". Ao lermos Platão, percebemos uma série de semelhanças com o universo da cultura cristã em que estamos mergulhados, pois Platão fala de alma, de reencarnação, da punição às almas errantes, de Deus, de entes, do divino, do sagrado e do profano, do eterno e do finito, da vida, da morte e da vida após a morte, e até mesmo de uma espécie de juízo "final" a que as almas seriam submetidas a cada 10 mil anos.

Antes de avançarmos, é importantíssimo deixar claro o significado de "ideia" em Platão, não apenas por ser tema central de seu pensamento, mas porque é algo que tem grande importância para a filosofia. Percebemos que não é simples, para se ter uma ideia, responder o que é uma ideia quando temos de ter uma ideia para dizer o que ela é. Se em Descartes, ideias são representações mentais do real, ou seja, uma ideia RE-presenta o que é presente no mundo real, externo, sendo basicamente a imagem construída daquilo que a nossa percepção captou e nossa habilidade racional possibilita, em Platão as ideias não são representações; elas são entidades, entes. Ou seja, elas existem, não na forma de abstrações mentais, mas como seres que ocupam lugar no mundo, no mundo delas, o mundo das ideias, também chamado de mundo inteligível. O que são esses seres, essas ideias? São essências. E o que é uma essência? Sócrates (Platão) já nos explicou: essência é o que faz algo ser o que é. Mais importante ainda é deixar claro que, assim como fica explicado na teoria das ideias, essas entidades, esses seres, são independentes. Mas independentes em relação a quê? À matéria. Como assim? Na definição de ideia enquanto representação mental, ela depende da matéria para existir, ou seja, ela só existe depois de conhecer a matéria; ela é sempre vinculada à matéria. Se digo: "pense em uma mesa", o que o leitor faz? Pensa (representa) a imagem de mesa na mente. Na concepção platônica, não só a ideia independe da matéria, como, em tese, existe antes da matéria, e esta tem origem a partir das ideias.

Tendo em vista essa síntese explicativa sobre a origem da metafísica por meio da origem da concepção de que a realidade é dividida, podemos agora entender um pouco melhor o dilema do conhecimento que ainda não nos foi aqui esclarecido. A saída de Platão é que só é possível afirmar que conhecemos porque já conhecíamos. Mas como já conhecíamos? Em nossa alma. E se já conhecíamos, então, é possível compreender como o conhecimento é uma espécie de identificação, pois se trata de associar algo externo a nós com aquilo que já temos em nós. Resumindo de maneira maestral, como nos relata Platão, conhecer é reconhecer, ou conhecer é relembrar, e, se eu RE-lembro, é porque está na memória (*mnemósine*), que Aristóteles define como o registro das sensações.

Entendo, portanto, que na concepção platônica, o conhecimento é uma espécie de retorno, ou seja, uma espécie de movimento de sair de si para voltar a si, e é nesse ponto que entra a dialética, pois, se concluímos que conhecer é relembrar, a questão agora é como relembrar e por que relembramos, por que conhecemos.

A justificativa é mais fácil de extrairmos, pois Platão basicamente diz que nós temos uma intuição originária do verdadeiro (Antiseri & Reale, 1983/1990). O "como" toma de nós um arcabouço mais complexo por se tratar da dialética. Esta estará presente em todos os diálogos de Platão, afinal, a dialética platônica é estruturada de forma dialógica; mas cabe lembrar que a origem da dialética – que alguns atribuem a Heráclito, de forma indireta, quando ele pensa o real como constituído de contrários e do movimento decorrente destes – não é exata, e seus significados são múltiplos, não sendo redutíveis a um único significado absoluto comum (Abbagnano, 1971/2007). Ainda assim, quando pensamos a dialética no platonismo, no movimento do espírito em Hegel ou no materialismo histórico de Karl Marx e Friedrich Engels, entendemos que a dialética envolve a ideia de conflito, contraditoriedade e movimento. Em Platão, a dialética se constitui como um processo investigativo conjunto, em direção à verdade, articulado por meio do diálogo, pois a filosofia, "apesar de tarefa individual e privada, [é] obra de homens que vivem juntamente e discutem com benevolência" (Abbagnano, 1971/2007, p. 280). Portanto, a dialética é o método – caminho para o bem – que "liga" o mundo material ao inteligível, a forma de "transcender", de buscar a verdade que não se revela no real material, e é, ao mesmo tempo, fundamento elementar do princípio da reminiscência (*anamnese*).

No diálogo *Menon: ou sobre a virtude*, Platão nos traz um relato sobre a sua teoria da reminiscência, como quando Sócrates, então em conversa com Menon, pede para que este chame seu escravo, pretendendo utilizá-lo para demonstrar como o escravo poderia saber o teorema de Pitágoras sem nunca ter aprendido absolutamente nada de geometria. Sócrates, ao receber o escravo com toda a cordialidade, pede-lhe que faça um quadrado e, depois, desenhe outro quadrado que tenha o dobro da área do primeiro. O escravo, então, rabisca um segundo quadrado, partindo dos lados do primeiro quadrado, e percebe que não faz outro quadrado na primeira tentativa, mas um retângulo; e, depois, quando faz outro quadrado, percebe que ele não tem o dobro da área do primeiro, mas é quatro vezes a sua área. Mesmo parecendo não ter alternativa, Sócrates insiste para que o escravo tente novamente, e este, depois de analisar com mais minúcia, desenha outro quadrado a partir da diagonal interna do primeiro quadrado e tem o resultado desejado, um quadrado com o dobro da área do primeiro, que foi criado a partir do primeiro.

Consequentemente, ao fazer isso, demonstra também o teorema de Pitágoras – o quadrado da hipotenusa é igual à soma dos quadrados dos catetos. Esboço a seguir, de maneira bem simplificada, para tentar ilustrar melhor o demonstrado:

Quadrado 1 (Q1): lados (A)

Área do Q1 = A^2

Solicitado um quadrado 2 (Q2): lados (B)

Área Q2 = B^2

B^2 deve ser igual a $2 \times A^2$

Se o Q2 é construído a partir da diagonal do Q1, passando ao teorema de Pitágoras, teríamos que B (lado de Q2 e diagonal interna de Q1) se encaixaria da seguinte forma: $B^2 = A^2 + A^2$ e, portanto, $B^2 = 2 \times A^2$. Lembrando que a área de Q2 é B^2, obteve-se o desejado.

Mênon fica um tanto estarrecido ao ver que o escravo havia conseguido, e Sócrates (Platão) lhe explica dizendo que o escravo enxergou a diagonal não com os olhos do corpo, mas com os olhos da alma. No fundo, aquela informação ele já continha em si, na alma, na alma racional. Eis a reminiscência como chave explicativa. O escravo não o teria acertado por mera dedução mental, lógica, como uma espécie de adivinhação. Na concepção platônica, isso não é possível. O escravo não traz a diagonal do nada, mas de dentro de si, onde na realidade já está. Sócrates, como interlocutor, ajudou-o a trazer essa ideia à luz, a pari-la, e aqui notamos a conectividade da reminiscência com a *maiêutica* socrática e a dialética. O parteiro de ideias, Sócrates, fazendo seus herdeiros. Em paralelo, talvez poderíamos dizer que a criança vem ao mundo quando já está no corpo, sendo gestada, e o processo do parto pode ter o auxílio de agentes externos que facilitam o nascimento daquilo que já existe. O parto, em tese, é o ato de sair do ventre materno e vir ao mundo externo, ser "jogado" no mundo, como Heidegger vai nos dizer. As ideias já estão na alma, ocultadas, esquecidas, e o filósofo é o auxiliar que ajuda a trazê-las à consciência, à luz.

> *Minha arte de obstetra possui todas as outras características que competem às parteiras, mas delas difere pelo fato de que serve como parteira apenas para os homens e não para as mulheres e se aplica a suas almas parturientes, não aos corpos. E existe isso de absolutamente grande na minha arte: ser capaz de pôr à prova de todo modo se o pensamento do jovem pare um fantasma e uma falsidade, ou um quê de vital e verdadeiro. Uma vez que isso ao menos é comum a mim e as parteiras: não posso gerar sabedoria; o que muitos já me reprovaram é que eu, de fato, interrogo os outros, mas depois eu mesmo não manifesto nada sobre nenhum argumento, aduzindo como causa o meu não ser sábio em nada – reprovação que corresponde à verdade... Quanto a mim, portanto, não sou de fato sábio em alguma coisa, nem tenho alguma descoberta sábia que seja como um filho gerado da minha alma... de mim jamais prenderam coisa alguma, mas são eles que, por si mesmos, descobrem e geram muitas coisas bonitas. (Platão, citado por Reale & Antiseri, 1997/2003, p. 114)*

E Cornford (1932/2005) nos traz uma analogia interessante: "no campo da conduta, a educação (depois da necessária tutelagem da infância) não significa ensinar; ela é o abrir dos olhos das almas, clareando sua visão pelo afastamento das névoas deturpadoras do preconceito, bem como do orgulho do conhecimento" (p. 43).

Apesar de explicada a reminiscência, duas coisas me incomodavam na leitura dos textos de Platão. A primeira era a postura de Sócrates, e a segunda, a razão do esquecimento. Por que Sócrates é tão pacífico, passivo, humilde, irônico? Por que nos esquecemos? Se sabíamos, por que nos esquecermos e temos de relembrar? Platão me deixava consternado, porque a vida parece que seria mais simples se a lembrança não se escondesse da memória consciente nos fazendo sentir perdidos, destituídos de sentido; e a parte ainda mais complicada é que ela se esconde, e muito bem! Tão bem que é necessário a ajuda externa de terceiros. Pessoalmente, digo que o mais curioso é que, depois de ler Platão, terminei com a sensação de que podemos nos sentir perdidos, não porque nos esquecemos e estamos no desespero do escavar da lembrança, ou porque não temos a menor ideia sobre de onde vem o desespero, mas justamente por relembrarmos. A sensação de trazer à consciência o oculto parece desnortear o mais íntimo de nós, tal qual o filósofo que, ao sair da caverna, tem uma espécie de sensação de dor pela luz do sol, que ataca os olhos, e demora até se acostumar com ela e vislumbrar a beleza da verdade.

No entanto, pelo menos Platão deixa claro que esquecer não é sinônimo de apagar – se algo é algo, não pode deixar de ser. Por que não? Pelo fato de que é. Herança de Parmênides – "O Ser é e não pode não Ser, o não-Ser não é e não pode vir a Ser" – e, como bom professor que era, se dedica a explicar de diversas formas as intempéries das experiências da alma após a morte e antes da encarnação nos corpos, ou reencarnação. Tais tratativas de racionalizar os caminhos da alma, que são chamados de "metempsicose", serão abordados em alguns de seus diálogos, como no *Fédon* (ca. 387 a.C./1972), outra vez no *Fedro: ou sobre a alma* (ca. 370 a.C./2016), quando relata o mito do carro (carroceria; carroça; charrete) alado, nos quais o filósofo também traça parecer sobre o amor e a ideia de beleza, e em sua obra mais famosa, *A República: ou sobre a justiça* (ca. 380 a.C./2006), quando Platão nos conta o mito do Er (Antiseri & Reale, 1983/1990).

No *Fédon*, Platão narra a distinção entre os caminhos das almas que tiveram uma vida que, quando encarnadas, foram entregues às paixões, aos desejos, ou seja, totalmente ligadas ao corpo, ao aspecto material, e daquelas que viveram na prática da virtude comum, deixando claro que apenas as que viveram na dedicação ao saber, no descolar-se do corpóreo, na prática da virtude filosófica, são destinas a um patamar mais elevado na hierarquia moral das almas.

> *À estirpe dos deuses, entretanto, não é permitido chegar a quem não tenha cultivado a Filosofia e não se tenha desligado do corpo em situação de total pureza, pois essa permissão é concedida apenas para aqueles que foram amantes do saber. (Platão, citado por Antiseri & Reale, 1983/1990, p. 158)*

Já em *A república,* Platão torna um pouco mais complexa a metempsicose das almas. Existe agora uma preocupação numérica, quantitativa, no que diz respeito à questão temporal das punições às almas, assim como as premiações, as recompensas, que devem ser justamente divididas, porque, se todas fossem premiadas, não haveria mais almas no mundo material. Estimando que as almas encarnadas, os corpos, vivem 100 anos, atribui que as almas em sua vida ultraterrena vivam 1.000 anos, e que nesse período ultraterreno é que são submetidas a recompensas e/ou punições. No caso de transgressões gravíssimas, as punições sucedem os 1.000 anos, que é quando elas devem reencarnar. Tal trecho, devido à beleza do recurso mítico e a inúmeras analogias que podemos estabelecer, reproduzo a partir da obra de Dario Antiseri e Giovanni Reale (1983/1990), na íntegra:

Terminada a viagem de mil anos, reúnem-se as almas em uma planície, onde será determinado o destino futuro de cada uma delas. Nesse aspecto Platão realiza uma autêntica revolução em relação à crença grega tradicional, segundo a qual caberia aos deuses e à Necessidade decidir o destino do homem. Os "paradigmas das vidas", diz Platão, se encontram no regaço de Moira Láquesis, filha da Necessidade. Tais paradigmas, entretanto, não são impostos, mas apenas propostos às almas: a escolha fica inteiramente entregue à liberdade das próprias almas. O homem não é livre de escolher entre viver ou não viver, mas é livre de optar por viver ou não de acordo com as normas da moral, ou seja, pode escolher viver segundo a virtude ou arrastado pelo vício. "E contou Er que, tendo chegado até aqui, deviam se dirigir a Láquesis; e que um profeta, antes de mais nada, dispôs as almas em ordem e depois, tomando dos joelhos de Láquessis os destinos e os paradigmas das vidas, subiu a um alto púlpito e disse: 'Eis o que diz a virgem Láquesis, filha da Necessidade: 'Almas efêmeras, é este o início de outro período da vida, que não passa de um correr para a morte. Não será o demônio que vos escolherá, mas vós escolhereis o vosso demônio. E o primeiro sorteado escolha, por primeiro, a vida à qual deverá estar ligado por necessidade. A virtude não tem dono: cada qual participará mais ou menos dela na proporção que lhe presta homenagem ou a despreza. A culpa cabe a quem escolhe: Deus não tem culpa disso''." Dito isso o profeta Láquesis sorteia os números para estabelecer a ordem segundo a qual cada alma deve dirigir-se para a escolha. O número que cabe a cada

> *alma é o que lhe fica mais perto. Então, o profeta estende sobre a relva os paradigmas das vidas (paradigmas de todas as possíveis vidas humanas e também animais), em número bastante superior ao das almas presentes... A escolha que cada um realiza recebe a confirmação das duas Moiras, Clótos e Átropos, tornando-se, assim, irreversível. Então, as almas bebem o esquecimento nas águas do rio Ameletes (rio do esquecimento) e descem aos corpos para viver a vida escolhida. (pp. 158-159)*

Já no *Fedro*, Platão procura rebuscar ainda mais, para esclarecer com mais minúcia, a razão do encarnar, da vida no mundo material, e, de maneira resumida, pode ser atribuído em grande medida à culpa o fator da "queda" do divino ao profano, do sagrado ao humano, das ideias ao sensível. Mas, antes de a culpa ser objeto de ataque do desleixo da alma errante, é muito importante deixar claro que, para Platão, diferentemente de Sócrates, esclarecer a imortalidade da alma é fator essencial. Por quê? Porque, se a alma se dissipar, tornar-se nada, a doutrina socrática perde seu sentido de ser. No *Fédon*, Platão se dedica muito a essa temática e assume que, se a alma é capaz de conhecer, de carregar consigo coisas eternas, imutáveis, como as ideias, a verdade, ela só o é capaz porque também usufrui de tais características.

Ainda no *Fédon*, antes de retornar à queda da alma, existe uma passagem em diálogo com Cebes e Símias em que Sócrates (Platão), de forma genial, busca, por meio de seus recursos dialéticos e irônicos, o parto (maiêutica) da conscientização da ignorância do coadjuvante. Ambos, Cebes e Símias, estão defendendo que alma é mortal, e Sócrates lhes pergunta se uma ideia pode conter nela o seu contrário, concluindo que não, pois o quente não pode carregar em si o frio, assim como o dia não carrega consigo a noite. Em seguida,

Sócrates indaga os interlocutores, perguntando se uma ideia, apesar de não poder carregar o seu contrário, pode carregar o contrário de outra ideia, e concluem que sim. Por exemplo, o três não é o contrário do dois, mas carrega uma ideia que é contrária à outra ideia que o dois carrega. Qual? O três é ímpar e o dois é par. Depois de todo esse ensejo, Sócrates pergunta o que daria vida ao corpo, já que o corpo não se dá a vida, e ambos lhe respondem que é a alma. A partir de então. Sócrates lhes mostra que, se a alma dá vida ao corpo, é porque carrega a ideia de vida; e, se carrega a ideia de vida, não pode carregar o seu contrário, a de morte. Assim, carrega-se somente a ideia de vida, ela não pode jamais morrer.

Retomando o fato da queda da alma para o mundo material, nos é relatado em *Fedro* que se estabelece uma disputa das almas para a contemplação da verdade suprema, do bem, dos deuses. As almas caminham rumo ao chamado *hiperurânio* (além do céu), que Platão também chama de "Planície da Verdade", para acompanhar o espetáculo, uma espécie de jantar dos deuses que é coordenado por Zeus. Tal espetáculo é conhecido como Zénite. Algumas almas não conseguem lugar, têm dificuldades de chegar por não conseguirem controlar os cavalos de suas carrocerias, deixando-se levar pelo domínio do cavalo mau que as puxa para baixo. As que conseguem contemplar os deuses hão de desfrutar do êxtase da alegria no contemplar da verdade quando as demais, na disputa incessante com as que estão em igual situação, são tomadas por extrema fadiga, por brigas e disputas que lhes quebram as asas, e estas caem. Diz-nos Platão (ca. 370 a.C./2016):

> *É nesse lugar (entre os deuses no zénite, no séquito dos deuses) que as almas experimentam a alegria suprema, pois as almas a que chamamos imortais, uma vez que atingiram o zénite, são tomadas de um movimento*

> *circular e podem contemplar as realidades que se encontram sob a abóbada celeste... A realidade que realmente não tem cor, nem rosto e se mantém intangível; aquela cuja visão só é proporcionada ao condutor da alma pelo intelecto, aquela que é patrimônio do verdadeiro saber, é essa verdade que ocupa efetivamente aquele lugar... O pensamento de um deus se alimenta de inteligência e sabedoria puras, assim como o pensamento de todas as almas que se dedicam à procura do alimento que mais lhe convém quando, no decorrer do tempo, puderam aperceber-se da realidade, é nesse lugar que as almas encontram a possibilidade de contemplação das realidades verdadeiras. (p. 71-72)*

Cabe-me, agora, deter-me noutro elemento importantíssimo em que Platão faz questão de se aprofundar em alguns diálogos: o amor – sempre seguindo o rigor de seu método dialético, nas contraposições de ideias a partir da ironia de Sócrates (Platão) na tentativa de parir o não saber, a maiêutica. Talvez *O banquete* seja a obra mais retomada na leitura sobre o amor, antes mesmo de *Fédon*, mas é no *Fedro* (ca. 370 a.C./2016) que busco relatar uma passagem interessante que deixo como reflexão por ter sido cativado por ela.

De maneira absolutamente resumida, deixo aqui destacado um dos significados discutidos sobre o amor no *Banquete*: de que o amor é desejo, e todo desejo é relativo a uma falta. De outro modo, todo desejo é a manifestação de um sentimento que diz respeito a algo ausente e, assim, o amor seria, de certa maneira, uma certa declaração de carência. Ama-se aquilo que não se tem. Não seria somente uma carência, mas um movimento em busca da posse. Tal relato consta, principalmente, no embate dialógico que se dá entre

Agatão e Sócrates na reflexão que este faz sobre o que o outro disse antes de o mestre discorrer sobre o que aprendeu com Diotima de Mantineia. Reproduzo parte do texto tanto por sua genialidade quanto pela discussão sobre tema tão emblemático, e também para enaltecer o método socrático ao fazer o interlocutor cair em contradição a partir de uma sequência de indagações, revelando a si mesmo o seu não saber, sua ignorância, no processo da maiêutica.

> *— Tenta então, continuou Sócrates, também a respeito do Amor dizer-me: o Amor é amor de nada ou de algo?*
> *— De algo, sim. [Agatão responde]*
> *— Isso então, continuou ele, guarda contigo, lembrando-te de que é que ele é amor; agora dize-me apenas o seguinte: Será que o Amor, aquilo de que é amor, ele o deseja ou não?*
> *— Perfeitamente — respondeu o outro.*
> *— E é quando tem isso mesmo que deseja e ama que ele então deseja e ama, ou quando não tem?*
> *— Quando não tem, como bem provável — disse Agatão.*
> *— Observa bem, continuou Sócrates, se em vez de uma probabilidade não é uma necessidade que seja assim, o que deseja deseja aquilo de que é carente, sem o que não deseja, se não for carente. É espantoso como me parece, Agatão, ser uma necessidade, e a ti?*
> *— Também a mim — disse ele.*
>
> ...
>
> *Disse então Sócrates:*
> *— Não é isso então amar o que ainda não está à mão nem se te, o querer que, para o futuro, seja isso que se tem conservado consigo e presente?*

— Perfeitamente — disse Agatão.

— Esse então, como qualquer outro que deseja, deseja o que não está à mão nem consigo, o que não tem, o que não é ele próprio e o de que é carente; tais são mais ou menos as coisas de que há desejo e amor, não é?

— Perfeitamente — disse Agatão. . .

— Depois disso então, lembra-te de que é que em teu discurso disseste ser o Amor; . . .Creio, com efeito, que foi mais ou menos assim que disseste, que aos deuses foram arranjadas suas questões através do amor do que é belo, pois do que é feio não havia amor. Não era mais ou menos assim que dizias?

— Sim, com efeito — disse Agatão.

— E acertadamente o dizes, amigo, declarou Sócrates; e se é assim, não é certo que o Amor seria da beleza, mas não da feiura?

Concordou.

— Não está então admitindo que aquilo de que é carente e que não tem é o que ele ama?

— Sim — disse ele.

— Carece então de beleza o Amor, e não a tem?

— É forçoso.

— E então? O que carece de beleza e de modo algum a possui, porventura dizes tu que é belo?

— Não, sem dúvida.

— Ainda admites por conseguinte que o Amor é belo, se isso é assim?

E Agatão:

— É bem provável, ó Sócrates, que nada sei do que então disse?

> *— E no entanto, prosseguiu Sócrates, bem que foi belo o que disseste, Agatão. Mas dize-me ainda uma pequena coisa: o que é bom não te parece que também é belo?*
>
> *— Parece-me, sim.*
>
> *— Se portanto o Amor é carente do que é belo, e o que é bom é belo, também do que é bom seria ele carente?*
>
> *— Eu não poderia, ó Sócrates, disse Agatão, contradizer-te; mas seja assim como tu dizer.*
>
> *— É a verdade, querido Agatão, que não podes contradizer, pois a Sócrates não é nada difícil. (Platão, ca. 380 a.C./1973, pp. 37-39)*

Eis o belo exemplo após o qual Sócrates, basicamente, narra seu encontro com Diotima e o que essa lhe oferta sobre os saberes do amor, colocando-o como uma espécie de justa medida entre opostos - definição que aparecerá no conceito de virtude (*areté*) também em Aristóteles - antes de resgatar a narrativa mitológica para explicar sua origem e os aspectos de seu comportamento, sendo o amor um gênio que está entre o mortal e o imortal.

Novamente recorre-se ao mito como fonte explicativa do comportamento que coloca sobre o amor uma característica que soa como algo não necessariamente contraditório, mas indeterminado, o que me faz lembrar do aspecto tanto fronteiriço quanto indeterminado da pulsão (*trieb*), entre o psíquico e o somático, relatado por Freud. Diz-nos Diotima:

> *— Quando nasceu Afrodite, banqueteavam-se os deuses, e entre os demais se encontrava também o filho de Prudência, Recurso. Depois que acabaram de jantar, veio para esmolar do festim a Pobreza, e ficou pela*

> *porta. Ora, Recurso, embriagado com o néctar – pois vinho ainda não havia – penetrou o jardim de Zeus e, pesado, adormeceu. Pobreza, então, tramando em sua falta de recurso engendrar um filho de Recurso, deita-se ao seu lado e pronto concebe o Amor. Eis por que ficou companheiro e servo de Afrodite o Amor, gerado em seu natalício, ao mesmo tempo que por natureza amante do belo, porque também Afrodite é bela. E por ser filho o Amor de Recurso e de Pobreza foi esta a condição em que ele ficou. Primeiramente ele é sempre pobre, e longe está de ser delicado e belo, como a maioria imagina, mas é duro, seco, descalço e, sem lar, sempre por terra e sem forro, deitando-se ao desabrigo, às portas e nos caminhos, porque tem a natureza da mãe, sempre convivendo com a precisão. Segundo o pai, porém, ele é insidioso com o que é belo e bom, e corajoso, decidido e enérgico, caçador terrível, sempre a tecer maquinações, ávido de sabedoria e cheio de recursos, a filosofar por toda a vida, terrível mago, feiticeiro, sofista; e nem imortal é a sua natureza e nem mortal, e no mesmo dia ora ele germina e vive, quando enriquece; ora morre e de novo ressuscita, graças à natureza do pai; e o que consegue sempre lhe escapa, de modo que nem empobrece o Amor nem enriquece, assim como também está no meio da sabedoria e da ignorância. Eis com efeito o que se dá. (Platão, ca. 380 a.C./1973, p. 41)*

Com o perdão das associações entre filosofia, mitologia e psicanálise, acho justo, como mencionei antes, transpor resumidamente a concepção de amor que Platão resgata no *Fedro*. Logo de início, Platão (ca. 370 a.C./2016) coloca o amor como

> *o desejo que, desprovido de razão, atrofia a alma e esmaga o prazer do bem, e se dirige exclusivamente para os desejos próprios da sua natureza, cujo único objetivo é a beleza corporal, quando se lança impudicamente sobre ela, comporta-se de tal maneira que se torna irresistível, e é dessa irresistibilidade, desta força destemperada que ele recebe a denominação de eros, ou de amor. (pp. 44-45)*

Fedro se surpreende, pois Sócrates (Platão) dá ao amor características que são entendidas como pejorativas. "Esmaga o bem", "atrofia a alma" e, fundamentalmente, se prende à "beleza corporal", ou seja, o amor é um desejo que deturpa a razão nos mantendo distantes do mundo das ideias, prendendo-nos à materialidade. Mas o que surpreende Fedro? O fato de que os deuses amam. Se os deuses, que são perfeitos, felizes, bons, belos e justos, amam, como podem ser perfeitos e amarem se o amor desvia do bem e do justo? Ou seja, como pode amor e perfeição coexistirem no mesmo ser se de perfeito o amor parece nada ter?

A dúvida de Fedro leva Sócrates a uma nova reflexão. Agora, o filósofo fará uma associação que coloca o amor e a beleza em conjunto. Por que a beleza? Porque a beleza, dentre as ideias do mundo das ideias, é a mais fácil de ser percebida pelos sentidos, fundamentalmente a visão, no mundo material. E qual a relevância dessa percepção? O fato de que, quando nós percebemos uma ideia, ainda que distorcida no mundo material, como cópia que é, nós "tocamos" o divino, e isso nos deixa absolutamente desnorteados. Eis como compreendo o amor a partir dessa leitura. O despertar provocado pela beleza num sentimento que nos toma ante a sensação de tocar o eterno.

A alma que caiu no mundo material por perder as asas devido à luta com as demais para contemplar o Zénite agora sente o divino e uma espécie de dor. Por que dói? Porque as asas querem crescer novamente. É o *pteros* – dar asas ao desejo, excitar o desejo. Porém, apesar de doer, de nos desnortear, queremos mais.

> *Mas, o que foi recentemente iniciado e que outrora teve o dom de contemplar muita coisa, esse quando vislumbra um rosto divino ou qualquer outro que traga a* recordação *da beleza. . . esse experimenta uma espécie de tremor e, depois, uma certa emoção, semelhante a de outrora. Nessa altura volta o olhar para o objeto belo que assim o despertou, e venera-o como se de um deus se tratasse. . . No momento em que o contempla, é percorrido por um estremecimento febril pois que, uma vez recebida pelos olhos a emanação da beleza, sente-se aconchegado e essa emanação dá a vitalidade às asas da sua alma. (Platão, ca. 387 a.C./1972, pp. 80-81, grifo meu)*

E, mais à frente, parece voltar o aspecto da insaciedade, pois nos diz que: "neste delírio em que foi lançada, não pode repousar, nem de noite nem de dia, e, impelida pela paixão, lança-se em busca dos lugares onde, segundo julga, pode encontrar a beleza" (Platão, ca. 387 a.C./1972, p. 82).

Por fim, depois de discorrer sobre esse aspecto, Platão (ca. 387 a.C./1972) nos deixa com uma mensagem extremamente interessante sobre o amante e o objeto de amor. Diz-nos:

> *Cada um escolhe o amor segundo o seu caráter e como consideram o objeto escolhido uma espécie de imagem da divindade, erigem-lhe uma estátua no coração, com o fito de o adorar e de lhe prestar um culto secreto. Assim, os que se encontram na órbita de Zeus procuram amar o que tenha alma semelhante a Zeus. Procuram saber se o amado tem vocação filosófica e qualidades de chefia e, logo chegam a uma conclusão, dispõem-se a amá-lo e tudo fazem para desenvolver no amado o amor desse deus. (p. 85)*

Enfim, aqui está novamente transposta a reminiscência e a conexão com o mundo das ideias na busca pela verdade. O sujeito se *recorda* da beleza e se desnorteia. Nesse ponto, vejo o caráter do desejo, pois Platão nos diz que o sujeito busca lugares onde contemplará, segundo seu julgamento, o belo novamente, ou seja, ele quer, ele deseja, e deseja porque não o tem ao dispor para sanar a excitação, a euforia.

5.1 A atemporalidade da alegoria da caverna

O mito da caverna é narrado na obra mais famosa de Platão (ca. 380 a.C./2006), *A república*, na qual ele parte em vias de delinear o nobre objetivo de pensar uma sociedade em que não seja possível praticar a injustiça, apenas o bem – lembrando que aquilo que é justo é necessariamente bom e belo, e são verdadeiras todas as combinações entre tais características. Nosso filósofo, não podemos nos esquecer, está motivado pela grande injustiça que a democracia ateniense, a pólis (cidade-Estado) Atenas, cometeu contra seu grande mestre Sócrates. Mas, diferentemente do termo aqui mencionado, nosso filósofo não pensa a sociedade em si, mas o Estado – usando como referência, por vezes, o termo "cidade autêntica". E por que pensar o Estado é importante? Porque, na concepção platônica, não existe indivíduo que basta a si próprio. Esse pensamento fica mais familiarizado com Aristóteles, ao dizer-nos que o indivíduo que basta a si próprio, de duas uma: ou é um animal ou um deus, mas não um ser humano. Ou, ainda acrescentando à herança platônica, quando Aristóteles nos revela, principalmente nas obras *Ética a Nicômaco* (ca. 353 a.C./1991) e *A política* (ca. 350 a.C./2006), a ideia do homem enquanto animal político, ou seja, naturalmente condicionado à vida social, na pólis. No eleata dos peripatéticos, a discussão ganha suma relevância, oriunda da influência de Platão, a ponto de afirmar que o Estado é o último estágio da evolução social, mas o primeiro ontologicamente. Saímos da família, ou seja, a vida é iniciada num arco social e, posteriormente, um conjunto de famílias torna-se uma tribo, as tribos, por sua vez, aldeia, e desta se segue até a aldeia autônoma, a pólis, a cidade-Estado. Por que o primeiro ontologicamente? Porque o Estado já está na natureza do ser, ou seja, existe antes dele.

Em *A república*, Platão (ca. 380 a.C./2006) delineia a estrutura de sua pólis – *kallipolis* (cidade bela) – a partir das aptidões e virtudes da alma, ou seja, os indivíduos assumiriam tarefas e funções, na pólis a partir da principal designação de um dos atributos da alma em que prevalece uma virtude – retomando, neste caso, a ideia de alma tripartite – sendo: o desejo (parte inferior), o aspecto concupiscível, no qual deve predominar a virtude da temperança como capacidade de controlar os impulsos e as paixões, e que forma o primeiro grupo, relativo aos trabalhadores (lavradores, artesãos e comerciantes), que teriam também como característica positiva a obediência aos superiores; em segundo, a ira "irascível" (parte mediana), dotada da virtude da coragem, que corresponderia aos guardas da pólis; e, por fim, a razão (parte superior), que é dotada da virtude da sabedoria e ampara os governantes, que Platão atribui à figura do chamado filósofo-rei, responsável pela atividade política da governança.

Cabe-me aqui refletir brevemente sobre outra pergunta fundamental: por que é importante uma divisão estruturante da pólis a partir das virtudes mencionadas? Porque, para o nosso pensador, é assim que se estabelece a justiça. Como? Com a harmonia entre essas três virtudes – a temperança, a coragem e a sabedoria. Basta existir e ter uma das virtudes que já está feito o meu papel na pólis? Não. Vale lembrar que Platão perpassa a ideia – e o mesmo se dará em Aristóteles depois – de virtude (*areté*) socrática, que se fundamenta em tornar algo bom e perfeito naquilo que ele é, ou seja, a alusão ao aperfeiçoamento como condicionante moral à felicidade, estabilidade e justiça. Quero dizer aqui que não basta existir, mas que cada um deve praticar aquilo que lhe é próprio – temperança, coragem ou sabedoria –, inerente à natureza maior de seu ser, e deve buscar fazê-lo sempre da melhor forma possível por natureza e por lei (Antiseri & Reale, 1983/1990).

Apenas como observação, é interessante pensar que, para além das questões da divisão de funções que permitiria a justiça na pólis, Platão aborda também questões relativas à estrutura da família e a alguns problemas inculcados na propriedade privada, e elabora um sistema pedagógico – *paideia* – que visa identificar a aptidão da alma em cada indivíduo para, posteriormente, destiná-lo ao seu papel na pólis e ao processo de aperfeiçoamento de sua virtude. O cidadão ingressaria aos 7 anos e, se chegasse ao final, terminaria com 50 anos, passando por um conjunto diferente de disciplinas e avaliações.

Apesar dos meandros estruturais, antes de invadirmos a caverna, ou de dela tentarmos sair, uma das discussões centrais recai sobre aquele que poderia, segundo Platão, promover a justiça e o exercício da atividade política na pólis, o filósofo. Por que o sábio deve governar? Não seria mais democrático – falando em sentido geral – a governança ser uma atividade passível de ser exercida por todos? Sem dúvida. Lembremo-nos de que Platão é um crítico da democracia e não tem com ela um compromisso estrito. O fato de estar na pólis já é uma atividade política e de todos, mas o governo, outra atividade política, não o deveria ser. O papel de governante cabe ao filósofo, porque, basicamente, é ele que, além de ser quem mais ama a cidade, conhece a ideia de bem e de justiça. A cidade deve ser fundada sob a égide do bem e da justiça e, consequentemente, governada por aquele que contempla o bem e sabe o que é a justiça, pois só sabendo o que ela é, é que ela pode ser promovida e o bem mantido, tal qual a beleza que se revela nessa aliança de fatores.

Estabelecidos os rigores da justiça, mergulhemos num dos aspectos mais atemporais de toda a história da filosofia: o mito da caverna. Por que atemporal? Isso porque pensar sobre essa alegoria parece válido em qualquer época.

O curto diálogo entre Sócrates e Glauco expresso no Livro VII de *A república* – que aqui não me cabe transcrever na íntegra – é uma síntese absolutamente genial, expressando Platão em sua totalidade. No mito, podemos contemplar os mais diferentes aspectos que Platão instaura com sua filosofia própria: a metafísica, a gnosiologia, a dialética, a ética e a mística (Antiseri & Reale, 1983/1990).

Para melhor compreensão dos múltiplos significados da narrativa que contém em si outro mito – da linha dividida –, acredito ser necessário deixar claro que tudo ali é metafórico, por isso chamado de "alegoria", representação figurada. Temos, de maneira muito simplificada, como elementos fundamentais: a caverna (ambiente), os prisioneiros, o que se liberta, as sombras, os objetos (estátuas) que são projetados enquanto sombra, o fogo, o muro que divide, os manipuladores, as correntes, o externo e o Sol. E digo metafórico, por quê? Porque a caverna não existe geograficamente, fisicamente no plano espacial, não será encontrada via GPS ou em algum lugar da Terra. Ela corresponde a uma condição humana, da ignorância e alienação. No platonismo, ela representa, sumariamente, o mundo material, e a narrativa conta o movimento do ser rumo à verdade, perpassando os diferentes graus do conhecimento:

As sombras, aparência do sensível, que correspondem à imaginação.

As estátuas, as próprias coisas sensíveis, que correspondem à crença.

O muro, que marca a linha divisória entre o sensível e o suprassensível, mundo sensível e mundo das ideias.

O além-muro, representado pelo mundo externo superior (ideias) e centralizado no Sol, que simboliza a ideia do bem, o intelecto puro.

De outro modo, poderíamos simplificar como: as sombras (*eikasía*) e a crença (*pístis*) correspondem ao sensível; a intermediária (*dianoia*) é tratada como o grau primeiro do tangenciar o mundo das ideias, que seria por meio da matemática (geometria); e a intelecção pura (*nóesis*) consiste no conhecimento do todo pela dialética, sumariamente da ideia de bem.

Bom, esclarecidas as divisões, retomo as analogias metafóricas. E as correntes ou algemas? São tudo aquilo que impede a libertação, ou seja, a busca pela verdade, pelo conhecimento (*episteme*), com o medo e o "PRÉ-conceito", as opiniões. E os aprisionados, acorrentados e algemados? São os seres humanos comuns, presos na materialidade, nos preconceitos, nos hábitos adquiridos desde a mais tenra infância, acostumados a achar que o verdadeiro é aquilo que soa óbvio pela aparência da percepção, sem, em verdade, perceber a distorção do real na forma de sombras. E as estátuas, a fogueira e os indivíduos que carregam as estátuas projetando as sombras e murmurando vozes? Trata-se de uma referência aos sofistas,[2] aos políticos atenienses, que são os manipuladores, os responsáveis por usarem artifícios para distorcer o real e estimular a crença, a ilusão, impedindo o real de vir à tona. Por que a crença? Porque os prisioneiros só veem as sombras e atribuem as vozes, os murmúrios, às sombras, acreditando que delas provêm, e soma-se a isso o fato de que, como só veem sombras, acreditam que o real se resume àquilo. Assim, vivem da opinião, do achismo baseado no julgo único da percepção sensorial destituída da racionalidade. E as estátuas? Estas não são os objetos verdadeiros, mas suas representações forjadas por mãos humanas. Representações físicas, concretas, materiais que distorcem o real também, apesar de mais concreto que uma sombra – e, nesse aspecto, eu diria até que está imersa a crítica que Platão faz da arte como, em certa medida, um exercício de cópia da cópia. A arte tem um aspecto mimético que pode desvirtuar o aperfeiçoamento da razão – um parecer que será bem diferente em Aristóteles, para quem a arte é um complemento do real e artifício que nos permite ir além dele.

E o Sol? É o representante simbólico da ideia do bem. Para melhor compreendê-lo, recorro ao genial professor Dr. Danilo Marcondes (1997/2010), que também foi e é um dos pilares referenciais no meu estudo da filosofia.

> *O Sol simboliza aí para Platão, como no texto do mito do Sol (República, VI), o grau máximo de realidade, o ser em sua plenitude, a própria ideia do Bem, através*

---

2 Cabe lembrar que o termo "sofista", que significa sumariamente "não sábio", tem atribuição pejorativa, ganhando uma conotação até de xingamento, devido a uma narrativa platônica-aristotélica. Os sofistas eram mestres que divergiam dos socráticos fundamentalmente na questão que diz respeito ao aspecto universalista da verdade, entendendo que o consenso, ou seja, certo relativismo, é mais condizente com o real que o ideal.

> *da metáfora da luz como o que ilumina, torna visível e se opõe à escuridão e às trevas. Essa é inclusive uma das origens da influência da metáfora da luz como símbolo não só do conhecimento e da verdade, como o próprio Bem, tão marcante em nossa cultura. Quando o prisioneiro chega à visão do Sol, ele se torna alguém que possui o saber, já que ao ver o Sol compreende que este governa tudo no mundo e é* causa *de tudo, mesmo do que ocorre na caverna. O Sol seria assim fonte de toda luz, ou seja, de toda realidade, e mesmo as sombras na caverna dependem, em última instância, da luz do Sol: sem luz não haveria sombra. Ao chegar à visão do Sol o prisioneiro completa o processo de transformação de sua situação inicial, passa a possuir o saber porque vê diretamente a fonte de toda luz: o ser, a realidade. Compreende assim a totalidade. (p. 66, grifo nosso)*

Antes de arriscar-me rumo ao desfecho faltam, ainda, duas questões centrais: quem é o indivíduo que se liberta, e por que o faz? Comecemos pelo segundo ato, pois a libertação não ocorre por mero acaso, mas por uma dialética interna que nos habita, forças contrárias que nos constituem, o hábito e o *eros* – o impulso, a curiosidade –, que acaba por vencer o hábito, o comodismo. E quem é o nosso ser livre? O filósofo, que é personagem central, o protagonista a que aludi no início de meu texto e sobre o qual recai uma responsabilidade absolutamente sumária que Platão chama de função político-pedagógica. Tal atribuição é o retorno à caverna, após a contemplação do bem e a assimilação da totalidade, para libertar os demais, pois o bom político não é aquele que usa o poder para si, mas para promover o bem da totalidade. Sabemos o seu desfecho:

> *Sócrates: E se ele [o filósofo] tivesse que emitir um novo juízo sobre as sombras e entrar em competição com os prisioneiros que continuaram acorrentados, enquanto sua vista ainda está confusa, quando seus olhos não se recompuseram, enquanto lhe deram um tempo curto demais para acostumar-se com a escuridão, ele não ficaria ridículo? Os prisioneiros não diriam que, depois de ter ido até o alto, voltou com a vista perdida, que não vale mesmo a pena subir até lá? E se alguém tentasse retirar os seus laços, fazê-los subir, acreditas que, se pudessem agarrá-lo e executá-lo, não o matariam?*
> *Glauco: Sem dúvida alguma, eles o matariam. (Platão, citado por Marcondes, 1997/2010, p. 64)*

Já sabemos quem é o filósofo simbolizado no mito da caverna: Sócrates. Mas, antes de me deter um pouco nessa analogia, se faz necessário expor que é o Sol, a ideia do bem, a causa da totalidade do real, do imaterial e do material. No diálogo *Timeu*, Platão vai trabalhar com o argumento do Demiurgo, o Artífice, que gera a partir de um modelo (o Ideal) a cópia (o Sensível) e o faz por simples ato de bondade, por amor ao bem (Antiseri & Reale, 1983/1990). Evidentemente que tal visão alude à teologia ocidental, mas com diferenças fundantes, sendo "Ente divino" diferente do desígnio "Deus". O Ente divino é impessoal, enquanto Deus e deuses têm caráter de pessoalidade. O Demiurgo, apesar de gerar o mundo material a partir de seu amor ao bem, não é seu criador, como nos alertam Reale e Antiseri, mas seu artífice, e, como um Deus, está submetido ao Ente, ao divino, que tem em sua centralidade suprema a ideia do bem. Em suma, o responsável por gerar o mundo material, que não é material, foi gerado por algo superior a si e responsável pelo todo, a ideia do bem, causa primeira de todas as causas.

Acredito, como disse anteriormente, na atemporalidade do mito da caverna, mas ouso enfatizar que me parece que ele nunca pode ser tão real quanto o presente momento e nos últimos anos. O nunca aqui é injusto ante a história. O nunca aqui é fruto da indignação pessoal que faz parte de minha biografia que se inicia em 1988 e segue até o hoje. É claro que, no transcorrer da história, já percebemos a experiência das manipulações que aprisionam pelo medo, vendo que a verdade e seus "portadores" - prefiro "buscadores" - geram um incômodo contra o qual respondem com ódio os alienados ou, pior, aqueles que, ao que parece, persistem numa espécie de ignorância consciente disseminada como método para sustentar a crença de sua autoridade forjada em prol de si e para si, valendo-se da violência institucionalizada em prol do sustento do poder.

Como Pierre Bourdieu, Max Weber, Hannah Arendt e outros já nos alertaram, a dominação se estrutura na aceitação daquilo que se converte enquanto autoridade reconhecida – ainda que aqui não caiba a complexidade da discussão do aceitar –; já o poder é a imposição de uma vontade mesmo encontrando resistência e, assim, sua natureza é reprodutiva; e, ainda que em Foucault possamos encontrar múltiplas respostas para esse elemento constitutivo do real, é compreensivo o fato de que a violência, apesar de não ser o poder em si, seja utilizada como um instrumento – mesmo podendo ameaçá-lo, como Arendt (1973) propôs em sua obra "Da violência" –, seja pelo viés físico e/ ou pelo simbólico. Hoje, assistimos e sofremos institucionalmente os dois em um nível assustador. A triste sensação que tenho é que a caverna ganhou uma proporção para além de si mesma. Mesmo no século XXI, parece cada vez mais difícil discernir, enxergar, traçar uma linha divisória entre a caverna e seu exterior.

Se, anteriormente, o desconhecimento tinha sua carga de causalidade pela postergação das estruturas, do status quo, hoje parece que temos a negação e o estímulo dela por meio da desinformação num nível institucionalizado pelo Estado. Se, antes, se desconhecia o fato, hoje, é negado mesmo diante da mais clara evidência. O negacionismo também se amplia ao nível de negação do fato e do direito de dizer não, ou seja, da discordância em prol do científico. Matam-se o diálogo e o poder da escuta, pois o medo prevalece ante a condenação dos desejos. Lacan dizia que escutar é abrir mão de todo tipo de mecanismo de controle. Num mundo que soa como uma caverna totalizante, os mecanismos de controle operam para além da percepção, tal qual Marx nos explica com seu conceito de ideologia (Marx & Engels, 1932/2002). Grita-se em silêncio, formando uma multidão de solitários, como Zygmunt Bauman nos alerta. Não podermos contar uma história – a nossa história – ou sermos cegamente perseguidos por ela são sinais de que a caverna se expandiu.

Apesar de o mito da caverna poder ser explorado infinitamente, ele parece transmitir uma mensagem clara. Qual mensagem? Que o real nunca se revela na sua forma verdadeira, e não podemos dar por verdadeiro aquilo que sentimos ser óbvio à primeira impressão, seja pela via da percepção dos sentidos, seja pela via da consciência da razão – o mesmo significado de mensagens transpostas por inúmeros outros pensadores e pensadoras, como Freud e Marx, por exemplo.

Bourdieu nos dizia que a sociologia é um esporte de combate, um mecanismo de defesa pessoal (Carles, 2001). Peço licença para aqui estender à filosofia um papel de soma nesse conflito, assim como à Psicanálise. Qual era a premissa de Bourdieu? Que a sociologia tem por função a desnaturalização dos fenômenos. Como assim? Simples: muito daquilo que nos é explicado por meio de fatores naturais, biológicos, genéticos, têm, em verdade, causas sociais e históricas e, dessa forma, quase toda naturalização, quase todo discurso naturalizante, biologizante, comete um "crime hediondo". Qual? Ele mata. O quê? A história. Se não a história do coletivo, a história do sujeito e, ao assassinar a história, resta o consolo da impossibilidade de mudança diante do falso natural, forçando a *crença* de que a violência, o preconceito, a precarização de tudo aquilo que é público, a fragilidade dos laços sociais na modernidade líquida de Bauman, a pobreza, a miséria, a fome, o sofrimento, entre outros, têm uma causa única, e ela é natural. E qual é o grande problema da naturalização (esse mecanismo de expansão da caverna e das correntes) junto à morte da história? Aquilo que é um problema e deve ser visto como tal para que se busquem soluções de caráter científico deixa de ser o que é, um problema, e se não é mais um problema, não há razão alguma para o combatermos. A naturalização tem tanto seu sentido orgânico quanto normalizador, ou seja, ganha um aspecto de normalidade.

Um exemplo? Claro. Ante o crescente número de mortos vítimas da Covid-19, Bolsonaro disse que "todo mundo morre um dia". Apelou à naturalização da morte. É fato que todos morremos, mas jamais pode ser entendido como natural morrerem tantos por essa situação que nos acometeu. Apesar de o vírus nos atingir no corpo, na fisiologia, de ser ele um agente da natureza, não é só ele que mata. Mas o que nos esclarece que não é natural? A história. A leitura crítica do contexto, desde os aspectos econômicos da desigualdade social e de infraestrutura ao escopo das decisões políticas estratégicas.

Bem, diante dessas explanações, cabe-me fazer de Sócrates (Platão) o meu guia e tentar pôr fim ao texto sem fazê-lo como um fim, mas com provocações que estimulem a causa da filosofia: a dúvida. É o final do texto, mas não do movimento.

Sócrates, eu seu discurso na *Apologia de Sócrates* (Platão, ca. 399 a.C./s.d.), lembra-nos de que "já é hora de irmos: eu para a morte, e vós para viverdes. Mas, quem vai para melhor sorte, isso é segredo, exceto para Deus" (p. 106). Ao dizer isso, deixa seus discípulos incrédulos por aceitar a condenação, mas explica que não a aceitar seria matá-lo doutra forma, pois mataria o quê? A sua história. Uma vida dedicada à filosofia. Uma vida que foi vivida por meio da própria filosofia na busca pela verdade. Se a busca pela verdade incomodou, e isso era o real motivo da condenação, que se mate o corpo, mas que a ideia permaneça como história.

Vivemos um momento extremamente delicado, no qual o universo da ciência, do conhecimento, do bom senso, da informação, da crítica, do acolhimento, da escuta, da diversidade, da história, está sendo condenado e violentado, mas tenho uma única certeza: a de que jamais aceitaremos a condenação. Minha indignação é a mesma de Bourdieu (1998), com a licença de Platão:

> *De fato, jamais deixei de me espantar diante do que poderíamos chamar de o* paradoxo da dóxa *(sic): o fato de que a ordem do mundo, tal como está, com seus sentido únicos e seus sentidos proibidos, em sentido próprio ou figurado, suas obrigações e suas ações, seja grosso modo respeitada, que não haja um maior número de transgressões ou subversões, delitos e "loucuras"; ou, o que é ainda mais surpreendente, que a ordem estabelecida, com suas relações de dominação, seus direitos e suas imunidades, seus privilégios e suas injustiças, salvo uns poucos acidentes históricos, perpetue-se apesar de tudo tão facilmente, e que condições de existência das mais intoleráveis possam ser permanentemente vistas como aceitáveis ou até mesmo como naturais. (p. 7, grifo do original)*

Referências

Abbagnano, N. (2007). *Dicionário de Filosofia* (A. Bosi e I. C. Benedetti, Trads., 5a ed. rev. e ampl.). Martins Fontes. (Trabalho original publicado em 1971)

Antiseri, D., & Reale, G. (1990). *Filosofia* (Vol. 1. Antiguidade e Idade Média), (I. Storniolo, Trad., 3a ed.). Paulus. (Trabalho original publicado em 1983)

Arendt, H. (1973). Da violência. In *Crises da república* (J. Volkmann, Trad., pp. 91-169). Perspectiva.

Aristóteles. (1991). *Ética a Nicômaco* (L. Vallandro e G. Bornheim, Trads.). Nova Cultural. (Trabalho original publicado em ca. 353 a.C.)

Aristóteles. (2006). *A política* (R. L. Ferreira, Trad.; 3a ed.). Martins Fontes. (Trabalho original publicado em ca. 350 a.C.)

Bauman, Z. (2001). *Modernidade líquida* (P. Dentzien, Trad.). Zahar.

Bauman, Z. (2015). *Para que serve a sociologia? Diálogos com Michael Hviid Jacobsen e Keith Tester* (C. A. Medeiros, Trad.). Zahar.

Bourdieu, P. (1989) *O poder simbólico* (F. Tomaz, Trad.). Difel; Bertrand Brasil.

Bourdieu, P. (1998). *A dominação masculina* (M. H. Kühner, Trad.). Bertrand Brasil.

Carles, P. (Diretor). (2001). *A Sociologia é um esporte de combate* [Filme]. CP Productions; VF Films.

Cornford, F. M. (2005). *Antes e depois de Sócrates* (V. L. Siqueira, Trad.). Martins Fontes. (Trabalho original publicado em 1932)

Dunker, C. (2021). *Uma biografia da depressão*. Planeta.

Marcondes, D. (2010). *Iniciação à história da Filosofia: dos pré-socráticos a Wittgenstein* (13a ed. rev. e ampl.). Zahar. (Trabalho original publicado em 1997)

Marx, K., & Engels, F. (2002). *A ideologia alemã* (L. C. C. Costa, Trad.). Martins Fontes. (Trabalho original publicado em 1932)

Santi, P. [Casa do Saber]. (2015, 12 de fevereiro). *Mitologia e Psicanálise | Pedro de Santi* [Vídeo]. YouTube. https://youtu.be/45nt0_wk9hk.

Reale, G., & Antiseri, D. (2003). *História da Filosofia: 1. Filosofia pagã antiga* (I. Storniolo, Trad., 3a ed.). Paulus. (Trabalho original publicado em 1997)

Platão. (s.d.). *Apologia de Sócrates* (M. L. Moura, Trad.). Ediouro. (Trabalho original publicado em ca. 399 a.C.)

Platão. (1972). Fédon. In *Diálogos* (J. Paleikat e J. C. Costa, Trads., pp. 61-132). Abril Editorial. (Trabalho original publicado em ca. 387 a.C.)

Platão. (1973). O banquete. In *Os pensadores: Platão: Fédon, O banquete, Sofista, Político*. Abril Cultural. (Trabalho original publicado em ca. 380 a.C.)

Platão. (2006). *A república: ou sobre a justiça, diálogo político* (A. L. A. A. Prado, Trad.). Martins Fontes. (Trabalho original publicado em ca. 380 a.C.)

Platão. (2016). *Fedro* (M. C. G. Reis, Trad.). Penguin Classics; Companhia das Letras. (Trabalho original publicado em ca. 370 a.C.)

Nietzsche, F. (2017). *Crepúsculo dos ídolos* (P. C. Souza, Trad.). Companhia das Letras. (Trabalho original publicado em 1889)

6. Depois do Rubicão

Luiz Celso Toledo

Qual é o preço a pagar por deixar a escuridão da caverna? Quais são as consequências de retornar para contar aos prisioneiros das sombras sobre o que se encontra lá fora?

Penso que, de formas variadas, Sócrates, Platão e Bion tiveram de se haver com essas questões. Os três procuraram manter-se fiéis às suas convicções mesmo em ocasiões nas quais era evidente que essa escolha levaria a consequências graves, como ao isolamento e à difamação, ou à morte, no caso de Sócrates.

Em suas palestras, Maria Aparecida Sidericoudes Polacchini e Olavo Negrão me conduziram a duas associações e a alguns desdobramentos inusitados relacionados a essas questões.[1] É com eles que desejo iniciar: um dito popular e as lembranças sobre uma aula de filosofia especialmente marcante. Ambas as associações me pareceram curiosas, sem nexos claros entre si. O dito popular que me ocorreu foi, sucintamente: "atravessar o Rubicão". Apenas essa frase curta e enigmática.

---

1 O que evidencia o caráter inspirador dos trabalhos apresentados por ambos.

O rio Rubicão fica na Itália. Tornou-se famoso quando, no período da República, decidiu-se que seria vedado aos generais romanos atravessá-lo acompanhados por suas tropas. E qual foi a justificativa para uma proibição tão específica? Tratava-se de um cuidado contra possíveis golpes políticos. Transpor o Rubicão proporcionaria a qualquer general mais ambicioso uma vantagem tática caso ele desejasse atacar o centro do poder romano. Com um contingente militar razoavelmente poderoso, seria possível desestabilizar ou, eventualmente, derrubar a República a partir dessa travessia (Belchior, 2018). Hesitante e sob forte tensão, Júlio César optou por desrespeitar a proibição em sua perseguição a Pompeu, em 49 a.C. Por conta dessa escolha e de suas consequências históricas, a expressão "atravessar o Rubicão" tornou-se sinônimo de agir de modo arriscado e definitivo, seguir em direção a um ponto sem retorno, tomar uma decisão difícil e de caráter irrevogável.

A aula de que me lembrei, a segunda memória-sonho que me ocorreu ao longo das falas de Polacchini e Negrão, encontra-se transcrita e publicada sob o título de *A ordem do discurso*[2] (Foucault, 1971/1999). No início da década de 1970, em uma ocasião memorável no Collège de France, Michel Foucault discorreu, entre vários temas, sobre a noção de "verdade" no âmbito científico, em diferentes épocas. Ao ponderar a esse respeito, abordou as exclusões, os impasses e as batalhas travadas no campo das ciências, inclusive nas ciências exatas. Desejo comentar algo sobre dois trechos específicos de *A ordem do discurso*.

O primeiro deles[3] diz respeito à trajetória de um gênio fundador: Gregor Mendel. Houve um momento, naquela aula, em que Foucault se dedicou a lembrar de passagens da vida desse monge agostiniano

2 Agradeço a Marlene Guirado por ter me apresentado esse texto.

3 Abordarei um segundo trecho dessa aula, outra memória-sonho que inspirou o presente comentário, mais adiante.

que realizou os estudos que originaram a genética. Tendo apresentado seus trabalhos mais relevantes pouco após a metade do século XIX, Mendel só viria a ser lido e reverenciado décadas após a sua morte. Eis o comentário de Foucault (1971/1999) a respeito desse curioso reconhecimento tardio:

> *Muitas vezes se perguntou como os botânicos ou os biólogos do século XIX puderam não ver que o que Mendel dizia era verdade. Acontece que Mendel falava de objetos, empregava métodos, situava-se num horizonte teórico estranhos à biologia de sua época... Mendel constituiu o traço hereditário como objeto biológico absolutamente novo, graças a uma filtragem que jamais havia sido utilizada...* novo objeto que pede novos instrumentos conceituais e novos fundamentos teóricos. Mendel dizia a verdade, mas não estava no verdadeiro do discurso de sua época: não era segundo tais regras que se constituíam objetos e conceitos biológicos; foi preciso toda uma mudança de escala, o desdobramento de todo um novo plano de objetos na biologia para que Mendel entrasse "no verdadeiro" e suas proposições aparecessem, então, (em boa parte) exatas. *(1999, pp. 34-35, grifo nosso)*

Destaco dois pontos dos trechos anteriores que me parecem especialmente férteis para pensar a respeito da temática que pretendo desenvolver:

- Existem proposições que, apesar de serem verdadeiras, são incompatíveis com o "verdadeiro" de uma época, por ultrapassarem os limites dos discursos científicos vigentes;

- A constituição de um novo objeto de estudos pode requerer uma revisão dos fundamentos e instrumentos conceituais disponíveis para que possa vir a ser assimilado.

Diante da magnitude do trabalho de Mendel e da frieza com a qual foi recebido em sua época, Foucault propôs uma questão incômoda e instigante: por que alguém que realizou estudos fundamentais para a biologia e a botânica foi ignorado por tantos anos justamente por aqueles que poderiam ter sido seus maiores beneficiários?

Desconsideremos, por um momento, a tentação de uma interpretação precoce a respeito da inveja dos pares, que talvez preponderasse entre os contemporâneos de Mendel. Ela pode até ser adequada, mas sua previsibilidade e saturação nos impediriam de pensar detidamente sobre a pergunta. E nesse caso, como em outros, a pergunta oferece uma oportunidade rara para ampliações, desde que não tenhamos urgência. Bion apreciava a frase de Blanchot a esse respeito: "a resposta é a desgraça da pergunta". De fato, principalmente quando a resposta é prematura e conclusiva.

Mencionando o silêncio que pairou ao redor dos trabalhos do pai da genética, Foucault destacou um fato: é possível formular algo verdadeiro de forma rigorosa e fundamentada e, ainda assim, permanecer relegado ao limbo e à desconsideração por não se enquadrar aos ditames do estado da arte científico. Pode-se, em suma, fazer uma proposição verdadeira e, não obstante, permanecer relegado à uma região de *exterioridade* em relação ao discurso científico. Os trabalhos de Mendel empoeiraram em bibliotecas da Europa e dos Estados Unidos por anos, até o século seguinte. Estiveram à mão como um tesouro a céu aberto, mas curiosamente permaneceram desconhecidos até que biólogos e botânicos finalmente adquirissem condições de descobrir a riqueza que sempre estivera lá.

As notícias que Mendel trouxe de suas andanças pela vizinhança da caverna estavam, de fato, muito adiante da capacidade de compreensão de seus contemporâneos. As sombras prevaleceram por décadas, e o preço pago por se aventurar além dos limites dos consensos de seu tempo foi um longo período de invisibilidade.

Mas, afinal, por que a travessia do Rubicão e *A ordem do discurso* estiveram tão presentes em mim no momento em que eu ouvia considerações a respeito de Sócrates, Platão e Bion? Deixemos a república romana e as origens da genética de lado, por ora, e retornemos a um terreno mais familiar.

6.1 O caráter disruptivo da psicanálise

A história da psicanálise é pródiga em momentos que se constituíram como rompimentos com os saberes instituídos, assim como é exemplar no que se refere às proveitosas (e também duras) consequências da ousadia de ir além dos consensos. A publicação dos *Três ensaios sobre a teoria da sexualidade* (Freud, 1905/2016) é uma dessas ocasiões exemplares nas quais Freud apresentou ideias, conjecturas e hipóteses que deram início a controvérsias e ataques em profusão. Naquele trabalho, publicado poucos anos após *A interpretação dos sonhos* (1900/2019),[4] Freud nos apresentou à bissexualidade humana constitutiva, evidenciou a sexualidade infantil ante aqueles que a negavam ou minimizavam e, como se já não fosse o bastante, aproximou o homem comum do perverso. E estou me atendo apenas a três de vários outros momentos disruptivos dos *Ensaios*. Em retrospecto, foram muitas as ocasiões nas quais Freud cruzou a linha demarcatória do que era considerado razoável pela ciência de seu tempo,[5] mas o que desejo demonstrar sucintamente

4 Ou seja, no início da história da psicanálise.

5 Quando advogou a favor da ideia de que os sonhos mais desconcertantes obedeceriam a uma lógica verificável, quando demonstrou a primazia da atividade psíquica inconsciente ante o funcionamento mental consciente, quando apresentou suas considerações sobre a pulsão de morte nos anos 1920.

é que a coragem e a ousadia de não se acomodar ao estabelecido foi indispensável para os psicanalistas desde o início da história da psicanálise. A meu ver, elas são parte fundamental do legado de Freud.

É interessante notar que, ao longo do percurso que o levaria a um distanciamento progressivo da medicina (e da neurologia) e diante de um entorno científico que não dispunha de conceitos adequados para descrever e expressar o que se dava em sua clínica e na autoanálise, Freud viu-se impelido a criar uma linguagem nova. Atualmente, sua vasta disseminação e seu uso corrente podem transmitir a enganosa sensação de tratar-se de um vocabulário que sempre esteve disponível. Sabemos, no entanto, que não havia Complexo de Édipo ou Superego antes dele, e que palavras como "transferência" ou "inconsciente" tinham sentidos muito diferentes daqueles que Freud lhes atribuiu. Assim como Mendel, ele se encontrava fora do território "verdadeiro" das ciências do início do século. Fazia-se necessário, portanto, criar e expandir a cartografia existente, desbravar territórios novos, buscando nomear fenômenos que não haviam sido descritos ou identificados até então.

Como diria Foucault (1971/1999) anos mais tarde, a constituição de um novo objeto demanda a criação de instrumentos e fundamentos para ser reconhecido. Nesse sentido, gestar uma linguagem capaz de expressar o que se dava no desvelamento do inconsciente se tornaria tarefa indispensável, não apenas para Freud, mas para as primeiras gerações de psicanalistas. Ao fundar uma disciplina, Freud percebeu a necessidade de criar, concomitantemente, um novo gênero discursivo por meio do qual as dimensões teórica, clínica e especulativa da psicanálise pudessem ser abordadas e transmitidas. A psicanálise demandava, enfim, um vocabulário próprio, apto a descrever os fenômenos inconscientes e o que se passava na relação entre o analista e o seu paciente. Era uma tarefa urgente, pois o dispositivo clínico criado por Freud era incompatível com o discurso científico da época.

6.2 Sócrates e a insuficiência da palavra escrita

Em outro âmbito, Olavo Negrão, em sua apresentação no evento, nos contou a respeito da desconfiança de Sócrates no que se refere ao uso da palavra escrita para tratar de temas filosóficos. Essas reservas tiveram como consequência o fato de o pensamento socrático ter atravessado os séculos por meio dos escritos de Platão e de Xenofonte. Mesmo em Platão, a quem tanto devemos por ter se dedicado à tarefa de transformar em texto o que Sócrates dizia, encontramos uma reserva evidente em relação ao tema. É novamente Negrão quem nos adverte a esse respeito, ao mencionar que a transmissão de saberes relativos às disciplinas mais importantes na Academia platônica se dava, predominantemente, de forma oral.

Platão considerava que a escrita era uma cópia e, por isso, inevitavelmente imperfeita. A dialética, fundamental para o platonismo, não poderia prescindir do encontro dos argumentadores. Como mencionado por Reale e Antiseri (citados por Negrão), "a escrita não se defende, não responde por si". Em outras palavras, a palavra fixa não é diálogo vivo; permanece inerte e petrificada no texto. Como seria possível transmitir por escrito algo a respeito da dialética se o ir e vir de perguntas e respostas espontâneas, que é o que a caracteriza, está ausente?

Retomo Foucault (1971/1999). Em outro trecho[6] daquela mesma aula, ele se colocou imaginariamente no lugar daquele que, ao iniciar uma fala, precisa lidar com as suas possibilidades, mas também com um amplo rol de regramentos e obstáculos:

6 Eis aqui o segundo trecho de que me lembrei ao longo das palestras de Maria Aparecida e Olavo Negrão, como mencionado no início deste comentário.

> *Eu não queria ter de entrar nesta ordem arriscada do discurso; não queria ter de me haver com o que tem de categórico e decisivo; gostaria que fosse ao meu redor como uma transparência calma, profunda, indefinidamente aberta, em que outros respondessem à minha expectativa, e de onde as verdades se elevassem, uma a uma... [Mas, como se sabe, utilizar palavras para falar do que quer que seja não é o mesmo que lidar com transparências e calmaria, pelo contrário,] a instituição responde: "você não tem por que temer começar; estamos todos aí para lhe mostrar que o discurso está na ordem das leis; que há muito tempo se cuida de sua aparição; que lhe foi preparado um lugar que o honra mas o desarma e que, se lhe ocorre ter algum poder, é de nós, só de nós, que ele lhe advém". (p. 7)*

Em outras palavras, penso que Foucault se referia às dificuldades encontradas por aqueles que se dispõem a ousar enunciar algo novo utilizando palavras saturadas: adentrar uma ordem discursiva[7] significa ter de haver-se com uma ampla gama de heranças, convenções, vícios e proibições. Nesse trecho, ao focalizar a hesitação e os conflitos íntimos daquele que pretende iniciar uma fala, Foucault chama nossa atenção para o fato de que a função do autor,[8] apesar de honrada, implica inevitavelmente a adequação a uma lógica que lhe antecede, a consensos estabelecidos que o limitam, a um horizonte de regramentos relativos a um tempo, a um local e a um contexto pré-determinados. Sendo assim, propor algo novo significa romper não apenas com os saberes instituídos de uma época ou de

7 A ordem discursiva científica, por exemplo.

8 Aquele que ousa tomar a palavra ou escrever algo a respeito de um tema.

uma comunidade, mas também (e de modo mais amplo) com as estruturas estabelecidas da linguagem, algo mais sutil e difícil de ser contornado. Portanto, para Foucault, o autor encontra-se na desconfortável situação de ter de valer-se e, ao mesmo tempo, de desvencilhar-se das amarras da matéria-prima básica que se encontra à sua disposição para trabalhar: a ordem discursiva de seu tempo.

Sócrates e Platão não desconfiavam da palavra escrita por acaso, assim como Freud não se empenhou em criar um novo vocabulário por diletantismo. Era, de fato, imprescindível.

6.3 Para falar sobre o indizível

Bion tornou-se analista em uma época na qual a psicanálise já havia se tornado um patrimônio da humanidade. Comentada, admirada ou difamada, não importa, tanto os analistas quanto seus detratores utilizavam, para afirmá-la ou criticá-la, os mesmos conceitos. O discurso psicanalítico, inaugurado por Freud e levado adiante por Ferenczi, Abraham, Fairbairn, Klein e tantos outros, expandiu e disseminou de tal forma que se tornou impossível falar do psiquismo e das emoções humanas sem valer-se de seu léxico.

Durante alguns anos, Bion foi reconhecido como um inovador brilhante pertencente ao círculo kleiniano, alguém capaz de inovar *a partir* do horizonte teórico-clínico que preponderava na Sociedade Britânica de Psicanálise. Como dispunha de uma cultura ampla, procurava fazer a psicanálise conversar com várias outras ciências. Desde seus trabalhos iniciais,[9] propunha analogias com a matemática e fazia uso de letras para batizar funções,[10] seguindo progressivamente, como evidenciou Maria Aparecida Sidericoudes

9 *Experiências com grupos* (1961/1970) é um bom exemplo.
10 Em *Uma teoria sobre o pensar* (1962/1994).

Polacchini, em direção às notações mais abstratas. Essa escolha – a de falar sobre psicanálise de uma forma inusual, utilizando palavras e símbolos que destoavam de sua tradição – não se deu ao acaso.

Se Freud precisou lidar com a escassez e a inadequação dos jargões médico, neurológico, filosófico e biológico de seu tempo, inapropriados para descrever o que observava na clínica, Bion viu-se às voltas com o avesso da mesma questão: os excessos e a previsibilidade do jargão psicanalítico. Não faltavam palavras para falar sobre psicanálise na Europa pós-Segunda Guerra; pelo contrário, corria-se o risco de ser soterrado por elas. Ao fazer uso de mitos, da linguagem poética, de símbolos e letras, de imagens e da matemática, Bion buscou formas de expressão menos propensas à saturação, enveredando por caminhos significativamente diferentes de seus pares. Esse traço de sua obra foi se acentuando e tornando-se mais complexo de forma consistente ao longo dos anos.

François Lévy (2014/2021) considera a década de 1960, após o falecimento de Klein, como um desabrochar especialmente criativo para Bion. *Aprendendo com a experiência* (1962/2000) e *Elementos de Psicanálise* (1963/2004) datam desse período. *Transformações* (1965/2004), em especial, ocupa uma posição *sui generis* nessa lista. Alguns autores[11] consideram que a obra consiste em um claro rompimento com a tradição psicanalítica do período. Grotstein (2007/2010), por exemplo, sustenta que *Transformações* marca o momento em que Bion atravessa o Rubicão (e é essa, literalmente, a expressão utilizada por ele)[12] da respeitabilidade perante os colegas da Sociedade Britânica de Psicanálise, mais especificamente quando ele apresenta O. Para referir-se a O, Bion escolheu palavras ou referências a conceitos que não eram utilizados habitualmente no

11 Entre eles estão Grotstein, Chuster e Annie Reiner.

12 Eis aqui o nosso rio novamente. Talvez a lembrança desse comentário de Grotstein seja uma das fontes de minha memória-sonho.

âmbito psicanalítico: divindade, númeno, "coisa em si" e origem, entre outros. O pensamento de Kant, a matemática e um vocabulário que remetia à religiosidade foram amplamente mencionados ao longo do livro, o que gerou uma série de mal-entendidos. Cabe lembrar que Bion também citava Klein e Freud em *Transformações*, porém, se afastava deles em seguida, convidando o leitor a seguir em direção a uma outra psicanálise, desconcertante, evocativa e profundamente perturbadora para vários de seus colegas.

Transformações retirou o analista do lugar com o qual ele se habituara, fez a teoria transitar do objeto simples para o complexo, além de expandir o inconsciente freudiano. Chuster (Entrevista com..., 2010) considera o livro como um ponto decisivo, a partir do qual muitos daqueles que se dedicam a estudar o trabalho de Bion desistem. Em uma entrevista à primeira edição da *Berggasse 19*, mencionou uma expressão em latim para referir-se a ele: *pons asinorum*, a ponte dos asnos, o popular mata-burros (Entrevista com..., 2010). Em outras palavras, um divisor de águas que segue tão desafiador atualmente quanto era na ocasião de seu lançamento. Segundo Reiner (2021), os britânicos diziam que Bion havia permanecido por tempo demais em Los Angeles, ironizando-o ou comentando que enlouquecera.

De fato, nos anos seguintes, a clareza das distinções entre o que se passava com o analista e o analisando na sessão seria colocada em xeque, assim como também seria questionado o "padrão-ouro" da interpretação no "aqui e agora" da transferência. Se já havia sido considerado o candidato natural ao posto de principal referência do kleinianismo, após o falecimento de sua fundadora, Bion frustrou qualquer expectativa a esse respeito ao afirmar inequivocamente a sua originalidade.

Fazia-se necessária uma outra língua para o território psicanalítico a ser explorado após a travessia do Rubicão. Elementos α, elementos β, função α, ♀, ♂, Tp, Ta... Os rudimentos desse idioma vinham sendo apresentados,[13] mas ganharam outra consistência e mudaram de patamar quando Bion se dedicou a enfocar O.

Além de reformular conceitos e propor novos modelos, Bion guiava-se pela máxima de Blanchot[14] e pela convicção de Heráclito, segundo a qual não é possível banhar-se duas vezes no mesmo rio. É Maria Aparecida Polacchini quem nos chama a atenção para as semelhanças entre o seu estilo de oratória e o de Sócrates, que consistia em não responder diretamente quando questionado, preferindo sempre explorar e expandir as possibilidades oferecidas pela pergunta.

A abertura para conjecturar, evitando as amarras do que já se conhecia, não se restringia ao que Bion publicava; era um aspecto fundamental de sua prática clínica. Grotstein (2007/2010) relata que, como analista, Bion não repetia interpretações. Quando requisitado a fazê-lo, recomendava que o paciente não se ativesse ao que ele – Bion – dissera, mas que se dedicasse a ouvir a si mesmo enquanto estivessem juntos.

Restrições ao uso da palavra escrita, sua recusa radical ou a criação de um novo idioma – as estratégias para lidar com as limitações da ordem discursiva[15] diferiram, mas, de Sócrates e Platão a Bion, a percepção das insuficiências da linguagem para expressar adequadamente o que se pretendia transmitir se manteve. Cada qual à sua maneira, os filósofos e o analista procuraram formas de não permanecerem confinados às restrições de seus entornos.

Bion retornou de sua jornada ao exterior da caverna falando outra língua. O novo idioma incluía os autores que o antecediam, mas não se limitava a eles, fazendo a psicanálise avançar.

---

13 Em trabalhos anteriores e ao longo de *Transformações*.

14 "A resposta é a desgraça da pergunta", citada anteriormente.

15 Fossem elas escritas ou faladas.

Eis a sua resposta diante da mesma questão com a qual Mendel se deparara um século antes: se o que propunha não se adequava ao verdadeiro de seu tempo, fazia-se necessário expandir o continente, criar linguagem, dessacralizar conceitos, reinventar a análise a cada sessão para restituir ao dispositivo analítico o frescor e a ousadia que o caracterizaram, mas que a sua assimilação e padronização arriscavam diluir.

Em 1977, dois anos antes de sua morte, Bion visitou Nova Iorque para apresentar uma série de palestras organizadas pelo Institute for Psychoanalytic Training and Research (IPTAR). Esses encontros foram preservados e publicados posteriormente. Uma dessas ocasiões em particular, o quinto encontro, destaca-se como um exemplo eloquente do esforço de Bion para transmitir algo a respeito da psicanálise evitando seus chavões, bem como sobre as dificuldades com as quais se deparava constantemente ao fazê-lo.

A reunião do quinto dia se iniciou com uma pergunta direta e incisiva de um dos participantes: "Como é que você usa o termo *cesura*?" (Bion, 1976/1992, p. 144). Como era de seu feitio, Bion respondeu sem se preocupar em fornecer uma definição canônica. Pelo contrário, aproveitou a oportunidade para pensar e, a partir de outras questões que foram surgindo, mencionar Klein, a escrita musical, Milton e Shakespeare. Claramente, não estava disposto a fazer daquele encontro uma aula teórica sobre a forma adequada de referir-se a esse ou a qualquer outro conceito. Sua firmeza ao recusar o lugar do mestre detentor de um saber estabelecido e seguro, de fato, remete a Sócrates.

Aos poucos, foi se formando uma tensão no grupo, e essa finalmente ganhou expressão na fala de um dos presentes, que se disse insultado por Bion ter lhes oferecido diálogo e, em sua opinião, não estar promovendo diálogo algum. O mesmo participante prosseguiu afirmando que apreciava ouvi-lo, mas que, do modo como as coisas transcorriam, talvez fosse mais adequado extinguir as questões dos colegas, já que Bion não se dedicava a elas. Outros participantes reagiram e, algum tempo depois, Bion (1976/1992) comentou algo em um tom mais reflexivo:

> *A minha dificuldade é que tenho que pegar emprestado* (sic) *palavras do passado; mas o passado terminou; não há nada que possamos fazer a respeito dele. . . só que tenho que usar esse vocabulário e infelizmente, como você muito corretamente assinalou, nós o entendemos.* Estou tentando assinalar o que não entendemos. *(p. 150, grifos nosso)*

E, então, prosseguiu conversando com o grupo.

Novamente me recordo da figura do autor descrita por Foucault (1971/1991) em *A ordem do discurso*, ou seja, daquele que encontra ao seu dispor uma linguagem surrada e inadequada ao tentar formular algo novo.

Penso que essas foram questões fundamentais para Bion, não apenas naquele momento, mas ao longo de sua trajetória como psicanalista: como encontrar formas de expressão adequadas para se referir ao que não sabemos? Como criar uma linguagem apropriada para descrever o que se passa além da margem oposta do Rubicão?

Referências

Belchior, Y. (2018). *Iam victum fama non visi Caesaris agmen (Luc. Phars. 2, 600): os boatos nas guerras civis entre Pompeu e César (54-48 a.C.)* [Tese de doutorado, Universidade de São Paulo]. Biblioteca Digital USP. https://bit.ly/3Sq74Ez

Bion, W. R. (1970). *Experiências com grupos: os fundamentos da psicoterapia de grupo* (W. I. Oliveira, Trad.). Imago. (Trabalho original publicado em 1961)

Bion, W. R. (1992). *Conversando com Bion* (P. C. Sandler, Trad.). Imago. (Trabalho original publicado em 1976)

Bion, W. R. (1994). Uma teoria sobre o pensar. In *Estudos psicanalíticos revisados: second thoughts* (J. Salomão, Trad., 3a ed., pp. 127-138). Imago. (Trabalho original publicado em 1962)

Bion, W. R. (2000). *Aprendendo com a experiência* (A. C. Eva, Trad.). Versão pessoal do tradutor. (Trabalho original publicado em 1962)

Bion, W. R. (2004). *Elementos de Psicanálise* (J. Salomão, Trad.). Imago. (Trabalho original publicado em 1963)

Bion, W. R. (2004). *Transformações: do aprendizado ao crescimento* (P. C. Sandler, Trad., 2a ed.). Imago. (Trabalho original publicado em 1965)

Entrevista com Arnaldo Chuster. (2010). *Berggasse 19*, *1*(1), 186-203.

Foucault, M. (1999). *A ordem do discurso: aula inaugural no Collège de France pronunciada em 2 de dezembro de 1970* (L. F. Sampaio, Trad.). Edições Loyola. (Trabalho original publicado em 1971)

Freud, S. (2016). Três ensaios sobre a teoria da sexualidade. In *Obras completas: Vol. 6. Três ensaios sobre a teoria da sexualidade, Análise fragmentária de uma histeria ("O caso Dora") e outros textos (1901-1905)* (P. C. L. Souza, Trad., pp. 13-172). Companhia das Letras. (Trabalho original publicado em 1905)

Freud, S. (2019). *Obras completas* (Vol. 4. A interpretação dos sonhos). (P. C. L. Souza, Trad). Companhia das Letras. (Trabalho original publicado em 1900)

Grotstein, J. S. (2010). *Um facho de intensa escuridão: o legado de Wilfred Bion à Psicanálise* (M. C. Monteiro, Trad.). Artmed. (Trabalho original publicado em 2007)

Lévy, F. (2021). *A Psicanálise com Wilfred R. Bion* (P. S. Souza Jr., Trad.). Blucher. (Trabalho original publicado em 2014)

Reiner, A. (2021). O místico: intuição, verdade e beleza (C. Malferrari, Trad.). *Revista Brasileira de Psicanálise*, *55*(2), 27-38.

Kant

7. Bion e Kant

Luiz Carlos Uchôa Junqueira Filho

Fai come quei che la cosa per nome,
apprende ben, ma la sua quiditate
veder non pó, se altri no la prome

Estás procedendo como alguém
que apreende algo pelo nome, mas que não
reconhece sua essência se um outro não o ajudar.

Dante Alighieri, *A divina comédia*,
"Paraíso, XX" (tradução livre)

Bion, como sabemos, nunca teve pruridos de visitar todos os campos do conhecimento e deles tomar emprestados quaisquer elementos que o ajudassem a elucidar a natureza do objeto psicanalítico. No caso específico de Kant, no meu entender, Bion se serviu de dois conceitos, o de *noumenon* e o de *preconcepção*. Em termos suscintos, o primeiro corresponde à coisa em si incognoscível, e o segundo, ao pressentimento de algo que deve ou pode existir, mas que só se concretiza a partir de alguma experiência real.

Lembrei-me de Dante porque o termo "*quidditas*", forma sincopada de "*quod quid erat esse*", designava a essência das coisas, a "coisa em si kantiana", que Bion denominou de *verdade* ou *realidade última, divindade* e *infinito*, designando-o pela letra O, símbolo que evoca tanto a vacuidade absoluta quanto o zero enigmático das origens.

Em relação à preconcepção, tornou-se um conceito importante na elaboração da sua Grade, ou seja, na tentativa de acompanharmos a gênese dos pensamentos. Como exemplos clássicos na psicanálise, ele menciona a preconcepção do seio e a preconcepção edípica.

Seria importante ressaltarmos, de início, a relação orgânica existente entre a essência individual e a alteridade, algo que foi notado por vários pensadores e expresso poeticamente por Rimbaud, por sua famosa frase: "*Je suis un autre*", ou mesmo por Milton, no livro IV do *Paraíso perdido*:

> *Achei-me suavemente deitada sobre uma alcatifa de verdura esmaltada de flores, à sombra de um arvoredo. Não sabia onde estava, quem era, donde vinha... Olhei, a meu lado, para um tanque de água clara e lisa que parecia outro Céu. Ao inclinar-me avistei uma figura que se inclinava também para mim: olhei para ela e ela olhou para mim. Neste momento, uma voz me tirou deste arrebatamento: "O que tu contemplas, linda criatura, és tu mesma, mas vem comigo, e eu te guiarei a um lugar onde não acharás sombra, mas um objeto real digno dos seus olhos. Aquele de quem és imagem, te chama com desejos os mais ativos: gozarás de sua amável sociedade e ele se unirá inseparavelmente contigo". (Milton, 1667/1830, pp. 150-151)*

No campo da psicanálise, creio que a primeira formulação sólida dessa condição surgiu no famoso artigo de Lacan, "Le stade du miroir comme formateur de la fonction du Je", apresentado em 1936 no Congresso de Mariembad (Lacan, 1949/2010).

O êxtase da criança diante de sua imagem especular instala a dialética entre o *Innenwelt* e o *Umwelt*, entre o mundo interior e o mundo exterior, criando-lhe o dilema de decidir "se sou eu ou o outro". Num estágio anterior, porém, a fragilidade psicofisiológica da criança a leva a identificar-se com essa imagem especular, implicando uma vivência de intrusão, mas também uma vivência de contenção, que lhe confere uma noção "ortopédica" de sua totalidade. É assim que a experiência especular se inscreve no inconsciente e que a posição de alienação da criança em relação à sua imagem dará lugar à imago do duplo, representação de um modelo ideal que assumirá as feições de *alter ego*.

Em 1948, em "L'agressivité en Psychanalyse", Lacan descreve que a agressividade constitutiva se instala quando o sujeito, ao mesmo tempo que tenta libertar-se de sua servidão em relação ao outro (sua imagem), começa a reconhecer a importância desse outro na ancoragem de sua *eudade*. Aliás, seria interessante ressaltar aqui a sutileza de Lacan ao aproveitar-se da existência em francês de duas palavras designativas do Eu: o *moi* – ou sujeito reflexivo narcísico ou especular, o qual se perde num outro imaginário que, em realidade é uma reprodução de si próprio –, e o *Je* – o sujeito verdadeiro ou sujeito do inconsciente, ou seja, o sujeito irrefletido que convida ao desconhecimento.

Um dos enunciados mais repetidos de Lacan (1964/1973) é que "o desejo do homem é o desejo do Outro" (p. 235). Como a primeira pessoa a ocupar o lugar do Outro é a mãe, no início a criança está à mercê do seu desejo, cenário que só se modifica quando o Pai a castra, libertando o filho dos caprichos de seu desejo. A questão do desejo do Outro foi extraída de Hegel, via Kojève (1947/1969):

> *... o desejo só é humano se alguém desejar, não o corpo, mas o Desejo do outro... quer dizer, se ele quer ser "desejado" ou "amado", ou, então, "reconhecido" em seu desejo humano... em suma, todo Desejo humano antropogenético é, em última instância, o desejo de "reconhecimento". (p. 6, tradução livre)*

> *Ao desejar aquilo que um outro deseja, tento fazer com que o outro reconheça meu direito de possuir aquele objeto, obrigando o outro a reconhecer minha superioridade sobre ele. (p. 40)*

Esse assunto ganhou um novo impulso a partir do livro pioneiro de René Girard (1961/2009), *Mentira romântica e verdade romanesca*, publicado em 1961, na França, no qual ele desenvolve o conceito de "desejo mimético" com suas implicações filosóficas, literárias, religiosas e psicanalíticas.

O conceito de *grande Outro*, formulado por Lacan, coloca-nos diante de um instrumento para designar a alteridade absoluta, algo que nos propicia um excelente contraste com o conceito do O de Bion, na sua vertente que expressa a "realidade absoluta do Eu", como procurei demonstrar em artigo recente (Junqueira Filho, 2018).

A primeira menção de Bion ao conceito de "O" ocorreu quando, ao referir-se ao termo "transformação", nos alerta quanto ao risco de nos enganar caso não reconheçamos o quanto a ideia de "forma como função da personalidade" é limitada. Um exemplo singelo seria o do analisando que, ao chegar, é cumprimentado pelo analista, mas toma isso como um ataque hostil: Bion assinala que a compreensão das transformações internas vividas por ele ficaria seriamente prejudicada caso imaginássemos que elas tivessem, ou fossem, *formas*. A convenção de darmos as mãos ao nos encontrarmos, diz Bion (1965), "é um fato externo, algo que denominei de uma *realização*: na medida em que for útil encará-la como uma coisa-em-si incognoscível (no sentido de Kant), ela será denotada pelo signo 'O'" (p. 12-13, tradução livre).

Por esse motivo, continua ele, "assumirei que o material produzido na sessão analítica é significativo por se tratar do ponto de vista do paciente (representação) de certos fatos que são a origem (O) de sua reação" (p. 15, tradução livre).

Vejamos agora um exemplo da clínica do O.

Segundo Bion, na situação clínica, o acesso, por assim dizer, à verdade ou realidade emocional depende da intersecção do "O" do analisando com o "O" do analista já que, ao ocorrer essa intersecção, ambos estarão "sendo O".

Um paciente meu, que chamarei de Rodolfo, homem maduro, casado há cerca de 25 anos, procurou-me dizendo que, no início do casamento, brigara com a mulher e, sentindo-se desesperado por estar preso no casamento, lançara a ela um desafio dramático: "ou você me solta, ou eu me jogo pela janela". Como a esposa replicou "então se jogue", ele, de fato, se jogou, tendo sobrevivido por milagre após vários meses de internação.

Gradualmente, ao longo da análise, fomos percebendo que a ação que ele, durante décadas, encarou como suicida fora, em realidade, uma tentativa desesperada para tentar escapar pela janela de um casamento no qual ele não tinha entrado pela porta. Apesar de o analisando concordar plenamente com essa versão, obtida pela junção de uma série de *insights*, nossa percepção ainda era parcial, na medida em que não nos fornecia qualquer evidência para justificar seu desespero claustrofóbico em relação ao casamento.

Essa evidência só surgiu a partir de uma experiência emocional dramática, vivida numa sessão. Nesse dia, eu "não o encontrei" na sala de espera para iniciarmos a sessão e, quando terminou o tempo desta e eu abri a porta, fiquei sabendo, para meu espanto, que ele estivera ali o tempo todo, segundo ele, "à minha espera". Fico impactado ao dar-me conta de que eu também ficara o tempo todo paralisado em meu lugar "à sua espera", ou seja, identificado projetivamente com ele, se precisássemos atribuir um nome àquela experiência.

No meu entender, olhando para a situação segundo o referencial de Bion, o foco de nossa atenção estará colocado no fato de que "durante uma sessão inteira o analista estava *sendo* o analisando", vivenciando uma situação tantalizadora, em que o objeto está ao nosso lado, e nós não temos recursos para abrir uma porta e chegar nele. Os desdobramentos dessa experiência me levaram a sentir que, naquele episódio, nós "éramos" um casal sexual, sequestrado em quartos contíguos e, por isso, impossibilitado de deixar a sexualidade acontecer. Informado dessa situação, o analisando passou a rememorar as circunstâncias de seu casamento, de como se sentia ignorante e amedrontado em relação a sexo, de como a futura esposa o ensinara a vencer seus temores e, principalmente, do quanto ele se sentiu ameaçado quando, logo após o casamento, o interesse sexual dela por ele subitamente desaparecera.

Com esses dados, creio que a "escuridão e o amorfismo" de seus temores primitivos em relação à sexualidade puderam, nas nossas conversas, "adentrar o domínio de K", para nos valermos das expressões de Bion.

Esse tipo de conhecimento psíquico advindo de "sendo O" ou, para usarmos uma outra denominação de Bion, de "*being at one with O*", ou seja, de estarmos unificados, harmonizados ou reconciliados com O, é algo contraintuitivo, por ser consequência da existência de pensamentos sem pensadores, o contrário, portanto, da visão intuitiva, na qual o pensamento é o produto de uma função exercida por um pensador. Os místicos reivindicam esse acesso direto à Divindade como expressão da verdade última, mas ao ser humano comum resta a opção de "acolher a verdade que o visita" (Safra, comunicação pessoal, 2002) para obter uma real evolução psíquica.

É inevitável, no entanto, que esse acolhimento gere turbulência emocional, levando a psiquê a reagir por meio daquilo que denominei de "formulações emocionais relativas" (Junqueira Filho, 2003). Antes, porém, é preciso enfatizar que os procedimentos da "área da Fé" (Eigen, 1981) – como "estar em uníssono com O" (Bion), como o experienciar transicional (Winnicott) e como a elaboração da "falha" na ordem do Simbólico (Lacan) – visam transcender essas reações humanas à iminência de emersão da verdade.

Clinicamente, cabe ao analista acreditar na existência do "O" de seu analisando, entrar num estado de reconciliação ou uni-fic-ação (*at-one-ment*) com ele e aguardar sua evolução de maneira que, quando ele puder ser descrito na sua condição "humana", seja possível interpretá-lo num movimento de K em direção a "O" (K→O), como descrito no caso de Rodolfo. Esse trajeto, no entanto, é ardiloso e mesmo perigoso. Para que consiga essa unificação com a realidade última do seu analisando – ou, como sugere Rezende (comunicação pessoal, 1999), "estar-sendo-si-mesmo-junto-com-o-outro" –, o analista, inspirando-se na teologia negativa dos místicos neoplatônicos, deverá abster-se de memórias e desejos (vide Webb & Sells, 1997). Isto conseguido, resta-lhe a tarefa delicada de aproximar o analisando do seu "O", processo que invariavelmente pode gerar turbulência emocional ou, como diz Bion, *mudanças catastróficas*.

Para evitar desastres desnecessários, Bion descreve a "dimensão Coluna 2 da interpretação", uma espécie de bússola para ajudá-lo a aproximar-se, com o devido cuidado, desse território minado do analisando. Devido à importância do assunto, debrucei-me sobre a questão daquelas "formulações emocionais relativas" a uma aproximação segura com a verdade emocional, entendendo que a Coluna 2 da Grade de Bion categorizava estratégias resistenciais protelatórias, e não elementos do universo – K, como a mentira ou a distorção premeditada. Assim, diz Bion (1965), o analista só deveria interpretar quando sentisse em si uma protorresistência, ou seja, um temor em relação à reação do analisando, já que, paradoxalmente, quando isso ocorrer, anunciaria que o analisando está prestes a encarar a verdade que ele ignora (p. 167).

Numa clara demonstração do quanto Bion (1965) respeitava o foro íntimo do Outro, ele nos lembra de que "não há nenhuma vantagem de contar ao paciente aquilo que ele já sabe, a menos que aquilo que ele 'sabe' esteja sendo usado para excluir aquilo que ele 'é': ou seja, quando K usurpa a função de O" (p. 167, tradução livre). Ou, num enunciado eivado de delicadeza: *verdade sem amor é crueldade, amor sem verdade é ilusão.*

A contribuição de Bion (1970) é inestimável para compreendermos por que a psicanálise é uma "ciência de proporções espirituais", já que, por lidar com realidades não sensoriais e por tentar representar o aspecto da personalidade humana ligado ao "O" incognoscível, não deveria iludir-se com as manifestações sensoriais de medo, pânico, amor ou paixão, mas, sim, assumir-se como uma ciência de *at-one-ment*. Nessa ciência, a matemática não seria a da identificação, em que 1 + 1 = 2, mas aquela da intersecção entre sujeito e objeto, em que 1 + 1 = 1 (pp. 88-89).

Para se proteger das distorções suscitadas por memória e desejo, Bion (1970) propugna ao psicanalista a obtenção de um estado de mente "imaculado", por meio de um ato de fé (F) que lhe permita acreditar na realidade última da mente como um fato primordial.

Para evitar confusões, diz ele, é preciso entender que a fé religiosa está muito próxima de experiências humanas *naturais* como a curiosidade, o assombro, o encantamento, o amor e a devoção, estados que transcendem a realidade sensorial (p. 48).

Esse é também o estado ao qual os artistas se entregam para obter uma criatividade como a de Matisse (1947):

> *Na arte, a verdade, o real, começa quando a pessoa perde toda compreensão e persiste nela uma energia suficientemente forte, comprimida e carregada... É preciso ofertá-la com a maior humildade, totalmente pura, cândida, a partir de um cérebro aparentemente vazio, num estado análogo àquele com o qual nos aproximamos de um Santo para comunhão. É preciso que concentremos em nossas costas todo o nosso aprendizado para proteger o frescor do instinto. (pp. 16-18, tradução livre)*

"O" é um estado de fluxo permanente, uma condição de "sendo" ou "existindo" (*being*), ou seja, um gerúndio, um "substantivo ativo" que pode expressar estados de mente ativos e passivos, integrando os aspectos materiais e imateriais da existência humana. Assim, o contato com "O" exige um *self* que exista no "espacículo" intermediário entre "não estar existindo" e "estar podendo existir".

Bion (1965) cita, com frequência, a capacidade negativa de Keats, bem como a teologia negativa – ou, como Webb e Sells (1997) preferem, a *linguagem apofática* – de São João da Cruz, para ilustrar esse estado de mente:

> *A primeira (noite da alma) relaciona-se com aquele ponto a partir do qual a alma partiu, pois ela precisa*

> *gradualmente privar-se do desejo por todas as coisas terrenas por ela possuídas, negando-se a si mesma. Essas negação e privação criam, por assim dizer, uma noite para todos os sentidos humanos. A segunda razão relaciona-se com o meio ou com o caminho ao longo do qual a alma precisa viajar em busca dessa união: ou seja, a fé, que também é tão escura à compreensão quanto a noite. A terceira liga-se ao ponto ao qual ela se dirige, a saber Deus, Quem, igualmente, é noite escura para a alma nesta vida. (São João da Cruz, citado por Bion, 1965, p. 158, tradução livre)*

Bion (1965) se socorre da teoria das formas platônicas e da doutrina cristã da encarnação, pois em ambas há uma sugestão de que existe uma realidade última com a qual é possível estabelecer um contato direto mediante o exercício de disciplinas exigentes, seja com fenômenos (caso das formas platônicas), seja com a Divindade Encarnada. Esse contato é caracterizado quando ele enuncia que

> *O psicanalista aceita a realidade da reverência e do espanto, a possibilidade de uma perturbação no indivíduo que consegue* uni-fic-ar-se *e, portanto, uma expressão de reverência e espanto impossível. O postulado central é que a* uni-fic-ação *com a realidade última, ou "O" como eu o denominei para evitar confusão com uma associação já existente, é essencial ao crescimento mental harmônico. (Bion, 1967, p. 145, tradução livre, grifos do original)*

O assunto é retomado quando ele sugere que

> *Nenhuma descoberta psicanalítica é possível sem o reconhecimento da existência de "O", de* uni-fic-ação *com ele e com sua evolução. Os místicos religiosos, provavelmente, foram os que mais intimamente se aproximaram de experimentá-lo. Sua existência é tão essencial à ciência quanto à religião. Inversamente, a abordagem científica é tão essencial à religião quanto o é à ciência, mas se revela francamente ineficiente até que ocorra uma transformação de K→O. (Bion, 1970, p. 30, tradução livre, grifo do original)*

Nesse estado oniroide, circundado pela intuição no caso dos poetas, ou pela fé no caso dos místicos, temos vivências de *uni-fic-ação* com a Musa ou com a Divindade. George Steiner (2003), ao tentar descrever a *poiesis*, nos diz: "o verdadeiro poeta é falado pela linguagem. O poeta é seu instrumento; um instrumento eleito, de certa maneira, por sua natureza osmótica e permeável; por aquilo que Keats definiu como sua capacidade negativa" (p. 101). Já o místico, como já vimos, busca atingir estados preconizados já no final do século V, pela teologia mística do Pseudo-Dionísio, o Areopagita: "Rezemos para nos encontrarmos também nesta treva superluminosa, para ver através da cegueira e da ignorância e para conhecer o princípio superior à visão e ao conhecimento, justo porque não vemos e não conhecemos" (Lucchesi, 2013, p. 120).

O contraste entre o O de Bion e o grande Outro de Lacan nos oferece uma excelente chave para entendermos a "fisiologia da alteridade": explicarei melhor valendo-me da experiência psicanalítica com Rodolfo.

Ao me procurar para análise, Rodolfo sentia-se enclausurado num casamento estéril, que o induzira, inclusive, a uma "tentativa de suicídio". Segundo sua teoria, o seu "O" estaria aparentemente ligado a esse gesto desesperado para livrar-se de uma esposa tirânica.

Ao longo da análise, podia-se dizer que Rodolfo se entregou à visitação de um grande Outro localizado num objeto descrito por ele como "minha esposa", e num grande Outro localizado na pessoa do analista. Essa visitação, no entanto, não ocorre num espírito de *flânerie* desinteressada, mas, sim, em busca de uma "consolidação do *self*", após este ser inspecionado pelo grande Outro por meio de um processo de varredura perspectivada, no qual o *self* é virado do avesso e "fotografado" de todos os vértices possíveis: isso permite ao sujeito efetuar uma transcriação de sua autoimagem teatral impregnada de anseios idealizados.

É desnecessário repetir, em coro com Bion, que os *insights* psicanalíticos só podem ocorrer a partir das experiências emocionais vivenciadas pela dupla durante o processo, pois só estas estarão disponíveis a ambas as partes. Na sessão descrita, creio ter havido a tão almejada intersecção entre a evolução de Op e Oa, como Bion (1965) designa, respectivamente, as realidades últimas de paciente e analista, em sua teoria das transformações. Ao vivenciarmos o drama de um casal sexual que iniciara o casamento sob os auspícios de uma colaboração fértil, mas que logo depois sofreu o trauma de um abandono unilateral e "agora sobrevivia imobilizada e rancorosamente, em quartos separados", pudemos ter acesso a uma nova chave para o "O" do analisando.

O fato de Rodolfo ter me procurado espontaneamente, em busca de alívio para seu sofrimento psíquico, sugere que, "nesse casamento", ele entrou pela porta da frente, o que teria lhe permitido uma colaboração simétrica com o analista ou, valendo-nos do léxico lacaniano, que o seu "O" confuso e perdido se confrontasse com o grande Outro do analista que, a partir da vivência conjunta, pôde lhe apresentar um novo "O" por meio da transformação K→O.

Apesar de essa descrição ser puramente especulativa, devo confessar que guarda semelhança com o processo de *rêverie* descrito por Bion (1962, capítulo 12), no qual a mãe, o grande Outro do momento, acolhe as angústias inominadas do bebê, as depura por meio da função α e as devolve já com algum esboço de significação.

Rodolfo, que chegara à análise com a convicção de ser um ex-suicida, condenado à pena eterna de estar casado com seu algoz, pôde passar a considerar-se uma criança assustada com sua incapacitação sexual, vendo-se encurralada por sua própria ignorância quando a esposa se cansou e o dispensou como um ser incompetente para aprender e evoluir com a experiência conjugal.

Creio que, nesta altura, já estamos aptos a produzir nosso glossário de significantes referentes à análise de Rodolfo. Num exercício impressionístico, eu destacaria: "casamento", "porta de entrada", "aprendiz", "abandono", "claustrofobia", "defenestração de homem desesperado" ou "penetração suicida num vazio sexual, de um menino assustado".

Uma bela descrição épica da alteridade nos é fornecida por Unamuno (1905/2017) ao referir-se ao amor platônico de D. Quixote por Dulcineia e a seu amor "profano" por Sancho:

> *O fim do homem é a humanidade individualizada: Deus é o ideal da humanidade, o homem projetado no infinito e nele eternizado. Não consideremos o antropocentrismo como erro. Não dizemos que uma esfera infinita tem o centro em todas as partes e que o centro, para cada um de nós, está em nosso interior? Mas ele não opera se não for polarizado, ou seja, descentralizado. E como descentralizar-se, a não ser inclinando-se a um semelhante? Todas as maravilhas foram produzidas pelo amor de homem a homem e de homem a mulher. (p. 280, tradução livre)*

Para terminar, relatarei uma experiência pessoal que, a meu ver, ilustrará tanto o O quanto a preconcepção formulados por Bion, na esteira de Kant. Há alguns anos, numa viagem que realizei à Dinamarca, hospedei-me num hotel onde me alojaram num quarto com uma janela sem acesso a ar puro. Devido aos desconfortos claustrofóbicos que me acometem com alguma frequência, solicitei um quarto que me facultasse esse acesso: transferiram-me, então, para um local num andar baixo de frente para rua. No meio da madrugada, fui despertado pela algazarra de um grupo de jovens que, provavelmente bêbados, voltavam de alguma comemoração.

Num primeiro momento, senti-me indignado com aquela intrusão desrespeitosa à minha intimidade. Durante algum tempo, revirei-me na cama tentando maquinar alguma resposta que pudesse restaurar meu sossego – logo, porém, me dei conta de que seria uma luta inglória.

Lembrei-me, então, de vários episódios vividos por mim com os vizinhos de minha casa em ocasiões nas quais alguém, inclusive eu, estivesse programando alguma festa noturna, nas quais, fatalmente, o som excessivo perturbaria o sossego da vizinhança. Naquelas ocasiões, não era incomum o festeiro avisar com antecedência as futuras "vítimas", já se desculpando ou mesmo, num gesto de simpatia comunitária, convidando-as para participar da festa. É claro que, na base dessa artimanha estratégica, estava a expectativa de transformar um futuro inimigo num cúmplice amigável.

A questão que se colocou para mim foi: que recurso eu poderia mobilizar internamente para transformar o limão em limonada? Nesse instante, surgida de algum canto remoto de minha mente, aflorou a ideia de que, em vez de me debater contra aquele estímulo desprazeroso, eu poderia utilizá-lo como inspiração para produzir uma poesia. Ato contínuo, meu consciente lembrou-me de um pequeno problema: eu nunca escrevera uma poesia. Confesso, no entanto, que minha vaidade assomou apaziguadora, credenciando-me a voltar a dormir pelo simples fato de ter tido uma ideia criativa.

Ao acordar pela manhã, vi-me impelido a pegar um papel e uma caneta que, magicamente, inscreveram um título peremptório: "Dos beba-dos", algo que talvez se encaixasse naquilo que Bion denominou de "pensamento sem pensador" e que, magneticamente, foi "ditando" para mim algumas estrofes:

Mergulhados na madrugada e
egressos embriagados com as luzes da manhã.

Sombras insones da noite
ocupando clandestinas o lugar dos sonhos,
vítimas desprevenidas de pesadelos traiçoeiros.

Bêbados insistentes em seus gritos e
embarulhados com a falta de censura,
movidos a des-orientes exóticos e misteriosos
mas siderados pela falta de propósito.

Bêbados vorazes com a ilusão
de esgotar a fonte de seu prazer
com a determinação taciturna dos enganados.

Bêbados desbragados, debulhados, depauperados,
falhos de dissimulações, prenhes de confissões,
buscando autenticações.

Bêbados alegres-despreocupados com o cinza,
derramando-se pródigos para o amarelo,
cegos por desejos iri-decentes.

Seres suspensos em colchões etílicos
em busca do empíreo imponderável,
cedendo ao peso do torpor e
espraiando-se em lócus anônimos.

Companheiros indesejados de transeuntes incautos,
intrusos indesejados do cidadão dormente
matéria-prima escondida da alma demente.

Bêbados perfilados em brigadas indecentes,
irmanados em corais báquicos e
soterrados no frêmito ébrio
livre de ressacas.

Bêbados: uni-vos com destemor!
Nada deveis à sobriedade tacanha.
Mostrai a coragem do desgoverno,
Mãe de todas as liberdades!

Creio que esse episódio ilustra bem a questão da preconcepção: para início de conversa, minhas ansiedades claustrofóbicas me predispõem sempre a uma má vontade com qualquer ambiente fechado; a seguir, temos de admitir que não podemos afiançar que a noite exista somente para dormir; e, por último, é preciso aceitar que alaridos comemorativos na boca da juventude representa, também, uma afirmação de liberdade.

No momento em que escrevia, dei-me conta de que meu "fluxo de consciência" (Ave, James Joyce!) caminhava por sendas para mim desconhecidas, onde, porém, prevalecia uma descrição imparcial de um espírito em que se mesclavam a alegria e a fantasia. A perspectiva que se anunciava era de algo que, por meio de um envoltório bem urdido, meu desabafo ranzinza adquirisse um disfarce palatável. Qual não foi a minha surpresa quando, ao apagar das luzes, uma luz brilhante se acendeu, levando-me a encarar o bando de arruaceiros como arautos da liberdade: em termos de Bion, esse episódio foi a realização que me permitiu lapidar a preconcepção de liberdade que dormitava indolentemente em meu mundo interior.

Do mesmo modo, como vimos no caso de Rodolfo, a sessão relatada ilustra a transformação efetuada num K pretensamente suicida na direção de um O habitado por um menino "apaixonado" pela aurora da vida sexual. Não nos esqueçamos da frase-testamento que Bion (1991) nos legou em relação a como detectamos o O na vida cotidiana: "um amor apaixonado é a transformação verbal que melhor representa a coisa-em-si, a realidade última, o 'O', como eu o denominei" (p. 183, tradução livre).

Referências

Bion, W. R. (1962). *Learning from experience*. Heinemann.

Bion, W. R. (1965). *Transformations: change from learning to growth*. Heinemann.

Bion, W. R. (1967). *Second thoughts*. Heinemann.

Bion, W. R. (1970). *Attention and interpretation*. Tavistock.

Bion, W. R. (1991). *A memoir of the future*. Karnac Books.

Eigen, M. (1981). The area of faith in Winnicott, Lacan and Bion. *The International Journal of Psychoanalysis*, *62*(4), 413-433.

Girard, R. (2009). *Mentira romântica e verdade romanesca* (L. L. Silva, Trad.). É Realizações. (Trabalho original publicado em 1961)

Junqueira Filho, L. C. (2003). Sobre a gênese e o uso de formulações emocionais relativas. In *Sismos e acomodações: a clínica psicanalítica como usina de ideias* (pp. 167-181). Rosari.

Junqueira Filho, L. C. (2018). O retorno milimétrico do bumerangue de Bion ao O, após visitar o grande Outro de Lacan. In C. Farate & M. F. Jorge (Coords.), *Bion e Lacan para além de Freud* (pp. 104-129). Almedina.

Kojève, A. (1969). *Introduction to the reading of Hegel: lectures on the Phenomenology of spirit* (J. H. Nichols Jr., Trad.). Basic Books. (Trabalho original publicado em 1947)

Lacan, J. (1948). *L'agressivitè en psychanalyse* [Conferência]. *Revue Française de Psychanalyse, 12*(2), 367-388.

Lacan, J. (1973). *Le séminaire: Vol. XI. Les quatre concepts fondamentaux de la psychanalyse.* Seuil. (Trabalho original publicado em 1964)

Lacan, J. (2010). The mirror stage as formative of the function of the I as revealed in psychoanalytic experience. In D. Birksted-Breen, S. Flanders, & A. Gibeault (Eds.), *Reading French Psychoanalysis* (pp. 97-104). Routledge. (Trabalho original publicado em 1949)

Matisse, H. (1947). *Jazz.* Piper-Bucherei.

Milton, J. (1830). *Paraíso perdido.* Typographia Rollandiana. (Trabalho original publicado em 1667)

Steiner, G. (2003). *Gramáticas da criação* (S. A. Andrade, Trad.). Editora Globo.

Unamuno, M. (2017). *Vida de Don Quijote y Sancho.* Ediciones Cátedra. (Trabalho original publicado em 1905)

Webb, R. E., & Sells, A. (1997). Lacan and Bion: Psychoanalysis and the mystical language of "unsaying". *Journal of Melanie Klein and Object Relations*, *15*(2), 143-164.

8. Crise e crítica na filosofia de Kant[1]

Paulo R. Licht dos Santos

Agradeço aos organizadores o convite para participar do evento. É um convite que me honra e também veio bem a calhar. Vem ao encontro de uma intenção recente, que é tentar pensar a filosofia em diálogo com um público que, não necessariamente, tenha familiaridade com ela. Até o momento, foi algo que não passou de intenção, mesmo reconhecendo a urgência da tarefa. O momento pelo qual passamos parece ser de crise. Não sabemos muito bem por que ocorre nem o que seja. Mesmo assim, parece haver alguns sintomas que nos auto Wrizam a falar assim. As instituições, a prática democrática, as políticas públicas e as relações pessoais, parecendo antes consolidadas, encontram-se diante de encruzilhadas. Também, a filosofia parece estar na mesma situação: o que é, qual sua função

---

1 Nesta versão reelaborada da conferência que apresentei no encontro Algumas Matrizes Filosóficas no Pensamento de Bion, procurei manter a forma oral da apresentação. Agradeço à Patrícia Tittoto pelo trabalho de transcrição da conferência, ao público então presente pelas perguntas, que serviram para repensar alguns pontos, assim como à Ivanilde Fracalossi e à Taciane Alves da Silva pela cuidadosa revisão. Por fim, agradeço ao Conselho Nacional de Desenvolvimento Científico e Tecnológico (CNPq), cuja bolsa de produtividade tem permitido unir a pesquisa em filosofia com sua divulgação.

na sociedade, se deve ter ou não alguma inserção nas instituições de ensino e até onde deve ser fomentada num cenário de escassez de verbas públicas.

Não é novidade nenhuma a suspeita contra a filosofia. Caso exemplar é o de Sócrates, pela dupla imagem que o acompanhou desde cedo. Seu contemporâneo Aristófanes o retrata na comédia *As nuvens*, como uma figura ridícula que mede o salto de uma pulga, negligencia os cuidados com o corpo e renega os deuses tradicionais da cidade. Mas Sócrates também é, nos diálogos de Platão, a figura trágica do sábio que procura a matriz racional de todas as coisas, grandes ou pequenas, busca a beleza no bem e enfrenta sereno a morte a que foi condenado injustamente. No primeiro caso, confusão precoce, de alguns atenienses, entre "discernir" e "crime", duas palavras que, no latim, têm a mesma origem, *cernire*, aparentadas do verbo grego "*krínō*". E hoje? A tensão entre as duas imagens, talvez salutar, não se dissipou? Não predomina a imagem pouco favorável da filosofia? Não se pergunta com muita frequência "para que filosofia?", julgando-a inútil e despropositada? Também não recai sobre ela a acusação de ser nociva, por tentar aferir valores reputados acima de toda suspeita? Talvez pudéssemos propor duas perguntas a quem assim pensa: a filosofia precisa ter valor de uso ou de troca? Não pode ser um "bem em si mesmo", como alguns consideram o ideal de amizade verdadeira, para dar um só exemplo?

É provável que as duas últimas perguntas caíssem no vazio, mesmo se compreendidas. Quem tem desqualificado a filosofia não presume já ter uma resposta na ponta da língua? Não decretou de antemão que não serve para nada a não ser para "criticar" o que é estimado ou para duvidar do que seria indubitável? O que em outros tempos foi desconfiança inarticulada contra a filosofia não se converteu hoje em orgulho declarado de não querer saber por supor que já sabe? Tal postura (ou impostura) não termina por afetar também ciências mais difundidas, que parecem protegidas por uma utilidade mais tangível? Se o essencial seria o valor de uso imediato, por que apoiar pesquisas de longo prazo sobre coisas pouco familiares e, por isso, de utilidade ainda desconhecida?

Mas o cenário de crise talvez tenha efeito colateral positivo. Convida cada um de nós a questionar hábitos cegos e a formular perguntas que de outro modo não faríamos. E, no caso muito específico de quem ensina o filosofar por profissão, convida a sair do círculo restrito de especialistas. Talvez assim todos os lados possam ganhar. Pode ganhar quem tem rejeitado sumariamente a filosofia, pois pode começar a entrever melhor o que está em jogo; pode ganhar também o "profissional" (professor, enfim) que é questionado – poderá pensar se a crítica é ou não pertinente ou se realmente conhece o que presume saber. Mas a tarefa de dialogar com um público mais amplo se impõe também por outra razão, mais elementar. Não há também muitos que têm uma dúvida legítima sobre o que a filosofia possa ser ou que contribuição possa dar? Aqui também podem ganhar os dois lados, caso ninguém se aferre dogmaticamente a certezas presumidas.

Mas o convite que me foi feito também representa um desafio. Como conseguir sair do círculo restrito dos especialistas em filosofia? Como traduzir em uma linguagem mais acessível a filosofia – no meu caso, a filosofia kantiana – e tornar viável um diálogo fecundo? A dificuldade se apresenta assim: como falar, em tão pouco tempo, sobre uma obra de extensão vastíssima e conceitualmente densa? Como abrir caminho para as perguntas ou objeções do público se a exposição sobre Kant for completamente incompreensível? A reclamação de que é difícil compreendê-la é tão antiga quanto a própria *Crítica da razão pura*, a primeira obra fundamental de Kant. Mendelssohn, conhecido filósofo em sua época, escreveu em carta a Kant que ler a *Crítica* era um critério de saúde:

apenas quando estava com a saúde em ordem conseguia enfrentar uma obra que dissolvia os nervos.[2] Mas a dificuldade não para aí. Parte substantiva da filosofia kantiana se encontra em três obras extensas: além da *Crítica da razão pura*, de 1781, Kant publicou a *Crítica da razão prática*, em 1788, e a *Crítica da faculdade de julgar*, em 1790. O que escreveu antes da primeira *Crítica* está longe de não ter importância. E o que escreveu depois é indispensável para se entender o desdobramento de sua filosofia em diferentes áreas, como direito, história, política, religião, antropologia e ciência da natureza. Existe uma dificuldade adicional: como tornar a obra de Kant acessível se, desde sua publicação, tem recebido um grande número de interpretações nem sempre congruentes entre si? Sinal de que é rica e fecunda, mas sinal também da necessidade de renunciar a uma leitura que, pretendendo ser neutra, torne-a estéril.

Para tentar driblar as dificuldades, imaginei que o mínimo a ser feito seria despertar o interesse pela obra fundamental de Kant, exposta nas três *Críticas*. Por isso, pensei por um momento tentar aproximá-la da psicanálise ou de Bion, supondo que seria de interesse do público hoje presente. Mas esse caminho tem um limite muito claro, que é o limite estreito de meu conhecimento. Como poderia fazer a ponte entre os dois campos se não conheço nada de psicanálise, nem de Bion? Permaneceu, por isso, a questão: se a obra kantiana é vastíssima, densa conceitualmente e rica em interpretações, como poderia traduzi-la para mim mesmo e para vocês? Pensei que valia a pena fazer uma aposta: procurar um conceito central que pudesse dar acesso à obra kantiana e, principalmente, despertar o interesse por ela. A aposta é, no fundo, propor um roteiro de viagem para mim, hoje, e para o público que um dia queira conhecê-la mais a fundo. Algo assim: se quero ir à Chapada Diamantina por seis dias, devo decidir o que posso conhecer do lugar e o que não poderei

---

2 Carta de Mendelssohn a Kant, datada de 10 de abril de 1783 (Kant, 1900/1922, p. 307).

conhecer em uma viagem tão curta, mas também devo saber o que não poderei fazer, não importa a duração da viagem. Se tenho medo de altura, uma coisa já sei antes de chegar ao destino. Estará fora de cogitação me aproximar da beira de um abismo para tentar vislumbrar abaixo uma cachoeira.

Propor um roteiro do que se pode ou não conhecer, do que se deve ou não fazer; pensar o que cada um de nós pode esperar em um cenário de incerteza; propor o roteiro por ter entrevisto algo como uma crise que nos afeta – tudo isso nos leva a uma questão para hoje. Essa questão aproxima, na filosofia kantiana, irmãs gêmeas que nem sempre são reconhecidas como tais: a crise e a crítica. Além disso, a questão também deve mostrar o que os une: o ato de perguntar levado às últimas consequências.

Kant, no prefácio da primeira edição da *Crítica da razão pura*, formula uma pergunta que diz ser a pergunta principal (*Hauptfrage*) de toda a investigação. Disse "primeira edição" porque, em 1787, Kant publica uma segunda edição da *Crítica da razão pura*, com modificações importantes.[3] A pergunta fundamental – e simplifico-a antes de apresentá-la por inteiro – é a seguinte: "o que e quanto" (*was und wie viel*) podemos conhecer? (1781/1998, p. 11, tradução livre). A pergunta é, nesses termos, uma pergunta pela extensão e pelo limite de nosso conhecimento. Por que limite do conhecer? Quem pergunta por "quanto" pode conhecer assume que há outro "tanto" que não conhece e talvez jamais possa conhecer.[4]

---

3 Os dois prefácios da *Crítica da razão pura* encontram-se traduzidos nas duas edições traduzidas para o português presentes nas referências bibliográficas: Kant (1781/1989) e (1781/2012).

4 Quem tiver interesse pode acompanhar esse cenário nos prefácios da primeira e da segunda edição da *Crítica da razão pura* (Kant, 1781/1989, pp. 3-35; 1781/2012, pp. 17-44). Caminho mais acessível pode ser encontrado em livro que Kant publicou em 1783, de título sugestivo: *Prolegómenos a toda a Metafísica futura que queira apresentar-se como ciência* (1783/1987). Cenário parecido

Essa pergunta não é retórica, formulada por quem já sabe a resposta ou presume que pode obtê-la assim que quiser. Ao contrário, a pergunta está assentada na perplexidade e no incômodo suscitados pelo reconhecimento de uma ignorância profunda. Só pergunta seriamente quem reconhece que ignora o que antes presumia saber. A ignorância é também qualificada. Não é vaga, mas recai sobre o ponto preciso que reconhece desconhecer. Por isso, a pergunta fundamental da *Crítica da razão pura* pretende conferir um contorno definido do que podemos conhecer e do que talvez jamais possamos conhecer com argumentos puramente racionais. A pergunta crítica fundamental, que há pouco apresentei de maneira simplificada, é esta: "o que e o quanto podem conhecer nosso entendimento e nossa razão livres de toda a experiência?" (Kant, 1781/1998, p. 11, tradução livre). Trocando em miúdos, a pergunta fundamental que Kant formula na *Crítica da razão pura* pretende desencadear uma investigação das fontes, da extensão e do limite talvez intransponível do conhecimento, por maior que seja nosso empenho e por mais fundo que avancem as ciências já consolidadas como a matemática, a biologia e as ciências da natureza.

Tudo isso talvez esteja ainda muito obscuro. Não haveria uma tradução mais direta? Aqui não é preciso inventar nada. A própria *Crítica da razão pura* propõe, quase no final da obra, a seguinte formulação: "o que posso saber?" (Kant, 1781/1998, p. 838, tradução livre).[5] Se pergunto séria e radicalmente o que posso saber, então, reconheço ao mesmo tempo minha ignorância sobre o que posso ou não saber. Mas, por isso mesmo, reconheço também que não é possível me apoiar em nenhum dos sistemas filosóficos à disposição.

---

também já se encontra em obras que Kant publicou antes da *Crítica* e dos *Prolegómenos*, no período que os estudiosos de Kant chamam de período pré-crítico.

5 Essa formulação da pergunta é comum às duas edições da *Crítica da razão pura* indicadas na bibliografia.

Seria supor que a ignorância é apenas transitória ou que algum filósofo conhece algo que não sei ainda se pode ser conhecido ou não.

Se é assim, a pergunta fundamental de Kant exige uma investigação simples e radical. Simples porque coloca entre parênteses o valor de verdade de todos os sistemas filosóficos existentes até então. Por isso, não podemos buscar a resposta fora de nós mesmos. Radical porque buscar a resposta em nós exige que se vá à raiz de todo o conhecimento: a razão humana, que cada um de nós presume possuir. Se é assim, o destino (*Schicksal*) de toda a filosofia depende da resolução integral e exaustiva de uma só pergunta, na aparência despretensiosa: "o que posso saber?". Antes de resolver criticamente o problema das fontes, extensão e limite do conhecer, não é possível dizer se poderá haver uma "filosofia verdadeira", assim como podemos dizer, sem hesitar, que geometria, ciência da natureza ou história são ciências sólidas.

Mas o que é a filosofia cujo destino está em jogo? Não acabamos de ver que a pergunta kantiana pelo que podemos saber suspende o valor de verdade de todos os sistemas filosóficos existentes até então? Se é assim, apenas no final da investigação crítica deve se tornar claro o contorno do que seja a filosofia e do que possa alcançar. O problema é que, no pouco tempo que hoje temos, não é viável resumir o longo percurso da investigação kantiana. Que resta fazer?

Um atalho talvez seja possível. Podemos tentar entender o que é a filosofia ao menos quanto a sua vocação (*Bestimmung*). Em alemão, o termo *Bestimmung* pode significar determinação, vocação ou destinação. Determinar o que seja a vocação da filosofia é determinar o que ela é em sua natureza mais própria e o destino que poderá ter. Na *Lógica*, de Jäsche, Kant (1800/2003a) dá alguma indicação de qual seja a vocação da filosofia: "a Metafísica é a autêntica, a verdadeira Filosofia!" (p. 49).[6] Aqui, é preciso cuidado. A Metafísica é a autêntica e verdadeira filosofia, não pelo resultado obtido ou pelo método adotado, mas pelo que pretende alcançar de acordo com sua vocação mais fundamental. Se a metafísica realmente pode obter o que pretende e que método deve adotar para alcançar seu objetivo, tudo isso depende da resposta à pergunta, singela e radical, formulada por Kant: "Que posso saber?". Mas, desde já, sabemos que a autêntica filosofia é, por vocação, a metafísica.

Temos já um nome: "metafísica". No entanto, podemos ter algo mais. Em outro lugar, nos *Progressos da Metafísica*,[7] Kant (1804/1985) analisa o nome, de origem grega, para indicar o objetivo principal da metafísica. Vale a pena citar a passagem inteira:

> *O velho nome desta ciência* (μετὰ τὰ φυσικά) *fornece já uma indicação sobre o gênero de conhecimento, para que ela por desígnio tendia. Quer-se por meio dela ir além de todos os objetos da experiência possível* (trans physicam) *para, se possível, conhecer o que de nenhum modo pode ser objeto da experiência. (p. 95)*

---

6 A *Lógica*, que consiste nas anotações das aulas de Lógica ministradas por Kant, foi publicada a seu pedido em 1800, por Gottlob Benjamin Jäsche.

7 Também é uma pergunta que está na origem dos *Progressos da Metafísica*, obra inacabada de Kant (1804/1985) publicada logo depois de sua morte. A pergunta foi proposta em 1791 pela Academia Real de Ciências de Berlim: "quais são os verdadeiros progressos que a Metafísica realizou na Alemanha, desde os tempos de Leibniz e de Wolff?". Apesar de inacabada, essa obra de Kant não deixa de ser filosoficamente relevante. Elaborada entre 1792 e 1795, tem atrás de si as três *Críticas* e a polêmica que as acompanhou. Com olhar retrospectivo, Kant pôde situá-las como um todo na história da metafísica, que também é a da própria razão humana. Desse ponto de vista privilegiado, a polissemia do termo "metafísica", que atravessa toda a obra kantiana, tem um marco central para ser avaliada (cf. Thisted, 2015). Sobretudo, pode-se ver como a investigação crítica acaba por incorporar a metafísica, realizando por outra via a vocação mais autêntica da "antiga ciência".

Kant fala, nessa passagem, da metafísica como disciplina que existe há muito tempo: "velha ciência". Mas é "ciência" apenas pela pretensão, não pelo resultado concreto; nesse sentido, é uma "ciência velha". Que é a metafísica como disciplina histórica? Kant se prende a uma etimologia da palavra "metafísica" que não é segura. Mesmo assim, a passagem dá algumas indicações importantes. O prefixo grego *meta-* é equivalente ao latino *trans-*, ou seja, "além de". A metafísica se ocupa de objetos da experiência, mas pretende ir além deles. A metafísica tem, assim, duas partes. A primeira é a ontologia, que se ocupa dos conceitos e princípios "a priori" (racionais) que podem ter uso nos objetos da experiência ("física"). Podemos pensar como exemplo o conceito de causa e efeito. Para Kant, esse conceito é racional ("a priori"), não provém da generalização de observações empíricas particulares. Mesmo tendo origem no pensamento puro, o conceito de causa e efeito encontra aplicação concreta nos objetos da experiência possível. Serve para ordenar e compreender eventos tão diferentes, como a dilatação de um metal quando aquecido ou o congelamento da água a baixas temperaturas. Mas há também a segunda parte da metafísica, que contém sua finalidade principal: "conhecer o que de nenhum modo pode ser objeto da experiência" (Kant, 1804/1985, p. 95). Pode-se pensar aqui em um exemplo da metafísica clássica. Com base apenas em conceitos e princípios "a priori" fornecidos pela ontologia, ela procura provar a existência de um ser supremo que seja a causa ou o autor do mundo. Essa segunda parte é a metafísica especial, que contém a finalidade autêntica da metafísica. Por que especial? Porque pretende ter um conhecimento especulativo de três espécies de objetos. Na versão histórica, os objetos temáticos da metafísica especial são: alma, liberdade e Deus. Por vocação, a metafísica pretende ser ciência do que ultrapassa os objetos da experiência.[8]

---

8 Cf. Kant (1781/2012, p. 300, nota 62).

Surge, então, uma questão. Se a pergunta kantiana "O que posso saber?" suspende o valor de verdade da metafísica, por que não deixar de lado essa velha disciplina? Não seria melhor dedicar-se a assuntos mais atuais?

É que a metafísica não é apenas disciplina filosófica cultivada por alguns poucos estudiosos em diferentes períodos da história. Antes de tudo, ela é disposição natural da própria razão humana (*metaphysica naturalis*), dizendo "respeito ao interesse humano universal" (Kant, 1781/2012, p. 38). Todo o mundo que faz um uso coerente da razão se pergunta, de algum modo, sobre os três problemas da metafísica especial, dispensando sutilezas da argumentação filosófica e da ontologia. Talvez alguém possa tentar verificar o alcance dessa afirmação de Kant pelo menos em um caso. Podem pensar por si mesmos se alguma vez já refletiram sobre a liberdade como problema, não importa se em algumas decisões existenciais, na consideração sobre uma ação por dever (que supõe uma escolha entre o que reconhecemos correto e o que nossas inclinações sugerem) ou, ainda, na dimensão política e social. Como *disposição natural*, a metafísica nos é inescapável: é destino da razão humana.

Dessa forma, a metafísica como disciplina filosófica não é invenção arbitrária de alguma escola filosófica em determinada época da história, mas reflete, mesmo que de modo retorcido, a própria razão humana. A pergunta crítica fundamental "Que posso saber?" deve decidir, de uma vez por todas, se a metafísica, como disciplina filosófica, pode alcançar o que pretende: tornar-se ciência rigorosa do que ultrapassa a experiência possível.

Temos já um nome: "metafísica". Temos também, a partir do nome, o que a metafísica pretende como disposição natural ou como disciplina filosófica: "conhecer o que de nenhum modo pode ser objeto da experiência". Mas ainda não está muito claro o que significa a metafísica como disciplina filosófica. Talvez um atalho possa ajudar. Em alguns lugares, Kant não usa a palavra alemã "*Philosophie*", herdada dos gregos. Usa a palavra "*Weltweisheit*", recorrente em sua época. Podemos traduzir esse termo por "sabedoria do mundo". No *Opus postumum*,[9] Kant (1936) faz uma observação que dá o que pensar:

> *A Filosofia (doutrina da sabedoria) foi chamada de sabedoria do mundo em alemão* [Weltweisheit], *porque a sabedoria, a ciência que há na Filosofia, visa a finalidade última (o Bem supremo). Mas a sabedoria, em sentido estrito, só pode ser atribuída a Deus. (p. 149, tradução livre)*

A primeira indicação importante está no termo "ciência". Não está em jogo, na passagem citada, a filosofia como disposição natural, mas a pretensão da filosofia em ser conhecimento científico ("a ciência que há na Filosofia"). A segunda indicação importante é dada pelo termo "mundo". Não é um nome qualquer, mas tem alguns sentidos correlatos precisos. Que é "mundo"? Kant e seus antecessores empregam o termo "*Welt*", em alemão; "*mundus*", em latim; ou "*kósmos*", em grego, para designar a totalidade absoluta; quer dizer, para designar um todo que não é parte de outro todo. Significaria, então, que, por vocação, a filosofia pretende ser ciência de tudo, conhecimento de "mundos e fundos"? Não é isso. A metafísica,

---

9 *Opus postumum* ("Obra póstuma") é o nome que os estudiosos deram aos textos que Kant escreveu de 1796 até 1803. Os manuscritos, ignorados ou menosprezados por muito tempo, em história repleta de percalços, só foram publicados por completo entre 1936 e 1938. A amigos, Kant teria assegurado tratar-se de sua "obra principal, a *chef d'oeuvre*" (cf. Kant, 1938/1995, p. xvi-xvii, tradução livre). O uso que aqui fazemos de duas passagens do *Opus postumum* não leva em conta a questão de sua continuidade ou ruptura com os trabalhos anteriores de Kant. Pretendemos apenas abrir alguma fresta para entender, retrospectivamente, a amplitude do conceito crítico de filosofia como "sabedoria do mundo".

na condição de *Weltweisheit*, pretende alcançar um sistema dos conhecimentos filosóficos por conceitos. Sistema aqui é peça central; é um todo em que cada parte se articula de acordo com um princípio. O que dá para extrair dessas indicações? Talvez isto: a filosofia como *Weltweisheit* pretende ser uma ciência puramente conceitual que relaciona a multiplicidade de saberes à unidade, como os galhos e o tronco de uma árvore se reportam à sua raiz. A filosofia pretende ser ciência, mas também algo mais.

Avançamos um pouco, mas não podemos parar aqui. A filosofia como *Weltweisheit* não se esgota na pretensão de ser sistemática. Essa pretensão caracteriza apenas um sentido muito restrito de filosofia, que Kant denomina sentido escolástico (sentido acadêmico, talvez pudéssemos dizer hoje). Buscar um sistema de todos os conhecimentos filosóficos é indispensável para a filosofia, mas apenas como meio para tentar realizar sua vocação última e mais importante. Que seria essa vocação? Na passagem anterior, vimos que era tentar "conhecer o que de nenhum modo pode ser objeto da experiência". Na passagem que acabei de citar, Kant diz: "a sabedoria, a ciência que há na Filosofia, visa o *(sic)* objetivo último (o Bem supremo)". Que isso quer dizer? De modo sumário, quer dizer que a filosofia como sabedoria do mundo pretende ser ciência puramente conceitual que refere a totalidade dos conhecimentos (sentido escolástico do termo) a um objetivo último que está além de toda a experiência possível (física) e ao qual devem se subordinar os demais objetivos.[10] O que é agora o "mundo"? Não o sistema dos princípios "a priori" (universais) do conhecimento, mas ciência que diz respeito a cada um de nós, filósofos ou não. Às vezes usamos em português a expressão: "todo o mundo". Dizemos, por exemplo, "todo o mundo quer ser feliz"; "todo o mundo deve fazer o bem sem

10 Cf. Kant (1781/2012, p. 604).

olhar a quem". Com essas expressões, queremos dizer: todos nós, em qualquer época e lugar, filósofos ou não. Queremos dizer que todos nós temos ou deveríamos procurar e fomentar o fim último, comum a todo o mundo e superior aos demais fins subordinados. *Weltweisheit* adquire agora um sentido diferente do anterior. No primeiro sentido, o todo (mundo) era o todo sistemático de conceitos e princípios "a priori" buscado apenas pelo filósofo. Agora, o todo diz respeito a um objetivo supremo que é de interesse de todos nós (todo o mundo) e visado pela razão humana em geral. Agora, a filosofia como *Weltweisheit* tem um sentido cósmico (nome grego para "mundo"): "a sabedoria do mundo é conhecimento da vocação do ser humano" (Kant, 1914/1924, p. 66, tradução livre).[11] Isso equivale a dizer que, por vocação, a filosofia, como sabedoria do mundo, procura ser ciência puramente racional da vocação do ser humano.

Apesar do atalho, as coisas ainda devem estar confusas pela profusão de nomes e citações que apresentei. Mas podemos tentar simplificar por uma equação: filosofia autêntica = metafísica (disciplina filosófica) = sabedoria do mundo. Se é assim, a filosofia pretende, por vocação, ultrapassar a experiência possível (como metafísica) para conhecer conceitualmente (como sabedoria do mundo) a vocação do ser humano quanto a seu objetivo último. Vale a pena insistir nesse ponto. O físico, o poeta, o psicólogo ou o marceneiro têm fins particulares, peculiares à sua profissão. Cada um, fora do ambiente profissional, também tem experiências e condições de vida muito diversas, que dão tonalidades diferentes ao que são, podem ser ou querem alcançar. Mas presume-se que todos

---

11 A citação é extraída da Reflexão 1.652 de Kant. "Reflexões" são notas que Kant escreveu ao longo de sua atividade filosófica. Foram publicadas postumamente, depois de organizadas tematicamente, datadas e numeradas pelos editores dos escritos kantianos.

sejam dotados de razão, evidenciada, entre outras coisas, pelo uso que fazem da linguagem. Presume-se, por isso, que todos devam buscar e fomentar um objetivo comum a todo o mundo, não importa a profissão ou a história pessoal. Presume-se, em particular, que devam buscar o porquê mais fundamental válido para todos, além do qual nada mais há, no céu, na terra ou além dela. Todo o mundo que faz um uso coerente da própria razão, filósofo ou não, supõe um fundamento primeiro das coisas e da ação. Como tentar entender isso? Se alguém se propõe a compreender um evento, a queda de uma pedra ou um desastre natural, poderia se satisfazer com uma explicação pela metade? Ao contrário, não supõe haver um motivo ou evento primeiro, por mais remoto que seja, que possa explicar e justificar tudo o mais? Se alguém vê uma criança se afogando, não tem consciência de que deve usar todos os recursos disponíveis para tentar salvá-la pela razão de que assim deve fazer? Não supõe, assim, que o ato é necessário por si mesmo, não carecendo de outro motivo que o justifique? Esse "porquê" primeiro do conhecer e do fazer ou deixar de fazer é, na terminologia de Kant, o incondicionado. Fazer uso da razão é supor um fundamento primeiro do pensar e do agir que não é, como tal, fundado por nada, mas funda tudo o mais.

Que temos então? Todo mundo que faz uso da própria razão supõe e busca o incondicionado (para explicar um evento ou para justificar uma ação caso deva ser moral e livre). Todo mundo, filósofo ou não, busca um porquê de tudo o mais, ou seja, visa a um *objetivo último*. Aqui, a metafísica é disposição natural da razão humana. Mas é a filosofia, como *Weltweisheit*, que procura construir uma ciência puramente conceitual do incondicionado. Apenas a filosofia, ao menos por vocação, pretende ser a

> *Ciência da relação de todo o conhecimento e de todo uso da razão com o fim último da razão humana, ao*

> *qual, enquanto fim supremo, todos os outros fins estão subordinados, e no qual estes têm que se reunir de modo a constituir uma unidade. (Kant, 1788/2003, p. 42, tradução livre)*

Tudo isso é muito difícil para quem jamais ouviu falar de Kant e mesmo para quem o estuda há muito tempo. Pois a investigação torna-se mais complexa a partir do momento em que Kant introduz no enredo o conceito de ilusão. A *Crítica da razão pura* assinala que a busca da razão humana pelo incondicionado é necessária e, ao mesmo tempo, repousa numa ilusão que nasce na própria razão humana.

Se o cenário todo é complexo, vale a pena retomar nosso roteiro de viagem. Como *Weltweisheit*, a filosofia (ou metafísica) tem por vocação (*Bestimmung*) uma meta ambiciosa que, no fundo, também é duplamente modesta. Lança mão de uma argumentação racional para estabelecer um sistema completo de conceitos e princípios para conhecer o incondicionado, o fim supremo que ultrapassa toda a experiência possível. Esse é o momento da ambição. O incondicionado que busca, porém, não é invenção da filosofia, mas é radicado na razão humana em geral. Esse é o primeiro momento da modéstia, pois a filosofia, como *Weltweisheit*, busca conhecer algo que interessa a todo mundo e, por isso mesmo, é acessível a todos, filósofos ou não, desde que façam um uso coerente da própria razão. Ao filósofo, caberia apenas fundamentar conceitualmente o que de algum modo é acessível e interessa a todos. Mas há um segundo momento de modéstia. Kant (1936) o exprime assim no *Opus postumum*:

> *"Sabedoria do mundo" também não é uma tradução adequada para Filosofia. Amor pela sabedoria seria o conceito mais apropriado. Mas a sabedoria do*

> *mundo parece conter uma contraposição entre Deus e o mundo, distinção que põe em jogo mais o conceito teológico de Deus. (p. 140, tradução livre)*

Rigorosamente falando, "sabedoria do mundo" não é tradução adequada para "filosofia". Por que não? Porque a sabedoria em sentido rigoroso só pode ser atribuída a Deus, pelo menos como nós o representamos. Que isso quer dizer? A filosofia, como *Weltweisheit*, só pode aspirar a um saber mundano: circunscrito ao mundo e adequado à razão humana. Não significa, por princípio, que a filosofia exclua do horizonte de investigação a sabedoria que representamos em Deus. Significa apenas não poder ter um conhecimento imediato dela, à parte da reflexão conceitual. A filosofia, no máximo, visa à sabedoria; daí a observação de Kant de que "amor pela sabedoria seria o conceito mais apropriado".

Vimos também, ao traçarmos o roteiro, que a filosofia como sabedoria do mundo encerra numa só expressão três sentidos correlatos de mundo. Primeiro, é investigação sistemática (um todo de conceitos de acordo com um princípio: conceito escolástico de filosofia); segundo, é investigação que visa ao conhecimento do fim último do ser humano (sentido cósmico: é sabedoria); terceiro, a investigação toma como base a razão humana (a sabedoria é mundana). Assim, alcançamos um contorno definido da filosofia ou da metafísica como sabedoria do mundo.[12] Com isso, temos, ao mesmo tempo, o grande alcance da primeira pergunta fundamental "que posso saber?". Da resposta a essa pergunta depende o destino da filosofia: se pode realizar sua vocação e tornar-se ciência da "finalidade última (o Bem supremo)"ou, em outra formulação, tornar-se "ciência da vocação do ser humano". Mas depende também

---

12 Para o conceito de filosofia proposto por Kant na década de 1790, cf. Perin e Klein (2009).

da própria formulação da pergunta e de seus desdobramentos outra consequência inusitada: a renovação (progresso) da metafísica por sua incorporação à própria crítica da razão humana.

Em que ponto de nosso roteiro estamos? Apesar dos percalços, talvez algo já tenha sido conquistado. A essa altura, talvez tenha ficado claro não apenas o alcance da pergunta fundamental "que posso saber?", mas também do próprio ato de perguntar em geral. Uma pergunta, desde que compreendida e formulada radicalmente, expressa o reconhecimento de uma ignorância profunda e o desejo de superá-la. Se é assim, o perguntar constitui o ponto de partida: desencadeia a investigação para alcançar uma resposta. Mas, por mais esquisito que pareça, o perguntar delimita também o ponto de chegada da investigação. Como assim? A pergunta circunscreve um campo de respostas possíveis que podem satisfazer ou não ao que foi perguntado. Se pergunto a alguém em certo contexto "onde fica a Chapada Diamantina?", a resposta não poderá ser o nome de um animal, o peso atômico de um elemento químico ou uma data histórica, mas uma localização geográfica. Além de constituir o ponto de partida da investigação e de circunscrever o ponto de chegada, o perguntar também delimita o caminho possível entre um e outro. Se conheço, a partir da própria pergunta, que a Chapada Diamantina é um lugar, então, também sei que, para responder a ela, devo recorrer a determinadas fontes de informação, como um mapa, algum site ou alguém que já esteve lá. O perguntar estabelece, desse modo, o ponto de partida, circunscreve o campo possível de respostas e delimita o caminho entre um e outro. Por isso, a *Crítica* se apresenta às vezes como doutrina do método: reflexão sobre o caminho que a filosofia deve seguir para tornar-se ciência. Dada a importância do perguntar, a *Crítica* procura dar uma formulação técnica e precisa para sua pergunta fundamental: "como são possíveis juízos sintéticos 'a priori'?". A pergunta constitui a *Aufgabe* da *Crítica*: seu *problema geral* e *sua tarefa integral*. Mas para nossa apresentação de hoje não precisamos nos ocupar com a formulação técnica da *Aufgabe*. Basta reter a formulação direta da pergunta ("que posso saber?") e o alcance que tem na investigação kantiana.

Se o perguntar em geral apresenta tal radicalidade, não é de estranhar que tenha impelido Kant a estender a interrogação crítica a outros domínios em que a razão humana presume ter algum papel relevante. Que isso quer dizer? Que a primeira pergunta fundamental, formulada pela *Crítica da razão pura*, abre o caminho para uma segunda: sobre o alcance que a razão também teria na ação humana. A segunda pergunta é proposta por Kant na *Crítica da razão prática*, publicada em 1788. Kant (1788/2003) a formula deste modo: "Aqui, portanto, a pergunta primeira é: se a razão pura é suficiente por si só para a determinação da vontade ou se apenas como empiricamente condicionada pode ser o fundamento de determinação da vontade?" (p. 15, tradução livre).

Como entender formulação tão obscura? Agora, a *Aufgabe* (o problema e a tarefa) é a seguinte: investigar se a razão humana também pode ser prática. "Prático" não significa a capacidade de aplicar o conhecimento, como aplicar uma teoria para construir satélites ou computadores cada vez mais sofisticados. Esse é o domínio da técnica. Por "prático" deve-se entender o que é possível pela liberdade. Prático diz respeito à ação moral, ao que se deve fazer ou deixar de fazer de acordo com leis universais. Nesses termos, a pergunta agora é se nossa razão seria capaz de prescrever livremente suas leis à vontade humana. Por que a pergunta? Talvez possamos pensar que nossa ação seja necessariamente pautada por algo que recebemos "de fora", mesmo que esse "fora" sejam nossos próprios impulsos, interesses privados ou desejos. A premissa de Kant é que o ser humano é racional, mas apenas em parte. Também tem inclinações, paixões, sentimentos como o de prazer ou o de desprazer. Também está imerso em condições sociais e históricas. Não poderia ser o caso de que só agimos para satisfazer nossas inclinações ou por motivos alheios ao que nossa razão nos prescreve? Se for assim, eu teria algo como: "ontem disse a verdade porque tive medo de represálias; minto agora para auferir algum lucro; amanhã, talvez diga a verdade se coagido por uma autoridade qualquer". Em todos esses casos, não teria agido livremente, mas me submetido a regras impostas por outros ou tomado meus impulsos como motivos para ação. Teria usado minha razão apenas como instrumento para satisfazer meu amor-próprio. Não seria livre, mas condicionado por algo externo, ainda que sejam meus próprios impulsos.

Diante dessa possibilidade, bastante plausível, a *Crítica da razão prática* pergunta: nossa razão seria necessariamente instrumento ou de nossas inclinações ou de condições exteriores a nós, situadas no céu, na terra ou no que os ultrapassa? É mais ou menos isso o que constitui o segundo termo da pergunta: se "a razão só pode determinar a vontade como um fundamento empiricamente condicionado". Ou, ao contrário, se podemos determinar nossa vontade por leis que livremente nos damos, extraindo-as de nossa própria razão. Caso essas leis sejam universais, não devem valer, então, para mim e para todo o mundo, não importa a circunstância? Nossa ação não adquire, assim, valor incondicionado? É o que constitui o primeiro termo da pergunta: "se a razão pura é suficiente para determinar por si só a vontade". Os dois termos da questão recobrem duas possibilidades de nossa ação: heteronímia ou autonomia. Se é assim, a tarefa do filósofo é mostrar se nossa razão pode ser prática, ou seja, mostrar se podemos pautar nossas ações por leis universais, válidas para todos nós, que extraímos livremente de nossa própria razão. Nesses termos, a prova filosófica não pode ser executada apelando para casos concretos. Se está em jogo o alcance da razão humana na ação, então a prova deve ser conduzida com base em argumentos racionais.

Para realizar essa tarefa, o filósofo não tem de prescrever um conjunto de leis que devemos seguir ou deixar de seguir. A premissa, agora, é que cada um de nós, filósofo ou não, já sabe o que deve fazer ou deixar de fazer. Se é assim, a tarefa do filósofo crítico é, aqui também, modesta, mesmo sendo rigorosa. Deve demonstrar conceitualmente aquilo que cada um de nós já sabe quando reflete se deve agir por puro dever ou, ainda, quando é consciente de ter transgredido uma regra que reconhece como válida por si mesma. Nesse ponto, mais do que no uso teórico da razão, converge a tarefa específica do filósofo com o interesse do ser humano em geral. Kant mesmo traduz a segunda pergunta de modo mais direto: "Que devo fazer?". Para o filósofo, a pergunta significa "como fundamentar conceitualmente a ação moral?". Para cada um de nós, filósofos ou não, a mesma pergunta significa: "Que devo fazer ou deixar de fazer para tornar minhas ações válidas incondicionalmente aos olhos de minha própria razão?".

Até o momento, temos as duas perguntas críticas fundamentais: "Que posso saber?" e "Que devo fazer?". Mas a amplitude que o perguntar assume na filosofia crítica leva Kant a uma terceira questão, vinculada às duas anteriores. Não é fácil compreendê-la, mas talvez possamos tentar a partir do que já vimos. Não vimos que a primeira pergunta é sobre o alcance da razão humana no conhecimento teórico e especulativo? Não vimos também que a segunda pergunta é sobre o alcance da razão no conhecimento prático? Se é assim, temos, de um lado, a pergunta sobre as leis de nossa razão que regem o conhecimento das coisas; de outro lado, a pergunta sobre as leis de nossa razão que devem reger a ação. De um lado, portanto, temos o problema do conhecimento de como as coisas são; de outro, o problema do conhecimento de como devem ser. Se é assim, não temos um abismo entre os dois domínios em que a razão humana pretende ter um papel relevante? Não há uma enorme distância entre as leis de nossa razão que regem o conhecimento das coisas e as leis dessa mesma razão que devem reger a ação? Desse modo, as duas perguntas anteriores conduzem a uma terceira: como articular filosoficamente o conhecimento teórico e o conhecimento prático?

Essa é uma explicação abreviada da questão central de Kant na terceira e última obra crítica: a *Crítica da faculdade de julgar*, publicada em 1790. Essa questão já havia sido proposta por Kant (1781/1998), em formulação mais direta, antes mesmo da terceira *Crítica*: "O que me é permitido esperar, se faço o que devo?" (p. 839, tradução livre). Ou seja, que me autoriza a esperar que haja convergência entre o mundo moral e a natureza, entre minha ação livre, pautada por leis da razão, e a felicidade, que também desejo alcançar tornando-me digno dela? Essa formulação da pergunta é também mais ampla: importa também para não filósofos, uma vez que procura articular nossa ação com o curso do mundo, unindo presente e futuro.

Seria abusar da paciência de todos vocês tentar esboçar a resposta de Kant. Mas talvez já possamos entrever algo a partir do roteiro traçado. Que há de comum entre as duas perguntas críticas fundamentais? A nossa razão, que as formula. O que é comum às leis da natureza e às leis de nossa ação? Mais uma vez, a razão humana, que julga as coisas e as ações segundo regras que busca em si mesma. Se é assim, o que perpassa o uso teórico da razão (primeira pergunta) e seu uso prático (segunda pergunta)? Nada mais nada menos do que o poder de julgar, fundamento comum de um lado e do outro. Se for assim, a terceira pergunta, "o que me é permitido esperar?", exige que se investigue, mais uma vez, nossa razão, mas agora de outra perspectiva: do ponto de vista de sua atividade ou faculdade de julgar.

Alguns de vocês que tenham familiaridade com a filosofia de Kant talvez discordem do que acabo de dizer. Diriam haver pelo menos dois motivos que impediriam considerar a terceira *Crítica* uma crítica da razão pura do ponto de vista da faculdade de julgar. O primeiro motivo seria a distinção rigorosa que Kant faz entre as "faculdades superiores de conhecer": entendimento, razão e faculdade de julgar. O segundo seria que cada uma das três *Críticas* se ocupa principalmente com uma única dessas faculdades.

Não deixa de estar certo quem assim pensa. No entanto, nenhum dos dois motivos desautoriza a enxergar na terceira *Crítica* uma crítica da razão como faculdade de julgar. Convém citar aqui uma passagem:

> *Uma crítica da razão pura, isto é, de nosso poder de julgar segundo princípios a priori, seria incompleta se a faculdade de julgar, que também aspira a isso como faculdade de conhecer, não fosse tratada como uma parte específica dela. (Kant, 1790/2009, p. 5, tradução livre)*

Em poucas linhas, Kant apresenta a inteira investigação que propõe em suas três obras capitais. Diz que razão pura, no sentido mais amplo, consiste no "poder de julgar segundo princípios *a priori*" ("*Vermögen nach Prinzipien a priori zu urteilen*"). Essa indicação é importante. No sentido mais geral, razão é atividade. Sendo assim, a razão não se limita a registrar ou a acumular "informações dadas", recolhidas ao acaso; ao contrário, a razão humana é atividade no sentido mais genuíno: ato de unificá-las por princípios que o pensar extrai de si mesmo. Mas pensar e julgar são uma e mesma atividade: relacionar tudo a juízos (Kant, 1781/2012, p. 114).[13] Por exemplo, quando emito o juízo "a luz do sol é causa do aquecimento da pedra", alguns conceitos são pensados como formando uma só unidade

---

13 Esse aspecto é enfatizado em um dos livros mais importantes sobre a primeira *Crítica* de Kant nas últimas décadas, *Kant e o poder de julgar*, de Béatrice Longuenesse (1993/2019).

("luz", "sol", "pedra", "calor" e "causa" são conceitos formados e relacionados entre si pelo juízo, que visa a referi-los a uma conexão de propriedades no próprio objeto). Por isso, razão é, em geral, "poder de julgar segundo princípios" (razão = pensar = poder de julgar). Ora, porque a razão em geral é poder de julgar, pode haver uma única "crítica da razão pura". "Crítica da razão pura", aqui, não é o nome da primeira obra de Kant, mas da investigação crítica da razão como um todo: crítica da razão vista como poder de julgar em geral.

A passagem que acabei de citar faz também menção à "faculdade de julgar" ("*Urteilskraft*"). Como assim? Antes, Kant chamou a razão de "poder de julgar"; agora, diz que faz parte dela uma "faculdade de julgar"? Que diferença há entre o poder de julgar e a faculdade de julgar? A diferença não indica duas capacidades mentais distintas; trata-se apenas de como o poder de julgar se atualiza como "faculdade de julgar" de acordo com um princípio "a priori" muito peculiar. Por isso, Kant diz que uma crítica da razão pura, no sentido amplo, precisa incluir uma crítica da "faculdade de julgar".

Que temos, então? As três *Críticas* de Kant integram uma só investigação: crítica da razão pura como poder de julgar, tarefa indispensável para determinar se a metafísica pode realizar sua vocação como *Weltweisheit*: "conhecimento da vocação do ser humano".

A essa altura da conferência, talvez alguém proteste. Onde estaria o prometido roteiro para uma viagem factível? Em vez de uma viagem para a Chapada Diamantina, não temos o roteiro para uma viagem ao redor do mundo? Mesmo gigantesco, o roteiro não tem lacunas? Afinal, onde estaria a reflexão kantiana sobre a matemática e sobre a ciência da natureza? Onde estariam pontos tão importantes como o de "intuição a priori" ou de "categorias"? Por que falar da velha metafísica, e não do que parece ser o novo em Kant, sua teoria do conhecimento? O que seriam exatamente as leis universais da razão, comuns em seu uso teórico e em seu uso prático?

O que seria o princípio "a priori" da faculdade de julgar investigado na terceira *Crítica*? Kant afirma que as leis da razão são universais porque estão radicadas nela mesma. Quer dizer, portanto, que não são extraídas da experiência das coisas nem são produtos sociais e históricos? Como Kant justifica tudo isso? E, muito mais grave: até agora não entrou no roteiro o que significa "crítica", o nome comum às três obras principais de Kant.

Mas talvez nem tudo esteja perdido. Parece que, aqui, também já conquistamos algo ao traçar o roteiro. No fundo, ele é breve. Mostrou algumas etapas indispensáveis de um só caminho. Quais são essas etapas?

1) Kant formula três perguntas fundamentais, indício claro de que a investigação que propõe nas três *Críticas* dá primazia ao perguntar. Não é questão, portanto, de começar a investigação com princípios assumidos como evidentes ou certos em si mesmos para alcançar uma doutrina filosófica indubitável. Como seria possível proceder assim se o ponto de partida de Kant é o reconhecimento de uma ignorância qualificada? Por isso, cabe, ao perguntar, determinar integralmente o problema e o modo como resolvê-lo. No perguntar como ponto de partida da investigação, a única coisa dada é a própria razão humana. Que é sempre a razão humana que está em questão na investigação kantiana é algo que pode ser percebido já a partir da caracterização da razão humana como "poder de julgar segundo princípios *a priori*". Uma só razão que se atualiza nos usos distintos que faz de suas leis e nos princípios *a priori* que busca em si mesma. Dessa unidade da razão, decorre também a unidade da investigação. Está em jogo sempre uma única crítica da razão pura, que se especifica em três momentos: *Crítica da razão pura*, *Crítica da razão prática* e *Crítica da faculdade de julgar*. Mas que é exatamente essa razão que presumimos estar em todos nós, seres humanos? Se as três perguntas expressam o reconhecimento de uma ignorância

qualificada, então, não se pode dizer de antemão o que seja a razão humana. É inicialmente dada para a investigação poder esclarecer o que ela seja e como procede. Por isso, seria preciso acompanhar o trajeto de Kant até o final, para obter um contorno preciso do que a razão humana seja em todas as dimensões de seu uso. É claro que já apresentamos alguns traços importantes. Dissemos que a razão humana para Kant só é razão porque é atividade que possui princípios *a priori*, não tomados de empréstimo à experiência das coisas. Vimos também que, por sua natureza, a razão humana em geral, com base nesses princípios, se lança à investigação do que ultrapassa a experiência possível. A metafísica é disposição natural da razão humana. Dissemos também que a razão em geral é tanto quanto o poder de pensar ou julgar segundo esses princípios "a priori". Poderíamos dizer que a lógica formal, como Kant a entende, tem papel central tanto para descobrir o sistema dos conceitos e dos princípios "a priori" quanto para determinar o que não se reduz a eles. Poderíamos dizer isso e muitas outras coisas, porém, nesse caso, perderíamos algo fundamental da filosofia crítica: o primado do perguntar na investigação.

2) Quem propõe as três perguntas? Imediatamente é Kant, mas é, sobretudo, a própria razão humana de que Kant faz uso. Porque ela se encontra potencialmente em todo ser humano, qualquer um pode formular por conta própria as perguntas e refazer o itinerário da investigação que elas demandam. Quem é o alvo das perguntas que a razão humana formula? É a própria razão humana, a partir do momento que reconhece sua ignorância em certo campo do conhecimento. Nesse caso, a razão humana é, a um só tempo, sujeito e objeto da investigação. Esse momento de reflexão (voltar-se para si própria) já é sugerido pelo título da *Crítica da razão pura*. A crítica recai sobre a razão humana e é realizada por ela. A razão critica-se a si mesma. Se é assim, há duas consequências importantes: (a) o

caminho que a razão humana abre a partir das três perguntas deve conduzi-la ao conhecimento de si mesma; (b) se é assim, o conhecimento procurado não é, primariamente, conhecimento de objetos ou de ações morais concretas. As três perguntas visam a conhecer as condições "a priori" do conhecimento teórico, do conhecimento prático e do que os vincula. Visam, portanto, ao conhecimento do conhecimento. Somente assim a razão humana poderá responder se pode realizar sua vocação: erigir uma metafísica (sabedoria do mundo) como ciência puramente racional da vocação do ser humano.

3) Esse segundo ponto talvez permita compreender a mudança radical de perspectiva operada pela filosofia kantiana. As três perguntas que a razão humana formula para si mesma a colocam no centro de um círculo a partir do qual tudo o mais deve ser compreendido. Em vez de procurar respondê-las voltando-se para os objetos (não importa se encontrados na terra, no céu ou além deles), a razão humana deve voltar-se para suas próprias regras, condições de possibilidade do conhecimento e da ação. Dessa perspectiva, quem dá as regras para conhecer ou produzir os objetos é o próprio conhecimento, não o inverso, como antes de Kant pensavam os filósofos. Os estudiosos denominam "revolução copernicana" essa mudança radical no modo usual de pensar a relação do conhecimento com seu objeto. Apoiam-se aqui na analogia feita por Kant com a mudança de perspectiva operada por Copérnico na astronomia. Na filosofia de Kant, a revolução copernicana resulta, em grande parte, da primazia conferida ao perguntar. O objeto só poderá nos dar alguma informação relevante se soubermos de antemão o que perguntar sobre ele. É assim nas ciências da natureza, que interrogam os fenômenos a partir de princípios e experimentos previamente estipulados. É assim que também deve ocorrer na filosofia, em que o objeto investigado é a própria razão humana. A razão humana estipula as três perguntas que devem levá-la ao conhecimento de si mesma.

4) Kant afirma que as três perguntas se reportam a uma só questão. Perguntar o que posso saber, o que devo fazer e o que me é permitido esperar é, em última análise, perguntar "o que é o humano (*Was ist der Mensch*)?".[14] Essa última pergunta é síntese das três perguntas anteriores. Por quê? Não é difícil notar que as três perguntas são formuladas na primeira pessoa do singular: "eu". Esse "eu" que pergunta pode se referir a mim, que agora enuncio coisas obscuras para vocês ao lado de meu colega, o professor Uchôa. O "eu" pode referir-se também a cada um de vocês a partir do momento em que a formulam. Pode referir-se, por fim, a qualquer um que futuramente venha a assumir a posição desse "eu". Se é assim, o "eu" em cada uma das três perguntas reporta-se a um outro, valendo tanto quanto "nós". Se é assim, a quarta pergunta, "O que é o humano?", equivale à pergunta "que é o humano em nós?". Ou equivale, ainda, à pergunta "quem somos nós como seres mundanos dotados de razão, mas apenas em parte?". Se é assim, quem pergunta "Que é o humano?" também pergunta "Quem sou eu?". Essa formulação não se encontra em Kant, tanto quanto sei, mas talvez não seja inadequada A formulação "quem sou eu?" mostra que a quarta pergunta procura desvendar todas as dimensões da existência – da minha existência e de todos nós, dotados de razão, mas apenas em parte. Quem pergunta "Quem sou eu?" pode procurar respondê-la filosoficamente. Tentará, então, alcançar, por conceitos, o "conhecimento da vocação do ser humano".

É mais ou menos o que se passa com Édipo na tragédia de Sófocles (ca. 427 a.C./1989), só que num sentido inverso: do "ele" para o "eu". Quando se propõe a descobrir quem matou Laio, Édipo formula

14 *Mensch*, em alemão, é traduzido usualmente por "homem" para designar os seres humanos em geral. Preferimos traduzir *Mensch* por "humano". Sugere-se, assim, que o "humano" não designa uma essência dada, definida e conhecida de antemão, mas indica algo, em cada um de nós, que deve ser compreendido e conquistado a cada vez.

uma série de questões aos que o cercam. O interrogatório o levará a descobrir que sua pergunta inicial ("quem matou Laio?") refere-se a ele próprio, Édipo. Sem chão e horrorizado pela descoberta, poderia resumir todas as questões anteriores em uma só: "quem sou eu?". Poderia perguntar, assim, por dois motivos. Primeiro porque a pergunta sobre o outro ("Quem matou Laio?") mostrou ser sobre si próprio. Segundo porque, com a revelação, já não poderia dizer que foi o poderoso rei de Tebas que decifrou um enigma numa encruzilhada, que é o assassino do pai, esposo da mãe e irmão de seus filhos. É tudo isso, mas, com a revelação do crime, também menos. A pergunta "Quem sou eu?" coloca-o diante de um abismo de indefinição, figurado por sua partida para o exílio. Não era quem pensava ser nem sabe o que poderá ser; por isso, também não pode saber quem é, agora que se cegou a si mesmo. Mas, a essa altura, a pergunta "Quem sou eu?" não se refere apenas ao personagem Édipo; refere-se a todos os que se colocam em seu lugar. Refere-se também a quem acompanha a tragédia ou a quem venha a acompanhá-la, vendo-se nela como em um espelho. Assim entendida, a pergunta edipiana "Quem sou eu?" ganha amplitude, sem apagar a motivação concreta que a desencadeou. Torna-se a pergunta por quem sou eu como humano, mas também pelo que é o humano em geral em cada um de nós. Tanto é assim que, pouco antes do desfecho da tragédia, o coro não se dirige apenas a Édipo e aos tebanos presentes, mas a todos: "Vossa existência, frágeis mortais / é aos meus olhos menos que nada" (p. 83).

Se têm a mesma amplitude e gravidade da pergunta edipiana ("Quem sou eu?"), então as três perguntas propostas por Kant, resumidas na última ("O que é o humano?"), não podem ser alheias nem indiferentes a nenhum de nós, filósofos ou não filósofos – todos nós, "menos que nada".

5) Algo essencial, porém, parece ter desaparecido do roteiro. Falamos do alcance do perguntar na filosofia kantiana e da ignorância qualificada que o exige; falamos da razão humana que se torna sujeito e objeto da investigação e também do interesse que as três perguntas fundamentais, etapas para a última, podem ou devem ter para todo o mundo. Omiti conceitos e argumentos importantes da filosofia kantiana. Como encaixá-los num roteiro que deveria ser breve? Talvez o roteiro contenha algumas indicações duvidosas. Como escapar de erros se é difícil abarcar o todo de uma filosofia nem sempre clara como o sol? Talvez não tenha alcançado o objetivo que me propus: tornar mais acessível a filosofia de Kant para dialogar com os interessados nela. Como poderia ter êxito se é tentativa inicial? Tudo isso talvez seja desculpável. Mas parece inteiramente injustificado deixar de lado o conceito de "crítica". Não apenas é termo presente já no título das três obras capitais de Kant, mas também caracteriza o que Kant estima ser o mais importante e característico de seu tempo: "nossa época é a autêntica época da crítica" (1781/1998, p. 7, tradução livre).[15] Tarefa filosófica e espírito da época convergem na atividade crítica. Mas a importância e complexidade do conceito de "crítica" trazem junto a dificuldade para delimitá-lo. Por isso, talvez valha a pena seguir o caminho que já conhecemos: o papel fundamental que o perguntar assume na filosofia kantiana.

Não pergunta seriamente quem presume que já sabe ou sempre poderá saber caso queira. Nesse caso, a pergunta, quando há alguma, é retórica, mero pretexto para apresentar o que presume ser líquido e certo. Tal seria a filosofia que Kant denomina dogmática. Filosofia que, sem reflexão sobre o alcance da razão, presume poder conhecer

---

15 Kant publicou em 1783 um ensaio em que procura refletir conceitualmente sobre sua época: "Resposta à pergunta: que é o esclarecimento?" (1783/1985). Assim, o esclarecimento é a autêntica época da crítica.

tudo. Também não pergunta radicalmente quem presume que jamais poderá conhecer as coisas pelas quais pergunta. Nesse caso, as inúmeras perguntas servem apenas para decretar, sem reflexão prévia, que ninguém jamais poderá saber o que o adversário supõe saber. Esse é o caso da filosofia cética. Mas só pergunta séria e radicalmente quem, ciente de sua ignorância, não decreta de antemão nem que sabe nem que jamais poderá saber. Pergunta para investigar o que conhece e até onde pode conhecer, em todas as dimensões relevantes da existência humana. Nesse caso, a pergunta, mais que desejável, é necessária. É o caso da filosofia crítica. O perguntar, compreendido em toda a sua extensão, torna possível avaliar sistematicamente a razão humana e, por fim, decidir o que e quanto ela pode conhecer, se pode nos dar regras para nossos atos e, sendo esse o caso, o que nos permite esperar. A convicção de Kant é que apenas pelo perguntar, levado às últimas consequências, será possível erguer um sistema filosófico que possa apresentar-se como ciência.[16]

Nesses termos, crítica não é, imediatamente, objeção, sentido que logo nos vem à cabeça quando ouvimos a palavra; é apenas de modo derivado que "crítica" pode significar "objeção" ou "censura". Pois quem pergunta séria e radicalmente exige uma avaliação criteriosa para alcançar aquilo pelo que perguntou. Quem, ciente de sua ignorância, pergunta "Que é o humano?" pretende julgar a capacidade da razão humana e do que lhe escapa. Poderá, então, decidir qual o alcance dela em todas as dimensões de seu uso e, por fim, obter uma resposta sólida e definitiva. A censura que possa surgir da avaliação é apenas o último passo. Volta-se contra quem se furtou ao julgamento da razão ou quem ultrapassou o limite que ela estabeleceu. Que é crítica, então? A *crítica* é, em primeiro lugar, a tarefa incessante de avaliar a legitimidade de uma pretensão. Propõe

---

16 Deve-se lembrar aqui do título integral da obra de Kant de 1783: *Prolegómenos a toda a Metafísica futura que queira apresentar-se como ciência* (1783/1987).

submeter tudo ao tribunal da razão: a religião, a legislação civil e a própria razão humana.

Separar, discernir, escolher, decidir, julgar, avaliar, levar ao tribunal e acusar – todos esses sentidos remetem ao verbo grego "*krínein*", que está na origem tanto de "crítica" quanto de "crise". "Crise" (χρίσις) significa primordialmente "cisão" ou "separação"; daí também decorrem os demais sentidos: distinção, decisão, juízo, julgamento de um tribunal, correção e objeção ou censura. Mas o uso desses termos aparece inicialmente num contexto determinado. Como observa Tonelli (1978), um estudioso de Kant: "essa família de palavras parece ter sido desde cedo ligada à medicina, se não daí originada" (p. 120, tradução livre). "Crise" apareceria em Hipócrates como ponto de mudança e ponto de decisão no curso futuro da doença, para melhor ou para pior. Não é difícil perceber o parentesco do uso médico de crise com o significado do termo como separação: o ponto culminante da doença é o ponto crucial que indica que o curso da doença pode bifurcar-se: ou muda para melhor (restabelecimento da saúde) ou muda para pior (seu agravamento). "Crise" é também termo transplantado para o domínio jurídico. É o momento que antecede a sentença em favor de um dos lados em disputa. Momento, em rigor, da "de-cisão": o julgamento criterioso que deve afastar a cisão.

Essas últimas observações seriam apenas curiosidade histórica se não permitissem dar um passo adiante, ou melhor, aquém. "Crise e crítica" são termos aparentados não apenas por uma origem comum na língua grega, mas também pela posição do problema crítico. Por que um passo aquém pode mostrar esse vínculo essencial? Pelo roteiro que seguimos até agora, o primeiro passo é dado com o reconhecimento de uma ignorância profunda e qualificada. Provém desse reconhecimento a primeira pergunta fundamental que abre o caminho para as duas perguntas seguintes. Mas ainda falta algo que antecede até mesmo o primeiro passo. Falta determinar qual é o marco zero: como é possível reconhecer a ignorância qualificada que toma corpo com o perguntar crítico e da qual decorre o curso inteiro da investigação? O que nos leva a tomar consciência de que ignoramos precisamente o que presumíamos saber? Édipo somente se move para descobrir o assassino de Laio porque Tebas se encontra devastada pela peste e pela doença, sinais tangíveis de que uma injustiça cósmica, oculta até então, deve ser reparada. De modo análogo, qual seria o sinal irrecusável da ignorância profunda que abala a confiança em nossa própria razão?

Uma pista, entre muitas possíveis, pode ser encontrada em carta que Kant escreveu a Lambert, filósofo e matemático, datada de 31 de dezembro de 1765. É texto ocasional, não há dúvida, mas não deixa de ser importante por vários motivos. Um deles é a rara menção de Kant (1900/1922) a uma "crise da erudição":

> *Antes que nasça a verdadeira Filosofia* (Weltweisheit), *é necessário que a antiga se destrua a si mesma; e assim como o apodrecimento é a completa dissolução que sempre precede o começo de uma nova criação, a crise da erudição* [Gelehrsamkeit] *neste tempo me dá a melhor esperança de que não esteja muito longe a grande revolução das ciências há muito esperada. (p. 57, tradução livre)*

Antes que nasça a "verdadeira Filosofia": se é assim, Kant reconhece que até então não teria existido nenhuma filosofia. Não se segue daí que não tenham existido tentativas sérias de filosofar. O ponto é outro. Kant avalia que, até sua época, não há senão ruínas de sistemas filosóficos, mas não *a* filosofia por excelência. É interessante notar que, na carta a Lambert, Kant usa o termo *Weltweisheit*. A filosofia que deve nascer é "sabedoria do mundo". O veredito amplo sobre a crise não é ocasional nem proferido para impressionar Lambert. Quase na mesma época, Kant (1800/2003b) diz algo parecido. Afirma que a filosofia não passaria de "um simulacro de ciência que só tem curso como moeda autêntica em certo lugar e entre certas pessoas, mas que é desacreditado em qualquer outra parte" (p. 175). O que permite a Kant desqualificar toda a filosofia, passada e presente, como "simulacro de ciência"? São alguns sintomas claros que lhe autorizam o diagnóstico, assim como na tragédia *Édipo Rei*: a peste permitiu aos tebanos tomar conhecimento de uma injustiça cósmica oculta até então. Na carta a Lambert, "destruição", "apodrecimento" e "completa dissolução" são sinais irrecusáveis de uma profunda "crise da erudição": ou seja, crise dos sistemas filosóficos construídos ao longo do tempo. Todos os três sintomas convergem para um só ponto. Que é destruição? Aniquilamento pela separação das partes de um todo. Que é "apodrecimento"? Decomposição interna em partes, como uma laranja que, caída no chão, se desfaz por completo. Que é "dissolução"? Separação das partes de um composto. Se é assim, a destruição da filosofia por si mesma nada mais é que sua cisão interna em partes. Como resultado desse movimento interno de cisão, só houve, ao longo do tempo, filosofias, no plural, mas não *a* filosofia. Há a vocação genuína da filosofia em ser ciência da vocação do homem, mas, em concreto, só houve escombros de sistemas filosóficos. Nesses termos, a crise da erudição é o sintoma mais claro que revela a ignorância e o fracasso dos sistemas filosóficos existentes até então.

No momento em que Kant escreve a Lambert, a "crise da erudição" é crise ampla (compreende todos os sistemas filosóficos ao longo do tempo) e irrecusável (são claros os sintomas que a revelam). Mas essa crise não é, ainda, o sintoma que revela a ignorância qualificada e profunda que motiva as três perguntas fundamentais. É apenas o prelúdio de uma crise mais radical. Dezesseis anos depois da carta a Lambert, a *Crítica da razão pura* assinala que a crise dos sistemas filosóficos é apenas efeito de superfície de uma crise endêmica à própria razão humana. Agora, não é a filosofia que se dissolve em partes; é a própria razão humana que se cinde em duas. A *Crítica da razão pura* denomina *antinomia da razão pura* o conflito da razão consigo mesma. Estaríamos diante, segundo Kant (1783/1987) explica em outra obra, do "mais estranho fenómeno da razão humana" (p. 127).

Seria abusar da paciência de todos vocês estender uma apresentação já muito longa. É suficiente dizer que a antinomia é uma violenta contradição da razão consigo mesma na cosmologia, isto é, quando a razão procura representar o mundo como totalidade absoluta dos fenômenos. A razão humana assim procede não por capricho, mas por um princípio radicado nela mesma: "*se é dado o condicionado, então é dada também toda a soma das condições e, por isso, o absolutamente incondicionado* [grifo nosso], pelo qual o condicionado é unicamente possível" (Kant, 1781/1998, p. 515, tradução livre). A antinomia revela que a razão "interpreta" o mesmo princípio como duas leis conflitantes entre si. Essa cisão constitui e revela a crise da razão humana. Nos termos de Kant (1783/1987): "a razão vê-se, assim, cindida em duas (*entzweit*), situação que alegra o cético, mas que lança o filósofo crítico para a reflexão e inquietude" (p. 127). Por isso, a antinomia é considerada por Kant o "mais estranho fenómeno da razão humana": ocorrência singular e enigmática, mas exemplar, que revela à própria razão humana e ao filósofo a ignorância profunda em que estão imersos. A crise da razão leva o filósofo a formular três perguntas que, no fundo, são etapas de uma só pergunta: "O que é o humano?". Ou, em outra formulação possível, a crise leva-o a perguntar, diante da encruzilhada: "Quem sou eu?", o que vale tanto quanto perguntar "Quem somos nós?".

Na carta a Lambert, Kant havia escrito que a crise da erudição em sua época era o prelúdio de uma esperada revolução nas ciências.

Na *Crítica da razão pura*, Kant diz que sua época é a "autêntica época da crítica". Entre a crise da época e a esperada revolução das ciências; entre a crise da razão humana na cosmologia e a revolução copernicana; entre a crise da razão humana e o destino da filosofia como sabedoria do mundo, move-se a crítica que a razão humana faz de si mesma com base em uma pergunta, preciosa ao filósofo, mas de interesse geral: "Que é o humano?". Tempo de crise é também o autêntico tempo da crítica. Tempo para quem, sabendo-se menos que nada, pode e deve esperar ser algo mais do que é. Nada tem a perder.

Referências

Kant, I. (1922). Briefwechsel: 1747-1788. In *Kants Gesammelte Schriften* (Vol. 10). Walter de Grunter & CO. (Trabalho original publicado em 1900)

Kant, I. (1924). Kant's handschriftlicher Nachlaß: Logik. In *Kants Gesammelte Schriften* (Vol. 16). Walter de Gruyter & CO. (Trabalho original publicado em 1914)

Kant, I. (1936). Kant's handschriftlicher Nachlaß: Opus postumum. In *Kants Gesammelte Schriften* (Vol. 21). Walter de Gruyter & CO.

Kant, I. (1985). Resposta à pergunta: o que é "esclarecimento"? In *Textos seletos* (F. S. Fernandes, Trad.; pp. 100-116). Editora Vozes. (Trabalho original publicado em 1783)

Kant, I. (1985). *Os progressos da Metafísica* (A. Morão, Trad.). Edições 70. (Trabalho original publicado em 1804)

Kant, I. (1987). *Prolegómenos a toda a Metafísica futura que queira apresentar-se como ciência* (A. Morão, Trad.). Edições 70. (Trabalho original publicado em 1783)

Kant, I. (1989). *Crítica da razão pura* (A. F. Morujão e M. P. Santos, Trads.). Fundação Calouste Gulbenkian. (Trabalho original publicado em 1781)

Kant, I. (1995). *Opus postumum* (M. Rosen, Trad.). Cambridge University Press. (Trabalho original publicado em 1938)

Kant, I. (1998). *Kritik der reinen Vernunft*. Felix Meiner Verlag. (Trabalho original publicado em 1781)

Kant, I. (2003). *Kritik der praktischen Vernunft*. Felix Meiner Verlag. (Trabalho original publicado em 1788)

Kant, I. (2003a). *Lógica* (G. Almeida, Trad.; 3a ed.). Tempo Brasileiro. (Trabalho original publicado em 1800)

Kant, I. (2003b). Notícias do Prof. Immanuel Kant sobre a organização de suas preleções no semestre de inverno de 1765 – 1766. In *Lógica* (G. Almeida, Trad.; 3a ed.). Tempo Brasileiro. (Trabalho original publicado em 1800)

Kant, I. (2009). *Kritik der Urteilskraft*. Felix Meiner Verlag. (Trabalho original publicado em 1790)

Kant, I. (2012). *Crítica da razão pura* (F. C. Mattos, Trad.). Editora Vozes. (Trabalho original publicado em 1781)

Longuenesse, B. (2019). *Kant e o poder de julgar* (J. G. M. Cunha e L. Codato, Trads.). Editora Unicamp. (Trabalho original publicado em 1993)

Perin, A., & Klein, J. T. (2009). O conceito de Filosofia em Kant: uma tradução e um comentário. *Analytica*, *13*(1), 165-196.

Sófocles. (1989). Édipo Rei. In *A trilogia tebana* (M. G. Kury, Trad.). Jorge Zahar Editor. (Trabalho original publicado em ca. 427 a.C.)

Thisted, M. (2015). *Kant y la Metafísica crítica circa 1792-1795: análisis e interpretación de los Progresos de la Metafísica* [Tese de doutorado, Repositorio Institucional de la Facultad de Filosofía y Letras, UBA]. https://bit.ly/3CyCDHg

Tonelli, G. (1978). "Critique" and related terms prior to Kant: a historical survey. *Kant Studien*, *69*(1-4), 119-148.

9. Conversando com o "visível/invisível": sonhos – pensamentos em fluxo

Renata Sarti

Encontro-me inquieta diante do precioso convite. Como escrever--sonhar sobre algo passado que não vi, não vivi?[1]

Sem a experiência do evento, sozinha na vertente da impossibilidade, sinto-me adentrando em um labirinto instigante.

Tolerando meu estado solitário e assombrado na escuridão, Lispector (1964/1992) vem à minha mente. Iniciamos, assim, alguma conversa. Lembro-me de seu conto "Evolução de uma miopia". Nele, há um menino que, em meio às suas interessantes observações e teorias, depara-se com algo inesperado, despertando-lhe questionamentos sobre suas certezas:

> *Foi apenas como se ele tivesse tirado os óculos, e a miopia mesmo é que o fizesse enxergar. Talvez tenha sido a partir de então que pegou um hábito para o resto da vida: cada*

1 Refiro-me ao evento Algumas Matrizes Filosóficas no Pensamento de Bion, mais especificamente às discussões sobre Kant.

> *vez que a confusão aumentava e ele enxergava pouco, tirava os óculos sob o pretexto de limpá-los e, sem óculos, fitava o interlocutor com uma fixidez reverberada de cego. (p. 97)*

Acompanhada do menino, questiono: o julgado obstáculo de eu não ter visto o evento poderia tornar-se uma interessante possibilidade?

Talvez sim. Inspirando-me em Bion, crio coragem para entrar em uma área extensa. Ele, em vários momentos, atenta-nos a não restringirmos nossa observação a uma esfera demasiado estreita, aproveitando da formulação de Milton em *Paraíso perdido*: "Irradia: lá os olhos falsos, toda névoa vem dali. Purga e dispersa, que eu posso ver e contar. Das coisas invisíveis ao olhar mortal" (citado por Bion, 1979, p. 471).

Discretamente, vou me lançando em alguma direção, sem a memória do evento ocorrido e cuidando dos meus desejos de compreensão.

Precedidos pelo ato de fé, tento sustentar estados mentais mais adormecidos à sensorialidade para realizar algo.

Arrisco ouvir a gravação que me foi disponibilizada. Diante do meu "visível/invisível", sou convidada a uma experiência emocional na escuta.

Sentada à frente da tela em branco do meu computador, esperando encontrar Kant e Bion, sou surpreendida e tocada por uma imensa emoção.

Ouço composições belíssimas e sinto-me abraçada no grupo com os músicos apresentados por Giovana Ceranto e Luis Guilherme Walder: Beethoven, Schubert, Rachmaninoff, Glazunov e Saint-Saëns.[2]

---

2 Contei com a ajuda de meu amigo reencontrado, Renato Kimachi, músico flautista que, gentilmente, me ajudou a "dar nome" às músicas.

Tentando nomear essa minha experiência, uma questão irrompe:

Que seres divinos são esses? Como, apenas ao escutá-los – sem imagens –, podemos ir às profundezas do inconsciente?

Recorro a uma ajuda poética, pegando emprestadas palavras que possam se aproximar do que sinto.[3]

Atiro um beijo
Às estrelas, adorável dispersão
De luz-de-estrelas, em lufada levando-O, e
Incandesço, glorio-me no trovão;
Atiro um beijo ao poente, mosqueado em cor-de-ameixa;
Pois, embora Ele no mundo se oculte sob o fulgor, o deslumbramento
Seu mistério tem de ser apreendido, enfatizado;
Saúdo-O, então, nos dias em que O encontro, rendo graças quando compreendo.
(Hopkins, 1918/1989, p. 59)[4]

3 "Recorro a poetas porque eles me parecem dizer algumas coisas que transcendem meus poderes e, no entanto, o fazem de um modo que eu escolheria se tivesse a capacidade. O inconsciente – na falta de uma palavra melhor – parece a mim mostrar o caminho para descer às profundezas. Os seus domínios possuem uma qualidade inspiradora de reverência" (Bion citado por Williams, 2009/2018, p. 139).

4 Esse poema de Hopkins, chamado "O naufrágio do Deutschland", é considerado uma das suas mais importantes criações, por sua inovação musical e seu trabalho sofisticado com o verso, em uma associação entre sons e palavras e o significado que enunciam – isso se perde na tradução. Foi inspirado em um trágico acidente de navio causado por forte tempestade de neve que impediu totalmente a visibilidade.

Começo a conhecer algo a partir da experiência que estou criando?[5]

Em meio a escuridão, prossigo até à escuta das palestras.

Instigada com as preciosas contribuições do filósofo Paulo Roberto Licht dos Santos e do psicanalista Luiz Carlos Uchôa Junqueira Filho, observo-me em uma investigação retomada interminavelmente.

Que seres humanos são esses? Como podem, por meio de suas apresentações, expressar tanto conhecimento?

Sinto-me desassossegada perante um universo imenso.

Diante deles e das diferenças evidenciadas, experimento uma perturbação. Como manter esse encontro sensível e criativo sem me apropriar deles?

Nesse instante, algo eclode. As palavras de Dante, em *A divina comédia*, apresentadas na voz de Junqueira Filho, trazem-me alguma iluminação: "Estás procedendo como alguém / que apreende algo pelo nome, mas que não / reconhece sua essência se um outro não o ajudar".

Percebo que, nas palavras e nos conhecimentos que não me pertencem, fiquei desprovida e aflita por um entendimento. Com Luiz Carlos e Paulo Roberto, sinto-me ajudada e vou entrando em contato com minhas fontes.

Lembrei-me de Blake, em "Provérbios do inferno": "Um pensamento abarca a imensidão" (Blake, 1970/2017, p. 22).

Nesse movimento, vou me sentindo mais confortável na turbulência. Assim, relanço-me na penumbra, mais confiante nas passagens misteriosas que atravesso. Prossigo cheia de interrogações.

---

5 "Algo evolve a partir da escuridão e da ausência de forma" (Bion, 1967/2000, p. 393).

O pensar é infinitamente mais vasto do que o conhecer?

Acompanhada da finitude, reencontro minha imaginação.

Com a música da apresentação inicial ressoando em mim, "atiro um beijo / às estrelas, adorável dispersão", sou inundada pelo cosmos e por toda a amplidão que ele nos aponta.

Adentro em interessantes *Conversas sobre o invisível* entre dois astrofísicos e um roteirista de filmes, que fazem especulações sobre o universo.

> *A astrofísica nasceu do casamento da física, ciência que estuda a composição e as leis da matéria daqui de baixo, com a astronomia que é um olhar dirigido ao cosmos, ao inacessível. Sem a física, a astronomia não tem cabeça. Sem a astronomia, a física não tem asas. (Audouze et al., 1991, p. 27)*

Podemos aproveitar a ideia desse enlace para vislumbrar algo em Kant e Bion? Ela nos aproxima da relação necessária entre intuição e conceito para exercermos a função analítica? "Conceito sem intuição é vazio e a intuição sem conceito é cega"?

No decorrer dessas conversas, o trio nos diz que não se podem visualizar as dimensões do Universo. "Sensorialmente, ele nos escapa" (Audouze et al., 1991, p. 6). Mas pode-se pensar, ao menos, que há vários graus de invisibilidade. Os astrofísicos aparelham-se de instrumentos mirabolantes para apreender o cosmos. Com esses olhos diferentes e enormes, podem ver as galáxias.

Estados de invisibilidade/visibilidade!

Nós, psicanalistas, para irmos além do que qualquer um vê e acessarmos dimensões complexas e inacessíveis, também necessitamos criar nosso instrumento, "olhos internos"[6] – "das coisas invisíveis ao olhar mortal" –, e ampliar nosso campo e a função de sonhar.

Ao mesmo tempo, diferentemente dos "cientistas do céu" e suas galáxias distantes, o trabalho analítico se funda na dupla presente: dois universos mentais, cada qual único, juntos, compartilhando uma experiência naquele instante. Nesse encontro, o essencial já não é a singularidade de cada mente, mas o que vai se passando entre elas. Que imensidão!

"Cosmos inacessível"? "Divindade"? "Coisa em si"? "Verdade última"? "Infinito"? "Nascente mundo de profundas, obscuras águas do infinito vazio e sem forma arrebatado"?[7] Seja lá qual nome possa ser escolhido, ele nos ajuda a pensar sobre O, e não a conhecê-lo. Indagar é a forma de nos aproximarmos dele.

Nessa minha caminhada junto das ideias apresentadas pelos nossos palestrantes, a cada momento de lampejo, vai me clareando o fato de existirem dúvidas sobre o esclarecido. A indecidibilidade vai se tornando um princípio.[8]

> *Doutor – O que é isto? Será que você pode elucidar um pouco mais desse conceito?*

---

6 "P.A. – Penso que poderíamos ter algum modo de nomear com precisão a natureza das forças emocionais que – usando a frase de Milton – agem como névoa que faz com que seja impossível aos olhos internos 'ver e dizer'" (Bion, 1977/1996, pp. 56-57).

7 Escrita de Milton no livro III de *Paraíso perdido*, várias vezes citada por Bion para representar O.

8 O princípio da indecidibilidade abarca uma forma de pensar o inconsciente que propõe a constante mudança de vértice como inerente ao ato de observá-lo e interpretá-lo (Chuster et al., 2003).

> *P.A. – Como penso que minha própria intuição pode ser em si mesma mais uma* idée mère *do que uma "hipótese", continuar elaborando pode ser um investimento prematuro em "vestir" a "coisa em si", o que poderia entulhar mais do que facilitar o crescimento, o crescimento "científico". Uma "teoria científica" prematura pode ser um grilhão. A* "penetrante lança da escuridão" *é o que eu gostaria de utilizar para iluminar o que Freud chama de áreas obscuras da mente.*
>
> *Paul –* "Que os olhos encapsulem-se com dupla escuridão" *como denomina Gerard Manley Hopkins, e "encontre a luz ainda não criada".*
>
> *P.A. – Exatamente. Estes poetas descobrem um modo de expressar.*
>
> *Robin – Não só o passado e o presente, mas também necessidades futuras.*
>
> *Roland – Não entendo. (Bion, 1977/1996, pp. 73-74)*

Compartilhando com vocês um pouco do diálogo de Bion com suas experiências internas – seria o seu *tornar-se*? – encerro a escrita do texto.[9]

E assim, diante do meu "visível/invisível", acompanhada das múltiplas vozes compondo as conversas criadas aqui, sonho com algo que se aproxima de uma dança contínua entre finito e infinito.

9 "Escrevendo descubro sempre um novo pedaço do infinito" (Guimarães Rosa em entrevista com Lorenz, 1965/2022, parágrafo 58).

Figura 9.1 – *Swans (White Swans, Black Swans)*, de M. C. Escher (1956, gravura em madeira, 199 cm × 319 cm). *Fonte*: Bool et al. (1984, p. 312).

Agradeço imensamente a todos que estiveram, de alguma forma, presentes comigo nessa experiência. "Acaso sabemos a quem ficar grato pelo nosso saber?"[10]

Referências

Audouze, J., Cassé, M., & Carrière, J.-C. (1991). *Conversas sobre o invisível: especulações sobre o universo* (M. Garcia e M. P. Ferreira, Trads.). Editora Brasiliense.

Bion, W. (1979). Como tornar proveitoso um mau negócio (O. D. Knijnik, Trad.). *Revista Brasileira de Psicanálise, 13*(4), 467-478.

Bion, W. (1996). *Uma memória do futuro: Vol. 2. O passado apresentado* (P. C. Sandler, Trad.). Imago. (Trabalho original publicado em 1977)

10 "Essa indagação, feita em vários momentos por Bion, parece aproximar-se de uma posição basicamente kantiana" (Chuster et al., 2003, p. 189).

Bion, W. (2000). Notas sobre memória e desejo. In *Cogitações* (E. H. Sandler & P. C. Sandler, Trads., pp. 392-397). Imago. (Trabalho original publicado em 1967)

Blake, W. (2017). *O casamento do céu e do inferno & outros escritos* (A. Marsicano, Trad.). L&PM. (Trabalho original publicado em 1790)

Bool, F. H., Kist, J. R., Wierda, F., Locher, J. L. (Ed.), & Ernst, B. (1984). *M. C. Escher: his life and complete graphic work*. Harry N. Abrams.

Chuster, A. et al. (2003). *W. R. Bion: novas leituras* (Vol. 2. A Psicanálise: dos princípios ético-estéticos à clínica). Companhia de Freud.

Hopkins, G. M. (1989). O naufrágio do Deutschland. In *Poemas* (A. O. Gomes, Trad., pp. 55-79). Companhia das Letras. (Trabalho original publicado em 1918)

Lispector, C. (1992). Evolução de uma miopia. In *A legião estrangeira* (pp. 90-97). Siciliano. (Trabalho original publicado em 1964)

Lorenz, G. (2022, 9 de junho). *Grandes entrevistas: Guimarães Rosa 2* [Entrevista]. bit.ly/3hHGieh (Trabalho original publicado em 1965)

Williams, M. H. (2018). *O sonho de Bion: uma leitura das autobiografias* (L. C. U. Junqueira Filho, Trad.). Blucher. (Trabalho original publicado em 2009)

Nietzsche

10. As raízes filosóficas na obra de Bion: raízes nietzscheanas

Arnaldo Chuster

> *É preciso ter o caos dentro de si para dar à luz uma estrela cintilante.*
>
> Friedrich Nietzsche

> *A configuração que pode ser reconhecida como comum para todos os processos de desenvolvimento é uma progressão do "infinito vazio sem forma" para uma formulação "saturada" que é finita e tridimensional.*
>
> Wilfred Bion

A relação da psicanálise com a filosofia em W. R. Bion aparece de forma muito clara em "A theory of thinking" (1962/1967). Essa teoria do pensar surgiu a partir da releitura do mito de Édipo no trabalho "On arrogance" (1957/1967). A nova leitura, feita pelo vértice de uma ética trágica, amplia a compreensão do mito, acrescentando novos elementos à leitura dramática feita por Freud.

Nesse trabalho, Bion propõe que a questão metafísica[1] central da psicanálise não é a sexualidade, mas o ato de tentar descobrir a verdade, que ele conectará em 1970, no livro *Atenção e interpretação* (1970/1973), ao ato de fé.

Bion descreve como, no mito, esse ato é atacado, obstaculizado, punido e desprezado pela arrogância dos personagens que deveriam ajudar no desejo de conhecer a verdade. No final, Édipo se vê alvo da sua própria arrogância, ao se cegar quando entra em contato com a verdade. Assim, leia-se que a verdade desperta reações de punição, rejeição e negação psicótica, que a tornam inacessível, o que deixava para o ser humano uma única alternativa, a saber, a capacidade de imaginar o que seria a verdade caso pudéssemos alcançá-la. Imaginar é manter a mente em estado aberto para as intuições e suas transformações em linguagem.

A questão na clínica é a riqueza da imaginação que depende da troca entre os símbolos recebidos da cultura (heterônomos) e a formação de símbolos autônomos, provenientes da criatividade individual. Essa troca deriva da capacidade da *rêverie*/função alfa.

Tanto os pacientes quanto os analistas têm capacidades imaginativas variáveis no seu dia a dia. A diferença não é quantitativa, porque muitos pacientes, como muitos analistas, têm uma imaginação flexível, que pode se mover e mudar com rapidez, assim mantendo o ato de fé. Mas alguém que tenha perdido essa flexibilidade se torna

---

1 A palavra "metafísica" vem do grego, e o prefixo *meta-* significa "além de". O primeiro filósofo a tratar sobre o assunto de maneira sistemática foi Aristóteles. Aliás, ele mesmo chamou essa ideia de "filosofia primeira", por entender que ela seria o alicerce da reflexão filosófica. Dessa forma, "metafísica" não foi termo cunhado por ele, e, sim, por um dos seus discípulos que organizou a sua obra. Além da "filosofia primeira", Aristóteles investigava a "ciência do ser enquanto ser". Por isso, ele estava interessado em questionar o que faz a matéria ser diferente e ao mesmo tempo particular.

mais vulnerável a ser bombardeado e influenciado pelos símbolos da cultura à sua volta, gerando, não um ato, mas um estado mental de fé.

Trata-se também da vulnerabilidade do ser humano, que, por causa da pouca flexibilidade das trocas simbólicas, pode ser submetido a posições culturais e grupais sem capacidade para questioná-las e percebê-las: são as crenças e dogmas no lugar de pensar pensamentos.

Em síntese, para Bion, a condição humana de desenvolvimento da psicanálise vincula-se ao resgate do ato de fé, para com ele libertar a capacidade imaginativa. Isso significa que a única saída para o ser humano, diante do trágico de sua existência, é criar pensamentos, sentimentos e ideias. Desse modo, uma teoria do pensar – ao privilegiar essa capacidade dos seres humanos – é um desdobramento natural de quem pensou a psicanálise pelo vértice de uma ética trágica.

Como já disse, o conceito de ato de fé, que provém de Nietzsche, foi incluído em 1970, no livro *Atenção e interpretação* (1970/1973). E cabe aqui esclarecer mais um pouco a diferença entre o estado mental de fé e o ato de fé.

Para Nietzsche, a fé significa um ideal, algo tomado como verdade. A verdade é algo vital para a vida mental, pois proporciona crescimento e responsabilidade, mas a fé repousa sua essência no que Nietzsche (1901/1967) chama de "*Wille zur Macht*" (vontade de poder). Existe uma diferença importante aqui: no ato de fé, a essência não é a verdade em si mesma, mas a criação, o poder da criação. No Zaratustra, Nietzsche (1885/1986) diz: "Em cada ser vivo eu observei a Vontade de Poder (*Wille zur Macht*)". Pois, onde existe vontade, existe a vontade de poder, que nasce da carência, da impotência, ou melhor, da incompletude e da incerteza.

Geralmente, a palavra "fé" é usada de uma forma restrita, referindo-se à fé religiosa. Esse é o estado mental de fé, que coincide com a crença e, portanto, é sinônimo de certeza. Tal sinonímia frequentemente associa fé ao fanatismo. Esse estado tira a vontade de poder daqueles que a têm – os fiéis. Para Nietzsche, o estado mental de fé é uma questão de uma vontade que adoece, ou uma vontade doentia. Uma vontade de "Ser" paralisada pelo Ser depois da morte.

Como Nietzsche, Bion é revolucionário: ele propõe uma mudança radical nas interpretações de questões essenciais da psicanálise. Uma dessas mudanças foi a mencionada leitura do mito edípico pela ética trágica. "Trágico" significa que o personagem principal não está em cena e que os deuses não estão presentes no destino do homem. É o homem diante de si mesmo. Portanto, essa mudança visa ao *Ser*, e não exatamente ao *conhecer*. Existe uma distinção muito clara em Bion entre "tornar-se" e "saber acerca si mesmo".

O "tornar-se" – ou o "como chegar a ser o que se é", subtítulo do livro *Ecce homo*,[2] de Nietzsche (1908/1995) – tem sua prática contida na ideia da transformação em O (Bion, 1965) como objetivo da psicanálise. Trata-se de criar um conhecimento (K) capaz de conduzir às possibilidades de uma transformação em O. Ou seja, por meio do trabalho analítico, buscamos captar a essência do Ser de uma

2 *Ecce homo: Wie man wird, was man ist*, no original. A intenção de Nietzsche ao deixar essa última obra, pelas suas próprias palavras, era de não ser confundido ou mal compreendido. Tinha receio de ser "santificado" ou idolatrado e, por isso mesmo, deixou claro que nem era santo – mas um aprendiz do filósofo Dionísio, fazendo mais gosto em ser tomado como sátiro do que santo – nem desejava ser imitado, e, sim, ser tomado como modelo (como já citado em *A gaia ciência*, 1887/2001).
Nesse livro, ele não economiza palavras para citar grandes autores (muito ou pouco conhecidos). Explica o momento de vida no qual publicou cada uma de suas obras, dando, em alguns casos, uma sinopse dos escritos. Elogia, inclusive, aquela que considera como obra máxima – não apenas sua, mas de toda a humanidade: *Assim falou Zaratustra* (1885/1986). Antes de sua enfermidade, fez questão de saber que seu livro havia sido publicado e traduzido.

pessoa (*onthos*), ou a sua singularidade, e colocá-la em andamento, por meio de interpretações criativas (*opus*). A interpretação criativa, diga-se logo, é aquela que não acredita que está certa nem mesmo se o paciente a confirma.

O (*Onthos*) → O (*Opus*) → T em O

A teoria do pensar (Bion, 1962/1967) tem duas proposições básicas:

1) A psicanálise é uma resposta prática para questões filosóficas;

2) Desde que essa relação seja da mesma ordem que existe entre a matemática pura e a matemática aplicada.

Sucintamente, podemos dizer o seguinte:

1) A psicanálise existe para responder de forma singular a *questões da vida* (que os filósofos colocam bem, mas não podem nem sabem dar uma prática que atenda à singularidade humana, pois essa prática depende da observação do inconsciente numa relação);

2) Para realizar essa prática a psicanálise precisa ter um *campo*. Esse campo precisa ter seu alcance e suas limitações especificadas, e precisa ser regido por princípios epistemológicos que o afastem de crenças e hábitos vazios.

Vou esclarecer um pouco o que significa a relação matemática pura *versus* matemática aplicada, mas ficarei restrito aos aspectos que dizem respeito aos trabalhos de Bion.

A matemática aplicada resolve problemas do mundo real. Se a compararmos com a psicanálise, esse é o algo mais que uma psicanálise real deve fazer, ou seja, além de aumentar o conhecimento do indivíduo sobre si mesmo, esse conhecimento deve transformar a vida do indivíduo. Sob esse ponto de vista, compreender o mundo e mudá-lo são fundamentalmente a mesma coisa.

O vínculo entre as duas matemáticas permanece sempre atual, bem como o vínculo entre a psicanálise e a filosofia – esta última funciona analogicamente, como se fosse a matemática pura. A psicanálise seria, por analogia, a matemática aplicada.

Cabe assinalar que, quando alguém vai para o mundo da matemática pura, motivado por curiosidade investigativa e guiado por um senso de estética, acaba por meio da capacidade imaginativa criando equações e sistemas que, a princípio, podem não ter aplicação prática. Podem se passar muitos anos até que se descubra uma aplicação para aquelas fórmulas e equações. Isso sempre ocorreu ao longo dos séculos. Um exemplo claro disso é a teoria da computação. Ninguém sabia para que serviam as matrizes de funções até que Turing, durante a Segunda Guerra Mundial, na tentativa de decifrar o código secreto dos submarinos alemães, criou o primeiro computador.

A matemática pura (Drucker, 1991; Ewald, 1996; Ferreirós, 1999; George & Velleman, 2002) é dividida em várias partes, mas vou me ater exclusivamente à parte que diz respeito a Bion.

Os fundamentos da matemática buscam as regras fundamentais sob as quais a disciplina se apoia. A pergunta principal feita pelo matemático austríaco Kurt Gödel foi: será que existe um conjunto completo de regras fundamentais, chamadas axiomas, das quais se pode construir toda a matemática e provar com esses axiomas que todas as regras são consistentes?

O teorema da incompletude de Gödel (1962/2012) diz que existem afirmações matemáticas que são verdadeiras, mas que, mesmo em uma teoria consistente, não podem ser demonstradas a partir dos axiomas. Isso significa que a matemática não tem um sistema completo e consistente de axiomas – o que é estranho, pois ela explica tão bem tanta coisa no Universo, e subitamente não é mais exato dizer isso. O que quer dizer que é como se tudo isso fosse criado totalmente por nós, humanos. Há um mistério profundo nesse ponto, o que nos indica o caminho da complexidade

A teoria da complexidade (Morin, 1990/2005) analisa o que não é computável e de quanta memória e tempo necessitamos, o que, para a maioria dos problemas, é uma quantidade insana. Mas a teoria da complexidade vai mais além, pois ela fala dos sistemas abertos que só podem ser entendidos em sua beleza por meio do conceito de simetria.

A epistemologia da complexidade é um ramo da epistemologia que estuda os sistemas complexos e fenômenos emergentes associados. Trata-se, pois, de um termo rico de significados e, portanto, ambíguo, que vem se afirmando nas últimas décadas, sobretudo no que diz respeito à transformação em curso no mundo da pesquisa científica, em razão da crescente tendência a negar os pressupostos de linearidade nos sistemas dinâmicos e a indagar mais profundamente o seu comportamento.

Edgar Morin (2004/2020) é considerado o "fundador da ciência da complexidade". De fato, a obra de Morin é a mais extensa e a mais profunda no que se refere à temática da epistemologia da complexidade, especialmente depois de ter concluído a série de seis livros intitulada *O método*.

A incerteza faz parte do paradigma da complexidade, como uma abertura de horizontes, e não como um princípio que imobiliza o pensamento. Pensar de forma aberta, incerta, criativa, prudente e responsável é um desafio à própria democracia. Daí a noção de democracia cognitiva, que visa a estabelecer o diálogo entre as diversas formas de conhecimento. Esse é o caminho do pensamento complexo, um caminho que, embora tenha diversos princípios oriundos da Antiguidade, da Modernidade e da Pós-Modernidade, faz-se no seu próprio transcurso, no seu próprio fazer e repensar-se continuamente.

E se eu disser que o pai do princípio da incerteza é Nietzsche e que ele coloca essa ideia em *Assim falou Zaratustra* (1885/1986), na famosa afirmativa do personagem: "Deus está morto!"?

Ou seja, a afirmativa significa que não existe mais verdade absoluta, e, mesmo que ela existisse, seria inalcançável e, portanto, irrelevante. A verdade inalcançável configura a questão metafísica central da psicanálise, de acordo com Bion.

A questão seguinte seria detectar quais outras questões filosóficas de Nietzsche entram na psicanálise de Bion.

Bion, como citado anteriormente, usou a metafísica da incerteza, calcada na verdade inatingível, no trabalho sobre a arrogância, "On arrogance" (1957/1967). Sabemos que, nesse período, ele teve contato com as ideias de Werner Heisenberg sobre o princípio de incerteza na física quântica, mas ele realmente assume essas ideias – como uma guinada filosófica – no trabalho *Transformations* (1965), que teve sua continuidade no livro *Atenção e interpretação* (1970/1973).

Pela expressão "guinada filosófica", quero dizer que, se até então identificávamos muito Bion com o pensamento kantiano, em 1970 percebemos as questões nietzschianas.

Faz-se necessário um pequeno parêntese para lembrar o que Freud fala de Nietzsche numa entrevista de 1926 ao *The New York Times*:

> *[A Psicanálise] também recebeu muito da Literatura e da Filosofia. Nietzsche foi um dos primeiros psicanalistas. É surpreendente até que ponto sua intuição prenuncia as novas descobertas. Ninguém se apercebeu mais profundamente dos motivos duais da conduta humana e da influência do princípio do prazer em predominar indefinidamente. O Zaratustra diz: "A*

> *dor grita: Vai! Mas o prazer quer eternidade pura, indefinidamente eternidade".*

Uma das lutas teóricas de Bion durante sua vida foi com relação à teoria dos dois princípios de funcionamento mental descritos por Freud. Inicialmente, Bion (1962, 1962/1967) declarou que Freud estava errado ao posicionar os princípios de uma forma hierárquica e afirmou que eles são simultâneos numa espécie de luta pela busca de significado. Essa luta pode ser traduzida pela questão da flexibilidade da imaginação, que já mencionei anteriormente, por meio da capacidade de troca dos símbolos provenientes da realidade e dos símbolos autônomos que atendem à individualidade (princípio do prazer).

Nesse ponto, Bion já está se aproximando do princípio de incompletude de Gödel e do teorema do terceiro excluído. Para decidir o significado, é preciso uma posição teórica que podemos chamar de triangular, encontrar o terceiro excluído e inclui-lo transitoriamente. Por isso Bion não se deu por satisfeito com os dois princípios de Freud. Ele continuou investigando e questionando os dois princípios, até que, no seu último trabalho, "Making the best of a bad job" (1979/2018), sugeriu a substituição dos dois princípios de Freud por três princípios de vida: (1) *sentimentos*, (2) *pensamentos antecipatórios*, (3) *pensamentos* + *sentimentos* + *Pensamento* (equivalente ao conceito de prudência – a mãe de todas as virtudes – de Aristóteles).

O terceiro princípio corresponde à experiência emocional em busca da maturidade e da sabedoria; o segundo, à intuição; e o primeiro, à vida emocional íntima.

Tratava-se, no final, de um assumido rompimento com o paradigma freudiano que parece ter passado despercebido ao meio psicanalítico. Afinal, foi o último trabalho de Bion escrito em vida. Certamente, as discussões sobre esse rompimento trariam obviamente mais um choque institucional para a psicanálise tradicional, como já havia ocorrido em vários momentos anteriores, inclusive com a teoria do pensar.

Podemos citar, dentre esses momentos anteriores, o modelo espectral, não diagnóstico, das partes psicóticas e não psicóticas da personalidade, a já referida leitura mais ampla do mito de Édipo, o objeto psicanalítico, o conceito de experiência emocional, a Grade, a cesura...

Essa mudança de paradigma se utiliza de expressões-limite que têm a imensa virtude de chamar a atenção para a especificidade da linguagem psicanalítica, mas que não a constituem por inteiro, pelo contrário, desconstroem-na, forçando a pensar novamente sobre o que se pretende comunicar. As expressões-limite vêm qualificar, modificar e retificar a linguagem analógica comumente usada em psicanálise, lançando-nos no mundo da abstração máxima. A linguagem de Bion é plena dessas expressões: elementos alfa e elementos beta, barreira de contato, tela beta, objeto psicanalítico, preconcepção, concepção, conceitos, elementos da psicanálise listados na Grade, relação continente-conteúdo, cesura.

O que pode ser comprovado da seguinte maneira: descrições teóricas não se estabelecem no nível do conceito, mas no do esquema. Isso foi dito por Kant a respeito dos conceitos, que entende como métodos para fornecer imagens à palavra, até que a ideia supere não apenas a imagem, mas o conceito, ao solicitar que "se pense mais". Daí em diante, é preciso compreender como as expressões-limite são aceitas como complemento e até mesmo corretivos dos modelos utilizados.

Apesar de ter dito inicialmente que não ia mencionar as contribuições de Kant, precisei mencionar ao menos essa para justificar de forma mais clara um aspecto importante da guinada filosófica de Bion. Trata-se aqui da impossibilidade de entender o desenvolvimento das linguagens psicanalíticas sem levar em conta a dinâmica das instituições que as acolhem e sustentam. Então, encontraremos em Bion, ao se decidir por Nietzsche, o escopo para responder algo que já havia muito vinha se empenhando em desenvolver.

Ele próprio sofreu na pele essas reações da dinâmica institucional às suas expressões-limite, e podemos mais especificamente encontrá--lo em 1965, no final do livro *Transformations* (1965), descrevendo a questão fundamental das ideias novas e seu acolhimento, quando fala das reações institucionais às formulações de Isaac Newton sobre o cálculo diferencial.

Penso que, com essa questão, podemos identificá-lo com o personagem central de *Assim falou Zaratustra* – o próprio Zaratustra encarnado.

Trata-se de uma analogia, certamente, quando digo que Bion se encontrava isolado no alto da montanha inglesa, como Zaratustra, tentando aprender a sabedoria da águia e da cobra. Eu diria que havia poucas águias capazes de visão ampla e muitas cobras de visão rasteira tentando picá-lo. Até que, num determinado dia, ele acordou, vendo o sol nascer, e questionou que o sol, sem o ser humano para apreciá-lo, não teria nenhum sentido de existência. Por isso aceitou o convite para se mudar para os Estados Unidos, assim como Zaratustra desceu a montanha para falar para muitos.

Questionado por seus pares ingleses sobre essa mudança para os Estados Unidos, declarou, usando o epitáfio de David Hume: "Vou para a Califórnia 'em vez de ficar sufocado por honrarias e afundar sem deixar vestígio'". Logicamente, essa frase é um equivalente da famosa frase de Zaratustra dita ao velho que orava a Deus sem parar, no mesmo lugar, desde que subira a montanha – e que Bion já vinha dizendo desde 1957: "Deus está morto!". Ou seja, não existe verdade absoluta, a incerteza é a única coisa certa.

Certamente não se pode atribuir à fala de Bion um conteúdo triunfalista ao descer da montanha. Penso que ele não podia viver isso, aos 71 anos, sem o que chamava de turbulência emocional, e cujo aspecto doloroso ele esclarece ao citar as três noites escuras da alma de São João da Cruz (citado por Bion) em *Subida ao Monte Carmelo*:

> *A primeira (noite da alma) tem a ver com o ponto do qual a alma parte, origem para a gradual privação de desejo de todas as coisas mundanas que possui, através de negá-las a si mesmo; negação e privação são, por assim dizer, noite para os sentidos do homem. A segunda noite tema ver com o caminho através do qual a alma deve caminhar para essa união – isto é Fé, que é semelhantemente tão escura quanto a noite para o entendimento. A terceira note tem a ver com o ponto para o qual ela caminha, especificamente, Deus ("O"), o qual, igualmente é noite escura para a alma dessa vida.*

Toda instituição tem um *establishment* cuja função é normativo-prescritiva, atuando para preservar o suprimento de psicanálise necessário àqueles que, na ausência do gênio de Freud, não têm acesso à verdade revelada por ele. Todavia, o que a psicanálise deve preservar não é a ideia de que detém uma verdade revelada, mas suas possibilidades criativas – isso é o que Bion procura entender no desenvolvimento da questão "místico-gênio" em *Atenção e interpretação* (1970/1973).

Para tal, ele introduz o conceito de ato de fé, que nada tem a ver com o estado mental de fé, que seria uma crença fechada. Para Nietzsche, o ato de fé significa buscar a verdade, ou desejar a verdade, o que não quer dizer que a encontraremos, pois o que nos resta diante do irrelevante da verdade absoluta é o ato de criação.

O termo *establishment* refere-se, a princípio, ao conjunto de pessoas de quem se espera o exercício do poder e a responsabilidade em virtude de sua posição social, riqueza, dotes intelectuais e emocionais. Portanto, trata-se do que comumente se designa como elite social. Bion propõe o termo para expressar uma "penumbra de associações", que vão desde as características superegoicas do indivíduo até a elite de um grupo (como um instituto psicanalítico, uma nação, um grupo de nações). A função do *establishment* é encontrar e prover um substituto para o gênio. Entre suas atividades, uma das mais controvertidas é promulgar regras (dogma nas atividades religiosas, leis entre os grupos científicos) para favorecer aqueles que, por natureza, não se adaptam a ter experiência direta de ser psicanalítico (ou religioso, ou científico, ou artístico), de maneira que eles possam, como se fosse por procuração legal, ter e compartilhar conhecimento de psicanálise.

Por outro lado, o *establishment* deve ser capaz de suportar o choque causado pelo "gênio", pois, quando este surge, não se pode submetê-lo a uma ordem de fatos. Faltando os gênios, as regras devem preservar o suprimento do legado genial. Assim, existe um meio ambiente pronto – como disse Nietzsche sobre a nação – para preencher sua própria função, isto é, produzir um gênio.

O místico-gênio é, ao mesmo tempo, um caso particular e um pseudônimo da criação histórica em geral. É possível traçar as origens do conceito também na teoria estética de Kant, que, aliás, é a única parte de seus escritos básicos em que ele é forçado a ir além de sua abordagem estritamente dualista e a levar em consideração aquilo que constitui a experiência artística como um plano tridimensional que faz a confluência das emoções por meio da sede de saber – esta é a definição de *experiência emocional* para Bion –, a região intermediária do sentido imanente. É aqui também que Kant chega mais perto de reconhecer a criação na história – em sua substância, embora ele não a nomeie. O objeto é criado. Mas é típico, em primeiro lugar, que Kant adote uma ideia "excepcionalista" da criação: só o gênio cria e o faz como "natureza". Essa "natureza" nada mais é do que um pseudônimo de "Deus", e o gênio, um ramo fragmentado da inteligência criadora que deve ser postulada em qualquer reflexão sobre a teleologia da "natureza". E, em segundo lugar, que a criação esteja restrita ao domínio – ontologicamente imponderável – da arte.

Bion desmistifica o místico-gênio, fazendo uma leitura psicanalítica sofisticada e profunda da questão desenvolvida por Kant, mostrando a origem conturbada das fontes criativas da mente. A percepção dessas fontes é um mistério constante para o ser humano, mas esse mistério é o que nos move a pensar.

A aproximação com Nietzsche na questão do *establishment* se faz também na *Genealogia da moral* (1887/1998), quando ele fala que a luta que caracteriza o mundo é a luta dos "sacerdotes" com os "guerreiros". Os "sacerdotes" (no caso da psicanálise, o *establishment* da Associação Psicanalítica Internacional – IPA – ou qualquer outra instituição psicanalítica) baseiam seu poder na sublevação do "povo" (os candidatos dos institutos de formação psicanalítica) contra seus "senhores" (o desconhecimento, o desejo de ser analista) e em sua "domesticação" (formação analítica). Todavia, pelo poder que exercem sobre esta última atividade, os "sacerdotes" produzem um novo assujeitamento. A extensão histórica do poder dos "sacerdotes", em detrimento do poder dos "senhores", tem como efeito, primeiro, que o "povo", de objeto que serve ao gozo do senhor, torne-se estudante, catecúmeno, leitor de grandes autores e, assim, entram numa insatisfação irredutível.

Essas questões se estendem para várias situações que impedem o analista de criar, isto é, de interpretar. A primeira delas é o modelo médico. É claro que daí passamos de imediato ao modelo psiquiátrico, mas Bion não abrange no texto essa especificidade. Ele se limita a assinalar a perda da utilidade do modelo médico e o fosso existente entre este e o modelo psicanalítico:

> *Com a evolução da Psicanálise, evoluíram também as diferenças com a Medicina, de tal maneira que a lacuna existente entre as duas passou do óbvio ao intransponível. Para muitos propósitos a similaridade fornece comparações esclarecedoras e modelos que facilitam a discussão. No entanto, quanto mais se conhece de Psicanálise, mais os modelos se tornam inadequados para defini-la, relatá-la ou aplicá-la.*
>
> *O médico depende da realização da experiência sensorial, contrastando com o psicanalista, que depende da experiência não sensorial. O médico pode ver, tocar, cheirar. As realizações com as quais o analista trabalha não podem ser vistas, nem tocadas; a ansiedade não tem cheiro, cor, forma ou som. Por conveniência, proponho o emprego, no domínio do psicanalista, do verbo "intuir" como correspondente a "ver", "tocar", "cheirar" e "ouvir", usados pelo médico.*

Há séculos, no Ocidente, a ciência não é ideia, mas uma realidade instituída e descritível como tal. Define-se como produção e reprodução dos fenômenos na experimentação e observação, como inferência formalizável (ainda que parcial) dos enunciados, como correspondência unívoca de uns e outros: constitui os seus resultados como verificáveis e acessíveis a todos que quiserem dar-se ao trabalho de estudá-los. Em consequência, como seria científico um discurso que escapasse às regras comuns de verificação e comunicação, que só pudesse instaurar-se se protegendo contra essas regras e progredir somente mantendo-se assim?

O objeto da psicanálise é, de certa forma, observável pelo mundo social e sensorial: sonhos, atos falhos, chistes, sintomas, transferência; pertencem ao domínio público – aliás, sempre pertenceram. Nesse ponto, o observável está em toda parte, ele o é até mesmo literalmente, uma vez que tudo que por acaso for dado aos homens concerne também à psicanálise. Seria antes o observador que não está em parte alguma, pois ele próprio é parte do observável, assim como, aliás, as suas observações. Com ele sairá dela; como poderá, então, colocar-se diante do objeto para tornar possível a si mesmo a teoria e a atividade científica? Em que espelho verá a outra face do seu olho, em que aparelho captará o seu ato de visão?

Por isso, na psicanálise só pode ver quem já viu. Comunicabilidade e verificabilidade pressupõem aqui a aceitação prévia do resultado final da pesquisa psicanalítica – a codeterminação de todo fenômeno psíquico pelo sentido inconsciente.

É necessário que o analisando aceite ter visto o que ainda não viu para poder vê-lo talvez um dia. Da mesma forma, como os "críticos do mundo científico", o paciente não pode "crer" no "conteúdo intelectual dos nossos esclarecimentos"; só pode crer neles em função da transferência, isto é, da sua experiência emocional.

Como, então, haveria verificação, uma vez que esta só pode realizar-se no campo da análise, e este só pode constituir-se pela transferência, a qual por sua vez é essencialmente não-verdade? Somente nesta não-verdade, e também por ela, é que a psicanálise pode ser comprovada plenamente. Trata-se de uma conversão não do olhar, mas do ser, em função de um vínculo – que não é o que ele crê ser, que permite ao mesmo tempo a existência de alguém para ver e de alguma coisa a ver. Pois, se de um lado o objeto da psicanálise é observável em toda parte, por outro, ele não está como tal e em ninguém, em lugar algum; ele só está como outra face do que aparentemente basta a si mesmo, que as fendas dessa suficiência permitem suspeitar, mas não ver. Por isso, Freud declarava abertamente que só podiam discutir sobre análise os que já tivessem tido essa experiência pessoal. Nada de comparável a isso ocorre na ciência, muito menos na medicina, para a qual basta aceitar equivalências ou diferenças: a interpretação é única do tipo 1#0.

No caso da psicanálise, é necessário mostrar ao paciente a evidência na qual se baseia a interpretação – se a evidência está dispersa em anos de atuação, o problema da interpretação está no meio pelo qual o paciente efetua sua transformação, que não é predominantemente linguagem comum, mas atuação.

Referências

Ansell-Pearson, K. (1997). *Nietzsche como pensador político: uma introdução* (M. Gama e C. Martinelli, Trads.). Jorge Zahar Editor.

Assoun, P. L. (1991). *Freud e Nietzsche: semelhanças e dessemelhanças* (M. L. Pereira, Trad.; 2a ed.). Brasiliense. (Trabalho original publicado em 1980)

Bion, W. R. (1962). *Learning from experience.* Heinemann.

Bion, W. R. (1963). *Elements of Psychoanalysis.* Heinemann.

Bion, W. R. (1965). *Transformations.* Heinemann.

Bion, W. R. (1967). On arrogance. In *Second thoughts: selected papers on Psycho-analysis.* Heinemann. (Trabalho original publicado em 1957)

Bion, W. R. (1967). A theory of thinking. In *Second thoughts: selected papers on Psycho-analysis* (pp. 110-119). Heinemann. (Trabalho original publicado em 1962)

Bion, W. R. (1973). *Atenção e interpretação: uma aproximação científica à compreensão interna na Psicanálise e nos grupos* (C. H. Afonso, Trad.). Imago. (Trabalho original publicado em 1970)

Bion, W. R. (1977). *Two papers: The Grid and Caesura.* Karnac. (Trabalho original publicado em 1942)

Bion, W. R. (1997). *Taming wild thoughts.* Karnac.

Bion, W. R. (2018). Making the best of a bad job. In *Clinical seminars and other works* (pp. 321-332). Routledge. (Trabalho original publicado em 1979)

Brum, J. T. (1986). *Nietzsche: as artes do intelecto.* L&PM.

Brum, J. T. (1998). *O pessimismo e suas vontades: Schopenhauer e Nietzsche.* Rocco.

Chuster, A. (1989). *Um resgate da originalidade: os conceitos essenciais da Psicanálise em W. R. Bion.* Degrau Cultural.

Chuster, A. (2014). *A lonesome road: essays on the complexity of W. R. Bion's work.* Karnac.

Chuster, A. (2018a). *Simetria e objeto psicanalítico.* Trio Studio.

Chuster, A., Soares, G., & Trachtenberg, R. (2014). *W. R. Bion: a obra complexa.* Editora Sulina.

Deleuze, G. (1976). *Nietzsche e a Filosofia* (A. M. Magalhães, Trad.). Rés. (Trabalho original publicado em 1962)

Deleuze, G. (2007). *Nietzsche* (A. Campos, Trad.). Edições 70. (Trabalho original publicado em 1965)

Drucker, T. (Ed.). (1991). *Perspectives on the history of mathematical logic.* Birkhäuser.

Ewald, W. B. (1996). *From Kant to Hilbert: a source book in the foundations of Mathematics* (Vols. 1 e 2). Oxford Science Publ.

Ferreirós, J. (1999). *Labyrinth of thought: a history of set theory and its role in Modern Mathematics*. Birkhäuser.

Fink, E. (1988). *A filosofia de Nietzsche* (J. L. D. Peixoto, Trad.). Editorial Presença. (Trabalho original publicado em 1960)

Freud, S. (1980a). *Edição standard brasileira das obras psicológicas completas de Sigmund Freud: Vol. 18. Além do princípio do prazer, Psicologia de grupo e outros trabalhos* (J. Salomão, Trad.). Imago.

Freud, S. (1980b). *Edição standard brasileira das obras psicológicas completas de Sigmund Freud: Vol. 21. O futuro de uma ilusão, O mal-estar na civilização e outros trabalhos* (J. Salomão, Trad.). Imago.

George, A., & Velleman, D. J. (Ed.). (2002). *Philosophies of Mathematics: an anthology*. Blackwell.

Gödel, K. (2012). *On formally undecidable propositions of principia mathematica and related systems* (B. Meltzer, Trad.). Dover Books. (Trabalho original publicado em 1962)

Halévy, D. (1991). *Nietzsche: uma biografia* (R. C. Lacerda e W. Dutra, Trad.). Campus.

Héber-Suffrin, P. (1991). *O "Zaratustra" de Nietzsche* (L. Magalhães, Trad.). Jorge Zahar Editor.

Heidegger, M. (1971). *Nietzsche* (P. Klossowski, Trad., Vols. 1 e 2). Gallimard. (Trabalho original publicado em 1961)

Heidegger, M. (1991). *Nietzsche* (D. F. Krell, Trad., Vols. 1 e 2). Harper & Row. (Trabalho original publicado em 1961)

Henry, M. (1985). *A morte dos deuses: vida e afetividade em Nietzsche* (A. J. S. Sousa, Trad.). Jorge Zahar Editor.

Higgins, K. M. (1983). *Nietzsche's Zarathustra*. Temple University Press.

Kaufmann, W. (1974). *Nietzsche: philosopher, psychologist, Antichrist*. Princeton University Press. (Trabalho original publicado em 1950)

Kaufmann, W. (1990). *Critique of religion and Philosophy*. Princeton University Press. (Trabalho original publicado em 1958)

Kaufmann, W. (1992). *Tragedy and Philosophy*. Princeton University Press. (Trabalho original publicado em 1968)

Klossowski, P. (1997). *Nietzsche and the vicious circle* (D. W. Smith, Trad.). The University of Chicago Press. (Trabalho original publicado em 1969)

Lefebvre, H. (1986). *Hegel, Nietzsche, Marx: o el reino de las sombras*. Siglo Vinteuno. (Trabalho original publicado em 1975)

Machado, R. (1985). *Nietzsche e a verdade*. Rocco.

Machado, R. (1997). *Zaratustra: tragédia nietzschiana*. Jorge Zahar.

Marton, S. (1985). *Nietzsche: das forças cósmicas aos valores humanos*. Brasiliense.

Morin, E. (2005). *Introdução ao pensamento complexo* (E. Lisboa, Trad.). Sulina. (Trabalho original publicado em 1990)

Morin, E. (2020). *O método* (Vol. 6. Ética). (J. M. Silva, Trad.). Sulina. (Trabalho original publicado em 2004)

Müller-Lauter, W. (1997). *A doutrina da vontade de poder em Nietzsche* (O. Giacoia Jr., Trad.). Annablume.

Nietzsche, F. (1967). *The will to power* (W. Kaufmann, Trad.). Vintage Books. (Trabalho original publicado em 1901)

Nietzsche, F. (1984). *Humano, demasiado humano* (C. Vergara, Trad.). Edaf. (Trabalho original publicado em 1878)

Nietzsche, F. (1986). *Assim falou Zaratustra* (M. Silva, Trad.). Civilização Brasileira. (Trabalho original publicado em 1885)

Nietzsche, F. (1992). *O nascimento da tragédia ou helenismo e pessimismo* (J. Guinsburg, Trad.). Companhia das Letras. (Trabalho original publicado em 1872)

Nietzsche, F. (1992). *Além do bem e do mal: prelúdio a uma filosofia do futuro* (P. C. Souza, Trad., 2a ed.). Companhia das Letras. (Trabalho original publicado em 1886)

Nietzsche, F. (1995). *Ecce homo: como alguém se torna o que é* (P. C. Souza, Trad.). Companhia das Letras. (Trabalho original publicado em 1908)

Nietzsche, F. (1998). *Genealogia da moral* (P. C. Souza, Trad.). Companhia das Letras. (Trabalho original publicado em 1887)

Nietzsche, F. (2001). *A gaia ciência* (P. C. Souza, Trad.). Companhia das Letras. (Trabalho original publicado em 1887)

Nietzsche, F. (s.d.). *O Anticristo*. Ed. Alhambra. (Trabalho original publicado em 1886)

Nunes, B. (1991). *A Filosofia Contemporânea: trajetos iniciais*. Editora Ática.

Strong, T. B. (1975). *Friedrich Nietzsche and the politics of transfiguration*. University of California Press.

Türcke, C. (1993). *O louco: Nietzsche e a mania da razão* (A. C. P. Lima, Trad.). Vozes.

11. Bion e Nietzsche: aproximações livres e associativas

Julio Cesar Walz

11.1 Introdução

De forma sintética, podemos dizer que Nietzsche (1844-1900) estabeleceu um questionamento profundo de toda a história da filosofia ocidental. Seu feito deu-se no sentido de questionar as bases filosóficas estabelecidas a partir de Platão e Aristóteles, cuja herança mais visível foi a construção da história do cristianismo, baseada na ideia de eternidade e futuro, para a qual nesses lugares imaginários estaria a verdade, a vida verdadeira e a possibilidade da existência plena. A frase de Platão que diz que "o tempo é a imagem móvel da eternidade" mostra ou exemplifica a tese da *superioridade* da eternidade em relação ao tempo. Ou seja, a eternidade (futuro) é o lugar prometido do bom e verdadeiro. A interpretação platônica/socrática propõe, em primeiro lugar, que não existe apenas o mundo em que vivemos, mas existe outro, o mundo determinado pela ideia/pensamento (que é perfeito). Como decorrência disso, da existência do lugar perfeito a ser alcançado, a história do conhecimento humano passou a ser a história da criação e da cristalização da ideia de verdade e da possibilidade de ser conquistada.

O que existe no presente não tem valor ou importância, digamos assim. Nesse sentido, a crítica final de Nietzsche à filosofia platônica/socrática foi de que a história do pensamento ocidental construiu um castelo de conhecimento que resultou na subjugação da intuição à razão e do Ser ao conhecer, e na pretensão da verdade definitiva. Nesse sentido, Nietzsche aprofunda as ideias iniciais de Leibniz e se insere na corrente do perspectivismo, que, em síntese, se trata da ideia de que os indivíduos percebem a realidade diferentemente. À diferença do relativismo, o perspectivismo propõe que não existam tantas realidades quanto as diferentes percepções possam sugerir.

Assim, Nietzsche recoloca o problema da verdade com a seguinte proposição a Kant: "Por que são necessários os juízos sintéticos a priori?".

Então, para Nietzsche, a história do pensamento humano é a história da negação da vida, história de uma ilusão, da construção de um modelo de homem que não existe e jamais existirá. O que isso quer dizer? Ouçamos a ele mesmo: "criar um animal que pode fazer promessas... Não é este o verdadeiro problema do homem?" (Nietzsche, 1887/1999).

Vale ressaltar que o que falei até aqui é apenas uma pequena introdução aos problemas levantados por Nietzsche, para situar o leitor e provocar a curiosidade e o desejo de aprofundamento nessa obra tão enigmática até nossos dias.

A partir de agora, vou propor dividir a obra ou o autor Nietzsche em três tópicos, e, em cada um deles, propor as aproximações dele com Bion, muito mais no sentido de uma reflexão clínica do que filosófica. Assim, proponho pensar Nietzsche a partir de três pontos:

suas ideias como filólogo; a proposta genealogista; e sua máxima chamada *amor fati*.

11.2 O filólogo

Cabe dizer que Nietzsche não era um filósofo de formação. Ele era filólogo. E sua entrada no mundo da filosofia deu-se pelas investigações das línguas antíguas. Nesse período, ele construiu uma tese muito importante: "todo conceito nasce por igualação do não-igual" (Nietzsche, 1896/2007).

A implicação desse pressuposto vou deixar que ele mesmo nos esclareça:

> *Na medida em que o homem acreditou, por longos lances de tempo, nos conceitos e nomes das coisas como em* aeternae veritates, *adquiriu aquele orgulho com que se elevou acima do animal: pensava ter efetivamente, na linguagem, o conhecimento do mundo. Foi da crença na verdade* encontrada, *também aqui, que fluíram as mais poderosas fontes de força. Muito posteriormente – só agora – começa a despontar para os homens que eles propagaram um erro descomunal, em sua crença na linguagem. (Nietzsche, 1878/2000, p. 49)*

Podemos dizer que, na igualação do não-igual, ficam afastadas as percepções das contradições ou diferenças, e o sujeito do pensar, não o do sentir, fica colocado no centro. Quer dizer, passou-se a viver a partir do conceito estabelecido na linguagem, cuja categorização dificulta/elimina as percepções das contradições da vida e do viver ou dos instintos.

Em *Para além do bem e do mal*, ele se pergunta: "quem, realmente, nos coloca questões? O que, em nós, aspira realmente 'à verdade'?" (Nietzsche, 1886/1992). E progride para a questão que inverte a relação Édipo-Esfinge: se a vontade de verdade diz "decifra-me", Nietzsche responde: "para que quereria eu decifrar-te? Por que não buscar, no lugar da verdade, seu oposto, a inverdade, a incerteza, a insciência?". E pergunta: "qual o *valor* dessa vontade de verdade?".

Para Nietzsche (1887/1999), o homem é tanto mais doente quanto mais civilizado, e a base dessa doença está no aplacamento das contradições da vida e do corpo pela ideia da verdade unívoca proposta pela linguagem com a promessa da unidade e perfeição (no futuro). Para Nietzsche, dentre todos os animais doentes o homem é aquele que vive de forma mais duradoura e profunda seu adoecer. É inseguro, alterável, menos fixado que qualquer outro animal.

11.2.1 Aproximações de Bion a Nietzsche

Quando Bion nos propõe as premissas *preconcepção – realização – conceito*, ele está nos dizendo que a origem do sentir e do pensar partem de uma intuição original não fechada em busca de pensamentos e objetos que possam produzir uma realização. Nesse encontro, ocorrem duas possibilidades ou dois caminhos da construção do pensar: se, na realização, o conceito ficar saturado (verdade ou beta) estaríamos na parte psicótica da personalidade, ou seja, o conceito se igualaria ao objeto sem nenhuma possibilidade de sentir e pensar experiências novas. Isso está próximo da ideia de Nietzsche de igualação do não-igual. Quer dizer, para Bion, o problema em si não seria o pensar ou a consciência, mas, sim, como ela foi construída, pois, nesse caso o problema da saturação estaria ligado ao uso da linguagem, e não à linguagem em si. O outro caminho seria que, nesse encontro da preconcepção com a realização, fique mantido o vigor da preconcepção, ou seja, o conceito ficaria em aberto e sujeito à possibilidade de aceitar novas percepções, conceitos, enfim, e não ocorreria a igualação dos não-iguais definitivamente. Tal estado mental, que Bion denomina de "não psicótico", seria algo da ordem que permite ao indivíduo construir e desenvolver sua função psicanalítica da personalidade, na qual passado, presente e futuro não seriam sentidos como iguais, e o novo, a nova percepção, seria percebido e poderia alterar a construção conceitual, o que na prática seria o chamado *aprender com a experiência* (Bion, 1962/1991). O aprender só é possível quando fica mantido o vigor da preconcepção, ou pelo não acúmulo de elementos beta.

Posteriormente, Bion (1977/1981) vai avançando em suas reflexões e sintetiza suas ideias epistemológicas pelo conceito de *cesura*. Essa seria a ideia de que entre o Eu e o Outro (interno e externo) há um espaço vazio, no qual o conhecimento do antes e do depois, ou do que é um e o que é outro, não pode ser conhecido de forma imediata ou direta e plena. Esse espaço vazio somente pode ser preenchido pela imaginação. Tolerar esse espaço é a síntese da manutenção da função alfa, cuja capacidade ele denomina de *capacidade negativa*, a capacidade de suportar o não saber, suportar que esse não saber existe. É nessa posição que é possível a construção de um novo saber. A capacidade negativa fica muito prejudicada quando predominam elementos beta.

Estamos aqui tratando das aproximações entre Nietzsche e Bion. Nesse item, podemos imaginar uma aplicação no tema da interpretação. Esses autores nos afirmam que o papel da interpretação não pode ser considerado simplesmente como a afirmação da verdade imediata, na junção de dois pontos de forma absoluta, mas sempre a partir da ideia de que o que está sendo dito ou interpretado precisa receber a marca inicial da *capacidade negativa* – ou da incerteza, para usar o termo moderno da física. O princípio da incerteza,[1] aplicado ao conhecimento do elétron, propõe que, ao conhecer-se a posição de um elétron, é impossível saber sua velocidade; e, quando se deseja conhecer sua velocidade, é impossível saber sua posição. Ou seja, é impossível conhecer a totalidade do fenômeno a um só tempo. Esse aprendizado somente pode ser absorvido quando a função alfa consegue estabelecer maior predomínio sobre a mente.

11.3 O genealogista

Para Nietzsche, a metafísica e os historiadores lineares interpretaram a história como um contínuo, cujo resultado ou o que se impôs é a verdade. Uma vez que a verdade seja estabelecida como ponto máximo de partida (o que se deseja encontrar) e chegada (aquilo que se encontrou), torna-se algo absolutamente necessário ao presente, pois, no princípio ou na origem, há uma essência *em si* e verdadeira. No fundo, Nietzsche deseja privilegiar a percepção do descontínuo no próprio ser. Ou seja, ele não nega a continuidade dos fenômenos, mas ele ressalta que o resultado dos processos acaba, na história humana, sendo considerado a verdade, e essa síntese oculta (pelo efeito da linguagem?) a vida e seus contradições também para frente. Ou seja, mais que um conhecimento, que deveria ser entendido como mutável, torna-se um valor definitivo e, portanto, doentio.

> *Inverte a relação habitualmente estabelecida entre a irrupção do acontecimento e a necessidade contínua. Há toda uma tradição da história (teleológica ou racionalista) que tende a* dissolver o acontecimento singular em uma continuidade ideal... *A história efetiva faz ressurgir*

---

1 O princípio da incerteza foi proposto por Werner Heisenberg.

> *o acontecimento no que ele pode ter de único e agudo. É preciso entender por acontecimento não uma decisão, um tratado, um reino, uma batalha, mas uma relação de forças que se inverte, um poder confiscado, um vocabulário retomado e voltado contra seus utilizadores. As forças que se encontram em jogo na história não obedecem nem a uma destinação, nem a uma mecânica, mas ao* acaso *da luta. (Nietzsche, 1886/1992, grifos do original)*

Em *Crepúsculo dos ídolos*, Nietzsche (1888/2006) escreve:

> *Aniquilar as paixões e os desejos, apenas para prevenir sua estupidez e as consequências desagradáveis dessa estupidez – isso parece-nos hoje apenas uma forma aguda de estupidez... A Igreja combate a paixão com a extirpação, em todos os sentidos: sua prática, sua "cura" é o castratismo. Ela jamais pergunta: "como espiritualizar, embelezar, divinizar um desejo?" – Em todos os tempos ela colocou o peso da disciplina no extermínio (da sensualidade, do orgulho, da ânsia de domínio, da ânsia de posse, da ânsia de vingança). – Porém atacar as paixões em sua raiz significa atacar a vida em sua raiz: a práxis da Igreja é hostil à vida.*

Nietzsche mostra que, pela distinção entre mundo sensível e suprassensível, a filosofia afastou o devir como experiência central da vida. E Kant e Schopenhauer não são exceções a esse princípio. A filosofia transcendental (Kant) continua afirmando a dualidade entre sensível e suprassensível, e ainda acredita na "oposição dos valores" em que toda a metafísica acreditou.

Nietzsche pergunta: "Por que a verdade teria mais valor que a aparência?", ou se "Há uma oposição essencial entre verdadeiro e falso?". Tais formulações baseiam-se na tentativa anti-idealista de mostrar que o Eu, enquanto unidade ou síntese conceitual, não existe. Ou seja, o Eu como lugar da verdade é um erro, quer dizer, um princípio contra a vida e o viver em suas raízes. O Eu, enquanto unidade, existe para escamotear relações de força, aprendendo e fixando o indivíduo para que possa ser integrante e igual aos demais indivíduos. E toda moral, baseada na "coisa em si" e dirigida para essa síntese conceitual chamada de "Eu", é uma oposição à vida (encobridora desta) e, portanto, patológica.[2]

Todo esforço ou tentativa de Nietzsche está em mostrar que a metafísica e a religião encontram seu lugar de ação, sua força de atração ou poder, digamos assim, a partir da construção da ilusão de que a consciência tem a capacidade de tornar o homem humano e, portanto, que é ela que define o humano e o que ele é. O que fizeram, reclama Nietzsche, foi torná-la um órgão unificador e núcleo central do homem, passando a ser a sua própria essência, como a sua própria alma. Essa atribuição em detrimento do corpo e das funções animais do homem é o que permitiu surgirem a religião e a metafísica, as quais representam o autoempobrecimento do humano.[3] Nietzsche sempre reenfatiza que há uma contradição básica no ser humano, que seria uma perpétua hostilidade entre a vida e a consciência, e cujo conflito a história ocidental procurou justamente *obscurecer*,

---

2 Sobre esses pontos sugiro a leitura do artigo de Gustavo Camargo (2008).

3 Não é à toa que esse procedimento também se inseriu no campo psicanalítico. Basta olharmos a expressão portuguesa que traduziu a frase de Freud "*wo es war, soll ich werden*" ("onde era o isso o eu deve advir") para tornar consciente o Inconsciente. É impossível não ler nessa formulação uma interpretação idealista do objetivo da análise, do tipo "onde está o desconhecido, o conhecido deve suplantá-lo".

dando privilégio ou autoafirmação à consciência (linguagem) como capaz de gerir e eliminar esse conflito. Tal procedimento, destaca nosso autor, gera a patologia da moral (*páthos* da distância), o obscurecimento da vida e a morte.

Assim, a leitura da história proposta por Nietzsche seria a leitura da genealogia, que, em síntese, partiria da ideia de desidealizar o passado e retomar o acontecimento singular em seu devir, já que há uma descontinuidade no próprio ser.

11.3.1 Aproximações de Bion a Nietzsche

Em Bion e Nietzsche, não há o ideal de conquistas como o lugar a ser alcançado como verdade, mas há direções. O devir como lugar do movimento da vida é o lugar a ser sentido, percebido e incorporado como fonte de vida. A estagnação surge com a negação do sofrimento ou da vida como ela é. Em Nietzsche, a origem dessa negação é a vontade de poder. Em Bion, podemos entender que deus (ou a crença) seria uma espécie de patrimônio da parte psicótica da personalidade. Para ele, toda crença é uma emoção não transformada pela função alfa, cujo resultado é a construção de um deus moral (superego sádico). Se pensarmos em termos da *transformação em alucinose*, podemos perceber que essa transformação ou movimento parte de uma premissa falsa, constrói um sistema ou discurso delirante e resulta num juízo moral. Quer dizer, o nascimento da idealidade resulta de uma mente saturada de monoteísmo. Isto é, tanto em Bion como em Nietzsche, a verdade não é algo fixo, e justamente a patologia está no fixo, na interpretação única, que lê a vida a partir de um ponto fixo, chamado de verdade.

Dadas essas questões tão fundamentais que questionam as bases do pensamento desde Platão/Sócrates, surge a pergunta: e agora?

Qual o caminho? Existe algum caminho que se possa rastrear para escaparmos do sem saída da verdade sem cairmos no relativismo ou obscurantismo do vazio oriundo da sensação de perda de sentido? Eis a proposta de Nietzsche: *amor fati*.

11.4 Amor fati

> *Quero cada vez mais aprender a ver como belo aquilo que é necessário nas coisas. Amor-Fati (amor ao destino): seja este, doravante, o meu amor! Não quero fazer guerra ao que é feio. Não quero acusar, não quero nem mesmo acusar os acusadores. Que minha única negação seja desviar o olhar! E, tudo somado e em suma: quero ser, algum dia, apenas alguém que diz Sim.*

O tema do *amor fati* é decorrente da lei do eterno retorno, ou da aceitação plena da imanência, ou seja, com a perda da ideia da verdade como ponto de início e de chegada, resta-nos a vida como ela é para ser vivida. Ela se apresenta a nós, e não somos nós que podemos alterá-la por nossa promessa ou nosso desejo de plenitude ou de curá-la. Ou seja, viver sem o subterfúgio da ideia de algo superior e em todos os sentidos. Superior aqui quer dizer da ideia de unidade ou do vencer as contradições definitivamente. Assim, o que é aparentemente sem sentido pode ser substituído pelo SIM à vida como ela é. E esse "ela é" não é uma substância relacionada ao ter, mas, sim, ao devir, ao sempre de novo viver. Conforme Nelson Boeira (2002),

> *a aceitação de nossas experiências felizes implica a aceitação de nossas infelicidades, pois a aceitação de qualquer*

> *parcela de nossa existência supõe a aceitação de toda nossa existência. Desejar que parcelas de nossa existência tivessem sido diferentes é desejar que o curso da realidade tenha sido distinto do que é ou do que foi. Isto seria desejar o impossível: negar a realidade. (p. 42)*

O *amor fati* é um desafio dos mais difíceis. Todavia, é importante dizer que ele não é a aceitação bem-comportada de tudo o que acontece. Ao contrário; podemos imaginá-lo como a transformação da aceitação em um evento de dignidade própria (Türcke, 2001).

Ou melhor, deixamos de nos contaminar com o *ressentimento* (sacada genial de Nietzsche), a partir da ideia alienante do mundo perfeito a ser buscado, para viver o mundo real (meu e da realidade). Sem o ressentimento é que se consegue operar uma saída, apenas nessa posição e olhar – entendendo o ressentimento como a reação reativa do ódio pela permanente percepção do devir, um ódio cujo caminho é a negação da vida pela crença no pensamento futuro da perfeição.

Nas palavras de Nietzsche (citado por Türcke, 2001): "o fato de que não queremos ter nada diferentemente, não para frente, não para trás, não em toda a eternidade. Não apenas suportar o que é necessário, menos ainda ocultá-lo... mas amá-lo".

O *amor fati* coloca algo fundamental em cena: a questão da crítica. Vemos sempre que as denúncias, os desmascaramentos e as refutações sempre iguais resultam em nada além de servirem para nos enchermos de razão ou da perfeição. Ao vivermos da denúncia, nos isentamos da responsabilidade. E, sem o sentimento de responsabilidade, estamos distantes de nós mesmos e da própria realidade dos fatos. O *amor fati*, assim, é um permanente desafio ético. "Foi assim, aconteceu assim..." Esses postura e olhar são a possibilidade de sair da cultura do sentimento de culpa para a construção do sentimento de responsabilidade (Guedes & Walz, 2013).

> *O que é medíocre no homem típico? Que ele não compreende o inverso das coisas como necessário: que ele combate os estados penosos, como se pudéssemos prescindir deles; que ele não quer admitir uma coisa com a outra – que ele quer apagar e suprimir o caráter típico de uma coisa, de uma condição, de um tempo, de uma pessoa, ao aprovar apenas uma parte de suas propriedades e desejar eliminar as outras. "Aquilo que, para os medíocres, é desejável", é o que é combatido por nós outros: o ideal compreendido como algo em que nada de pernicioso, malvado, perigoso, questionável, aniquilador, deve permanecer. (Nietzsche, 1887)*

11.4.1 Aproximações de Bion a Nietzsche

Desse tópico chamado *amor fati*, cabe destacar duas possíveis grandes aproximações entre os autores. A primeira seria a ideia de modelo espectral da mente. Para Bion, a mente não se constitui num modelo hierárquico ou linear; suas entidades são simultâneas ou oscilatórias. Não há um antes e um depois. Por exemplo, onipotência/desamparo, ou narcisismo/social-ismo. São espectros da mesma experiência emocional, na qual a oscilação, ou um vai e vem, ocorre sem haver a superação de um sobre o outro. Mas pode, sim, ocorrer um uso predominante de um ou de outro, dependendo de se ocorre um predomínio da função alfa ou dos elementos beta. Ou seja, não se percebe em Bion a ideia de que um elemento predomine por si só, predomine sobre o outro. O que há, como dissemos, é um uso maior ou menor de um ou outro. Ao mesmo tempo, precisamos saber que conseguimos perceber apenas uma parcela pequena dos fenômenos ou do que ocorre com a gente. Nesse sentido, a ideia da capacidade negativa surge com vigor, pois ela é um estado não saturado que nos permite estar mais disponíveis aos fenômenos do que a ideia que pensamos conhecer acerca dos eventos internos e externos.

Um outro tópico relevante e que deve ser destacado, por me remeter à ideia de *amor fati*, é a máxima de Bion (1967/1969) que preconiza que, em sessão, o analista esteja em um estado mental "sem memória, sem desejo ou necessidade de compreensão" (tradução livre).

Tal proposição encerra, a meu ver, toda a lógica propositiva de Nietzsche, ou seja, de escapar da ideia de conhecer conceitualmente as relações temporais ou associativas na vida mental. Isso significa não conhecer o advir por meio do conhecido. Com isso, o presente enquanto experiência emocional ganha potência emocional. Esse seria o viver trágico, oposto ao dramático (Chuster, 2002). Isso é o amar a vida.

Para encerrar, deixo uma poesia de Lou Salomé, grande amor de Nietzsche, chamada "Hino à vida" (1881):

Tão certo quanto o amigo ama o amigo,
Também te amo, vida-enigma
Mesmo que em ti tenha exultado ou chorado,
Mesmo que me tenhas dado prazer ou dor.

Eu te amo junto com teus pesares,
E mesmo que me devas destruir,

Desprender-me-ei de teus braços
Como o amigo se desprende do peito amigo.

Com toda força te abraço!
Deixa tuas chamas me inflamarem,
Deixa-me ainda no ardor da luta
Sondar mais fundo teu enigma.

Ser! Pensar milênios!
Fecha-me em teus braços:
Se já não tens felicidade a me dar
Muito bem: dai-me teu tormento.
(Andreas-Salomé, citada por Moraes, 2017)

Referências

Bion, W. R. (1969). Notas sobre la memoria y el deseo. *Revista de Psicoanálisis*, *26*(3), 679-692. (Trabalho original publicado em 1967)

Bion, W. R. (1974). *Conferências brasileiras: Vol. 1. São Paulo/1973*. Imago.

Bion, W. R. (1981). Cesura (M. T. M. Godoy, Trad.). *Revista Brasileira de Psicanálise*, *15*(2), 123-136. (Trabalho original publicado em 1977)

Bion, W. R. (1991). *O aprender com a experiência* (P. D. Corrêa, Trad.). Imago. (Trabalho original publicado em 1962)

Bion, W. R. (2006). *Atenção e interpretação* (P. C. Sandler, Trad.; 2a ed.). Imago. (Trabalho original publicado em 1970)

Boeira, N. F. (2002). *Nietzsche*. Jorge Zahar Editor.

Camargo, G. A. (2008). Sobre o conceito de verdade em Nietzsche. *Revista Trágica, 1*(2), 93-112. https://bit.ly/3s3wXiA

Chuster, A. (2002). A grade edípica: anotações teórico-clínicas sobre configurações edípicas à luz dos princípios ético-estéticos de observação. *Psicanálise, 4*(1), 37-65.

Chuster, A. (2003). Transferência ou cesura. In A. Chuster et al., *W. R. Bion: novas leituras: Vol. 2. A Psicanálise: dos princípios ético-estéticos à clínica*. Companhia de Freud.

Chuster, A., & Walz, J. C. (2003). O princípio da incerteza. In A. Chuster et al., *W. R. Bion: novas leituras: Vol. 2. A Psicanálise: dos princípios ético-estéticos à clínica*. Companhia de Freud.

Guedes, P. S. R., & Walz, J. C. (2013). *O sentimento de culpa* (3a ed. rev. e ampl.). [Publicação independente].

Moraes, E. C. (2017, 21 de setembro). O amor sem restrições à totalidade da vida: Lou Salomé & Nietzsche – confluências e dissonâncias. *Medium*. https://bit.ly/3CAzRQI

Nietzsche, F. (1887). Nachgelass Fragment 10. In *Nietzsche Werke: Kritische Gesamtausgabe: Vol. 12. Nachlaß 1985-1987* (pp. 519-520). Grutyer.

Nietzsche, F. (1992). *Além do bem e do mal: prelúdio a uma filosofia do futuro* (P. C. Souza, Trad., 2a ed.). Companhia das Letras. (Trabalho original publicado em 1886)

Nietzsche, F. (1999). *Genealogia da moral* (P. C. Souza, Trad.). Companhia das Letras. (Trabalho original publicado em 1887)

Nietzsche, F. (2000). *Humano, demasiado humano: um livro para espíritos livres* (P. C. Souza, Trad.). Companhia das Letras. (Trabalho original publicado em 1878)

Nietzsche, F. (2001). *A gaia ciência* (P. C. Souza, Trad.). Companhia das Letras. (Trabalho original publicado em 1887)

Nietzsche, F. (2006). *Crepúsculo dos ídolos: ou como se filosofa com o martelo* (P. C. Souza, Trad.). Companhia das Letras. (Trabalho original publicado em 1888)

Nietzsche, F. (2007). *Sobre verdade e mentira* (F. M. Barros, Trad.). Hedra. (Trabalho original publicado em 1896)

Türcke, C. (2001). A vida é bela: o amor fati de Nietzsche no cinema. *Impulso*, *12*(28), 123-127.

12. A maçã dourada

Marcelo Salles Bueno

O convite para escrever algo sobre os trabalhos apresentados por Arnaldo Chuster e Julio Walz, a princípio, foi recebido por mim com grande entusiasmo, e me senti honrado por ter a oportunidade de apresentar alguns pensamentos sobre esses dois grandes mestres. Depois de algumas semanas, passado o estado de *furore amoris incensus*, pude fazer contato com a grande dificuldade em que me encontrava. Como falar de dois trabalhos tão extensos e profundos como os que nos foram apresentados nessa conferência por dois psicanalistas de tamanha envergadura?

Então, as simples e simpáticas palavras de Arnaldo vieram-me à mente, aliviando-me do fardo que eu me havia imputado: "capacidade imaginativa!". Pronto. Essa era a saída do enrosco em que me encontrava, tomado pelo inebriante perfume da flor de narciso.

Como em um sonho, fui absorvendo imagens que apareciam em minha mente, e dessas nasceram as seguintes observações.

Gostaria de abordar um elemento sobre o segundo episódio da lenda grega de Páris, sobre o julgamento que precedeu o início da Guerra de Troia (Grimal, 1951/2005).

Os deuses do Olimpo se encontravam reunidos para celebrar o casamento de Tétis e Peleu, quando Éris, a Discórdia, jogou uma maçã de ouro entre eles, dizendo que ela deveria ser dada à mais bela dentre as deusas: Atena, Hera e Afrodite. Óbvio que ninguém queria ser o juiz de tal tarefa, e Zeus, ajuizado, muito menos. O grande deus do Olimpo ordenou que Hermes levasse as três deusas ao monte Ida, e lá incumbisse o jovem príncipe Páris de realizar esse julgamento. As deusas ofereceram-lhe vantagens, ofertando proteção e alguns dons especiais: Hera ofereceu-lhe o domínio de toda a Ásia; Atena, a sabedoria e a vitória em todos os combates; Afrodite, o amor de Helena de Esparta. Páris decidiu-se por Afrodite, julgando-a a mais bela!

Curioso ressaltar que a grande Guerra de Troia se desencadeou pela escolha que fez o jovem príncipe, mas também por aquilo que ele deixou de escolher. Ao fazer sua escolha por Afrodite, Páris conquistou a ira das outras duas deusas, dando sequência aos acontecimentos cantados por Homero em *Ilíada*.

O que determina nosso fado (*fatum* – destino) são as nossas escolhas, ou aquilo que deixamos de escolher? Essa pergunta pode levar a muitas interpretações filosóficas, e tentar respondê-la talvez me levasse ao terreno da memória e desejo de compreensão, me retirando da experiência que pude sentir no encontro desses dois poetas, psicanalistas, que apresentavam suas impressões. Prefiro fazer o papel de Éris e lançar a maçã aos leitores. Segundo Bion, em *Atenção e interpretação* (1970/2006), a prática psicanalítica mostra que os motivos que levam o ser humano às suas ações são numerosos e complexos. E, quando um é demonstrado, outros ficam desconhecidos.

Ao escolher Afrodite, deusa do amor, e por ela ser abençoado com o amor de Helena, Páris abre a brecha para que a profecia de sua mãe se cumpra, lançando Troia à ruína, como havia sido revelado em um sonho. Teria o jovem Páris escolhido Afrodite se fosse 30 anos mais velho? Se Páris tivesse escolhido Atena como a mais bela deusa, teria o fado de Troia mudado? Todas essas indagações nos amarram à problemática da temporalidade e tentam encontrar soluções para a angústia da nossa finitude.

Quem sabe o *amor fati* de Bion por sua trajetória o tenha guiado pelos caminhos escolhidos por ele. Assim como Páris, ao escolher Afrodite, tenha sido guiado pelo amor por Helena, auxiliando-o nos desafios que estavam por vir. Talvez a escolha pelo caminho seja menos importante que o investimento amoroso empregado na estrada; porque, no *amor fati*, quem sabe, rompemos com o tempo. A linearidade temporal a que todos estamos submetidos então deixa de ser o centro de nossa atenção, e entramos em uma dimensão na qual a imaginação se torna protagonista. Pensando por esse vértice, a memória estaria em relação direta com o tempo, enquanto a imaginação com o campo da poética, atravessando o tempo.

Vários são os heróis retratados nos mitos gregos, romanos, nórdicos etc. que levam suas vidas fazendo planos simples para si; contudo, surpreendidos por uma cadeia de acontecimentos, são levados pelo destino que os aguardava à espreita. Ao estudar algumas dessas lendas e mitos, observei uma semelhança em suas histórias: tão logo aceitam suas predestinações e abraçam com amor os seus destinos, lançam-se ao desconhecido e cumprem seu fado. Entregam-se tais heróis ao que o filósofo citado por Julio – F. Nietzsche – chamou de *amor fati*?

Outro mito que recordei durante essa conferência foi o da *Eneida* (Virgílio, 19 a.C./2016), que narra a história do herói troiano Eneias. No momento que Troia ardia em chamas, derrotada e invadida pelos gregos, Eneias toma seu idoso pai nos braços e seu filho, fugindo de Troia. Ao caminhar pela estrada que dava para a saída da cidade, o herói olha para trás e vê o palácio e os templos sendo saqueados; ele procura por sua esposa Creúsa, mas a perde de vista. Então, diz:

> *Aventurei-me até mesmo a gritar no deserto sombrio;*
> *Naquelas ruas vazias, tomado de angústia indizível*
> *Chamei, chamei muitas vezes por Creúsa, a bradar por Creúsa!*
> *E enquanto assim me excedia, a rever os palácios e as casas,*
> *Um simulacro infeliz ante os olhos me surge, a inefável*
> *Sombra da minha Creúsa, de muito maior estatura.*
> *Tolhe-me o susto, os cabelos se eriçam, a voz se me embarga.*
> *Ela, afinal, me falou, procurando alentar-me com isso:*
> *"Por que te entregas, esposo querido, a essa dor excessiva?*
> *Tudo o que agora acontece se passa de acordo com os planos*
> *das divindades. Levar não podias de Troia a Creúsa por*
> *companheira. Isso impede o senhor poderoso do Olimpo.*
> *Longos exílios te estão reservados, o mar infinito.*
> *À terra Hespéria porém chegarás, onde o Tibre da Lídia*
> *corre sinuoso em campinas povoadas por fortes guerreiros.*
> *Ali te aguardam sucessos felizes, um reino e uma esposa*
> *de régia estirpe. Consola-te, pois, de perderes Creúsa.*
> *Não entrarei nas soberbas moradas dos dólopes feros,*
> *Na dos mirmídones, nem servirei às matronas argivas,*
> *pois, natural de Dardânia, sou nora de Vênus augusta.*
> *A Grande Mãe das deidades do Olimpo aqui mesmo me guarda.*

> *É tempo; adeus! O filhinho comum, guarda-o bem no imo peito."*
> *(Vírgilio, 2016, p. 178)*

Creúsa aparece a Eneias em uma visão e abençoa a jornada que o herói teria pela frente. Profundamente angustiado, ele lamenta a perda, mas toma seu caminho e vai ao encontro de sua sorte. Os acontecimentos posteriores, até a fundação de Roma, mostram Eneias profundamente investido de sua missão: estabelecer na região do Lácio, na Itália, a cidade de Roma, chamada também pelo poeta de Troia renascida.

Nessa epopeia, o poeta encarrega o herói dos mais altos valores éticos, transmitindo ao povo romano a importância desses princípios para a construção de uma civilidade.

Ao conhecer a vida e a obra de Wilfred Bion, bem como a de outros grandes expoentes do universo psicanalítico, como Freud, observo na saga desses heróis que, imbuídos pelo amor à verdade, enfrentam toda sorte de obstáculos para levar às novas gerações os valores éticos e estéticos necessários para que a relação humana se amplie e renove.

Se os grandes poetas da Antiguidade, assim como muitos filósofos modernos, cantaram e falaram a respeito da ética, utilizando-se de elementos estéticos para transmitir às novas gerações o seu legado, torna-se compreensível que Bion tenha se alimentado de tais fontes, criando um rito, uma teoria e uma técnica que pudessem transmitir o mito ético psicanalítico em si incorporado. Com Bion, a prática psicanalítica se tornou mais complexa, pois conhecer teoria e técnica não é suficiente para alcançar os meandros de nossa vida mental e da de nossos pacientes.

A tentativa de compreender Bion não me parece coerente com as suas ideias, e o próprio fato de ter de conviver com a dúvida que seus pensamentos nos suscitam é uma experiência emocional. Ter como guias Arnaldo Chuster e Julio Walz nessa conferência levou-me a uma calma turbulência emocional em direção à complexidade, o que é coerente com o pensamento de Freud, que sempre afirmou que a complexidade é da natureza do mundo psíquico. Os mitos, os sonhos e as artes talvez nos auxiliem por romperem com a temporalidade a que todos estamos destinados. Criam preconcepções que se realizam temporariamente, abrindo para novas dimensões, para o infinito. E a imaginação que a estética nos oferece talvez seja a ferramenta para acessarmos as mais valiosas experiências emocionais.

Referências

Bion, W. R. (2006). *Atenção e interpretação* (P. C. Sandler, Trad., 2a ed.). Imago. (Trabalho original publicado em 1970)

Grimal, P. (2005). *Dicionário da mitologia grega e romana* (V. Jabouille, Trad.; 5a ed.). Bertrand Brasil. (Trabalho original publicado em 1951)

Virgílio. (2016). *Eneida* (C. A. Nunes, Trad.; ed. bilíngue). Editora 34. (Trabalho original publicado em 19 a.C.)

13. Memórias-sonho

Sônia Maria Nogueira de Godoy

O único pensamento verdadeiro é aquele que jamais encontrou um indivíduo para "contê-lo".

Bion, 1970/2007, p. 124

Depois que cansei de procurar
Aprendi a encontrar.
Depois que o vento me opôs resistência
Velejo com todos os ventos.

Nietzsche, 1887/2001, p. 17

O tempo, ah, o tempo... eu me pergunto o que é ele, no que se torna, enquanto ouço sons que, integrados a palavras significativas, novas ideias, me encaminham para lugares desconhecidos que me habitam. "Por quê? Para quê? Onde? Para onde? Como? Ah, meus amigos, é a noite que assim me interroga" (Nietzsche, 1885/2012, p. 110). Assim é despertar o desconhecido que no escuro de mim permanece à minha espera e, me envolvendo num ouvir profundo, render-me. Permitir-me encontros com obscuras impressões, sentir o que me estimula, entregar-me às fantasias, associações e analogias, para, em seguida, rejeitá-las, por já conhecidas, meros escudos encontrados, para, enfim, render-me ao novo, deixá-lo confundir-se inesperadamente com o que é do cotidiano, sem me fundir a ele, mas livremente encontrando novas configurações, em contínuas descobertas. É assim que entendo Bion, pois, ao descobrirmos, já partimos para outras compreensões e continuamos em nossa busca em direção ao inacessível e ao impossível, que é a verdade absoluta, última, que é "O" (Bion, 1970/2007).

Numa manhã inspiradora, plena de descobertas, rebentos surgiram e continuam germinando, pelos conceitos fundantes de Friedrich Nietzsche (1844-1900) e Wilfred Bion (1897-1979), e pelas palavras inspiradoras de Julio Cesar Walz e Arnaldo Chuster. Esses dois psicanalistas nos apontam para campos infinitos de pensamento, trilhas desconhecidas desses "místicos ou gênios" (Bion, 1970/2007), que, ao transgredirem o estruturado, nos estimulam a perceber que transitamos em busca de um devir, de uma verdade, que nos é inacessível. Como "as palavras que escutava/eram pássaros no escuro... / Pássaros de voz tão clara, /voz de desenho tão puro!" (Meireles, 1939/2016).

Ouvindo as palavras de Walz e de Chuster, mas distante em pensamentos, lembro-me de que o passado da humanidade me parece sugerir que algumas mudanças, desafiando o estruturado, sempre estiveram presentes em cada momento histórico... o eterno retorno das coisas, das pessoas passivas, "inibidas em sua vontade", conforme Nietzsche, e também das transgressoras, aquelas que introduzem seu novo modo de pensar, como ele próprio o fez. Nietzsche encontrou um momento fértil para suas ideias, apesar das rejeições momentâneas a elas. Nesta trajetória da humanidade, por algum tempo rejeitadas, as novas ideias acabam por se transformar e ser assimiladas pela sociedade, embora em cada momento com uma força própria, e dependendo das limitações e barreiras que a sociedade da época usou e usa para contê-las e impedi-las. Contudo, desafios ao estabelecido trazem para a ética, a estética, as ciências, as religiões uma nova compreensão e novos significados em cada período em que surgem. Aprendemos e desenvolvemos como humanos, através dos tempos, dessa forma. Cesuras, entre séculos, trazendo novas formas de pensar, porém, ancoradas no que se conhecia anteriormente, proporcionam algo novo após o respiro, a pausa, seja para desprezar ou ampliar o existente.

Vem-me à memória quantas religiões, quantos deuses, quantas crenças o homem criou desde sempre, no Oriente e Ocidente antigos, até aparecer a imposição, em cada crença, de um só deus monocrático: Maomé, Buda, Jesus Cristo e outros. Alguns veem, desde o início do cristianismo, o seu representante, Jesus Cristo, como um transgressor. Seus seguidores, ao se sentirem perseguidos, se tornaram também perseguidores, tão violentos ao defenderem sua crença, que destruíram templos gregos destinados aos diversos deuses. E permaneceram, com a força adquirida pela instituição cristã, movedores de guerras, inquisições, com imensas tragédias durante séculos. O estruturado, no entanto, não vence por seus métodos violentos a ação rompedora do místico, pois esse mostra a força de um devir que se revela presente, antecipada e sutilmente, em algum movimento nas sociedades. Ninguém pede licença para ser livre ou mudar o comportamento, ou crer em algo. Ao ser observado o fluxo intenso de mudanças, a interiorização de algo novo que se amplia no pensamento e no comportamento da população, a sociedade o toma para si e estrutura-o em leis ou permissões. Assim é com a própria Igreja Católica. Há opositores, mas também há seguidores. Coube e cabe à sociedade contê-los, de forma a impedir a ruptura proposta pelo místico, trazendo-o e suas ideias para o seu interior (Bion, 2006). Assim, o novo apresenta à humanidade as ampliações em vários campos do conhecimento.

Lembro-me de que Richard Wagner (1813-1883), ao trazer em seus primeiros acordes da ópera *Tristão e Isolda* o chamado "acorde Tristão", com sons atonais, inéditos para a época, renova toda a história da música. A audiência permanece, diante de um longo tempo de música, como que diante de perguntas sem respostas, portanto, de algo absolutamente transgressor. Com essa forma de introduzir uma música que, até então, se desconhecia, ele proporciona um crescendo de expectativas, em meio ao qual se ouvem como que perguntas se sucedendo a outras perguntas até o acorde final. Essa tensão harmônica ao final do século XIX, conforme nos ensina Sidnei de Oliveira (2016), era completamente desconhecida, já que se estava acostumado a uma sonoridade que trouxesse resoluções. Considerada uma obra para além de seu tempo, *Tristão e Isolda* traz tensões desde o início do prelúdio, que se desenvolvem todo o tempo, para apenas ao final serem, em parte, resolvidas. A falta de soluções permanece. Continuidade e descontinuidade, notas, sustenidos e bemóis, pausas, cesuras, colocados em novas formas, juntos, promovendo o desconhecido.

Tempos de des-construções, ou seriam de novas construções? Cesuras... respiros...

Em que espaço estou, que espaço ocupo?

Estou diante daquela porta
que não sei mais se ainda existe. . .
Estou longe e fora das horas,
sem saber em que consiste
nem o que vai nem o que volta. . .
Sem estar alegre nem triste.
(Meireles, 1939/2016)

Lembro-me, ainda, do Davi, de Michelangelo (século XVI), figura perfeita, estado de alerta, preparando-se para ataque e defesa, veias salientes segurando na mão uma pedra, músculos em estado de tensão, figura em movimento, tirados de uma rocha inerte, dura, imóvel. E dos cachinhos dos cabelos dos anjos de Leonardo da Vinci (séculos XV e XVI), citados por Bion (1976/1987) como tendo sido inspirados pelas observações dos círculos concêntricos formados pela água. Também do vão do Museu de Arte de São Paulo, projeto de Lina Bo Bardi (1914-1992), italiana naturalizada brasileira, arquiteta de fama internacional, mulher revolucionária, mas incompreendida. Essa sua obra se tornou em seu tempo, 50 anos atrás, o maior vão livre do mundo. É leve, em meio ao concreto em que é realizado. Referências sobre ele afirmam a ideia de vazio, de ar, expressando ainda, em relação às exposições dentro do museu, um conceito de tempo em que é o espectador quem domina e gere o espaço. O grande espaço serve, a propósito, para permitir que haja movimentos livres, no interior ou no exterior. A escada é ao ar livre, e o elevador em aço e vidro auxilia nas circulações verticais do edifício. Articulam-se, assim, caminhos do passado – uma escada – e do futuro – um elevador: ideia de tempo e de lugar de encontro entre exterior e interior ("Clássicos da Arquitetura", 2012).

Compreendo que minha "imagem em ação" me traz referências de algo transforma-dor, desafia-dor, para me tornar mais próxima do transgressor em Nietzsche e suas influências em Bion. Múltiplos tempos a serem envolvidos em minha mente, onde percebo que se torna possível, para mim, relembrar referências do já conhecido para entender o desconhecido. Procuro assimilar mudanças e expandi-las por meio de comparações e sondagens em mim mesma.

Nietzsche, contundentemente, observa a vida e o comportamento humano a partir de um novo viés, inédito, pela sua forma e estética próprias; e, inundado por suas experiências pessoais restritivas em uma família religiosa, rompe com o estabelecido e aponta para fatos que trazem descrença em um grau máximo. Em pleno século XIX, ele traz para o pensamento humano um aval para expressar-se, existir por si mesmo. Isso porque, embora tenha uma consciência que lhe dê condições de se tornar humano, o homem também pode negar a si mesmo essa possibilidade. Conforme Giacoia Jr. (2014), a ponte entre o pensamento mais abissal, ressentido, e o além do homem pode levar à construção de um homem "despojado do espírito de vingança", já que o além aponta para uma condição de superar o niilismo, "que se nutre da impotência da vontade humana" (p. 11).

Se, na religião, o deus cristão conhecido até então, a verdade única, o bem a ser esperado ao final da vida, era o que os justos mereceriam, Nietzsche (1885/2012) proclama: "ainda não ouviu falar que Deus está morto?" (p. 17). Ou seja, está morta aquela verdade única e absoluta que não admite divergências nem questionamentos. Assim como também Bion aponta para certezas como mentiras, mostrando que a verdade assim vista se torna pequena, estreita, com domínio limitado. Pelo contrário: a verdade é ampla, complexa, ilimitada, por conter inúmeros vieses, inalcançável. A de cada um e a de ninguém, aquela a ser descoberta. A verdade relacionada ao Belo, à coisa em si, diz Bion, passamos nossas vidas nos encaminhando em sua direção. O tempo? Um eterno retorno, ou seja, um tempo que passa a ser interno e externo, finito e infinito, um retorno eterno. A incerteza é nossa companheira nesse complexo caminho que vamos descortinando à medida que nossas mentes alcançam. "'O' pode tornar-se, mas pode não ser conhecido. 'O', é escuridão e ausência de forma" (Bion, 1970/2007, p. 41). Apenas pode ser conhecido quando evoluiu por um conhecimento a partir da experiência, que se torna excursões pela vida, em que procuro me conhecer para tornar-me, e, no entanto, ainda assim, o desconhecido permanece em mim mesma. Entrego-me à descoberta dessa desconstrução e aceito que, apesar do conhecido que busco, necessito do escuro, do encontro com a cegueira, para encontrar-me com a luminosidade que possa chegar. "É preciso ter o caos dentro de si para dar à luz uma estrela dançante. [cintilante, segundo algumas traduções]. E vos digo: o caos ainda persiste dentro de vós" (Nietzsche, 1885/2012, p. 22).

Ao lado dessa morte anunciada, Nietzsche (1885/2012) proclama a doença do homem, que se mantém paralisado em suas crenças, determinado a alcançar um fim. Por isso afirma:

> *O homem é como uma corda esticada entre o animal e o super-homem – uma corda sobre um abismo. . . Uma perigosa travessia do abismo, um perigoso estar a caminho, um perigoso voltar atrás, um perigoso tremer e parar. O que engrandece o homem é ele ser uma ponte e não um fim. (p. 20)*

Portanto, ele propõe uma não evasão da vida pela idealização, vida da qual o homem se esconde por meio de crenças que lhe propõem esperar e se submeter ao que receber da vida; Bion, quando nomeia a capacidade negativa, propõe um modelo de expansão mental, com ausência de memória e desejo. Ambos apresentam, dessa maneira, a vida em um contínuo, com um olhar que possa desvendar o horizonte à frente, enquanto estamos vivendo. Bem, mal, melhor, pior são meramente pretensões de uma verdade inexistente. Ambos, ao reconhecerem a tradição e irem além dela, conseguem mostrar a vida como um fato que não é necessário compreender, mas sim viver.

"Viver é muito perigoso... Querer o bem com demais força, de incerto jeito, pode já estar sendo se querendo o mal, por principiar. Esses homens! Todos puxavam o mundo para si para o concertar consertado" (Rosa, 1956/2020, p. 19).

Viver é uma experiência, e é aceitar e enfrentar os desafios impostos por essa experiência. Nesta, aprendemos a lidar com riscos e dificuldades, à medida que estes se apresentam. Se posso sentir amor pelo destino, pela vida que vivo, nomeado por Nietzsche (1887/2001) "*amor fati*" (amor ao fado, ao destino), "quero cada vez mais aprender a ver como belo aquilo que é necessário" (p. 166).

Bion (1976/1987) também dizia: "O acaso está fora do controle do homem. A escolha envolve inibição e inciativa. Este é, no presente, o dilema básico" (p. 133). Dessa forma, necessito em mim a possibilidade de consentir em minha vida o áspero, o ríspido, aquilo que não gostaria de sentir me acontecendo, e que mesmo assim acontece. "Eu não quero mais o movimento completado, que na verdade nunca se completa, e nós é que por desejo o completamos..." (Lispector, 1964/1979, p. 154)

Na história da psicanálise, podemos lembrar desse *amor fati* em vários autores, a começar pelo próprio Sigmund Freud (1856-1939). Quantas lutas com sua teoria irrompendo como um perigo na sociedade hipócrita vienense, quanto esforço apesar de sua doença, quanta determinação em manter suas descobertas em um nível científico respeitável! Depois, Melanie Klein (1882-1960), com tantos lutos em sua vida que nunca a desviaram de sua intuição prodigiosa e fé no campo teórico que criou. E Wilfred Bion (1897-1979), que, mesmo com sua infância, adolescência e vida adulta de dificuldades, separações e perdas, permaneceu criando a partir de tantos campos diferentes do conhecimento humano. Um gênio que, ao tolerar a vida como ela se apresenta, produziu e desenvolveu com seus pensamentos toda a amplitude e complexidade de vieses com que contamos hoje na observação clínica psicanalítica. Esses, e tantos outros que viveram e vivem sempre com fé na capacidade criativa que lhes proporciona construções e desdobramentos, enriquecem a psicanálise e continuam a ampliá-la.

Encerro, então, minhas memórias-sonho, lembrando Clarice Lispector (1984/1999), ainda outra vez:

> *Não entendo. Isso é tão vasto que ultrapassa qualquer entender. Entender é sempre limitado. Mas não entender pode não ter fronteiras. Sinto que sou muito mais completa quando não entendo. Não entender, do modo como falo, é um dom. Não entender, mas não como um simples estado de espírito. O bom é ser inteligente e não entender. É uma benção estranha, como ter loucura sem ser doida. É um desinteresse manso, é uma doçura de burrice. Só que de vez em quando vem a inquietação: quero entender um pouco. Não demais: mas pelo menos entender que não entendo. (p. 172)*

Referências

Bion, W. R. (1987). Turbulência emocional (P. C. Sandler, Trad.). *Revista Brasileira de Psicanálise*, *21*(1), 121-141. (Trabalho original publicado em 1976)

Bion, W. R. (2006). O místico e o grupo. In W.R. Bion, *Atenção e interpretação* (P. C. Sandler, Trad., pp. 73-81). Imago. (Trabalho original publicado em 1970)

Bion, W. (2007). *Atenção e interpretação* (P. C. Sandler, Trad.). Imago. (Trabalho original publicado em 1970)

Clássicos da Arquitetura: Masp/Lina Bo Bardi. (2012, 14 de julho). *Arch daily*. https://bit.ly/3Vi8gfD

Giacoia, O., Jr. (2014). *Nietzsche: o humano como memória e como promessa* (2a ed.). Editora Vozes.

Lispector, C. (1979). *A paixão segundo GH*. Nova Fronteira. (Trabalho original publicado em 1964)

Lispector, C. (1999). *A descoberta do mundo*. Rocco. (Trabalho original publicado em 1984)

Meireles, C. (2016, 6 de maio). "Excursão" de Cecilia Meireles (de Viagem, 1939). In P. C. Serra, *Siento pasar el tiempo: poesía intimista* [Blog]. https://bit.ly/3TfWWis (Trabalho original publicado em 1939)

Nietzsche, F. (2001). *A gaia ciência* (P. C. Souza, Trad.). Companhia das Letras. (Trabalho original publicado em 1887)

Nietzsche, F. (2012). *Assim falou Zaratustra* (C. Duarte e A. Duarte, Trads.). Martin Claret. (Trabalho original publicado em 1885)

Oliveira, S. (2016). Schopenhauer, Wagner e Nietzsche: a música em diferentes graus filosóficos. *Lampejo*, *1*(9), 135-150. https://bit.ly/3MFcdqO

Rosa, J. G. (2020). *Grande sertão: veredas*. Companhia das Letras. (Trabalho original publicado em 1956)

Hume

14. Bion e Hume, ou uma leitura cética da psicanálise

Ney Marinho

14.1 Bion e a filosofia

Bion inúmeras vezes mencionou seu interesse e apreço pelo pensamento filosófico. São frequentes suas citações de filósofos, de Platão a Kant. Contudo, como bem assinala Melvin Lansky (1981), Bion nunca se declarou filósofo nem pretendeu propor um sistema filosófico. Entretanto, isso não o impediu de usar criativamente conceitos filosóficos, que muito influenciaram suas contribuições teóricas e técnicas. Um bom exemplo é a noção de incognoscível, "coisa em si", númeno, de reconhecida origem kantiana, que está presente nas bases de sua proposta técnica, assim como em sua original teoria epistemológica: a teoria das transformações. Outro exemplo poderia ser a noção de *pensamento sem pensador*, que tanto podemos remontar à teoria das formas de Platão e também a outras mais modernas, como a de conhecimento sem sujeito conhecedor de Popper (1975), que, por sua vez, é oriunda de Frege (1918/1998) – autor também citado por Bion –, apesar de não ter tido contato com o texto específico em que o grande lógico discute a impossibilidade/inconveniência de atribuirmos um pensador a um pensamento!

As palavras do próprio Bion (1963/1966) podem esclarecer sua relação tanto com a filosofia como com a matemática e outros campos do conhecimento dos quais retira noções ou analogias:

> *Se me preocupo com a exatidão da Matemática não é porque me interesse pela Matemática, e sim porque a Matemática e a exatidão de sua execução expressam funções da personalidade cujos fatores desejo conhecer. . . .O leitor verá que, reivindicando o emprego do termo função e fazendo que conserve sua penumbra de associações, deixo supor que usarei o termo de acordo com as regras e convenções que regulam seu uso para os matemáticos e filósofos. Se correspondo a esta expectativa, acredita-se que uso o termo "adequadamente". Se contrario, porém, a expectativa (despertada pela penumbra de associações que não separo do termo), poder-se-ia, com razão, afirmar que abusei dele. Admitindo a crítica, fica-me, portanto, a liberdade de explicitamente despojar o termo de sua penumbra de associações, ou de aceitar as convenções de uso implícitas nas suas associações. . . . Na realidade prefiro não adotar nenhum dos dois critérios. (pp. 5-7)*

Tal *liberdade* a que Bion se permite, longe de expressar um abuso em relação ao pensamento filosófico, revela um profundo respeito tanto pela filosofia como, em outros momentos, pela matemática ou pela biologia, quanto pela psicanálise. Pois as diversas áreas do conhecimento, muitas vezes funcionando como vértices, tornam-se instrumentos para ajudar a pensar psicanaliticamente os fenômenos com que a psicanálise lida. Não por acaso, em outros momentos, será a psicanálise o instrumento para investigar a cultura ou a história, como ocorre em vários capítulos de *Atenção e interpretação* (Bion, 1970/2006), que tem por subtítulo "Uma aproximação científica à compreensão interna na Psicanálise e nos grupos". Sublinhamos esse ponto, uma vez que nos parece que Bion trabalha sempre numa via de mão dupla, isto é, as diversas áreas do conhecimento contribuem para a psicanálise, assim como esta lhes retribui oferecendo um vértice que lhe é próprio e particular.[1]

É necessário que nos detenhamos, por mais brevemente que seja, na possível contribuição da psicanálise à epistemologia. O grande epistemologista argentino Gregorio Klimovsky (1989), após dar sua reflexão sobre a interpretação psicanalítica no tratado de Horacio Etchgoyen, *Fundamentos da técnica psicanalítica*, diz-nos:

> *Poucas vezes... alguém se faz a pergunta... se a Psicanálise deu alguma contribuição à compreensão da Epistemologia Geral. Porque sem dúvida a Física e a Matemática deram contribuições à Epistemologia, que permitiram entrever bastante a estrutura lógica das teorias. Haverá algo no modo psicanalítico de pensar que influa na própria visão que o epistemológico tem da marcha da ciência? Sem querer ser um* expert *em Bion ou Money-Kyrle, creio que esses autores... tentaram de alguma maneira avançar um pouco por esse caminho e me parece que, precisamente, a peculiaridade de seus*

1 Pensamos que Jacques Derrida (2001) oferece um bom exemplo do que tencionamos dizer quando afirma não conhecer campo de reflexão que não utilize conceitos metafísicos para investigar "o mal pelo mal" que não seja o que se entende por psicanálise.

> *problemas e o modelo particular da Psicanálise, de seu pensar, possa causar um efeito indireto e revolucionário no estudo de como se formam os modelos científicos. (p. 282)*

Como trabalharemos com a relação Bion/Hume, com ênfase nas consequências da influência de Hume no pensamento de Bion, assim como na influência deste para o desenvolvimento de certas questões que Hume levanta, o comentário de Klimovsky adquire particular importância. Como desenvolveremos adiante, a psicanálise tem uma peculiar contribuição a oferecer sobre temas filosóficos – como a razão e suas vicissitudes.

Assim, nosso texto tem quatro partes: a influência de Hume (crítica da causalidade, conjunção constante, razão); o uso de Bion a partir das contribuições de Hume (a noção de função e fator em psicanálise; a razão como um elemento da psicanálise; o estudo da *razão como escrava das paixões*, segundo a psicanálise); as consequências técnicas da influência humeana; e, finalmente, a obra de Bion como uma possível leitura cética da psicanálise.

14.2 A influência de Hume e o uso das contribuições humeanas por Bion

A psicanálise, como sabemos, nasceu numa época de grandes esperanças em todos os campos – das artes às ciências, passando, em certa medida, pela filosofia – que se convencionou chamar de *Belle Époque*. Sabemos também que a Primeira Grande Guerra destruiu muitos sonhos – entre esses, o de que a ciência seria *um caminho seguro para o progresso*. Tais eram os êxitos das descobertas científicas – do telégrafo ao avião, passando pela luz elétrica e pelo telefone – que mesmo as questões de relações sociais e pessoais teriam uma *explicação* e *solução*. A ideia de um progresso linear – isto é, progressivo, por meio de um acúmulo de sucessos explicativos – era natural e pouco contestada. Contudo, alguns filósofos, como Karl Popper, vienense como Freud, questionariam o dogma do indutivismo, ou seja, de que a partir de uma série de exemplos poderíamos estabelecer leis gerais capazes de prever fenômenos. A base lógica do argumento indutivista seria a noção de causalidade: se ocorre o fato A, então, necessariamente ocorrerá o efeito B, fato *comprovado por inúmeras observações*; portanto, se A → B. Nessa linha de pensamento, uma série de observações que sugerissem tal relação adquiririam uma forte credencial pela afirmação que se A → B; embora a fragilidade de tal argumento já tenha sido assinalada na tradição filosófica,[2] as formidáveis invenções obscureciam essas críticas.

Na Viena de Freud, surge uma nova crítica ao indutivismo, mais sofisticada. Pois, se B pode ser fruto de outros elementos que não A, propõe Karl Popper que uma ausência de B (um –B) refutasse o papel de A. Estamos nos referindo à famosa teoria da refutabilidade de Popper: uma vez que não podemos verificar uma teoria – dadas as dificuldades de assegurar uma prova – podemos refutá-la. Quanto mais refutável fosse a teoria, mais científica seria, pois estaria sempre exposta à crítica, a um contraexemplo.[3] Essa *saída* mantinha,

2 Lembremo-nos da *falácia do consequente*, ou seja: o fenômeno B pode ser observado e estar relacionado a outros fatores (C, D etc.) que não A. Assim, a observação do *consequente* B não afirma a ocorrência de A.

3 Lembremo-nos do diálogo de Popper e Adler. Em *Conjecturas e refutações*, Popper (1963/1972) conta um episódio em que, trabalhando com Alfred Adler (então discípulo de Freud) num ambulatório popular na conhecida Viena Vermelha – áreas governadas pelos social-democratas –, após contar um caso de um adolescente que aparentemente seria "inexplicável pela psicanálise", Adler lhe faz um longo relato dizendo ter visto 1.000 casos semelhantes, dando uma explicação, ao que Popper acrescenta: "então este é o seu 1.001º".

contudo, a base lógica de causa → efeito.[4] A nosso ver, tal teoria da refutabilidade, por mais engenhosa que seja, procura manter uma ideia de *certeza*. Uma teoria refutável - portanto, científica e não metafísica - e capaz de resistir às provas da experiência é uma forte candidata à *certeza*. Apesar de todo o antidogmatismo de Popper, a busca da certeza era um dos objetivos do pensamento científico da época, daí sua preocupação com um critério de demarcação; quer dizer: diferenciar ciência de pseudociência, conhecimento passível de refutação de conhecimento dogmático ou irrefutável. Muitos de seus mais brilhantes discípulos, ao pesquisarem a história da ciência, chegaram à conclusão de que *nenhum* cientista entrou ávido em seu laboratório para encontrar um contraexemplo, um refutador - que Popper também não discutiu que poderia estar equivocado, apesar das *inúmeras* observações - de sua mais cara teoria! Ao contrário, os cientistas sempre procuraram avidamente por formas de proteger suas teorias de possíveis críticas. Interessante lembrar que uns poucos pensadores - como Freud e Bion, seguindo a tradição da época, de Marx a Darwin - procuravam se refutar e encontrar soluções. Um bom exemplo psicanalítico é a história da reação terapêutica negativa. A rigor, a falta de resposta terapêutica ao tratamento psicanalítico adequado, seguindo os rigorosos parâmetros popperianos, seria suficiente para o abandono de uma promissora teoria, que se mostraria assim refutada! Contudo, o que faz Freud? Propõe um *sentimento inconsciente de culpa* como razão para o não aproveitamento da análise. Para um popperiano radical, seria mais uma insuportável teoria ad hoc, feita sob medida para contornar um fracasso! Mas vejamos o que nos mostra a história do pensamento psicanalítico: Melanie Klein vai desenvolver o conceito de *inveja*

4 Ver *Doença mental e psicologia*, de Foucault (1954/2000). Nesse livro, o autor toma a descoberta do agente *causador* da sífilis - o treponema - e, por consequência, a descrição de um quadro com etiologia, anatomia patológica e descrição clínica, como um exemplo promissor de futuros esclarecimentos dos distúrbios mentais.

inconsciente – como um dos representantes da pulsão de morte –, capaz de neutralizar, destruir ou pelo menos impedir qualquer desenvolvimento do *par analítico* fértil ou de um casal apaixonado capaz de gerar ricos frutos, diria Bion.

Em que pese a crítica de alguns a essa *nova mitologia* – introdução do conceito de pulsão de morte –, julgamos que a clínica se mostrou mais rica e promissora do que a árida descrição popperiana, sempre em busca de refutações. E... quer se queira ou não, de candidatos a confirmações. Em outros termos: a busca da certeza![5]

14.2.1 A crítica da causalidade de Hume e a noção de conjunção constante

> *Quando olhamos para os objetos ao nosso redor e consideramos a operação das causas, não somos jamais capazes de identificar, em um caso singular, nenhum poder ou conexão necessária, nenhuma qualidade que ligue o efeito à causa e torne o primeiro uma consequência*

5 Evidentemente, Popper não concordaria com tal interpretação de sua proposta. Contudo, lembraríamos que seu livro *Conjecturas e refutações* (1963/1972) visa corrigir seus pontos de vista iniciais, abrindo espaço para o que denominou "Programas de Pesquisa Metafísica", aos quais atribuía grande valor, por serem passíveis de aperfeiçoamento pela crítica. Não seriam teorias científicas, uma vez que eram irrefutáveis, como a teoria da história de Marx, a psicanálise de Freud e ... a astrologia – teorias que agrupava num mesmo campo, julgadas metafísicas e não científicas. Contudo, sua grande admiração por Darwin e sua irrefutável teoria da evolução fez com que abrisse tal espaço. Na bibliografia, citamos um texto nosso em que usamos o método popperiano – a análise situacional – descrito em *Conjecturas e refutações* para mostrar que a teoria psicanalítica sobre os grupos humanos, iniciada por Freud e desenvolvida por Bion, se presta como um belo exemplo para as novas propostas popperianas. Uma visão mais abrangente da relação entre Popper e a psicanálise pode ser vista em "Popper e a questão da Psicanálise" (Marinho, 2012).

> *infalível da segunda. De fato, tudo o que descobrimos é que o efeito realmente se segue à causa.*
>
> *. . . filósofos, que levam seu exame um pouco mais longe, percebem, imediatamente, que, mesmo nos acontecimentos mais familiares, a energia da causa é tão ininteligível quanto nos mais inusitados, e que apenas aprendemos pela experiência a* conjunção *frequente de objetos, sem sermos jamais capazes de compreender algo como uma* conexão *entre eles. (Hume, 1748/1999, pp. 88-89.97)*

Uma vez que Bion aceita a crítica humeana da causalidade, adota a noção de *conjunção constante*, expressão que usará com frequência a partir de "O aprender com a experiência" (1963/1966). Rejeita a ideia de causalidade como *explicação* dos fenômenos mentais e reconhece que são *objetos constantemente conjugados* o que, de fato, observamos. Essa influência marcante de Hume percorrerá a fase de sua obra conhecida como período epistemológico, isto é, segundo alguns (como seu biógrafo, Bléandonu), momento marcado por uma procura do "ideal da psicanálise científica". Embora não concordemos com essa interpretação, baseada mais nas referências de Bion a lógicos, como Gottlob Frege, ou a filósofos da ciência, como Karl Popper, ou a matemáticos, como Henri Poincaré, julgamos que Bion utiliza a leitura de tais autores para *pensar* a experiência psicanalítica sem outro compromisso, como procuramos mostrar na seção anterior. Assim, são desse período outro texto – *Os elementos da Psicanálise* (1963/1966) – e a apresentação de um dispositivo extremamente original para pensar/avaliar a sessão psicanalítica – mas não somente, como adiante veremos – chamado de *Grade*. Uma primeira apresentação de tal ferramenta ocorreu, provavelmente, em 2 de outubro de 1963, numa reunião científica da Sociedade Britânica de Psicanálise.[6] Deixaremos, momentaneamente, esse percurso de Bion, que desagua na teoria das transformações (1965/2004), quando sugere uma epistemologia própria para a psicanálise, uma vez que pretendemos enfatizar a influência de Hume.

Abrir mão das explicações causais, mesmo na década de 1960, era ato de grande coragem, honestidade científica e intelectual. Tal atitude remonta ao fundador da psicanálise. Freud nunca hesitou em apresentar suas mais arrojadas conjecturas – como a pulsão de morte –, mesmo que pudessem ser consideradas não científicas, embora tenha reivindicado por toda a sua vida a cientificidade para a psicanálise. Nessa linha de pensamento é que vemos a Grade como um instrumento conjectural, aberto ao desenvolvimento, capaz de *pensar* a experiência psicanalítica de diversos vértices, podendo até tornar-se um jogo, como o autor sugere ao fim da sua apresentação ante uma das mais respeitáveis sociedades psicanalíticas. Assim Bion (1997/2016) termina a apresentação mencionada:

> *Para concluir, referir-me-ei brevemente ao jogo psicanalítico. Suponha-se que, ao revisar algum aspecto de um dia de trabalho, o analista esteja satisfeito, por suas interpretações estarem ajustadas com um razoável grau de precisão às necessidades do material. Ele pode comparar as categorias que atribuiu aos enunciados do paciente com as categorias que ele atribuiria às suas interpretações. A partir disto ele pode continuar a considerar a natureza da relação entre o material e a interpretação. Mas ele*

6 Tivemos a oportunidade de estudar esse texto original graças à gentileza de Hans Thorner, que cedeu uma cópia a Rosa Beatriz Pontes de Miranda, então sua analisanda em Londres. Hoje, esse histórico trabalho pode ser encontrado em versão brasileira, publicada pela editora Blucher como *Domesticando pensamentos selvagens* (Bion, 1997/2016).

> *pode também, arbitrariamente, atribuir tanto para a interpretação quanto para os enunciados do paciente algumas categorias diferentes e tentar trabalhar as implicações da categorização arbitrária. Por exemplo, ele pode colocar uma interpretação com a qual está satisfeito numa categoria Coluna 2, como D2, e, então, perguntar-se o que a interpretação, mesmo que correta, estaria excluindo. O analista pode estabelecer para si próprio exercícios similares, mas como um método de exercitar e desenvolver sua capacidade de intuição. (pp. 34-35)*

Portanto, a Grade, que pretende classificar a experiência em dois eixos – um vertical, denominado genético, seguindo a ordem da menor para a maior sofisticação de uma ideia, e outro, horizontal, denominado sistemático, estipulando o uso que essa ideia exerce naquele determinado contexto –, pode prestar-se a várias possibilidades. Nenhuma será certa ou errada, mas, sim, significativa ou não, quer seja estudada uma comunicação do paciente ou do analista. Pela primeira vez, creio eu, apresenta-se para a Psicanálise um instrumento de avaliação que não utiliza conceitos ou categorias de outras áreas do conhecimento; um instrumento não dogmático, cujo objetivo não é encontrar *a interpretação certa ou errada*, *a comunicação adequada ou inadequada*, mas um instrumento para pensar a experiência daquele encontro sob o ponto de vista psicanalítico. Importante acrescentar que tal instrumento pode ser usado independentemente dos referenciais psicanalíticos utilizados. Não pretendemos nos estender numa exposição da Grade, mas apenas mostrar o que nos parece uma influência da atitude *radicalmente* antidogmática cujas raízes sugerimos estar no ceticismo humeano.

14.2.2 Função e fator

Uma vez afastada a *explicação causal* que sempre foi *o caminho seguro para a ciência*,[7] Bion utilizará novas noções – como função e fator – que julga mais propícias à observação psicanalítica. Poderíamos tomar como funções da personalidade muito do que observamos na experiência psicanalítica e, a partir disso, inferirmos fatores, como ilustrado na introdução de "O aprender com a experiência" (Bion, 1963/1966).[8] Podemos mesmo remontar à teoria sobre o pensar, quando introduz uma *função* alfa, que tem como um de seus fatores a *rêverie* materna. Da mesma forma, podemos tomar a *rêverie* materna como função e investigar seus fatores, como o amor pela criança, pelo pai da criança, pelos próprios pais, e outros a serem investigados. Como se vê, essa aproximação é *insaturada*, permite uma contínua e singular investigação, muito diferente do modelo causal que leva a um fechamento dogmático. Lembremo-nos do ditado: "*sublata causa, tollitur effectus*" ("eliminada a causa, cessa o efeito")! Certamente, muitas questões foram assim solenemente encerradas sem maiores investigações.

A crítica da causalidade será aprofundada no capítulo 5 de *Transformações* (BION, 1965/2004):

> *O componente moral é a invariante nos elementos β e objetos bizarros, na medida em que estes últimos compartilham as características de elementos β. O componente moral é inseparável tanto dos sentimentos de culpa e responsabilidade, como de um sentido que a causalidade moral é o* vínculo *entre tais objetos, e entre estes objetos e a personalidade. Portanto, a teoria da causalidade em um*

7 Ver Delacampagne (1997).

8 Ver o exemplo descrito na introdução da referida obra.

> *sentido científico, até o ponto que ela o tenha, constitui um exemplo do transporte de uma ideia (na falta de um termo melhor) a partir de um âmbito moral para um âmbito onde sua penumbra original de associações à moral é inadequado.*
>
> *[Neste momento vai dizer numa nota de rodapé que] o superego usurpa uma função do ego. (p. 79)*

A implicação técnica mais evidente é o tornar a atividade psicanalítica uma permanente pesquisa, tanto por parte de analista como de paciente. Contudo, se por um lado o paciente se liberta das ansiedades claustrofóbicas da neurose/psicose, por outro observamos surgir ansiedades agorafóbicas. Na próxima seção, discutiremos mais o que julgamos ser problemas relacionados ao desenvolvimento.

14.2.3 A razão como elemento da psicanálise

O tema da razão como elemento da psicanálise surge no primeiro capítulo do livro *Os elementos da Psicanálise* (1963/2004). Vale a pena reproduzir esse momento:

> *Usarei a notação* R, *derivada da palavra "razão" e das "realizações" que pensamos que ela representa; e* I, *derivada da palavra "ideia" e de todas as "realizações" que ela representa, inclusive aquelas representadas por "pensamentos". . . .* R *visa representar* (sic) *uma função destinada a servir às paixões, quaisquer que sejam elas, conduzindo-as à sua dominância no mundo da realidade. Entendo por paixões tudo que está incluído em L, H e K.* R *está associado a* I *na medida em que* I *esteja*

> *sendo usado para transpor o hiato entre um impulso e sua satisfação.*[9] R[10] garante que o impulso certamente esteja ligado a alguma outra finalidade além daquela de modificar a frustração durante a pausa no tempo. *(p. 20, grifos nosso)*

O tema da razão vai retornar no capítulo 6 de *Transformações* (Bion, 1965/2004), sendo então mais uma vez evidentes a influência de Hume e o uso que Bion fará de sua proposta para a teoria psicanalítica:

> *Uma conjunção constante é uma função da consciência do observador. O observador sente uma necessidade,* sua, *que a conjunção constante precisa ter um significado,* para si. *Significado é uma função de auto-amor, auto-ódio ou auto-conhecimento* (sic). *É necessário psico-logicamente, mas não logicamente. Por uma questão de necessidade psicológica, é preciso que uma conjunção constante, tão logo tenha sido nomeada, adquira um significado.*
>
> *A objeção contra um universo sem significado... deriva do medo que* (sic) *a falta de significado deste universo seja um sinal de que o significado tenha sido destruído, e da ameaça disto para o narcisismo essencial. Caso um universo dado... não permita a existência de um significado* para o indivíduo, *seu narcisismo vai demandar a*

9 Freud (1911/1969).

10 Não levei adiante a discussão de R por sentir não estar ainda numa posição de ver suas implicações. Eu o incluo porque, pela minha experiência clínica, estou persuadido do valor de um elemento como esse; outras pessoas podem ser capazes de usá-lo, conquanto sua elaboração esteja incompleta. Ver Hume (1739/2009, livro II, parte III, seção 3).

> *existência de um deus, ou algum objeto supremo, para o qual ele tem um significado; a partir do qual, supõe-se, ele se beneficia. (p. 87, grifos do original)*

14.2.4 Os limites do conhecimento: K → O

Apesar de Bion, como já visto, ter entregue às futuras gerações de psicanalistas o estudo da *razão* (R), sua posição de vê-la como "escrava das paixões" nos permite admitir que não será no restrito âmbito do conhecimento que avançaremos na compreensão de seu papel. Recordemos os subtítulos de seus últimos livros publicados em vida: *Transformações: do aprendizado ao crescimento* (1965/2004) e *Atenção e interpretação: uma aproximação científica à compreensão interna na Psicanálise e nos grupos* (1970/2006). A meu ver, talvez mais do que essas fundamentais obras, sua última aparição pública, (se não me engano) o *Seminário de Paris* (1978), mostra a aproximação entre a psicanálise e a estética,[11] com profundas implicações epistemológicas que fogem ao propósito deste texto, mas que me parecem imprescindíveis para uma melhor avaliação de suas obras, principalmente da trilogia *Uma memória do futuro*, publicada em 1975.

Vale a pena seguirmos o trajeto que, a meu ver, leva Bion à crescente revalorização da linguagem e da experiência estética como instrumentos básicos de exploração do vértice psicanalítico, quer na clínica, quer na crítica da cultura, tradicional campo de pesquisa desde Freud.

Ao constatar o limite do conhecimento para promover um desenvolvimento mental, em *Transformações*, Bion (1965/2004) se defronta com o mistério do crescimento, embora as resistências a

---

11 Ver Wittgenstein (1946/1970).

este sejam velhas conhecidas da tradição psicanalítica. As regressões, as paradas de desenvolvimento, as "reações terapêuticas negativas" já haviam sido bastante descritas e exploradas. Contudo, o desenvolvimento mental – diríamos a "aventura do conhecimento", como a capacidade de amar e trabalhar que Freud já previa como uma possibilidade de contribuição da psicanálise – permanecia misterioso. A rigor, poderíamos dizer que tudo o que se desvia das *explicações* teóricas desperta o sentimento de mistério, embora nossa cotidiana experiência estética nos seja de imediato acessível!

Nessa linha é que entendemos as citações seguintes:

> *Pode-se perguntar qual seria o estado de mente bem-vindo, já que memórias e desejos não o são. Um termo que expressaria de modo aproximado o que necessito expressar é "fé" – fé de que existe uma realidade última e verdade – "infinito desprovido de forma", desconhecido, incognoscível. (Bion, 1970/2006, p. 46)*

Mais adiante: "O 'ato de fé' não se associa de modo algum a memória, desejo ou sensação. Ele tem uma relação com o pensar análoga à relação do conhecimento *a priori* com o conhecimento" (Bion, 1970/2006, p. 49).

14.2.5 Um estudo de caso: a razão escravagista

No IV Congresso de Psicanálise em Língua Portuguesa, em Mindelo (Cabo Verde, novembro de 2018), cujo tema central era "Rotas da Escravidão", apresentamos uma breve reflexão sobre a *razão escravagista* – um ponto de vista psicanalítico. A rigor, uma proposta de pesquisa sobre o estudo crítico da razão na cultura, pois entendemos que esse tema foi muito subestimado pela tradição psicanalítica. Como já mencionamos a citação de Bion, não vamos insistir nessa questão, mas vamos procurar desenvolvê-la com um estudo de caso em nossa cultura brasileira. Antes, vale a pena reproduzirmos as epígrafes daquele trabalho, pois pensamos serem muito atuais, dado os trágicos momentos que vivemos.

> *A Psicanálise lida com muitos estados de mente, inclusive aqueles que geralmente constituem a zona de caça de não-psicanalistas; por exemplo: ladrões, arrombadores, pervertidos sexuais, assassinos, chantagistas. O mundo mental dessas pessoas corresponde a um mundo da realidade externa que alimenta seus estados de mente por meio de alguma organização estabelecida de espionagem internacional e comercial, forças policiais, organizações religiosas; o primeiro grupo corresponde ao outro. (Bion, 1970/2006, pp. 132-133)*

Como diz a conhecida frase atribuída ao psiquiatra alemão Ernst Kretschmer (1888-1964), "os psicopatas estão sempre entre nós. Em tempos tranquilos nós os examinamos. Em tempos difíceis eles nos governam".

Na tradição filosófica, há inúmeras formas de falar sobre a *razão*. Vamos privilegiar aquela que se refere ao *sentido*, ou seja, aquilo que permite a compreensibilidade de uma sentença, de uma afirmação, de modo a permitir que o diálogo se estabeleça. Vejamos alguns pontos preliminares:

Os *atos intencionais* são fundamentados, ou justificados, por *razões*, ou *motivos*. Podemos mesmo dizer que são *atos intencionais* aqueles que têm essa característica, distinguindo-se dessa forma de *atos involuntários*, os quais são *explicados* por *causas* neurológicas, ou pelos diversos fatores que provocam distúrbios de consciência, como traumatismos, intoxicações etc. Há ainda os atos que consideramos bizarros ou extravagantes, cuja *explicação*, por parte do agente, não *compreendemos*, ou simplesmente não nos é dada. Esses tradicionalmente eram objetos da psiquiatria e, a partir de Freud, passaram a ser também da psicanálise, e, com o desenvolvimento desta, tornaram-se objeto de particular interesse por todos aqueles que estudam *estados primitivos (ou primordiais) da mente*. Portanto, o que propúnhamos seria um trajeto de Karl Jaspers (1913/1963) – em "Compreender e explicar", capítulo famoso de sua *Psicopatologia geral* – até Bion (1965/2004) – em *Transformações*, em especial no capítulo X, em que discute as transformações em alucinose.

Freud, em um de seus textos mais apreciados por Bion – "Formulações sobre os dois princípios do funcionamento mental" (1911/1969) –, descreve como surge o pensamento: entre o impulso, ou desejo, e a ação, há um retardo, a fim de que esta seja exitosa no domínio da realidade; esse intervalo seria preenchido pelo pensar, isto é, pela busca da melhor ação possível para alcançar o alvo do desejo, da descarga. O esquema parece perfeito para o funcionamento do psiquismo segundo um princípio do prazer, *agora* subordinado ao princípio de realidade. Contudo, sabemos que as coisas não se passam bem assim. Há outros fatores que podem adiar a execução do ato. Entre esses, estaria a *razão*. Pensemos no *experimento de pensar* do filósofo Von Wright (1971/2003) – sucessor de Wittgenstein na cátedra de lógica em Cambridge – conhecido como "matar o tirano". O experimento consiste no seguinte: você tem todas as condições para matar, tem a disposição para tal, o objeto é um odiado tirano, mas... você pode não realizar o ato. Essa possibilidade de não realização do ato seria o necessário espaço da liberdade.[12]

---

12 No filme *Guerra e paz* (Vidor, 1956), inspirado no romance de Tolstói, há uma formidável cena em que um personagem, do alto de um campanário, tem

A análise de pacientes psicóticos que, por definição, apresentam alguma forma de distúrbio da *razão* nos leva a pensar questões semelhantes. Se recordarmos o trecho já citado de Bion, quando ele introduz a importância do estudo de R (razão), vemos dois aspectos de suma importância: a vinculação que ele faz da *razão* com as paixões (seguindo, assim, Hume) e seu papel no intervalo entre o impulso e a satisfação. Neste momento, não nos interessam as grandes implicações que tal comentário traz para o estudo das psicoses, algumas das quais já mencionamos ao falar sobre a necessidade psicológica e não lógica de um mundo significativo. A psiquiatria clássica, por meio de Karl Jaspers, já havia chamado atenção para o papel que o delírio desempenha sucedendo as insuportáveis vivências delirantes primárias – a nosso ver, no mesmo sentido em que Freud (1911/1969) vai tratar *o delírio como uma tentativa de cura*.

Como nossa proposta, no momento, é o estudo na cultura, também sabemos que os acontecimentos culturais tendem a buscar justificações, como as guerras. Lembremo-nos das Cruzadas, da Primeira Guerra Mundial, da Guerra do Vietnã, até as mais recentes, como a Guerra do Iraque. As justificações podem ser de ordem variável: religiosas, de vingança ou represália, forjadas ou reconhecidamente falsas! Daí o aforismo: "a primeira vítima da guerra é a verdade". Seja como for, será preciso uma *razão* que a justifique e convoque as nações envolvidas. Da mesma forma, a escravidão necessitou de uma razão que a justificasse, além das de ordem econômica, religiosa ou étnica. Estamos propondo sua investigação; talvez o mais correto seria a busca de seus fatores, tomando-a como uma função. Mas a contribuição de Bion nos permite detectar um invariante na *razão escravagista*.

As sociedades escravagistas, da mesma forma que as de castas, necessitam uma ordenação baseada nas categorias *superior* e *inferior*.

Napoleão, entrando em Moscou, como alvo perfeito... mas não atira, devido a seus princípios pacifistas e humanistas.

Além do mais, alguma autoridade – rei, senhor, religião ou um deus qualquer – deve chancelar tal ordem. Essa estrutura se aproxima do que Bion (1965/2004) descreveu como as regras de transformação em alucinose. Recordemos:

> *A – Se um objeto é o "máximo", ele dita "ação"; é superior em todos os aspectos em relação a todos os outros objetos e é autossuficiente e independente deles.*
> *B – Objetos que podem ocupar tal posição incluem (a) Pai, (b) Mãe, (c) Analista, (d) Objetivo, objeto ou ambição, (e) Interpretação, (f) Ideias, sejam morais ou científicas.*
> *C – A única relação entre dois objetos é a de superior para inferior.*
> *D – Receber é melhor do que dar. (p. 147)*

Como se pode ver, as regras A, B e C estão necessariamente presentes na estrutura da razão escravagista. Nesta, é inconcebível qualquer horizontalidade, ou a noção de igualdade.

Há um excelente texto, *Manual jurídico da escravidão: Império do Brasil*, de André Barreto Campello (2018), que mostra como era o pensamento jurídico e socialmente aceito (!) que consagrava a *razão escravagista*. Somente um poeta, como Castro Alves, poderia escandalizar-se e quase desesperar com tal estado de coisas. O cidadão comum certamente assistia aos pelourinhos ou aos castigos corporais da mesma forma que o senhor da casa grande procurava seguir os preceitos legais, assim como seus capitães de mato, embora a corrupção e a impunidade fossem frequentes.

Entretanto, em nosso propósito imediato de estudar a influência de Hume na obra de Bion, podemos investigar/conjecturar quais paixões (K, L e H, e as mesmas sobre a ação da pulsão de morte: −K, −L e −H) predominariam nesse constante paralelogramo de forças que sustenta a *razão* em sua realização. Uma vez que sugiro que todas estejam sempre presentes, proponho que H e −L tenham um papel preponderante na razão escravagista.

Uma outra contribuição de Hume que poderia ser aproveitada na crítica da cultura, sob o vértice do pensamento bioniano, seria observar qual *conjunção constante* permanece como nossa herança escravagista. No trabalho apresentado em Cabo Verde, sugerimos a impunidade (ao senhor não caberia maiores responsabilidades), a tortura (uma prática que tinha suas regras - número de chibatadas permitidas, por exemplo - e que se mantém como prática não somente política em períodos de exceção, mas frequente para pobres e, em especial, negros) e o reconhecimento social dos fundamentos da razão escravagista (algo que se transmite na admissão da exclusão política, social e econômica dos trabalhadores como uma *condição aceitável*).

14.3 Bion e uma possível leitura cética da psicanálise

> *A postura de dúvida filosófica é a ferramenta do analista e sumamente importante a preservação de semelhante dúvida sobre cuja base se pode construir a análise. Um paciente que faça ataques ao elo de ligação revelará desagrado em relação à capacidade de o analista conservar uma atitude de dúvida, e envidará incessantes esforços para estimular os desejos e a memória deste último. As evidências de "melhora" que me impressionaram e*

> *agradaram nada tinham a ver com o trabalho analítico. (Bion, 1967/1994, p. 176)*

Sabemos que os famosos *Second thoughts* de Bion (1967/1994) são a republicação de seus trabalhos da década de 1950, seguidos de comentários. Bion não quis alterar os textos já publicados. Assim, é nos comentários que vamos encontrar suas novas reflexões – "*second thoughts*" – após importantes pesquisas retratadas em *O aprender com a experiência*, *Os elementos da Psicanálise* e, sobretudo, em *Transformações*. Frisamos esse ponto pois, apesar de a citação anterior ser quase uma profissão de fé cética, julgamos que é fruto de sua utilização de noções humeanas, mencionadas em sua fase epistemológica, para aprofundar a investigação do fenômeno psicótico. Este, sim, seria o grande *autor* a influenciar sua obra e clínica. A favor dessa interpretação está o parágrafo seguinte à citação, no qual há uma perspicaz crítica à noção de "cura" e "melhora".

> *É necessário nos darmos conta da "melhora" que talvez seja a negação da existência de qualidades místicas no indivíduo. Equívoco oposto é tomar um distúrbio mental grave como evidência de genialidade. Deixo o mencionado trabalho para um futuro exame, mas reitero as razões de eu desconfiar da ideia de "cura" ou "melhora", não por duvidar da existência de uma realização que se aproxime desses termos, mas porque a tendência a equiparar análise a "tratamento", e "cura" a melhora, é sinal de que a análise está ficando restrita, sendo a limitação posta no crescimento do analisando, com vista à manutenção da paz de espírito do grupo. (Bion, 1967/1994, p. 176)*

Desse trecho, a referência a *um futuro exame* vamos encontrar em *Atenção e interpretação* (1970/2006), livro que, em boa parte, desenvolve uma crítica ao modelo médico para a psicanálise, assim como a compreensão da constante relação entre o indivíduo e o grupo. Em um momento de sua biografia, Bion nos diz que, na Califórnia, "reencontrou o verdadeiro sol e a verdadeira chuva" de sua infância na Índia, da mesma forma que pôde acolher "os pensamentos selvagens" (Bléandonu, 1993, p. 220).

A possibilidade de uma leitura cética da psicanálise tem, a nosso ver, implicações teóricas, clínicas e sobre a psicanálise como instrumento de crítica da cultura. Junto com "a dúvida filosófica (como) a ferramenta do analista",[13] entendemos a leitura cética como um abandono da noção de certeza em favor do "ato de fé", em detrimento de qualquer fundamentação científica e de outras formas de dogmatismo que obstaculizem a constante pesquisa em que consiste a aventura psicanalítica.[14] Para a realização de tal aventura, supomos que os vínculos K e L devam ter um papel preponderante no uso da razão.

> *Sempre poderíamos dizer de um homem que é um autômato (poderíamos aprender isto na escola, nas aulas de Fisiologia) e, contudo, isto não influiria em minha atitude para com os demais. Inclusive, posso dizer de mim mesmo.*

---

13 A respeito da "dúvida filosófica", indicamos fortemente o recém-lançado livro de Danilo Marcondes (2019), *Raízes da dúvida: ceticismo e filosofia moderna*. Em linguagem clara e acessível, é uma erudita história da questão da dúvida que certamente interessa de perto os estudiosos de Bion.

14 Essa posição fica mais clara no texto de nosso grupo de estudos, "Bion, passagem para Ur" (Marinho et al., 2012).

> *Porém, qual a diferença entre uma atitude e uma opinião? Eu diria: a atitude vem* antes *da opinião. (Wittgenstein, 1951/1996, p. 53, grifo do original)*

Referências

Bion, W. R. (1966). *Os elementos da Psicanálise: o aprender com a experiência* (J. Salomão e P. D. Corrêa, Trads.). Zahar. (Trabalho original publicado em 1963)

Bion, W. R. (1978). *Seminário de Paris* (W. Dantas e W. Souza, Trads.). Mímeo.

Bion, W. R. (1994). *Estudos psicanalíticos revisados (Second thoughts)* (W. Dantas, Trad.). Imago. (Trabalho original publicado em 1967)

Bion, W. R. (2004). *Os elementos da Psicanálise: o aprender com a experiência* (J. Salomão e P. D. Corrêa, Trads.). Zahar. (Trabalho original publicado em 1963)

Bion, W. R. (2004). *Transformações: do aprendizado ao crescimento* (P. C. Sandler, Trad.; 2a ed.). Imago. (Trabalho original publicado em 1965)

Bion, W. R. (2006). *Atenção e interpretação* (P. C. Sandler, Trad., 2a ed.). Imago. (Trabalho original publicado em 1970)

Bion, W. R. (2016). *Domesticando pensamentos selvagens* (L. C. U. Junqueira Filho, Trad.). Blucher; Karnac. (Trabalho original publicado em 1997)

Bléandonu, G. (1993). Wilfred R. Bion: a vida e a obra (L. L. Hoory e M. Mortara, Trads.). Imago.

Campello, A. B. (2018). *Manual jurídico da escravidão: Império do Brasil*. Paco Editorial.

Delacampagne, C. (1997). *História da Filosofia no século XX* (L. Magalhães, Trad.). Jorge Zahar.

Derrida, J. (2001). *Estados-da-alma da Psicanálise: o impossível para além da soberana crueldade* (A. Romane e I. K. Marin, Trads.). Escuta.

Foucault, M. (2000). *Doença mental e Psicologia* (L. R. Shalders, Trad., 6a ed.). Tempo Brasileiro. (Trabalho original publicado em 1954)

Frege, G. (1998). O pensamento: uma investigação lógica. In *Investigações lógicas e outros ensaios* (P. Alcoforado, Trad.). Humanitas. (Trabalho original publicado em 1918)

Freud, S. (1969). Formulações sobre os dois princípios do funcionamento mental. In *Edição Standard Brasileira das Obras Completas de Sigmund Freud: Vol. 12. O caso Schreber, Artigos sobre técnica e outros trabalhos (1911-1913)* (J. O. A. Abreu, Trad., pp. 273-288). Imago. (Trabalho original publicado em 1911)

Hume, D. (1999). *Investigação sobre o entendimento humano e sobre os princípios da moral* (J. O. A. Marques, Trad.). Editora Unesp. (Trabalho original publicado em 1748)

Hume, D. (2009). *Tratado da natureza humana* (D. Danovski, Trad., 2a ed.). Editora Unesp. (Trabalho original publicado em 1739)

Jaspers, K. (1963). *Psicopatología general* (R. O. Saubidet, Trad., 3a ed.). Editorial Beta. (Trabalho original publicado em 1913)

Klimovsky, G. (1989). Aspectos epistemológicos da interpretação psicanalítica. In H. Etchegoyen, *Fundamentos da técnica psicanalítica* (C. G. Fernandes, Trad., 2a ed. ampl., pp. 269-281). Artes Médicas.

Lansky, M. (1981). Philosophical issues in Bion's thoughts. In J. S. Grotstein (Ed.), *Do I dare disturb the universe? A memorial to Wilfred R. Bion* (pp. 427-441). Caesura Press.

Marcondes, D. (2019). *Raízes da dúvida: ceticismo e Filosofia Moderna*. Zahar.

Marinho, F., Farias, J. H., Nazareth, L., Marinho, N., & Bianchini, P. (2012). *Bion, passagem para Ur: uma contribuição ao debate sobre o desenvolvimento da obra de W. R. Bion* [Apresentação de trabalho]. 29º Congresso Latino-Americano de Psicanálise, São Paulo, SP, Brasil.

Marinho, N. (2012). Popper e a questão da Psicanálise. In P. E. Oliveira (Org.), *Ensaios sobre o Pensamento de Karl Popper* (pp. 70-88). Círculo de Estudos Bandeirantes.

Popper, K. (1972). *Conjecturas e refutações* (S. Bath, Trad., 2a ed.). Editora Universidade de Brasília. (Trabalho original publicado em 1963)

Popper, K. (1975). *Conhecimento objetivo* (M. Amado, Trad.). Edusp.

Vidor, K. (Diretor). (1956). *War and peace* [Filme]. Paramount Pictures; Dino de Laurentiis Cinematografica.

Von Wright, G. H. (2003). *Explanation and understanding*. Routledge. (Trabalho original publicado em 1971)

Wittgenstein, L. (1970). *Estética, Psicologia e Religião: palestras e conversações* (J. P. Paes, Trad.). Cultrix. (Trabalho original publicado em 1946)

Wittgenstein, L. (1996). *Últimos escritos sobre Filosofía de la Psicología: Vol. 2. Lo interno y lo externo* (L. M. V. Villanueva, Trad.). Tecnos. (Trabalho original publicado em 1951)

15. As três feridas narcísicas de David Hume

Danilo Marcondes

Reason, is and ought only to be, the slave of passions.[1]

(Hume, 1739/1969, p. 83)

15.1 As três feridas narcísicas

Em uma passagem famosa e muito citada das *Conferências introdutórias à Psicanálise (1916-1917)*, Freud (1917/2014) usa a imagem das três feridas narcísicas que representam na Modernidade rupturas com a autoimagem do ser humano herdada da tradição.[2]

A primeira é a Revolução Copernicana (1543), na medida em que, ao deslocar a Terra do centro do Universo, Copérnico mostra que esta é apenas mais um planeta de médio porte girando em torno do Sol, o que retira sua centralidade e, em consequência, também a do ser humano que a habita; é a assim chamada "ferida cósmica".

1 Razão, é e só deve ser, escrava das paixões. (Tradução livre)

2 Hannah Arendt (1958/2007), em *A condição humana*, elabora essa questão do descentramento da Terra e seus efeitos sobre a Modernidade.

A segunda é provocada por Charles Darwin, quando, em seu *A origem das espécies pela seleção natural* (1859/2018), define o homem como uma espécie originária dos primatas, pertencendo, assim, à ordem animal da natureza como os demais primatas, e não sendo mais o "rei da Criação" da narrativa bíblica. Trata-se da "ferida biológica".

Freud, por sua vez, teria contribuído para mais uma ferida narcísica com sua descoberta do inconsciente, sobretudo inicialmente com *A interpretação dos sonhos* (1900/2019) e, posteriormente, com outros escritos, na medida em que o homem não é mais o ser racional definido pela tradição, ou seja, "não é mais senhor em sua própria casa", já que o inconsciente é parte definidora de seu psiquismo, da natureza de sua mente, ocupando um "lugar" até então não reconhecido.

Essas três feridas teriam abalado a autoimagem do homem como ser superior e, dessa forma, "ferido o seu narcisismo". O homem estaria vivendo uma crise de identidade ao longo da Modernidade que culminaria com a concepção freudiana de inconsciente. Freud afirma nas *Conferência introdutórias à Psicanálise* ter sido levado a "perturbar a paz do mundo".

Proponho uma analogia entre as três feridas de que fala Freud e a crítica do grande filósofo escocês David Hume que abalou três pilares da tradição filosófica, consistindo, assim, em "feridas" nesses pressupostos centrais e fazendo com que a filosofia tivesse algumas de suas certezas mais fundamentais frontalmente questionadas, abalando o "narcisismo" dos filósofos que se consideravam responsáveis pela forma mais elevada de conhecimento da verdade.[3] Um dos exemplos

3 São poucos os estudos que aproximam Hume de Freud; destaco, nesse sentido, o Colóquio Hume-Freud de 2009, do Instituto Universitário de Pesquisas do Rio de Janeiro. Quanto a Bion, a principal referência que localizei foi de Assan (2014).

disso é a reação de Kant (1783/1988) nos prolegômenos à sua leitura de Hume, na célebre passagem em que diz foi Hume que o havia despertado de seu sono dogmático!

Retomo aqui, então, a analogia freudiana das feridas narcísicas, aplicando-a a Hume, na medida em que também este, ao questionar alguns dos pressupostos fundamentais da tradição, atinge diretamente a autoimagem e a pretensão ao saber dos filósofos, exibindo sua fragilidade. Depois das críticas de Hume, a filosofia já não poderia ser mais a mesma.

As três "feridas" que Hume provoca e que examinaremos a seguir seriam respectivamente a crítica à causalidade, a problematização da indução e o questionamento da identidade pessoal. Porém, devem ser interpretadas como aspectos de uma mesma crítica à tradição filosófica em que essas três questões se articulam.

15.2 A causalidade

A causalidade é um dos conceitos mais centrais da tradição filosófica e científica em sua origem. Encontra-se já nos primeiros filósofos, os "pré-socráticos".

Aitias logismos, explicação causal é a própria definição de conhecimento (*episteme*) no diálogo "Teeteto", de Platão. a doutrina das quatro causas ou quatro elementos primordiais de Empédocles – água, terra, ar e fogo – teve imensa influência em toda a tradição filosófica e científica, chegando até o Renascimento. "*Rerum cognoscere causas*": conhecer as causas das coisas era então a definição que se adotava para a ciência natural.

A causalidade foi considerada mesmo o "cimento do Universo", expressão usada por Hume no "Abstract" de *A treatise of human nature* (1739/1969, p. 36),[4] precisamente por ser aquilo que une, liga as coisas, que mantém a relação entre os fenômenos e desta forma mantém a estabilidade do real.

Hume foi o primeiro filósofo a atacar diretamente esse pressuposto fundamental herdado da tradição e sem o qual tudo pareceria desmoronar, o que nos levaria ao aleatório, ao acaso.

O argumento de Hume é simples: enquanto empirista, considera que todas as nossas ideias provêm da experiência. É nesse sentido que se pergunta de que experiência pode se originar a ideia de causalidade como conexão necessária, como elo efetivo entre os fenômenos, fazendo com que uma causa produza um efeito. Hume, então, se pergunta sobre onde está a causa e sobre que percepção podemos ter de uma causa.

É famoso o exemplo do jogo de bilhar. Hume toma no "Abstract" (1739/1969, seções. 9, 15 e 17) o exemplo das bolas de bilhar como paradigmático de uma inferência causal, isto é, do tipo de raciocínio que nos leva da observação do movimento de uma bola de bilhar que produz um impacto sobre a outra como a causa do movimento da segunda bola. Contudo, esse "terceiro fator", a causa, não é em nenhum momento observado, apenas o movimento da primeira bola e o da segunda; não se percebe aí, como diz Hume, nenhum "princípio de conexão". Essa observação nos leva a fazer inferências, ou predições, sobre o que acontecerá quando uma bola se chocar com outra. Contudo, essa inferência se baseia apenas no até então observado. Passamos, assim, da constatação de uma conjunção constante de fenômenos, uma bola se chocando com a

4 O "*Abstract*" (1740) foi publicado posteriormente e de forma independente do *Treatise* e consiste em um resumo deste. Edições recentes da obra incluem-no. No Brasil o livro é comumente traduzido como *Tratado sobre a natureza humana*, e assim me referirei a ele daqui em diante.

outra, para a conclusão de que há uma conexão necessária entre esses dois fenômenos. A observação da conjunção constante nos leva a criar expectativas e fazer projeções sobre o futuro com base apenas na força do hábito. Criamos expectativas a partir do modo de se perceber a regularidade no mundo natural. Portanto, a causalidade nada mais é do que nossa maneira de perceber o real, derivada da regularidade dos fenômenos que observamos. Podemos dizer então que a causalidade está em nós e não no mundo.

> It is not, therefore, reason which is the guide of life, but custom. That alone determines the mind, in all instances, to suppose the future conformable to the past. However easy this step may seem, reason would never, to all eternity, be able to make it. *(Hume, 1739/1969, p. 125)*[5]

E conclui, "even the union of cause and effect, when strictly exa-min'd, resolves itself into a customary association of ideas" (p. 125).[6]

15.3 A indução

O argumento sobre a causalidade nos leva ao problema da indução e das inferências indutivas.[7] Temos, então, a segunda "ferida narcísica" humeana, levando adiante a analogia que propus.

---

5 "Não é, portanto, a razão que consiste no guia da vida, mas o costume. É isso basicamente que leva a mente em todos os casos a supor que o futuro deve ser conforme o passado. Por mais fácil que isso possa parecer, a razão não seria capaz nem em toda a eternidade de fazê-lo." (tradução livre)

6 "Mesmo a união entre causa e efeito, quando estritamente examinada, se reduz a uma associação costumeira entre causa e efeito." (tradução livre)

7 A discussão sobre a indução se encontra principalmente no *Tratado*, livro I, parte iii, seção VI (Hume, 1748/1952), e na seção IV das *Investigações* (1748/1952).

É famoso nesse sentido o exemplo formulado por Bertrand Russell (em *The problems of Philosophy*, 1912/1959), da galinha que é alimentada todo dia por uma cozinheira no quintal, formando a hipótese de que a cozinheira tem a função de alimentá-la e criando a expectativa de que isso sempre ocorrerá, até que em um belo dia a cozinheira lhe corta o pescoço e joga o animal na panela. Nossas predições indutivas nunca podem nos levar à certeza, e no fundo todas as nossas crenças são como as da "galinha de Russell".

A indução consiste, assim, apenas em uma inferência que fazemos de um certo número de casos, concluindo que todos os casos serão desse tipo. Por exemplo, durante muito tempo, se acreditou que todos os cisnes eram brancos, até que, no final do século XVII, um navegador holandês avistou na Austrália cisnes negros. Dessa forma, a inferência indutiva de que "todos os cisnes são brancos", a partir dos cisnes até então observados, teve de ser alterada para algo do tipo "todos os cisnes são ou brancos ou negros".

A inferência indutiva não pode nos dar, portanto, conhecimento certo, mas apenas conhecimento com base na nossa experiência até o momento considerado, sendo qualquer generalização, ou projeção futura, incerta. No entanto, nossa experiência se constrói em larga escala dessa forma.

O pesquisador e estatístico Nassim Taleb usa esse exemplo em seu *The Black Swan* (2010) para discutir fenômenos randômicos e o lugar do acaso em nossa experiência, na formação de nossa visão de mundo e em nossas expectativas, uma vez que somos levados, como mostra Hume, a evitar levar em consideração fenômenos que se revelam contrários a nossas expectativas habituais. Taleb mostra "o impacto do altamente improvável" (esse o subtítulo da obra) em nossas hipóteses e em nossas vidas, porque esses acontecimentos randômicos nos forçam a rever nossas crenças e nossos hábitos.

O hábito é, desta forma, um forte elemento constituidor de nossa experiência, levando-nos a projetar essa regularidade em certezas e tornando difícil lidarmos com a incerteza, nosso permanente desafio. A incerteza não é uma falha ou defeito, mas parte da experiência. Taleb (2010) conclui que precisamos da viabilidade e do randômico.

15.4 A identidade pessoal

A "terceira ferida", possivelmente a mais relevante para a discussão psicanalítica, consiste na problematização da identidade pessoal e se encontra no *A treatise of human nature* (1739/1969, vol. I, sec. VI, parte IV, "*section concerning personal identity*"; e no "Apêndice", em que Hume faz uma revisão do anterior).

Hume começa por se perguntar como se podem atribuir identidade e simplicidade à mente (*mind*), ao "eu" (*self*), ou à pessoa (*person*). Devemos observar que *identidade* é uma característica diacrônica que significa ausência de variação ou interrupção, e *simplicidade* é uma caraterística sincrônica que significa unidade ou ausência de partes, distinguindo-se de um composto.

Com base nesses conceitos e nessa distinção, Hume mantém que não podemos considerar a mente, o eu ou a identidade pessoal como tendo essas características, sendo, portanto, segundo sua famosa definição, de grande impacto, nada além do que um amontoado ou coleção de percepções ("*nothing but a bundle or collection of perceptions*"), não tendo a "identidade perfeita" (*perfect identity*) que possuem as coisas que são invariáveis e ininterruptas. A mente, ao contrário, tem, no máximo, uma identidade fictícia ou imperfeita, resultado das relações entre percepções e da imaginação. São associações de percepções que nos levam a atribuir unidade à mente. Contudo, não temos efetivamente nenhuma experiência dessa unidade, somente dessas associações e sucessões de percepções, por meio apenas de relações de semelhança e contiguidade.

A repetição e a regularidade que formam o hábito acabam por produzir o caráter ilusório de um eu estável, independentemente de nossa experiência, e que a torna possível; porém, trata-se apenas de um eu construído e, como tal, instável, mutável.

Hume se refere, assim, a toda uma tradição filosófica moderna sobre a centralidade da subjetividade e do eu cujo melhor representante e, talvez, inaugurador seja Descartes (1595-1650), com o famoso "Argumento do *cogito*" (o "penso [no latim, *cogito*], logo existo") da 1ª e da 2ª *Meditações metafísicas* (1641). Descartes vê a mente como uma substância, a *res cogitans*, literalmente "uma coisa pensante". É a essa concepção substancialista que Hume se opõe.

A seguinte passagem é significativa:

> But no connexions among distinct existences are ever discoverable by human understanding. We only feel a connexion or a determination of the thought, to pass from one object to another. It follows, therefore, that the thought alone finds personal identity, when reflecting on the train of past perceptions, that compose a mind, the ideas of them are felt to be connected together, and naturally introduce each other. However extraordinary this conclusion may seem, it need not surprize us. Most philosophers seem inclin'd to think that personal identity arises from consciousness; and consciousness is nothing but a reflected thought or perception. But all my hopes vanish, when I come to explain the principles, that unite our successive perceptions in our thought or consciousness. I cannot

> discover any theory, which gives me satisfaction on this head. *(Hume, 1739/1969, p. 677)*[8]

No apêndice do *Tratado*, Hume anuncia uma revisão de sua posição talvez excessivamente radical na seção "Sobre a identidade pessoal", mas não chega realmente a propor essa revisão.

Nesse sentido, a conclusão pode parecer surpreendente:

> In short, there are two principles, which I cannot render consistent; nor is it in my power to renounce either of them, viz. that all our distinct perceptions are distinct existences, and that the mind never perceives any real connexion among distinct existences. Did our perceptions either inhere in something simple and individual, or did the mind perceive some real connexion among them, there wou'd be no difficulty in the case. For my part, I must plead the privilege of a sceptic, and confess that this difficulty is too hard for my understanding. I pretend not, however, to pronounce it absolutely insuperable. Others,

---

8 "Mas nenhuma conexão entre distintas existências pode ser jamais descoberta pelo entendimento humano. Sentimos apenas uma conexão ou uma determinação do pensamento de passar de um objeto a outro. Segue-se disso, portanto, que apenas o pensamento encontra a identidade pessoal, ao refletir sobre a sequência de percepções do passado que compõem a mente, as ideias são percebidas como estando conectadas e naturalmente introduzindo uma à outra. Por mais extraordinária que pareça essa conclusão, não deve nos surpreender. A maioria dos filósofos parece inclinada a considerar que a identidade pessoal emerge da consciência, e a consciência nada mais é do que uma percepção ou um pensamento reflexivo. Mas todas as minhas esperanças desaparecem quando tento explicar os princípios que unificam nossas sucessivas percepções em nosso pensamento ou consciência. Não consigo descobrir nenhuma teoria que me pareça satisfatória." (tradução livre)

> perhaps, or myself, upon more mature reflection, may discover some hypothesis, that will reconcile these contradictions. *(Hume, 1739/1969, p. 678)*[9]

A identidade pessoal se reduz, portanto, ao indivíduo material concreto, ao indivíduo biológico, não havendo nada que se possa caracterizar como "eu" (*self*), mente, espírito ou alma, e ser considerado estável ou permanente, como a *res cogitans* de Descartes, que sempre se encontra no horizonte dessas questões dos filósofos do século XVIII.

As críticas de Hume a esses conceitos tiveram um forte impacto, levando a uma profunda revisão de seus significados e do papel que até então tinham no sistema filosófico. Os pressupostos mais fundamentais do pensamento filosófico e científico foram abalados de tal maneira que nunca mais puderam ser pensados da mesma forma. É como diz Kant na famosa afirmação, já mencionada aqui, de que a leitura de Hume o despertou de seu "sono dogmático".

15.5 Filosofia e terapia

A concepção humeana de filosofia e sua crítica aos pressupostos centrais da tradição filosófica devem nos levar, como ele mesmo diz,

9 "Brevemente, há dois princípios que não consigo tornar consistentes, mas dos quais tampouco está em meu poder abrir mão, quer dizer em suma que todas as nossas percepções correspondem a existências distintas e que a mente jamais percebe qualquer conexão real entre existências distintas. Ou nossas percepções são inerentes a algo simples e individual, ou a mente percebe alguma conexão real entre essas coisas, não havendo dificuldade nesse caso. De minha parte, devo evocar o privilégio de um cético e confessar que esta dificuldade é demasiada para meu entendimento. Não tenho a pretensão, contudo, de pronunciá-la absolutamente insuperável. Outros, ou eu mesmo, após uma reflexão mais amadurecida, talvez possamos encontrar uma hipótese que reconcilie essas contradições." (tradução livre)

a desfazermo-nos de nossas ilusões. Isso permitiria uma aproximação com a psicanálise, não tanto teórica, mas enquanto terapia.

No *Tratado* (1739/1969), na seção intitulada "Conclusão deste livro", temos que a "natureza nos cura da melancolia filosófica e do delírio" (p. 669), sendo melancolia e delírio, assim, dois estados dessa "doença" provocada pelas ilusões de nossas crenças dogmáticas, isto é, não examinadas.

Mas é principalmente na seção XII do *Enquiry* (1748/1952) que encontramos a analogia com a cura. Primeiro, quando Hume se refere à dúvida cartesiana (parte I) que seria incurável se alcançada por alguém (porém, não o é).

Temos aí a analogia com a cura que encontramos desde a filosofia antiga, o que nos permite aproximar sua posição do ceticismo terapêutico de Sexto Empírico (século II).

Hume (1748/1952) aproxima-se da filosofia prática de Sexto Empírico ao dizer "*the greater subverter of Pyrrhonism or excessive skepticism is common life*" ("o grande subvertedor do pirronismo ou ceticismo excessivo é a vida comum", p. 507 xx, tradução livre) e também "*nature is always too strong for principle*" ("é a natureza que nos impede da inação", p. 507, tradução livre). Para Sexto, é claro, a atitude cética nos leva à vida comum (*biós koynós*), a uma renúncia à teorização. Portanto, para o ceticismo defendido por Sexto, a postura do cético não é incompatível com a atitude natural; antes, é sobretudo antidoutrinária.

Quando Hume define as "estranhas enfermidades do entendimento humano", quando os seres humanos têm uma *fond opinion of themselves*, que podemos aproximar da presunção, ou seja, de nossos preconceitos, e o *prejudice against antagonists*, que podemos aproximar da prevenção, o remédio é uma pequena dose (*a small tincture*) do ceticismo, que pode ser capaz de curvar o seu orgulho (*abate their pride*). Portanto, o emprego do método pode nos levar com isso a uma "determinação salutar" e à *superação da enfermidade que anteriormente nos acometera*.

E nos faz ver as coisas de uma outra maneira.

Referências

Arendt, H. (2007). *A condição humana* (R. Raposo, Trad., 10a ed.). Forense Universitária. (Trabalho original publicado em 1958)

Assan, J.-M. (2014). L'influence de la pensée de Hume dans l'œuvre de Bion. *Le Coq-Héron*, *216*(1), 117-125.

Darwin, C. (2018). *A origem das espécies* (D. M. Miranda, Trad.). Edipro. (Trabalho original publicado em 1859)

Descartes, R. (2018). *Meditações metafísicas* (E. Bini, Trad.). Edipro. (Trabalho original publicado em 1641)

Freud, S. (2014). Conferências introdutórias à Psicanálise. In S. Freud, *Obras completas Vol. 13. (1916-1917)* (S. Tellaroli, Trad.). Companhia das Letras. (Trabalho original publicado em 1917)

Freud, S. (2019). A interpretação dos sonhos. In S. Freud, *Obras completas: Vol. 4.* (P. C. Souza, Trad.). Companhia das Letras. (Trabalho original publicado em 1900)

Hume, D. (1969). *A treatise of human nature* (Vols. 1 e 2). Oxford. Penguin Classics. (Trabalho original publicado em 1739)

Hume, D. (1952). *An enquiry concerning human understanding*. Encyclopedia Britannica. (Trabalho original publicado em 1748)

Kant, I. (1988). *Prolegómenos a toda a metafísica futura* (A. Morão, Trad.). Edições 70. (Trabalho original publicado em 1783)

Russell, B. (1959). *The problems of Philosophy*. Oxford University Press. (Trabalho original publicado em 1912)

Taleb, N. N. (2010). *The black swan: the impact of the highly improbable* (2a ed.). Random House.

16. Ideações sobre os momentos estéticos: Hume, Bion, Michelangelo e Fernando Pessoa

Ana Regina Morandini Caldeira
Sônia Maria Nogueira de Godoy

> *Quando analisamos nossos pensamentos ou ideias, por mais complexos e sublimes que sejam, sempre descobrimos que se resolvem em ideias simples que são cópias de uma sensação ou sentimentos anteriores.*
>
> (Hume, citado por Marcondes, 1997/2007, p. 187)

> *Tudo quanto o homem expõe ou exprime é uma nota à margem de um texto apagado do todo. Mais ou menos, pelo sentido da nota, tiramos o sentido que havia de ser o do texto, mas fica sempre uma dúvida, e os sentidos possíveis são muitos.*
>
> (Pessoa, 1982/2003, p. 164)

Com ideias "simples" vinculadas a "sensações ou sentimentos anteriores", nós, autoras deste Capítulo, tecemos um diálogo com Michelangelo e Fernando Pessoa.

Danilo Marcondes e Ney Marinho, ao nos mostrarem o essencial da interlocução que perceberam entre David Hume e Wilfred

Bion, fizeram germinar sonhos, os quais transformamos aqui em ideias, que, na verdade, nos remetem a sensações e sentimentos que perduram em nossas memórias.

Vamos, então, às construções realizadas nesse território lúdico-sonhante...

16.1 "Um encontro singular", por Sônia Maria Godoy

Um encontro, com algo sentido por mim como extraordinário, em Florença (Itália), me elevou a um estado tão emocionante, em minha capacidade de encontrar-me com o belo, que, por meio de minhas percepções, até hoje a lembrança desse encontro ecoa em meus sentidos: as esculturas inacabadas de Michelangelo na Galeria da Academia de Belas Artes. Na sala onde estão expostas essas obras, um conjunto conhecido como "Os escravos", figuras em estado de tornarem-se humanas, precipita-se apenas em partes para fora dessa pedra bruta, como que emergindo de um estado primitivo para o momento de tornarem-se humanos.

Nada até hoje me parece ter sido um encontro estético de tamanha reverberação em meu ser, dadas as minhas sensações, guardadas em minha memória, e o número de associações despertadas em minha mente.

Michelangelo, em sua genialidade e em minha fruição, produz algo genuinamente em nascimento, em movimento, pois, da pedra bruta, partes dessas figuras se mantêm inacabadas, à espera de surgir, enquanto outras, perfeitas em sua anatomia, ameaçam arrebentar o mármore e dali sair. Só, diante daquelas imagens, impactada, pergunto-me se teria ele sintetizado suas impressões sobre nossas incompletudes, sobre estados mentais que vamos procurando conquistar no decorrer de nossas experiências de vida. Subitamente, diante da visão daquelas imagens, recorro às impressões de nascimento, algo subjetivo, e, simultaneamente, num movimento vertiginoso, a uma ideia de humanidade: as idades do humano, quanto temos progredido e, ao mesmo tempo, quanto temos permanecido paralisados. A dificuldade permanente em lidar com aspectos obscuros e selvagens ainda presentes, associo às Idades nomeadas da Pedra Lascada e da Pedra Polida, como desculpa para a crueza, rudeza, crueldade e violência ainda presentes e repetidas através dos séculos. Momentos, talvez, de uma percepção do artista da possibilidade de um "vir a ser", que representa ali sua observação de um tempo em que ainda prevalece a paralisia, a prisão em um bloco e em correntes que prendiam e prendem, impedindo o existir. Tendo como sua especialidade mostrar em suas esculturas as emoções nas estátuas, Michelangelo revela em uma delas, ao meu olhar, um aparente desânimo de quem desistiu de qualquer esforço... Ao meu olhar... Sair debaixo de tantas camadas e experimentar-se em vida é árduo, doloroso. Parece-me que ele sintetiza impressões sobre nossas incompletudes, nossos contínuos movimentos de estados mentais que vamos procurando conquistar no decorrer de nossas experiências de vida. Era Renascimento nesse seu momento. Um re-nascer, pleno de esperanças no olhar do homem da época, após séculos de aprisionamento do pensar, do expressar e do sentir.

Assim também, como que em uma invariante, encontro-me com David Hume, filósofo do século XVIII, trazendo um desmoronar, um retirar das ideias que estavam empedradas desde a época dos gregos, fazendo re-pensar ideias seculares até então aceitas como dogma. Como Michelangelo, Hume também retira excessos da dureza de noções calcificadas e expõe aos olhos dos pensantes da época que cada ser humano tem suas próprias conexões mentais a partir da sua própria visão de um objeto, discriminando o objeto observado do que era visível aos olhos do observador.

"Toda coisa que é pode não ser", diz Hume (citado por Abbagnano, 1982, p. 114).

Aquele momento, único para mim diante da genialidade de Michelangelo, põe em movimento meus imaginação, sentimentos e impressões existentes, gerando outros, que se influenciam e se modificam, até mesmo no compartilhar com outras pessoas. Diante da uma expressão artística que me desperta os sentidos, recorro às minhas memórias e consigo, posteriormente, colocar em palavras a experiência, ampliada, modificada, daquele momento diante das obras inacabadas. Tornam-se, assim, uma composição conseguida pela minha mente, como em outras experiências semelhantes, diante de obras de arte ou de experiências estéticas comuns do dia a dia, que se tornam próximas, afins e reunidas neste momento, como que em um todo.

Assim também Danilo Marcondes e Ney Marinho retiram o excesso e mostram a essência da interlocução entre Hume e Bion, algo que favorece o germinar de novas ideias. Um re-nascimento até mesmo de conceitos bionianos que, agora, possibilita novas compreensões. Bion, procurando sempre maneiras de compreender e ir além na compreensão da mente humana, foi retirando excessos também, por assim dizer, conduzindo-nos à percepção da importância do aprender da experiência e ainda levando-nos a compreender a mente com sua multiplicidade de elementos, e nossa relação em busca de "O", a verdade de cada um, nunca alcançada. Contempla as várias camadas do funcionamento mental, chegando às diferentes "vozes" existentes em nosso interior.

Composta por diversas "pessoas", a quem damos vida e unimos por vínculos, conforme diz Hume, minha mente pode até mesmo duvidar se eu estive lá, diante de "Os escravos", ou se isso foi apenas um sonho. Aqui, a razão tenta colocar ordem nas emoções que ameaçam tomar conta de um fato passado e pensa que é assim que ele se me apresenta. Talvez, em outros momentos, possa ser diferente para mim mesma ou semelhante às percepções de outras pessoas, ou absolutamente indiferente para outras, diante das mesmas estátuas.

Assim, fica a pergunta: há identidade? Abbagnano (1982) responde, compreendendo Hume: "uma mesma pessoa pode mudar caracteres e disposições, e também suas impressões e suas ideias sem perder a identidade... suas partes estão sempre ligadas pela relação de causalidade" (p. 120).

Haverá identidade em Fernando Pessoa?

Impossível não lembrar do grande poeta português e seus heterônimos. Cada um com características próprias, com diferentes datas de nascimento e morte, com modo de ver o mundo e estados de espírito diversos, ideias que se alteram e impressões que se transformam, sem que sua identidade como poeta português seja fragmentada, mas sempre incluída em sua personalidade múltipla.

Álvaro de Campos, um de seus heterônimos, diz que Fernando Pessoa não existe, pois ele, Álvaro de Campos, é que existe, para poupar ao poeta o esforço e o incômodo de viver. Para mim, um exemplo poético de generosidade em compartilhar a pluralidade de diferentes "pessoas" em seus escritos.

16.2 "Verso e reverso", por Ana Regina Caldeira

Parafraseio aqui Álvaro de Campos, em seu poema "Não: devagar", com inspiração em David Hume e Wilfred Bion, a partir da interpretação de Ney Marinho e Danilo Marcondes.

Devagar, porque não sei
Porque vivo na incerteza
De onde quero ir.

Há entre mim e os meus passos
Uma divergência instintiva
Há nexo entre os fenômenos?
Explicar algo seria revelar causalidade?

Há entre quem sou e estou
Uma diferença de verbo
Se acaso todas as minhas ideias
não sejam derivadas de percepções. . .
O que corresponde à realidade, então?

Devagar. . .
Porque há um ritmo de conjunção constante entre os fenômenos
O verso e o reverso.

Sim, devagar. . .
Quero pensar no que quer dizer esse devagar.
Quero divagar, abstrair, vaguear, sonhar.
Talvez o mundo tenha pressa demais.
Porque nossas memórias e formas de ver a vida vão se
transformar sempre, fugazmente.

Talvez a alma vulgar queira chegar mais cedo a um lugar definido.
Sujeitos inconstantes que somos, de nossa existência.

Talvez a impressão dos momentos seja muito próxima à
impermanência que nos constitui.
E a verdade assim se revele pelos entre-ditos.
Talvez tudo isso. . .
Devagar, então.

16.3 Poema original de Álvaro de Campos

Não: devagar.
Devagar, porque não sei
Onde quero ir.
Há entre mim e os meus passos
Uma divergência instintiva.
Há entre quem sou e estou
Uma diferença de verbo
Que corresponde à realidade.

Devagar. . .
Sim, devagar. . .
Quero pensar no que quer dizer
Este devagar. . .

Talvez o mundo exterior tenha pressa demais
Talvez a alma vulgar queira chegar mais cedo.
Talvez a impressão dos momentos seja muito próxima. . .

Talvez tudo isso. . .
Mas o que me preocupa é esta palavra devagar. . .
O que é que tem que ser devagar?
Se calhar é o universo. . .
A verdade manda Deus que se diga.
Mas ouviu alguém isso a Deus?
(Pessoa, 1998/2018, p. 400)

Referências

Abbagnano, N. (1982). Hume. In N. Abbagnano, *História da Filosofia* (A. B. Coelho, Trad., Vol. 7, pp. 107-130). Editorial Presença.

Marcondes, D. (2007). A tradição empirista: a experiência como guia. In D. Marcondes, *Iniciação à História da Filosofia: dos pré-socráticos a Wittgenstein* (pp. 181-191). Zahar. (Trabalho original publicado em 1997)

Pessoa, F. (2003). *Livro do desassossego*. Companhia das Letras. (Trabalho original publicado em 1982)

Pessoa, F. (2018). *Ficções do interlúdio*. Novo Século. (Trabalho original publicado em 1998)

Teorias das Ciências

17. Teoria da ciência: método científico na obra de Bion

Paulo Cesar Sandler

Meus queridos colegas de Ribeirão Preto, arrisco-me a uma pobre caricatura, ao falar coisa que até mesmo poetas receariam dizer; sendo eu um não poeta, incapaz, portanto, de formular verbalmente emoções e sentimentos. "Mas como, mas como, como pode ser que você, um psicanalista, fica aí falando isso?" – vocês, em perplexidade, poderiam me questionar. É que um psicanalista só pode ser psicanalista caso tenha seu grande ajudante, que, na verdade é comandante, a pessoa a quem denominamos "paciente". Uma das poucas formulações verbais que podemos encontrar, potente o suficiente para expressar suas contrapartes na realidade. Precisa ser paciente para se submeter ao auxílio que só uma psicanálise consegue dar. Então, com pacientes, é possível fazer isso. Não é necessário ser poeta, já que temos essa ajuda.

Com isso, introduzo o tema a vocês, meus queridos colegas, que tanta alegria têm me dado há décadas já. Após algumas conversações com Luciana Torrano – muito parecidas com aquelas que tive a oportunidade de ter com Martha Ribeiro e sua dedicada equipe quando organizaram a primeira publicação da Sociedade de Brasileira de Psicanálise de Ribeirão Preto (SBPRP) –, houve o convite para que eu conversasse com vocês sobre o método científico utilizado por Bion para levar a cabo o exercício psicanalítico. Esse método, que se constitui na teoria da ciência utilizada por Bion, baseia-se em uma teoria da ciência formulada por algumas pessoas.

Vou falar agora de modo tão resumido e tão geral que pode ser até colocado como rótulo ou título: Bion utiliza-se da teoria correspondencial. Tenho escrito sobre isso já há um bom tempo – em termos de publicações em livros, como *As origens da Psicanálise na obra de Kant* (2000), e em uma série de artigos publicados em revistas brasileiras e no exterior que prefiro não ficar citando agora, por questões de tempo, embora o precisasse, por estar escrevendo um artigo que se pretende científico. O que prefiro dizer agora é que rótulos e títulos são bons para garrafas contendo tudo quanto é líquido, de guaraná até champanhe, e títulos são bons para quem gosta de "se mostrar" – usualmente quem não é. Apelo para o poetinha camarada Vinicius de Moraes: "o homem que diz 'sou' não é". Com isso, dou o exemplo da ciência ao contrário – ou, poderia dizer, ciência negativa. Usar rótulos e títulos é um bom modo de não fazer ciência, embora precisem ser usados como índices – como se fossem a placa que identifica uma rua, com um nome. Mas a placa não é a rua, que tem casas, ou melhor, hoje em dia, prédios, e muitos de nós morando neles, entrando e saindo e entrando, até que a morte nos separe. Não estou desvalorizando essa coisa de rotular, mas colocando um limite na sua potência. Se a pessoa continua caminhando, pode ser um modo para alcançar ciência. Por meio do que não é, pode-se alcançar o "é". Pode-se. Caso não se fique no "não é". Freud usou o termo "teste da realidade", raiz da obra de Bion, em muitos textos, como "Formulações sobre os dois princípios do funcionamento mental" (1911). Bion usou o termo "senso de verdade" no artigo "Uma teoria do pensar" (1961/2022). "Uma"! E não "A"!

Matemática, química – ou formulações matemáticas e químicas – utilizaram-se do "não é" para chegar ao "é"...

Voltando aos rótulos e ao que precisa ser feito para irmos além deles: precisamos de definições, porque, senão, fica uma coisa autoritária e de crenças e de cultos à personalidade. Isso é outra coisa inimiga de ciência, embora seja amiga de idealizações e de redes de influência política – alheios (ou alienados) às ciências.

Vamos às definições? Como podemos definir *ciência* e, por conseguinte, o *método científico*?

Ciência é um dos *três modos* que temos para fazer aproximações à realidade. Aos fatos como são, sem mentira, sem evasão, sem subterfúgios nem outros interesses que não o interesse científico. Isso corresponde a uma teoria fundamental em ciência: a *teoria correspondencial*. Formulações científicas precisam ter contrapartes na realidade que correspondam àquilo de que a formulação científica tenta se aproximar.

Escrevi há pouco, apelando para o recurso que os gráficos denominam de "itálico", *três modos*. Infelizmente estamos em tempos de Covid-19, então não posso apelar para algo similar ao que fazemos em análise: conversar com vocês. Como alguns de vocês que me conhecem, bem sabem, conversa é um dos fundamentos do método científico utilizado pela psicanálise. Freud deixou isso bem claro em muitos textos – preciso citar o "Recomendações aos médicos que praticam Psicanálise" (1912) e "A questão da análise leiga" (1926). Se juntarmos a estes dois mais uns outros, como *A interpretação dos sonhos* (1899) e *Três ensaios sobre uma teoria da sexualidade* (1905), teremos os fundamentos do método científico da obra de Bion.

A conversa se utiliza de formulações verbais. Então, o método científico é uma conversa entre duas pessoas – em ambiente sigiloso e íntimo – na qual o analista se utiliza de uma ferramenta, ou melhor, um instrumento: formulações verbais. Só isso – e tudo isso. Vocês poderão ver essas menções em todos os livros escritos por Bion. Outra vez, não vou citar quais são agora – mas muito disso está no texto que se segue, sobre o qual não vou falar.

Mesmo lamentando que não posso conversar com vocês no momento, posso imaginar uma conversa. Se pudesse conversar com vocês, esperaria uma pergunta: quais são os outros dois modos de aproximação à realidade? Se ninguém me perguntasse, eu interromperia esta... hum... conversa, ou melhor, este texto, e perguntaria para vocês: quais são os outros dois?

Já vou respondendo, mesmo que ninguém tenha podido me perguntar, mesmo sabendo que uma resposta é sempre a doença da pergunta – uma citação de Maurice Blanchot, um pensador de quem André Green gostava muito, a ponto de tê-lo citado para Bion, fornecendo a este uma coisa que ele nunca tinha tido: um interlocutor. Os dois conversaram! Depois que Green contou para Bion algo a respeito de Blanchot, em 1974, Bion comprou uns três livros e reiterou essa frase até morrer. Mas vamos à minha pergunta para vocês: quais são as outras duas aproximações, além das científicas? Até o ponto a que foi minha investigação, temos três modos para fazer formulações que nos aproximam – poucas vezes notavelmente e de modo, como escreveu muitas vezes Winnicott, suficientemente bom – da realidade. Vou chamar as formulações sob o epítome do método científico, da teoria da ciência na obra de Bion. Como vocês pensam que vou chamar as formulações? Chamo-as de "invariâncias". Bion se inspirou no trabalho de dois matemáticos que estavam desenvolvendo pela primeira vez na história da matemática o cálculo matricial. Refiro-me à teoria das transformações e invariâncias. Talvez possamos dizer: transformações sobre invariantes. Temos, então, as

1) Formulações científicas;

2) Formulações artísticas;

3) Formulações teológicas.

Há outras formulações, ou outras invariâncias?

Não conheço. Se alguém conhece, eu pediria que me ajudasse.

Formulações científicas podem ser feitas de muitos modos, que são transformações de formulações científicas: matemáticas, químicas, físicas – e todas elas sempre usam as bem mais primitivas: formulações verbais. Ou transformações em palavras; ou linguagem, ou verbos, ou advérbios, ou metáforas, ou metonímias e muitas outras – vocês escolhem o que pensarem ser mais adequado. Seja lá qual for a transformação, a invariância é a mesma: científica. Freud se referiu a elas como a única *Weltanschauung* que um analista precisa seguir.

Formulações artísticas podem também aparecer sob algumas transformações: musicais (creio que são as mais antigas), pictóricas, esculturais – todas essas, visuais. E também verbais, sob várias transformações: poéticas – que Giambattista Vico, um dos inspiradores de Bion, pensou serem as mais antigas – e sob a forma de prosa, e as duas apelam para formas narrativas.

17.1 Formas narrativas

Vamos ver uma coisinha ou outra sobre formas narrativas – algo que tanto ajudou como atrapalhou as formulações científicas sob transformações verbais. Como não temos lá muito tempo, vou colocar um alerta: a forma narrativa descambou, muito cedo, para teorias de causalidade. Trata-se de uma das maiores ameaças já surgidas para formulações científicas. Teorias de causalidade não passam de crenças. Bion descobriu isso pelo fato de ter estudado com afinco a obra de David Hume, que "acordou" Immanuel Kant do seu "sono dogmático".

A obra de Kant, cuja crítica da razão pura – em linguagem da psicanálise, "racionalizações", ou seja, um mecanismo psíquico produtor de psicose – desembocou na teoria correspondencial, é oriunda da obra de Platão, e também das obras de Baruch Spinoza, Francis Bacon, David Hume e John Locke. Essas expressões – sono dogmático, teoria das correspondências – são de Kant, de seu livro *Prolegômenos à crítica da razão pura*. Outra vez, não tenho tempo para me alongar, mas o texto adiante que vocês poderão ler esclarece tudo isso. Hume descobriu que causas são ilusões; o que existem são "conjunções constantes" – Bion utiliza esse termo em *Aprender da experiência* (1962/2021), um livro vertido para o português por Ester Hadassa Sandler e por mim, e lançado pelas editoras Blucher e Karnac. Conjunções constantes fazem sentido para o observador, mas não pertencem ao objeto observado pelo cientista. Bion ainda ajuntou a esse termo o "fato selecionado", que retirou da obra de Jules Henri Poincaré, para formar os primórdios da teoria da ciência psicanalítica que estava usando. Fato selecionado não pertence ao objeto de estudo científico – é uma observação sobre vários fatos aparentemente desconectados, cuja conexão faz sentido ao observador. O problema relativo à verdade, ou à teoria correspondencial, só foi resolvido no livro *Transformações* (1965): invariâncias pertencem ao objeto observado.

Hume ainda mostrou – isto é minha investigação, não de Bion – que dedução e indução não passam de falácias que distorceram os caminhos da ciência. Digo que ajudou na medida em que mitos são uma forma primitiva de fazermos ciência, a ciência sobre a natureza humana e suas vicissitudes materiais e psíquicas, como escreveu Freud em *A interpretação dos sonhos* (1899) e em outros estudos, ou da realidade sensorialmente apreensível e psíquica, como escreveu Bion em *Atenção e interpretação* (1970). Bion sintetizou de um modo notável – até o ponto a que foi minha investigação – conclusões de muitos autores, pelo menos desde os escritores do Antigo Testamento (cujo nome o tempo apagou); depois, antigos teatrólogos gregos, como Sófocles; um milênio e meio depois, Von Herder, na esteira da Reforma Protestante, que descobriu o fato de que os textos sagrados poderiam ser vistos como mitos; e, logo depois, Schopenhauer, Nietzsche e... Freud, que – notou Bion – teve um problema clínico com um paciente. Descobriu que o problema era similar a um problema que ele tinha e, por mera probabilidade, foi ver uma peça de Sófocles, em meio à qual tropeçou em algo que ninguém conhecia – e chamou esse obstáculo de "psicanálise".

Freud estava inspirado em um matemático alemão, Gustav Fechner – que ele chamava, por escrito, de "O grande Fechner" –, que havia descoberto a "psicofísica".

Sobre formulações teológicas como método para nos ajudar a fazer aproximações à realidade, será necessário fazermos alguns reparos. Assim como formulações científicas e artísticas, são muito dependentes de transformações verbais como método de comunicação.

Hoje em dia, sugiro que usemos essa formulação verbal, e não aquela comum no nosso micromeio, o meio ambiente dos analistas interessados na obra de Bion – minoria das minorias. Ele escreveu a respeito de formulações místicas. Não estou me propondo a mudar nada na obra de Bion. Estou sugerindo isso como sugeri a uma pessoa que estava com o pneu furado que usasse o meu macaco, porque essa pessoa não tinha nenhum. Estou me propondo – se de modo devido ou indevido, cabe a vocês julgar – a proteger a obra de Bion das pessoas que se autodenominam "bionianas". Formulações místicas foi um termo, uma formulação verbal feita com a melhor intenção possível, e do modo mais claro que já consegui observar (pode ser que haja outros, mas ainda não conheci), por Bion.

Vou voltar a falar disso mais para o final deste Capítulo: clareza é um dos aspectos fundamentais para que alguém possa fazer formulações científicas, ou artísticas, ou teológicas; ou seja, para que possa se aproximar da realidade. Nesse sentido, realidade e verdade são sinônimos – no âmbito das formulações verbais. Bion observou – metaforicamente – que a verdade é o alimento da mente, mas a mente odeia a verdade. Isso é um paradoxo a ser tolerado.

Notei que alguns membros do movimento psicanalítico – principalmente os pertencentes à meritocracia política no movimento – não toleram esse paradoxo. A formulação de Bion é científica, pois se utiliza de intuição analiticamente treinada para se aproximar de uma realidade. Qual é a realidade na teoria científica e no método científico que podemos encontrar na obra de Bion? A mesma que encontramos na obra de Freud: em psicanálise, realidade é aquilo que emana do paciente, "mensurado" no contato e relacionamento íntimo que ele ou ela pode ter com seu analista. Realidade emergente na conversa franca, amigável, sem evasão, com "amor à verdade", como dizia Freud nos seus últimos escritos: "finalmente, não podemos nos esquecer de que o relacionamento [entre paciente e analista] é um relacionamento baseado em amor à verdade – ou seja, um reconhecimento da realidade – e que isso impede, peremptoriamente, qualquer tipo de mentira ou enganação" (1937, p. 248). O termo mais antigo é *Einsicht*, em alemão, ou *insight*, em inglês. Já há um bom tempo se desistiu de ficar tentando versões em outras línguas – "introvisão" ficaria tão esquisito quanto "ludopédio" ou "cinesíforo", já tentados para substituir "futebol" e "motorista". *Insight* virou um termo universalizado. O método científico utilizado por Bion difere totalmente das apregoações sobre "verificações" utilizadas pelas crenças da religião positivista, inventada por Auguste Comte – que se julga a única ciência possível. Bion, assim como Freud e seus contemporâneos na física, Max Planck e Albert Einstein, livrou-se das crenças dessa religião, promovendo o avanço da ciência. Em 1975, em *Uma memória do futuro* ("Uma"! E não "A"), Bion (1975/1988) escreve: "amor apaixonado é o mais próximo que consigo chegar à uma transformação verbal que 'representa' a coisa-em-si-mesma, a realidade última, 'O', como o tenho denominado, como aproximação" (p. 183).

17.2 O

Essa letra do alfabeto é usada como método notacional – um dos fundamentos da ciência. No entanto, quase meio século depois do falecimento de um homem que se chamou Wilfred Ruprecht Bion, percebo que a formulação tão clara que ele fez sofreu com o tempo. Como diz o caipira, "deixou no tempo, estragou": criou ferrugem, mofo e, se for ser humano, pode até ser um câncer ou aterosclerose. A formulação verbal de Bion (1965) no capítulo 11 de *Transformações* diz:

> *Minha teoria pareceria implicar um hiato entre os fenômenos e a coisa-em-si, e tudo que eu disse não é incompatível com Platão, Kant, Berkeley, Freud e Klein, para citar uns poucos, que mostram o quanto acreditam que um anteparo de ilusão nos separa da realidade. Alguns acreditam conscientemente que o anteparo de ilusão seja uma proteção contra a verdade, essencial para a sobrevivência da humanidade; o resto de nós acredita inconscientemente nisto – mas não menos tenazmente. Mesmo aqueles que consideram esta visão um equívoco, e que a verdade é essencial, consideram que o hiato não*

> *pode ser transposto porque a natureza do ser humano impede o conhecimento de algo além dos fenômenos, que não seja conjectura. Os místicos devem ser liberados desta convicção da inacessibilidade da realidade absoluta. A incapacidade dos místicos de se expressar por intermédio da linguagem comum, arte ou música, relaciona-se ao fato de todos estes métodos de comunicação serem transformações; e de transformações lidarem com fenômenos; e com eles se lida através de serem conhecidos, amados ou odiados – K, L ou H.*

Preciso deixar isso o mais claro que posso e, por isso, já vou dizendo logo de início sobre teoria da ciência e a obra de Bion: mesmo que formulações de teólogos da tradição mística pareçam ter poder maior de aproximações à realidade última, em si incognoscível e "infalável" – "inefável" é o termo correto, algo que não se pode colocar sob forma de palavras –, alguns membros do movimento psicanalítico julgaram e continuam julgando que Bion seria um defensor da tradição mística, no sentido religioso. Certamente o uso do termo "místico" parece ter tido o poder de incitar emoções típicas de alguém que ocupa a posição esquizoparanoide em tempo integral e dedicação exclusiva, e não consegue efetuar o movimento em tandem em direção à posição depressiva. Ficam imobilizados, fascinados por narcisismo divino, que atribuem a um ídolo que chamam de "Bion".

Vou dar apenas um exemplo de um dos vários momentos, nos textos de Bion, em que a tradição platônica e a palavra "mística" são usadas. Está no capítulo 10 do livro *Transformações* (1965, minha versão para o português). O máximo e o mínimo que posso dizer dessa versão – já que elogio em boca própria é vitupério – é que ela difere das outras que foram publicadas, principalmente por ter tido corrigidos todos os 40 erros que encontrei no original em inglês, da editora Heinemann. As correções não só foram aceitas por Francesca Bion, então editora das obras de seu marido, mas foram incorporadas na edição das obras completas – depois sob responsabilidade de Christopher Mawson, quando ela adoeceu. Bion cita a poesia teológica de Dante Alighieri:

> *O objeto representado pelo termo Forma Platônica também pode ser representado em termos místicos, como "um é um e totalmente solitário e assim sempre o será"; e naqueles termos do canto XXXIII do Paradiso:*
>
> *"Luz eterna, que a morada em somente tendo*
> *Só te entendes, de sendo entendida!*
> *E te amas e sorris só te entendendo!"*
>
> *A ênfase é de tal modo alterada pelo Platonismo Cristão, que o equilíbrio entre os elementos da configuração fica alterado; pode se ver isto claramente expresso na doutrina da Encarnação. A representação específica que importa para a presente discussão foi formulada por Meister Ekhart e pelo Abençoado John Ruysbroeck, que distingue a Divindade de Deus. Assim, no Tratado XI, "Deus na Divindade é substância espiritual, tão elementar que não podemos falar nada sobre isto".*
>
> *É evidente que nesta visão, Deus é considerado como uma Pessoa independente da mente humana. O fenômeno de Deus ou do Belo não seria então aquele que "lembra" a personalidade de uma Forma (pré-concepção)* (sic), *mas é uma encarnação de uma parte de uma*

Pessoa independente, totalmente fora da personalidade, para quem os fenômenos são "dados". O fenômeno não "lembra" o indivíduo da Forma, mas capacita a pessoa a adquirir união com uma encarnação da Divindade, ou a coisa-em-si (ou a Pessoa-em-Si).

Por conveniência, vou me referir a estas duas configurações como "Formas" e "Encarnação". Em ambas, há uma sugestão da existência de uma realidade útil mas passível de contato direto, ainda que em ambas pareça que cada contato direto seja possível apenas depois da submissão a uma severa disciplina de relações com fenômenos, em uma configuração, e com a Divindade encarnada, em outra. Em nenhuma das duas há discussão sobre estabelecer um contato direto com a realidade do mal absoluto, ainda que seja possível que algumas das qualidades "repelentes" atribuídas a São João da Cruz possam ser um preito inconsciente à sua identificação do mal real absoluto com o bem real absoluto.

O objeto desta digressão, como das discussões prévias neste capítulo e livro, é chegar a um postulado. O postulado é aquele já designado por O. . .

O, representando a realidade útil mas incognoscível, pode ser representado por qualquer formulação de uma transformação – como "realidade última incognoscível", que acabei de formular. Portanto, pode parecer desnecessário multiplicar representações de O; realmente, a partir do vértice psicanalítico, isto é verdade. Mas desejo tornar claro que minha razão para dizer que O

> *é incognoscível não é que eu considere que a capacidade humana não esteja à altura da tarefa, mas porque K, L ou H são inadequados para "O". São adequados para transformações de O, mas não para O.*

Nesse capítulo, Bion adentra no que ele mesmo denominou de "transformações em alucinose". Alucinose é um estado psíquico definido como presença de alucinações e delírios em uma personalidade, de resto, conservada. Corresponde ipsis litteris ao conceito de alucinose descoberto por psiquiatras na época de Freud - que também o utilizou. Para o conceito de "O", ou seja, a origem fundamental de todos os estímulos, ou o âmbito numênico, das formas platônicas, Bion se referia justamente ao âmago daquilo a que a teoria da ciência tenta se referir, e ao objeto da ciência - a realidade última. Transformações em alucinose - a mídia pela qual fluem as transformações em movimento rígido (transferência, na linguagem de Freud) e transformações projetivas (identificação projetiva, na linguagem de Melanie Klein) - seriam o negativo da postura científica.

E também o oposto: há aqueles que desvalorizam, de modo narcísico, "bion", dizendo-se mais sabidos ou sábios. Notamos que algumas pessoas tentam desvalorizar o trabalho de Bion afirmando que "tudo o que ele trouxe já tinha sido trazido por Wittgenstein".

Infelizmente - no meu modo de ver, pois isso desvaloriza profundamente e nega o valor científico da obra de Bion -, tornou-se lugar comum no movimento psicanalítico dizer que Bion criou "um novo paradigma" na psicanálise. Falam isso para provar que haveria alguma superioridade em uma psicanálise "bioniana", sobre o que alguns deles fantasiaram ser uma "psicanálise freudiana", "clássica", que sequer poderia almejar a qualificação de psicanálise. O termo "clássico" foi distorcido, para significar algo inferior, ultrapassado, anacrônico.

Não obtivemos nenhuma referência nos escritos de Bion, nem em conversas particulares com sua esposa, a senhora Francesca Bion, ou com suas duas filhas, Parthenope Bion Talamo e Nicola Bion, se ele teria tido alguma informação a respeito do trabalho de Thomas Kuhn, *The structure of scientific revolutions* (1962/1970). O estudo que deu fama mundial, na academia, para essa pessoa foi publicado por uma editora globalizada, do grande capital, no mesmo ano da publicação de *Attention and interpretation* (1970) pela Tavistock Publications – dado o fato de os livros de Bion não alcançaram vendagem que pudesse ser considerada lucrativa pela editora Heinemann, que iniciava uma diminuição nos lançamentos de livros sobre medicina e psiquiatria. É correto dizer que nenhum dos dois cita o outro. Thomas Kuhn foi uma pessoa formada em física. Por situação não divulgada, não pôde prosseguir trabalhando nessa disciplina. Andou se interessando por questões políticas sérias no movimento filosófico nos Estados Unidos – não posso me alongar nisso agora. Analogicamente, seria o caso de que pessoas como Freud, Klein, Winnicott ou Bion, a partir de um certo momento, não trabalhassem mais em psicanálise, mas se dispusessem apenas a falar de psicanálise. Essa foi uma questão abordada por Bion, de modo mais profundo, a respeito de "falar sobre" e "ser" – físico, matemático, psicanalista, médico. Esse talvez seja um problema ainda não resolvido por teóricos da ciência, ou eruditos em qualquer disciplina. Há uma diferença entre um botânico e um jardineiro.

Kuhn criou, ou se envolveu como se fosse um líder, uma verdadeira moda autoritária, plenamente inserido e representando na academia numa época de ressurgimento do autoritarismo social. Conseguiu adeptos para a formação de uma elite dita intelectual, os "grupos de pares" que fossem reconhecidos por grandes instituições. Esses grupos decidem arbitrariamente, em acordos puramente políticos, qual será o "paradigma" científico de plantão e a respeito do que, e como, será o caminho da ciência. Paradigmas não derivam da natureza nem de dados empíricos nem de necessidades ou utilidades reais que podem ser minimamente atendidas por meio de disciplinas práticas. Paradigmas dependem da autoridade de "professores", que logo se tornou autoritarismo de uma elite dominante. "Paradigma", em um espaço de cinco anos, tornou-se mantra na maioria dos *establishments* acadêmicos. Mais cinco anos foram necessários para tornar-se jargão midiático, na imprensa leiga e na linguagem popular. Grupos de pares se infiltraram, por multiplicação do número de pessoas envolvidas, em atividades editoriais, seja em periódicos ou em livros. Teoria da ciência passou a constituir-se como mais um objeto de consumo popular; mais uma fábrica de ídolos autoritários. Houve uma conjunção constante, criando um ciclo social autoalimentante, composto de, pelo menos, quatro fatores: (1) maior número de pessoas munidas de informação dada por universidades consideradas grandes, ou melhores, pelo meio social; (2) multiplicação de "prêmios", impulsionando a ideia de genialidade em seus ganhadores; (3) dotação de 1.996 grandes patrocínios financeiros (*grants*), governamentais ou particulares; e (4) grandes grupos editoriais interessados em finanças e comércio, às expensas de ciência. A própria psicanálise passou a ser vista, na academia, como apenas mais um paradigma: ultrapassado, errado e anacrônico, ditado por necessidades vitorianas, ou austríacas, ou burguesas, ou do movimento hippie – em flagrantes contradições. A época de desacreditar a psicanálise, movida por vários interesses, inclusive financeiros, estava começando. Alguns historiadores da ciência, como Frank Sulloway, e outros teóricos eruditos, como Adolf Grünberger, que já estava se dedicando a mostrar erros na teoria da relatividade, passaram a atacar a psicanálise – confundindo-a com movimento psicanalítico.

O desvio político-autoritário – verdadeira degeneração – ocasionado pela ideia de "paradigmas" foi cedo apontado por alguns autores, então respeitados no âmbito da teoria da ciência, como

Karl Popper e Imre Lakatos. Haviam sofrido, em sua vida pessoal, o dano causado pelo autoritarismo social: no caso de Popper, pelo nazismo; no caso de Lakatos, pelo stalinismo. No entanto, por fatores diversos, Popper e Lakatos aproximavam-se do final de suas vidas. A moda "pegou" e perdura até hoje. Ao se espraiar entre membros do movimento psicanalítico tendentes à idealização, criou a lenda de que Bion teria instituído um "novo paradigma em psicanálise". Esse novo paradigma fica justificado de várias formas. Foge ao escopo deste texto fazer uma análise crítica dessas formas, a não ser no fato de que se reproduzem por pouco saber e por leituras clivadas, ou preconceituosas, dos textos de Bion.

Sempre dentro do modo escolhido para a confecção deste texto, podemos exemplificar a postura de Bion em relação à psicanálise como um método científico para o estudo de nosso aparato psíquico – uma postura que se iniciou com a própria descoberta da psicanálise e que nunca se modificou: pode ser constatada no início de seus escritos – artigos escritos durante a Segunda Guerra Mundial, sobre grupos – e também no final de sua existência:

> *Estou convencido da força da posição científica na prática psicanalítica. Acredito que a prática dos psicanalistas em fazer psicanálise é uma experiência essencial de treinamento para lidar com as dificuldades fundamentais – até o momento – pois ela disponibiliza o consciente e o inconsciente para correlação; mas não considero que seja menos intensa a necessidade de investigar a fragilidade que se origina de uma construção teórica falha, falta de notação e falência do cuidado metodológico, e ainda falência na manutenção do equipamento psicanalítico. (Bion, 1962/2021)*

A lei científica tem uma relação íntima com a experiência, e também é a epítome da experiência; a lei científica tem uma relação com a memória; a capacidade para formular uma generalização científica deve ser uma função essencial de toda personalidade que seja capaz de aprender da experiência (isto é, armazenando experiências em uma síntese e comparando um fato com a expectativa engendrada pela "lei"). Em essência, esses postulados permanecem válidos mesmo quando lidamos, como analistas, com manifestações primitivas e rudimentares dessa capacidade, muito distantes das demonstrações sofisticadas das capacidades evidentes, digamos, nos melhores trabalhos de físicos modernos.

Roland: Frequentemente ouço que um psicanalista diz a um paciente "quando ele era uma criança. . ." ou "quando ele era um bebê", tal e qual evento ocorreu. Parece que não há nenhuma evidência para sustentar estas afirmações e nada que o analisando possa fazer a respeito de algum evento que se reputa ter ocorrido no passado.

P.A.: Concordo que o "passado" é o passado e nada pode ser feito em relação a ele. Tudo que pode ser feito é aquilo no presente sôbre (sic) consequências atuais de alguma ação efetuada no passado. O que é feito em psicanálise é "feito" por meio de discurso articulado, no presente. Em cirurgia, não dizemos: "uma época você teve uma cauda como um macaco"; dizemos: "Existe uma malformação na porção inferior de sua espinha; penso que valeria a pena para você permitir-me operá-lo. Penso que você achará que podemos aliviá-lo e quando acabar o período de convalescença (sic), não terá mais esta queixa". Não estou preocupado em dizer que uma coisa ou outra coisa aconteceu "na infância", ou "antes de você nascer", e assim por diante, ad infinitum. Isto poderia ser relevante se eu estivesse ensinando embriologia psicológica, ou arqueologia psicológica, ou história. A psicanálise, na prática, está analogicamente muito mais próxima da cirurgia, mas isto é apenas uma analogia.

Robin: Parece-me que você está prestes a fazer comentários reasseguradores, talvez lisonjeiros, sobre aquilo que a maioria de nós encara como um estado de coisas desastroso – aquilo que denominamos estar louco, ou insano. Você não considera a psicose algo sério?

P.A.: É claro que sim; considero todos os estados de mente como sendo dignos de estudo. A seriedade do estado não melhora se ele for mal nomeado ou permanecer não tratado. Todos os têrmos (sic) descritivos – adormecido, acordado, sadio – precisam de manutenção constante. Parentes e doutores permitem que suas esperanças sejam estimuladas pelos fatos da cirurgia, medicina e psicanálise a um otimismo indistinguível da irresponsabilidade ou descuido. É um infortúnio tão grande quanto se acrescentar à depressão e ao desespero, passividade e negligência.

Roland: Não há substituto para o senso comum.

> *P.A: Substitutos para o bom senso comum formam uma legião; as pessoas se voltam para qualquer ação que ofereça uma alternativa ao senso comum. Eles tornam-se devotados à psicanálise pois pensam que as teorias são como uma fuga romântica e sedutora do senso comum; tornam-se devotados à análise individual quando seria preferível a análise comum ao senso de um grupo. É muito mal-vindo o fato que bebês – talvez até mesmo os fetos – exibam "senso comum".*

Características onipresentes no trabalho cotidiano em psicanálise desde sua descoberta, e colocadas em relevo na contribuição de Bion, são evidências clínicas que originam teorias psicanalíticas e, consequentemente, validações científicas e suas limitações das interpretações e construções intrassessão. Bion ocupou-se em explicitar a existência de situações nas quais há o risco de voos de fantasia imaginosa, já alertados por aquele que talvez tenha sido o principal re-descobridor europeu (caso a ilha britânica possa ser considerada como representante da Europa) dos métodos científicos utilizados na Grécia: Francis Bacon. Bion traz a redescoberta em teoria da ciência para o âmbito mais específico da psicanálise – alerta sobre o mesmo tipo de voo, destituído de origem na clínica e totalmente voltado para teorizações que não passam de "manipulações engenhosas de símbolos", a priori ou ad hoc, para tentar encaixar fatos mal observados em pseudoteorias cuja marca é o preconceito, determinado ideologicamente ou por preferências pessoais de índole dogmática. Bion ocupou-se também em alertar sobre a proliferação de descrições que tentavam lidar com uma mesma configuração subjacente aos fatos clínicos, configuração que permanecia não descrita, por inobservável apenas com o uso do nosso aparato sensorial. Lembrou, ou ensinou, a membros do movimento psicanalítico uma observação de Kant em *Crítica da razão pura*: que "conceitos sem intuições são vazios, e que intuições sem conceitos são cegas".

Com relação a apreensões errôneas da realidade, Bion observou que os problemas propostos por pacientes rotuláveis como esquizofrênicos para o meio circundante – incluindo, obviamente, as pessoas que os atendiam na função de psiquiatras ou psicanalistas – eram similares aos problemas que matemáticos, cientistas e filósofos já enfrentavam nas suas disciplinas de estudo específicas. Bion nutriu – novamente expandindo e explicitando mais claramente as tentativas de Freud e Klein – um interesse sobre tentativas anteriores de apreensão da realidade feitas por filósofos, teólogos e artistas.

Bion se apoiou decisivamente nas teorias da ciência de Platão, Euclides, Aristóteles, Bacon, Pascal, Locke, Hume, Kant, Alfred North Whitehead, Poincaré, Einstein, Heisenberg e autores contemporâneos, professores em Oxford e Cambridge: Prichard, na obra *Knowledge and perception*; Bradley, em *The principles of logic*; e Braithwaite, na obra *Scientific Explanation*, que influenciaram toda uma geração. Situa-se na tradição platônica em termos da incognoscibilidade última de qualquer evento, pessoa ou algo concretizado que se possa considerar. Em outras palavras, aquilo que se refere ao "sistema inconsciente", ou seja, aquilo que nos é desconhecido – uma noção aplicada à Psicanálise, mas já existente na obra de Sócrates, Platão, Spinoza e resgatada de vez, na modernidade, por Kant. Pode-se ver, no breve elenco citado, que Bion se interessou sobremaneira pela teoria da ciência matemática.

A biblioteca particular de Bion, de 1979 até 2015 sob os cuidados de sua esposa, Francesca Bion, continha um exemplar de um dos maiores best-sellers sobre teoria da ciência, escrito por Karl Popper, *The logic of scientific discovery* (publicado no Brasil como *A lógica da pesquisa científica*, 1934/1963). Uma obra típica da comunidade austro-húngara, contém várias anotações de natureza crítica às margens. Bion percebeu, ainda que não tenha explicitado claramente, que as ideias predominantes na pesquisa científica e na teoria da ciência que pareciam justificá-las eram as mesmas pregadas pela religião positivista – e não tinham real valor para psicanalistas, por situarem-se no reduzido espectro abrangido por noções de causalidade, locação concreta de fenômenos e desprezo por intuição e por algo que tivesse alguma natureza imaterializada que pudesse ser objeto de pesquisa. Faz uso de dois conceitos de teoria da ciência: (1) senso comum, delineado de modo muito limitado por Aristóteles e desenvolvido um milênio e meio depois por John Locke; e (2) conjunção constante, elaborada por Hume, justamente em uma crítica da noção de causalidade e dos limites da observação.

Os primeiros estudos clínicos de Bion parecem ter sido motivados por uma conjunção de problemas propostos pelos assim chamados psicóticos. Como Freud, que partiu do problema proposto pelos que haviam perdido a noção de linguagem – os assim chamados afásicos –, Bion parte do problema proposto por aqueles que perderam o senso comum e criam, por assim dizer, um senso não comum, por idiossincrático, que pode ser descoberto por meio de uma investigação psicanalítica – naquilo que se separa do senso comum.

Por que "perderam"? Pois, se jamais o tivessem adquirido, sua sobrevivência seria impossível – é necessária uma dose mínima de senso comum para um bebê poder encontrar um seio que possa nutri-lo.

Desde o início de sua obra, recorreu à física quântica; à teoria da probabilidade; à possibilidade de podermos fazer modelos imaginários, mas não apenas fantasiosos – uma noção já resgatada por Freud, no conceito de fantasia, ou fantasia inconsciente –, recorrendo ao uso dos mitos; às analogias matemáticas, alinhando-se ao projeto original de uma psicanálise científica, de base empírica, proposto por Freud. Na minha visão, pode-se identificar a primeira crítica aos preceitos da religião positivista publicada postumamente, de modo mais detalhado, em *Cogitations* (1992). Nos livros publicados em vida, Bion não se estendia em questões de teoria da ciência, mas apenas nas conclusões úteis para a prática psicanalítica.

Vou parar por aqui...

Agradeço pela sua paciência! E espero que não tenham perdido seu tempo lendo-me.

Para os interessados, preparei o texto que se segue, que aprofunda todas as questões que apresentei brevemente.

17.3 Anexo[1]

Essas questões precedem a invenção dessa religião por Auguste Comte: na idade moderna, datam do iluminismo, com as observações de David Hume. Em uma das "cogitações" escritas em 1959, aparece de modo explícito uma tentativa de obter conhecimento que possa ser qualificado como real, nutrido por respeito à verdade, que se mantém até o fim de sua obra, nutrido por maiores observações clínicas e leituras dos textos de autores clássicos – inclusive Goethe e Nietzsche. Não rotula a visão prevalecente com relação à ciência como o "positivismo"; sequer cita Comte ou outros autores franceses

---

1 O texto que se encontra no anexo provém de trabalhos anteriores do autor, servindo aqui apenas de aprofundamento conceitual para a discussão do evento, e por isso sua estrutura e conteúdo foram mantidos majoritariamente como se encontram no original. Devido a isso, há menção a trechos e *verbetes* que não estão presentes neste livro, além de notações bibliográficas que seguem outro padrão, indicando referências que não poderão ser encontradas na bibliografia deste artigo. Para mais informações, consulte o livro *A linguagem de Bion: um dicionário enciclopédico de conceitos*, de Paulo C. Sandler, publicado pela editora Blucher em 2021. (N.E.)

contemporâneos a ele, mas é nítida a crítica ao que se pretendia ser a única ciência:

> *A questão não é nova em filosofia, embora não seja necessário retroceder à uma época anterior a Hume para descobrir as origens das controvérsias atuais. O problema, como se apresenta ao filósofo, foi formulado por Prichard (*Knowledge and Perception, *p. 69) – que afirma:*
>
> *"Embora estejamos cônscios de que todo conhecimento alcançado é o resultado de um processo de nossa parte, não refletimos sobre a natureza do processo – em tempo algum, de qualquer modo sistemático – para torná-lo objeto de um estudo especial. Mas, mais cedo ou mais tarde, o conhecimento de nossos erros e o desejo de termos certeza de estarmos obtendo o artigo genuíno, isto é, algo que seja realmente conhecimento, nos leva a refletir sobre o processo. . . enfim, ficamos nos perguntando se somos capazes de ter algum conhecimento de fato, ou se não estamos simplesmente iludidos, pensando que somos capazes de conhecer."*
>
> *As teorias da mecânica quântica perturbaram, nas ciências naturais, o clássico conceito de um mundo de fatos objetivos, estudado objetivamente. E, ao mesmo tempo, o trabalho de Freud suscitou a crítica de que não era científico, por não estar em conformidade com os padrões associados à física e à química clássicas; seu trabalho, ao mostrar quão frequentemente as manifestações das crenças e atitudes humanas se notabilizam mais pela eficiência em disfarçar impulsos inconscientes*

> *do que por contribuir para o conhecimento dos assuntos que pretendem discutir, constitui-se em um ataque à pretensão do ser humano, de possuir uma capacidade para observação e julgamento objetivos.*
>
> *Mas poderíamos questionar: será que os fatos descobertos graças à aplicação do método científico não constituiriam uma prova de que os métodos empregados– por exemplo, as fórmulas matemáticas na predição dos fenômenos astronômicos– teriam uma validade independente do observador que os elabora e emprega? Será que os métodos não pertenceriam à ontologia e não à epistemologia, e que seriam "objetivos" e não "subjetivos"? Infelizmente não, pois como Heisenberg mostrou através da interpretação da teoria da mecânica quântica, feita por ele, Niels Bohr e outros da escola de Copenhagen, nenhum fato isolado está isento de relação com a totalidade dos fatos e nem está isento de ser influenciado por ela, sendo que essa totalidade deve permanecer desconhecida. Mesmo o conceito de espaço pode ter apenas uma aplicação muito limitada, pois não é necessário haver nenhuma realidade que corresponda ao conceito. (Bion, 1992)*

Embora haja, de modo explícito, uma ênfase no método científico que ultrapassou os preconceitos positivistas, herdeiro direto das pseudoteorias de ciência estabelecidas por São Tomás de Aquino e Descartes, no transplante clivado de afirmações do jovem Aristóteles para interesses do ramo apostólico romano da Igreja Católica, o parágrafo citado de *Cogitações* implica também uma das aquisições da psicanálise – que ficará clara a quem ler todo o parágrafo. Bion não tentou comprovar alguma eficácia do método psicanalítico submetendo-o a critérios de outras disciplinas – matemática e física – cuja cientificidade, nos anos 1950, não era mais colocada em xeque. Pelo menos não de modo prevalente, como havia sido entre os anos 1900 e 1940. Bion estabelecia paralelos entre as duas disciplinas científicas que mostraram a inadequação da religião positivista. A importância da citação de Prichard no todo da obra de Bion a partir de então – pelo menos 1959 – não pode ser por demais enfatizada. Na visão do autor deste texto, o conteúdo dessa citação pode ser responsabilizado por ter moldado (dado limites, enquadrado) e guiado a direção da pesquisa de Bion como um tipo de bússola: do pseudoconhecimento localizatório, anatômico, macroscópico, concretizado em matéria, para o conhecimento de aspectos parciais de processos – semoventes, dinâmicos, imaterializados. Resgatou a concepção inicial de Freud, já expressa no estudo neurológico de afasia – antes mesmo que ele descobrisse algo que chamou "psicanálise". Também "psicologia profunda" – um termo já usado por Pierre Janet e outros psiquiatras, aos quais Freud, como todo autor científico, atribui a autoria e prioridade na cunhagem do termo e na pesquisa que o justificou. E "psicodinâmica", um termo dado por ele mesmo que, como psicologia profunda, é complementar ao termo "psicanálise".

Entre 1950 e 1959, Bion examinava o estado psíquico dos pacientes, observando problemas do psicótico ao lidar com a realidade, no limite de distúrbios dos processos de pensar, tentando diferenciá-los de fantasia – incluindo fantasias inconscientes, ou *phantasia*. A partir daí, passou a examinar, de modo complementar, mas não substitutivo, alguns estados psíquicos do analista que pudessem influenciar as observações. Precisou de quatro a seis anos[2] e do auxílio de uma teoria da ciência matemática (ou filosofia da matemática) de Euclides contida no conceito de "vértices" para poder indicar

2 Em estudo publicado em *Elementos de psicanálise* e *transformações*.

alguma elucidação – não total, mas melhor do que podia se obter antes. Partia do princípio da importância fundamental da análise pessoal do analista – uma concepção que manteve até o final de sua vida. Mas nunca deixou se seduzir pelas teorias fáceis a respeito de "usar a contratransferência", um dos movimentos de desautorização das observações e definições de Freud. Foram estabelecidas de modo autoritário – e não por observação clínica – por Heinrich Hacker e Paula Heimann. Passaram a dominar o movimento psicanalítico da época e continuam dominando até hoje, mesmo fora do âmbito institucional da Associação Psicanalítica Internacional (IPA) (O leitor pode consultar o verbete "Contratransferência"). Isso não quer dizer que Bion tenha ignorado essas questões – afirmou que só podiam ser abordadas experimentalmente na análise do analista, e não em textos escritos, como se fossem um tipo de Bíblia ou apostolado. São justamente os "processos" enfatizados por Prichard e já executados em outras disciplinas científicas, como a matemática, nas teorias de probabilidade (introduzidas por Pascal), no cálculo diferencial (iniciado por Newton), na geometria não euclidiana (de Riemann e Lobachevsky) e no cálculo matricial (iniciado por Sylvester e Cayley). Este último deu a Bion o instrumento final – que nunca foi descartado – a respeito de transformações e invariâncias. Foram logo utilizados pela física, nas subdisciplinas de ótica e termodinâmica, e em medicina, nos estudos de "psicofísica" de Gustav Fechner, Hermann von Helmholtz e G. Virchow. O estudo de processos foi ativamente praticado por Freud em neurologia, mesmo antes da descoberta da psicanálise. Embora Bion não tenha feito a correlação explícita, pelo menos de modo publicado, a praticou na clínica.[3]

---

3 Seria esta uma das origens das sérias diatribes, aparentemente de natureza psicótica, empreendidas de modo político – sob o vértice de rivalidade – por um presidente da IPA, o Dr. Joseph J. Sandler, contra a pessoa do Dr. W. Bion? Precedida de contatos amigáveis, registrados em agradecimento em um dos livros – *Aprender da experiência* –, cederam lugar a acusações sem fundamento real. Por exemplo, de que "Bion entendia pouco de Freud" (em uma entrevista

Assim fazendo, e sempre seguindo o método de Freud, teve comando sobre alguns processos pelos quais *não* se obtém um conhecimento real – por desconsideração à verdade; por prevalência do princípio do prazer/desprazer; por intolerância à frustração do desejo. A realidade não pode ser introduzida nesse estado psíquico. No entanto, boa parte das críticas ao trabalho de Freud, feita por pessoas que jamais tiveram experiência prática de psicanálise, é de que ele descobriu intuitivamente – não por dedução, nem por inferência – o funcionamento psíquico de todos nós, seres humanos (ou da natureza humana), a partir de distúrbios (chamados de patologias em sua época) nesse funcionar.

Esse modo de investigar se originou, claramente, da "crítica da razão pura" feita por Kant – que determinou os caminhos da ciência após o trabalho de Francis Bacon. Kant usou um método para detectar obstáculos à obtenção do conhecimento. Na investigação do autor desse texto, a primeira disciplina científica a utilizar esse método foi a estequiometria – termo cunhado por seu descobridor, Jeremias B. Richter, em 1792. Como era hábito entre cientistas pós-Renascença, e por mais de 200 anos, Richter usou um termo grego usado por Sócrates, Platão e Aristóteles, *stoicheion*, ou elemento. Transformou alquimia em uma verdadeira química por introduzir uma tentativa de mensuração qualitativa. Partiu de princípios muito limitados e alguns errôneos, mesmo se considerarmos o vértice de observação, como o da conservação da massa (de Lomonosov e Lavoisier), que fornecem mais uma indicação de que concepções falsas, caso ultrapassadas, podem levar a concepções verdadeiras.

---

cedida ao periódico *Ide*). Não ter citado Freud pode se configurar como falha científica; no entanto, pelo menos segundo Francesca Bion, seu marido partia do princípio de que os leitores eram psicanalistas e saberiam a respeito do que ele estaria escrevendo. A mesma situação pode ser exemplificada pela falta de citação do trabalho de Joseph Sylvester e Arthur Cayley; a noção matemática era assunto de escola média, pré-universitária, na época de Bion.

Kant, Freud e Bion enfocaram não apenas o *objeto* de estudo, mas também os *métodos* para estudá-lo. Esses métodos incluem particularidades do equipamento psíquico do observador e a interferência que esse observador faz no objeto observado.

Podemos levar em consideração que as obras de Bradley, Prichard e Braithwaite nunca atingiram a popularidade de Popper e dos que vieram posteriormente, como Kuhn e Lakatos. No entanto, popularidade – uma questão que conseguiu perturbar a serenidade de pessoas como Arthur Schopenhauer, que morreu perplexo com a popularidade de Hegel – não pode ser vista como índice de apreensão que teorias ou práticas possam ter de aspectos daquilo que é real e verdadeiro. A massa dificilmente é sábia. Na opinião do autor deste texto, falta de popularidade secular ou mundana entre contemporâneos não é um fator confiável para poder-se apreciar e avaliar contribuições de pessoas na arte e na ciência. É raríssimo que autores possam gozar de reconhecimento em vida. Quando ocorre – como ocorreu com Freud; e depois dele, em medicina, com Albert Sabin; ou com Albert Einstein, na física –, é sempre controverso e quase nunca como reconhecimento real das aquisições, mas por idolatria e pouco saber. Em medicina, por efeito placebo. Esses exemplos raros podem ser comparados com a quantidade notável de exemplos póstumos, de autores que tiveram a sobrevivência física ameaçada por questões financeiras ou políticas: Sócrates, Bach, Schubert, Van Gogh, Nietzsche... a lista é longa.

Harold Arthur Prichard nasceu em 1871 e faleceu em 1947. Fundou a chamada escola inglesa do intuicionismo – seguida na matemática, por Brouwer, e em psicanálise, por Bion. Respeitado intelectual em Oxford, foi especialista na obra de Kant. Em estudos que hoje seriam chamados de cognitivos, observou que dificilmente, ou talvez nunca, uma percepção direta dos objetos concretos pelo nosso aparato sensorial permitiria algum conhecimento real daquilo que poderia ser considerado como universal, e menos ainda das conexões entre os universais. Sua crítica a Kant estende a incognoscibilidade da realidade última, do âmbito numênico, à incognoscibilidade dos fenômenos em função de limitações do observador.

Richard Bevan Braithwaite, contemporâneo de Bion, nasceu em 1900 e faleceu em 1990. Graduado em física e matemática, tornou-se professor em Cambridge. Deu uma contribuição fundamental, pouco reconhecida fora dos países anglo-saxônicos, à natureza do raciocínio científico. Pode ser visto como um continuador do trabalho de Francis Bacon no que se refere às generalizações procuradas por uma "lei" científica que tenta abarcar casos individuais: os achados empíricos. Uma parte de seu trabalho, muito adiante de seu próprio tempo, que poderia ser utilizada no século XXI, foi o uso que fez dos modelos científicos, particularmente, a crítica a uma universalidade dos modelos probabilísticos, que o conduziu a um trabalho básico em teoria dos jogos. Ficou um pouco mais conhecida no final do século XX, pelos avanços populares das teorias computacionais; alcançou uma certa fama em função de um romance quase biográfico sobre a vida de um laureado pelo Prêmio Nobel em Economia, John Nash. Se algum dia, no futuro, alguma parte do trabalho de Braithwaite tornar-se um clássico, o candidato seria um livro publicado em 1953: *Scientific explanation: a study of the fuction of theory, probability and law in science*, usado por Bion.

Francis Herbert Bradley, contemporâneo de Freud, nasceu em 1846 e faleceu em 1924 – desafiando falsos conhecimentos que alguns médicos costumavam (e ainda costumam) manter sobre prognóstico e expectativas de duração da vida humana em sua época, enfrentou problemas médicos, incluindo séria doença renal. Mencionamos anteriormente que influenciou toda uma geração de cientistas e artistas, da qual alguns se tornaram famosos. *The principles of logic*, de 1883, que contém uma descrição dos processos do pensar, influenciou sobremaneira Bion. Na investigação do autor deste texto, Bion se utilizou de um conceito formulado por Bradley a partir de Kant: o de "julgamentos com conteúdo", chamados por Bradley de "ideias". A utilização é clara no instrumento Grade (cf. Bion, 1963), que também foi chamado, de modo generalizador, de "Ideia". Ideias, no sentido dado por Bradley, "representam a realidade". São "universais"; representam "tipos de coisas", embora "coisas em si mesmas" sejam, de modo último, não apenas incognoscíveis, mas produtos de um aparato psíquico individual. Bradley pode ser visto como um dos originadores de um movimento de teóricos da ciência e de cientistas denominado "neopositivismo" – não na Inglaterra, mas no Império Austro-Húngaro e na Alemanha. Esse movimento teve, talvez precocemente, uma instituição associativa: um tipo de "clube de cientistas", do qual fizeram parte, entre outros, Einstein e Freud, do mesmo modo que, anos depois, os psicanalistas fizeram seu primeiro clube associativo – o que todos os partidos políticos na época já faziam, descendentes um tanto degenerados dos *guilds*, pois não se dedicavam a nenhuma atividade técnica. Essa instituição se autointitulou apenas de "positivista" de modo apressado, sem dar importância maior do que apenas tentar ser reação de colorido nacionalista ao que já se fazia na França, já que desejava ser um "novo positivismo", para negar cientificidade a uma disciplina nascente que desejava ser científica – a sociologia de Comte e Durkheim. Essa sociedade teve, coincidentemente, outra ligação com o movimento psicanalítico, pois um de seus fundadores – Moritz Schlick – foi um professor de teoria da ciência de Roger Money-Kyrle, um dos poucos amigos íntimos de Bion. O movimento neopositivista utilizou-se de uma discriminação interna a qualquer julgamento que possamos fazer, proposta por Bradley, entre formas gramaticais e formas lógicas. A forma lógica é sempre aquela que produz condicionais, os que afirmam sobre "a existência de conexões universais, obtidas na realidade". Qualidades universais inserem a contribuição de Bradley na tradição platônica, mantida principalmente por Kant. No entanto, a condicionalidade das condições observada por Bradley – em última análise, condicionadas pela realidade – traz um paradoxo. Realidade é um "todo", descrito de melhor modo por Hegel. Nós, seres humanos, podemos ter contato com esse "todo", mas apenas por meio da experiência imediata; julgamentos são abstrações de experiências imediatas; mas essas experiências só podem ser não relacionais. Não há contato direto com "conexões universais", mesmo que estas sejam obtidas na realidade.

Parece-nos ser essa a origem de algumas hipóteses de Bion: (1) a respeito de uma hipotética função alfa, que ocorre após uma relação (de apreensão ou captação) de um estímulo externo; (2) a respeito de uma experiência emocional: ela só pode ser concebida e não é divisível de uma relação; e (3) as duas teorias sobre vínculos (o leitor pode encontrar detalhamento nos verbetes específicos).

O paradoxo é que julgamentos são inescapavelmente relacionais; não podem, portanto, representar de maneira precisa alguma realidade não relacional. Isso implica que julgamentos não conseguem atingir a verdade. Bradley e também Bion fazem uso de parte da contribuição de Hegel – por isso Bradley foi tachado de "idealista", o que nos parece lamentável. Do mesmo modo, Bion tem sido visto como adepto de um pós-modernismo, do qual ele mesmo nunca ouviu falar.[4] É fácil ver que nenhum dos dois apelou para o que é visto como "idealismo hegeliano extremo". Os dois enfatizam que o pensamento e os produtos dos processos do pensar nunca são idênticos à realidade que ambos tentam apreender. Pensamentos, como produtos finais de um processo de pensar, nunca passam os limites de uma mera aproximação transitória e fugaz da realidade.

4 Uma inferência do autor confirmada em conversas pessoais com Francesca Bion e Parthenope Bion Talamo.

Outra obra de Bradley que nos parece importante para o método científico, *Appearence and reality*, publicada em 1893, sugere que a realidade nunca é autocontraditória. Em contraste, aparências sempre podem ser autocontraditórias: não pudemos encontrar nenhuma citação de Bradley na obra de Freud, mas nos parece evidente que toda a psicanálise, iniciada com o interesse de Freud sobre o fenômeno histérico, a hipnose e, mais ainda, a descoberta de uma possibilidade de interpretar sonhos correspondem a essa sugestão.

> *Braithwaite prefere o ponto de vista que diz que a hipótese científica consiste em uma generalização – e nada mais. Ele admite que a formulação de Hume, da teoria da conjunção constante, está sujeita a uma crítica muito séria, e que essa formulação contribuiu muito para obscurecer o valor do ponto de vista que ele (Braithwaite) apresenta, embora com modificações importantes. Enfatiza, particularmente, a conexão íntima existente entre o ponto de vista de Hume a respeito da conjunção constante, e o ponto de vista de Hume que, em uma hipótese científica, além do elemento de generalização, só há um fato psicológico, relativo à associação de idéias* (sic) *ou a crenças na mente da pessoa que acredita nessa lei científica. Fica evidente que, para Braithwaite, há... o desejo de acreditar que uma lei científica assevera, além da generalização, que existe algum tipo de relação entre os fatos que foram generalizados, relação análoga à relação lógica que existe, em uma inferência indutiva, entre a premissa e a conclusão. Cita outros exemplos dessa tendência, como o desejo de acreditar na existência de uma relação de atividade, análoga àquela que ocorre na volição, ou,*

> *finalmente, numa relação bastante específica, que não seja análoga a nada mais. (Bion, 1992)*

17.3.1 Física moderna

Bion (1992) também tinha plena consciência de que, "a despeito dos avanços da ciência nos últimos anos, os métodos empregados no trabalho científico encontram-se sob investigação crítica" (p. 84), implicando informação suficientemente boa a respeito dos avanços efetuados pelos físicos modernos: "as teorias da mecânica quântica perturbaram, nas ciências naturais, o clássico conceito de um mundo de fatos objetivos, estudado objetivamente" (p. 84). Por meio deles, Bion ressaltou que o observador interfere no objeto observado, valendo-se das contribuições de Werner Heisenberg e Niels Bohr. Com relação a essa observação, Bion não cita Freud especificamente. Empresta de David Hume o conceito de conjunção constante. De Poincaré, Bion usa a noção de que os métodos humanos utilizados para mensurações espaciais – que são a própria essência do conceito de espaço – se relacionam com a nossa consciência – a consciência humana – a respeito de nosso próprio corpo. Ou seja, têm uma base emocional. E empresta uma noção de Riemann, de que nossas ideias do espaço podem – e precisam, em alguns vértices de observação – ser dispensadas. Apenas nesse momento, assinala que tudo isso já era conhecido (ou poderia ser conhecido) por psicanalistas:

> *Como Poincaré assinalou, nossos métodos de mensuração, que desempenharam e ainda desempenham um papel considerável no conceito de espaço, estão claramente relacionados à percepção que o homem tem de seu próprio corpo (*Science and Method, *p. 100) e podem, de*

> *fato, ser ignorados na geometria posicional de Riemann. Nenhum psicanalista ficaria surpreso se atribuíssemos as origens da mensuração a experiências da primeira e segunda infância. (Bion, 1992, p. 85)*

Repetidas vezes, apresenta a sugestão de que a psicanálise poderia contribuir para nossos *insights* com relação às origens do que ficou conhecido sob a denominação de "ciência". Que seria um instrumento útil para os que, devido à negligência, se perdem no labirinto que aguarda qualquer um que tente implantar autoproclamados métodos científicos (na verdade, métodos pseudocientíficos) na psicanálise.

Bion não enfatizou de modo explícito a coincidência histórica – na verdade, de cinco anos antes, mas o que são cinco anos se o método de contagem for histórico? – entre a física moderna e a psicanálise no que se refere à constatação da interferência do observador no fenômeno observado. Esses métodos, em muitos aspectos, podem replicar uma religião positivista:

> *As teorias da mecânica quântica perturbaram, nas ciências naturais, o clássico conceito de um mundo de fatos objetivos, estudado objetivamente. E, ao mesmo tempo, o trabalho de Freud suscitou a crítica de que não era científico, por não estar em conformidade com os padrões associados à física e à química clássicas; seu trabalho, ao mostrar quão frequentemente as manifestações das crenças e atitudes humanas se notabilizam mais pela eficiência em disfarçar impulsos inconscientes do que por contribuir para o conhecimento dos assuntos que pretendem discutir, constitui-se em um ataque à*

> *pretensão do ser humano, de possuir uma capacidade para observação e julgamento objetivos. (Bion, 1992)*

Bion viveu uma época – similar à nossa, neste primeiro quarto do século XXI – na qual havia pesadas alegações contra a psicanálise de que seria uma prática não científica. Bion cita, ainda que brevemente, uma opinião de um acadêmico respeitado no âmbito da Psicologia, Hans Eysenck,[5] cuja fama foi obtida, em grande parte, por ataques públicos à psicanálise, bem aceitos pela mídia leiga e por editoras sequiosas de lucro – sem que ele mesmo jamais tenha se submetido a alguma forma dela: "o psicanalista é censurado por ser não-científico *(sic)*, por não poder produzir um cálculo que é a contraparte do sistema dedutivo dos cientistas, por exemplo, Eysenck" (Bion, 1992). Alguns, incapazes de enfrentar as críticas, aderiram a ela sob forma de negar a cientificidade buscada por Freud, dizendo de modo encomiástico que não era uma ciência biológica. Afirmaram de modo reducionista, a seu ver protetor ou como argumento jurídico contra essas críticas, que psicanálise seria uma forma especial e notável de literatura: por exemplo, Paul Ricoeur e outras personalidades na crítica literária, como Harold Bloom, que chegou a afirmar que um literato reconhecido, Shakespeare, havia "inventado a personalidade". Seria o caso descrito por uma fábula de Esopo, depois revivida por La Fontaine, da raposa e das uvas? Na visão do autor deste texto, tudo isso faz parte dos recorrentes ciclos de ignorância e desconhecimento de aproximações reais à realidade que foram feitas por gerações anteriores.

---

5 A obra *Decline & fall of the Freudian Empire*, de Eysenck (1985/1988), foi divulgada após o falecimento de Bion e sintetiza um esforço destrutivo de quase 20 anos.

17.3.2 Posturas anticientíficas

Algumas das personalidades que obtiveram influência e poder midiático contemporâneas a Bion, como Hans Eysenck e Karl Popper nas décadas de 1950 e 1960, para citarmos apenas duas, nunca se preocuparam em apreender o que poderia vir a ser uma psicanálise – ou seja, algo possível apenas se submetendo a uma e analisando pessoas. Popper confundiu psicanálise com uma alternativa chamada psicologia individual, de Alfred Adler – seu conterrâneo e amigo em Viena. A enorme fama midiática e o estudo detalhado de sua obra por seguidores encontram-se em fase de extinção, a partir do momento em que eles mesmos faleceram. Talvez comprovem a observação de Shakespeare de que moda é o "ardiloso uniforme do demônio" (*Measure for measure*, 1623/2007). Houve tentativas de examinar o status científico da psicanálise, mas num sentido de legitimá-la sob termos extrapsicanalíticos – com teorias transplantadas, para igualar a psicanálise a uma ciência aprovada pela moda, ou por determinadas instituições. Por exemplo, tentativas de reduzi-la ao dadaísmo e surrealismo; ao existencialismo; ao heideggerianismo; à psicologia acadêmica; à psicologia do ego, mas nunca do id; ao subjetivismo e sua versão do século XXI, o intersubjetivismo; à hermenêutica; ao estruturalismo; à semiótica; à literatura; ao pós-modernismo; ao positivismo, com mensurações oníricas que requerem acordar o paciente na hora em que estaria sonhando; a modelos simplificadores apregoados por uma nova disciplina que despreza a neurologia, a neurociência dos neurotransmissores.

Ou seja, a mesma invariância – falta de apreensão do que é psicanálise na prática – permanece em diferentes formas. Uma diferença é que anteriormente a reação contra a psicanálise se fazia a partir do meio externo – por exemplo, por membros do movimento médico, ou religioso, ou político. Mas agora são internas ao movimento psicanalítico. Os primeiros atacantes tinham em seu favor a desculpa da ignorância; como intrusos, talvez não tenham se sentido obrigados a saber do que se tratava a psicanálise. Deram lugar a alguns membros do movimento analítico; talvez o trabalho de maior fôlego tenha sido o de Ellenberger, em 1970, a respeito de uma propalada "descoberta do inconsciente". Ellenberger se apresentou como um psicanalista devidamente aprovado pela IPA. A revolta sempre inclui acusações de que a psicanálise é apenas uma pseudociência. Tem sido brandida, inicialmente e principalmente, por pessoas com formação em psiquiatria, psicologia e filosofia que tentam adentrar-se na disciplina da teoria da ciência sem ter jamais obtido experiência de prática científica. E, menos ainda, de prática psicanalítica propriamente dita. Perscrutam, para provar postulados indistinguíveis de preconceitos, uma propalada "biografia" atribuível a Freud, destacando cuidadosamente alguns detalhes, retirando-os do todo e tomando a parte pelo todo. Alguns desses estudos tentam ser exaustivos e, como qualquer estudo feito por *scholars* da academia, contêm dados úteis para outros estudiosos, apesar de tentarem substituir o que poderia se constituir, no máximo, como hipóteses, por teses já provadas, uma prova que advém de autoritarismo ou fama pessoal (Ellenberger, 1970; Grunbaum, 1984; Pinckney & Pinckney, 1965; Popper, 1934/1963; Sulloway, 1979). Como toda iconoclastia, esta traz em seu bojo, de modo não observado, idolatria disfarçada (Sandler, 2009/2013b, 2015b). Muitos deles – como Eysenck nos anos 1950 e inícios da década seguinte, e talvez involuntariamente inspirados por ele – tentaram usar métodos com sucesso bastante limitado na psicologia acadêmica, o campo em que obtiveram sua graduação ou pós-graduação. Considerando-se que eles não se referem a seus antecessores históricos, imagina-se que tipo de análise tiveram e que tipo de informação histórica sobre filosofia da ciência eles têm. Este comentário não tem a intenção de atacar ninguém; está ligado a uma desconfiança básica com relação à psicanálise, que surge quando se observam as tentativas de transplantar modelos que a própria psicanálise superou – desde Freud. É notório que membros do movimento psicanalítico tendem a repetir os modelos de seus analistas. Se o analista que oferece treinamento não confia na análise, consciente ou inconscientemente, aquele que está sendo treinado tenderá a também não confiar nela. Muito recentemente, o órgão político que tende a governar padrões na IPA, amedrontado com a queda de procura, tenta impor uma diminuição na frequência de sessões – configurando um ataque a um valor libertário contido na proposta de Freud.

17.3.3 Inconsciente e o âmbito dos númenos

Bion observou que a psicanálise não poderia ser vista, de modo exato, como não científica. Se é verdade que o todo da psicanálise manteve problemas no que tange a dificuldades na apreensão da realidade, compartilhou todos esses problemas com outras disciplinas que se propalaram ou tentaram ser científicas:

> *Por intermédio da geometria projetiva algébrica, o matemático pode investigar invariantes comuns ao objeto circular e à elipse – invariantes que representam tanto um, como outro. Há uma parte da geometria Euclidiana, aquela constituída por enunciados referentes a comprimento, ângulos e congruência, que compõe investigações que ainda não puderam encontrar um lugar em termos de geometria projetiva; portanto, não é necessário que os psicanalistas fiquem descorçoados caso possa se demonstrar que em suas teorias não há lugar para mensurações e outros lugares-comuns em disciplinas aceitas como científicas. Do mesmo modo*

> *que há certas propriedades geométricas invariantes em projeção, e outras propriedades geométricas que não o são, também existem propriedades que são invariantes em psicanálise. A tarefa é descobrir quais são as invariantes em psicanálise, e que natureza tem o relacionamento mantido por estas invariantes entre si. (Bion, 1965, p. 2)*

> *Como podemos medir algo que as pessoas "sentem"? Postulando "temperatura", após nos livrarmos do preconceito em relação a pares de opostos. Então descobrimos que coisas, objetos inanimados, são sensíveis à temperatura, ainda que elas não sintam "calor e frio". E sobre amor e ódio? Não seriam preconceitos? E se for, simplesmente, "x" – a quantidade de x, como a quantidade de temperatura? Assim, a pessoa poderia ser capaz de medir x, mesmo que não fosse capaz de medir amor e ódio, calor e frio. (Bion, 1992, p. 2)*

Bion propõe a possibilidade de obter-se a mais científica das posturas – aquela que seja isenta de preconceitos – ao respeitar a percepção, já adiantada por Platão e resgatada por Kant, de que lidamos com fenômenos e podemos intuir e utilizar, ainda que fugazmente e de modo parcial – assim como fugaz e parcial é nossa vida –, seus númenos correspondentes, sem que precisemos "possuí-los" e, muito menos, nomeá-los. Adotou – pelo menos depois de 1959 – a postura que lida com pares de opostos sem tentar resolvê-los por clivagem, com negação da existência de um dos polos. Três anos depois, em *Elementos de Psicanálise* (1963), ilumina mais claramente a teoria de Klein sobre as posições: PS e D são tolerados como coexistentes, em uma não clivagem, mas sob um processo dinâmico de equilíbrio e desequilíbrio mútuo. Em vez de tentar instalar a psicanálise num leito procrusteano de tecnicalidades pseudocientíficas – como ocorre com estudos estatísticos que tentam legitimar uma causa injustificada e imaginária, ou com fantasias decorrentes de estruturas narrativas em que relações de causa e efeito são a consequência inexorável; ou com fantasias de reprodutibilidade de dados estatisticamente controlados; ou com a eleição forçada de grupos de controle grosseiramente homogeneizados; ou com a exigência de falseabilidade, no critério de cientificidade imposto por Popper –, Bion recorreu à teoria da ciência, mesclando contribuições de diferentes autores – seguindo a recomendação de Bradley de nunca se filiar a apenas um autor.[6]

Integração é um temo e uma prática cara à psicanálise – constitui um fulcro, a partir do trabalho de Freud, sobre mecanismos de defesa e clivagem do ego, desenvolvido de forma até agora única por Melanie Klein na teoria das posições. Integração é algo subjacente a todos os estudos classificados como "sociais" que fazem parte da herança de Freud: *Totem e tabu* (1913), *O futuro de uma ilusão* (1927), *Análise do ego e psicologia das massas* (1921) e *Moisés e o monoteísmo* (1939).

Bion tentou integrar as sugestões de teóricos da ciência – em vez de transplantá-las mecanicamente, ou prioritariamente – com observações da psicanálise. Pode-se dizer que um psicótico seja, necessariamente, um falso cientista e que todo cientista, quando vitimado por situações psicóticas, não consegue fazer ciência – apenas política. De maneira alternativa, em suas próprias palavras, também percebeu que os problemas enfrentados por matemáticos, cientistas e teóricos da ciência se igualavam – no que tange a apreensões da realidade – aos problemas enfrentados por psicanalistas: "o que

6 A mesma recomendação aparece na obra de Robert Merton (1948), que cunhou – até o ponto que foi a investigação deste autor – um nome para uma disciplina integrativa: transdisciplinaridade.

não se avalia com tanta facilidade é o impacto imediato que têm os problemas, já conhecidos do filósofo da ciência, sobre os fenômenos mentais expostos por métodos psicanalíticos modernos" (Bion, 1992, p. 2).

Essas tentativas lidaram com as expansões teóricas sobre o funcionamento psíquico sugeridas por Melanie Klein – é a elas que Bion qualifica como "métodos psicanalíticos modernos". Teve três instantes definidos que caracterizam duas fases no trabalho de Bion. Dois instantes – separados pelos autores originais de conceitos de teoria da ciência, David Hume e Jules Henri Poincaré – ocorreram simultaneamente nos estudos de Bion:

1) O primeiro instante relaciona-se com três noções sugeridas por teóricos da ciência: a de senso comum, fundamental para haver uma capacidade de simbolizar; a das críticas às ideias de causalidade, advindas da observação de Hume a respeito de conjunções constantes que fazem sentido para o observador, porém, são independentes do objeto, que prossegue inobservado, mas vítima de crenças do observador; e a dos alertas desenvolvidos por Braithwaite, que pode ser visto como um dos herdeiros de Hume, a respeito do uso indevido de inferências probabilísticas favorecendo quantidade às custas de qualidade. Esses noções e conceitos de teoria da ciência foram relacionados analogicamente à teoria das posições de Klein. Toda essa tentativa mostrou-se parcial por ressaltar apenas sentidos e significados localizados no aparato psíquico do observador, e nunca fenômenos que pudessem ser fundamentais no objeto observado. Deu lugar à aplicação psicanalítica da teoria de transformações e invariâncias proposta por Sylvester e Cayley, pela qual finalmente Bion se aventura a explicitar melhor algumas possibilidades de acesso a verdades localizadas no objeto observado – em psicanálise, o aparato psíquico do paciente. Bion nunca deixou de se interessar pelo exame do aparato psíquico do analista, apenas no que se refere

às possibilidades de observação de fenômenos; a partir de 1965, parte mais resolutamente para o exame do aparato psíquico do paciente. Enfatizamos o aspecto do exame das capacidades cognitivas do analista, pois o todo do aparato psíquico só encontra um local e um momento para ser examinado: a análise pessoal do analista.

2) O segundo instante ocorreu na mesma época, ainda relacionado à teoria das posições de Klein, aproximando-se de situações de insight, em que Bion lança mão de um conceito em teoria da ciência proposto pelo matemático Poincaré, o fato selecionado.

3) O terceiro instante implica um desenvolvimento dos dois anteriores. Ocorre em um exame da história das contribuições de Bion, quando há maior atenção à introdução do princípio da realidade, justamente aquilo que permite uma transdisciplinaridade entre psicanálise e teoria da ciência: dois métodos diversos, mas mantendo vértice igual, o que o autor deste texto sintetiza como ações, ou tentativas, para apreensão da realidade. Bion observa que uma capacidade para pensar teria origem – pelo menos hipoteticamente – quando ocorre, por questões naturais, uma ausência do objeto concreto. Como o vértice utilizado é o mesmo de Freud e Klein, ou seja, o desenvolvimento ontológico e genético do aparato psíquico, o ponto inicial considerado por Bion, entre 1950 e 1976, é dado por um bebê: o momento em que ele começa a se relacionar com sua mãe.

Trata-se de um momento fundamental – tanto na história da psicanálise como na história do movimento psicanalítico. Neste último, vivia-se, nos anos 1960, algo que pode ser considerado como um rescaldo ainda mais destrutivo do que a situação já destrutiva original. Foi um modo notável de apresentação de um estado de alucinose compartilhada – típica de fenômenos de massa – que grassa no microcosmo de sociedades de psicanálise.[7] Iniciou-se no final dos anos 1930 e prolongou-se por pelo menos quatro décadas. Foi nomeada "discussões controversas" – pelo menos em relação ao nome não houve controvérsia. O leitor poderá consultar o verbete "Controvérsias". Mais importante do que as vicissitudes do movimento psicanalítico – quando e onde psicanalistas não se utilizam das eventuais análises a que puderam ter se submetido, no caso de estas análises terem podido prover um exame crítico mínimo das situações narcísicas ou da prevalência da personalidade psicótica em cada pessoa que se considere – o momento foi fundamental na história da psicanálise. Integrou, no modo de ver do autor deste texto, de modo indubitável – pois apoiado empiricamente, por experiência clínica –, uma contribuição fundamental de Freud – aquela que originou toda a obra de Bion – com uma contribuição de Klein. As duas enfocam os primórdios da formação do nosso aparato psíquico: a teoria sobre os dois princípios do funcionamento psíquico e a teoria das posições. Conduziu a um estudo ainda mais acurado a respeito do relacionamento que o bebê tem, ou pode ter, com o seio. Bion expande ainda mais alguns de seus conceitos teóricos por meio de analogias matemáticas. A seu ver, a matemática foi e ainda é uma tentativa primeva em todos nós, seres humanos, para lidarmos – usando um termo psiquiátrico (que foi usado por Bion) – com psicose. Em termos psicanalíticos, um exame da capacidade e a falta dela, para tolerarmos a frustração (do objeto concreto). Bion apela para a teoria matemática de ponto; cita matemáticos da Antiga Grécia (Euclides, Proclo, Platão e Aristóteles) e da modernidade (Gottlob Frege e Victor Tarsky). O leitor poderá

7 Descrita pelo autor deste dicionário como a vigência de mais um "pressuposto grupal" a ser acrescentado aos três observados por Bion. Cf. "O quarto pressuposto", de Sandler (2001b, 2001/2006); após uma contribuição de João Carlos Braga, o título foi modificado de quarto para sexto pressuposto grupal, apresentado como "*Eine Sechste Grundannahme?*" em reunião científica na Sociedade Psicanalítica de Colônia, em 2010 (Sandler, 2010/2013).

examinar os verbetes: "Estar-uno-consigo mesmo" (*at-one-ment*); "Causa"; "Círculo, linha, ponto"; "Matematização da psicanálise"; "Psicanálise real"; "visão analítica".

Os três instantes, incluindo a descrição mais extensa das reflexões de Bion baseadas em teorias da ciência, podem ser estudados nos capítulos iniciais de *Cogitações*. Todas as reflexões e hipóteses são feitas exclusivamente sob o vértice psicanalítico – em outras palavras, sob uma abordagem empírica, com observação psicanaliticamente treinada (termo utilizado em *Transformações*) sobre casos clínicos. Podem ser razoavelmente considerados como trabalhos preparatórios, ou rascunhos, para textos notavelmente compactados e conclusivos, que compuseram os livros *Aprender da experiência* (1962/2021), *Elementos de Psicanálise* (1963) e *Transformações* (1965).

Os dois primeiros instantes, que qualificariam uma primeira fase, podem ser vistos pela seguinte citação:

> *O fato que aqui equaciono com aquilo que Bradley denomina "o elemento real" não difere, em absoluto, dos fatos ou elementos reais que são objetos de curiosidade, elucidação e estudo em qualquer ciência, embora esse fato possa ficar obscurecido por ser um "fato" ou "elemento real" do tipo que o analista convida o paciente a estudar – ou seja, o próprio paciente.*
>
> *Pode-se observar que postulo, na teoria que estou apresentando, um fenômeno com três facetas:*
>
> *(1) aquela que Bradley denominaria "elementos reais em uma união real", idêntica ao que o cientista denominaria "dados observáveis", em uma relação que é, igualmente, observável,*

> *(2) uma contraparte ideacional do item anterior, dependente da capacidade do indivíduo de traduzir um "elemento real" em uma ideia. (O psicótico fracassa nesse ponto. Mesmo quando verbaliza, ainda pensa que palavras são coisas.) Essa operação depende da capacidade do indivíduo de tolerar a depressão da posição depressiva e, portanto, de adquirir formação simbólica. Essa fase é idêntica à capacidade do cientista de produzir um sistema dedutivo científico e sua representação, denominada cálculo [Braithwaite, p. 23],*
>
> *(3) um desenvolvimento mental associado a uma capacidade "de ver os fatos tais como eles realmente são" [Samuel Johnson para Bennet Langton]; internamente, associado a um senso de bem-estar, que tem um efeito instantâneo efêmero e um sentido duradouro de estabilidade mental, sempre crescente. (Bion, 1992, p. 5-6)*[8]

17.3.4 Comentários às facetas do fenômeno

Qual seria o sentido da primeira faceta? Talvez fique evidente na definição de Bradley e também na citação feita por Bion: há uma consideração humana que pode ser qualificada como científica, ou artística, que se expressa por uma busca de verdade, e que a verdade pode ser aproximada por meio de processos relacionais entre qualquer tipo de entidade que se considere, animada ou não. Qual seria o sentido da segunda faceta? Teria o mesmo sentido anteriormente dado pelo que tem sido tradicionalmente classificado como "tradição platônica"? Não se trata de idealismo, como algumas qualificações

8 Notas entre colchetes pela Sra. Francesca Bion, editora do livro.

acadêmicas altamente reconhecidas por muitos *establishments* filosóficos querem fazer crer. Essas qualificações, sob a visão do autor desse texto, fundamentada em outros textos,[9] têm como componente intrínseco uma desatenção, produto de preconceitos – ora ideológico, ora nacionalista. A "tradição platônica", que poderia também se chamar "socrática", observa e alerta sobre uma necessidade de que haja "correspondência" entre uma formulação verbal, ou matemática, ou outras que possam ser descobertas, com a realidade materializável ou imaterializada que essa formulação intenta descrever. Quando a atividade é prática, ou praticável concretamente, ou materialmente, tenta alcançar e lidar. Na investigação desse autor, Bion, como Freud antes dele, coloca em prática na clínica psicanalítica essa observação fundamental que tem guiado a conduta dos cientistas até hoje. Consta – de modos diversos, ou seja, como transformações em torno de uma invariância, que podemos chamar "teoria correspondencial" – das obras de vários autores, por pelo menos dois milênios. Na obra de Bion, até *Uma memória do futuro* (1988), inicia-se com a obra de Platão e também com a obra de Aristóteles, em sua época de idoso; depois é resgatada por Francis Bacon, Baruch Spinoza, David Hume, Immanuel Kant, Samuel Johnson, Isaac Newton, Alexander Pope e o bispo George Berkeley. Na cogitação que toma boa parte desse verbete, Bion se utiliza preponderantemente, de modo implícito e explícito, das contribuições dos autores mencionados, sintetizadas e explicitadas por Bradley, Prichard e Braithwaite. Sempre apoiado na obra de Freud e referindo-se à sua própria teoria do pensar, que já havia tomado dois de seus livros hoje considerados básicos, Bion deixa a implicação de toda sua obra na invariância de uma "teoria correspondencial" ainda mais clara em *Transformações* (1965):

9 Sandler (1997, 2001a, 2009/2013a, 2015a).

> *Por definição, o termo consciente relaciona-se a estados dentro da personalidade: consciência de uma realidade externa é secundária à consciência de uma realidade psíquica interna. Realmente, consciência de uma realidade externa depende da capacidade da pessoa tolerar ser lembrada de uma realidade interna. (p. 86).*

Acrescenta uma nota de rodapé a essa frase: "o relacionamento entre a realidade interna e externa é, portanto, similar ao relacionamento entre a preconcepção e a realização que se aproxima da preconcepção. Isto é reminiscente da teoria das formas, de Platão" (p. 86). A mesma observação volta a aparecer em outra nota de rodapé, à página 107.

Há muitas passagens nesse livro nas quais Bion enfatiza o relacionamento entre as "formas ideais" de Platão e as teorias de Freud e Melanie Klein sobre objetos internos e também sobre introjeção e projeção.

Isso não implica submissão de Bion a eventuais ordenações de Freud ou Melanie Klein? A leitura dos textos não deixa nenhuma dúvida. O fato de que há críticas à teoria de Freud sobre a função da consciência para a análise de pessoas com perturbações nos processos de pensar, rotuladas como psicóticas – ou seja, de que a teoria era "fraca" –, nunca invalidou a mesma teoria para a análise de neuróticos nem invalidou a teoria de modo geral.

> *A teoria da consciência como órgão sensorial para captação de qualidades psíquicas é fraca, mas não é falsa, pois quando a expandimos, ao dizer que o consciente e o*

> *inconsciente são produzidos constantemente e juntamente funcionam como se fossem binoculares, ambos ficam capacitados para correlação e auto-consideração* (sic). *(Bion, 1962/2021, p. 54)*

Nessa época, Bion havia desistido de modificar a teoria sobre sonhos e simplificado, ou diminuído, suas pretensões, o que resultou na teoria observacional – e não de psicanálise propriamente dita – de função alfa. O leitor pode consultar os detalhes nos verbetes "Função-alfa" e "Trabalho onírico-alfa". A sinceridade científica de Bion deixa clara para o leitor a discordância de Melanie Klein em relação ao conceito de preconcepção. Ou seja, um acréscimo inspirado em Kant que Bion fez à teoria das funções de ego de Freud – no que tange aos processos de pensar – que parecia afetar a teoria de Klein. Na visão do autor desse texto, o acréscimo que Bion fez à teoria das funções de ego, conforme a hipótese de Freud, foi sugerir a existência de duas categorias que podem, e talvez precisem, ser consideradas como etapas genéticas nos processos usados por nós, seres humanos, para construir e depois manter nosso aparato de pensar: a categoria das preconcepções. Por que afetaria a teoria de Klein? Não conseguimos encontrar nenhum fator. Pois foi justamente Klein a pessoa que já havia estendido a teoria da transferência de Freud, no artigo "Origens da transferência", notando a existência de Édipo e do superego em fases mais precoces do que aquelas constatadas por Freud. Talvez para Klein seria ir longe demais postular um aparato psíquico e cerebral já pronto ao nascimento. Não são necessárias teorias que nos guiem; tanto Freud como Klein podiam fazer análise independentemente de teorias – ou de metapsicologias, na denominação de Freud, aquilo que vinha depois da psicologia. Essas teorias vieram da prática, e a prática era algo que eles tinham.

> *Vou tomar de empréstimo, livremente, todo e qualquer material que possa simplificar minha tarefa; começo com a teoria das formas de Platão. Conforme compreendo o termo, vários fenômenos, como o aparecimento de um belo objeto, são significantes. Não por serem belos ou bons, mas porque servem para "lembrar" o espectador do belo ou do bom que em uma época foi, mas não é mais, conhecido. Este objeto, em relação ao qual o fenômeno serve de lembrete, é uma forma. Afirmo que Platão é um patrono da pré-concepção* (sic), *do objeto interno, da antecipação inata. Melanie Klein, em conversa comigo, opôs-se à idéia* (sic) *do bebê ter uma pré-concepção* (sic) *inata do seio, mas ainda que seja difícil produzir evidência de que existe uma realização que se aproxime desta teoria, a própria teoria me parece útil como uma contribuição para um vértice que quero verificar. Fenômenos (este termo está sendo usado como Kant poderia usá-lo) são transformados em representações, Tβ. Tβ pode então ser considerado como uma representação da experiência individual, mas a importância deriva de, e é inerente à forma platônica. (Bion, 1965, p. 138)*

Não podemos saber se *Aprender da experiência* e *Elementos de Psicanálise* foram uma espécie de rascunho para *Transformações*. Provavelmente não – pois *Transformações* não os modifica. Outra hipótese: Bion talvez preferisse ir colocando suas noções aos poucos, pois se nota um desenvolvimento. Certamente, ele não pensava em aplicar a teoria matemática de transformações e invariâncias em 1962 e 1963 – essa teoria não modifica as teorias de conjunção constante e fato selecionado, mas as amplia: até esse momento, Bion colocava uma ação científica de correspondências na realidade que descobria algo intrínseco ao observador. A partir de 1965, a concepção de invariância adentra mais resolutamente no esclarecimento de uma verdade naquilo que é observado: a realidade psíquica do paciente, conforme pode ser examinada no inter-relacionamento com o analista, no aqui e agora da sessão, denominada por Bion de "experiência emocional". Experiência emocional é um fator fundamental na formação e manutenção dos processos do pensar. Esse é um dos momentos nos quais Bion coloca uma aplicação puramente psicanalítica de um conceito originalmente matemático, demonstrando que os problemas enfrentados por teóricos da ciência e filósofos são os mesmos problemas enfrentados por psicanalistas – e por psicóticos. Em outras palavras, demonstra a possibilidade vantajosa de um estudo transdisciplinar:

> *Sugeri que todos os elementos do método científico para os quais chamei a atenção, e que irei citar, estão presentes em um estágio precoce da história do indivíduo e da raça, e estão associados especificamente ao desenvolvimento do pensamento verbal. Esses elementos são: a relação entre as necessidades psicológicas do indivíduo; as demandas do princípio da realidade; as demandas que a realidade faz ao indivíduo, para que ele sobreviva, que ele a reconheça como realidade; a hipótese como uma asserção da conjunção constante de elementos, estabelecendo que os elementos estão conjugados por formas diferentes de relacionamento, que precisam ser discriminadas; o componente social, discernível no fato que a publicação é uma característica essencial e não, acidental. Aqui penso, novamente, que podemos simplificar o problema, caso deixemos de lado, no momento, a característica das palavras que até agora dominaram a cena – ou seja, seus*

símbolos característicos – e consideremos cada palavra como uma etapa daquilo que chamaremos, em um estágio posterior, de hipótese.

Desse ponto de vista, sugiro que o indivíduo, ao emitir sons selecionados que depois podem se distinguidos como palavras, procura expressar que certos elementos ao seu redor estão constantemente conjugados. Assim o indivíduo pode expressar, através de algum som, como "pa-pa-pa", que certas impressões sensoriais ficam sempre conjugadas; o "pa-pa-pa" é um método de public-ação da hipótese; ao mesmo tempo reduz a hipótese a termos que podem ser verificados, através de testes empíricos. "Pa-pa-pa", diz a criança. "Sim", diz a mãe perceptiva, "está certo, é o papai". Assim nasceram o método científico, a hipótese de nível superior, a generalização e a asserção verificável, juntamente com a publicação.

Não estou sugerindo que isso vá satisfazer as objeções do filósofo da percepção. Ele ainda pode sentir que o problema de como o conhecimento privado das impressões sensoriais tenha que ser traduzido em conhecimento público, é insolúvel; ou, que é insolúvel o problema de como o indivíduo tenha que se assegurar de qualquer fenômeno que esteja além das impressões sensoriais que ele tenha consciência. Só posso responder, tirando uma folha do livro hipotético da minha criança hipotética: é por publicação – ou seja, discurso. Esse problema, que para muitos filósofos surge como uma questão de dialética, não pode ser tratado pelo psicanalista como se não tivesse importância; o psicanalista pode estar

> *tratando de um paciente cujas impressões sensoriais parecem dar-lhe informações que não correspondem àquilo que o analista comumente considera como sendo os fatos externos apropriados. (Bion, 1992, pp. 196-197)*

Esse exemplo demonstra um fato transcendental, mesmo que as formas que possa assumir sejam diferentes. Pode-se relembrar que há uma palavra praticamente universal: "mama". Bion não parece duvidar de que a obra de Freud e de Melanie Klein são herdeiras diretas da obra de Platão, e que a teoria de transformações e invariâncias, aplicada à psicanálise,

> *Pareceria implicar em* (sic) *um hiato entre os fenômenos e a coisa-em-si, e tudo que eu disse não é incompatível com Platão, Kant, Berkeley, Freud e Klein, para citar uns poucos, que mostram o quanto acreditam que um anteparo de ilusão nos separa da realidade. Alguns acreditam conscientemente que o anteparo de ilusão seja uma proteção contra a verdade, essencial para a sobrevivência da humanidade; o resto de nós acredita inconscientemente nisto – mas não menos tenazmente. Mesmo aqueles que consideram esta visão um equívoco, e que a verdade é essencial, consideram que o hiato não pode ser transposto porque a natureza do ser humano impede o conhecimento de algo além dos fenômenos, que não seja conjectura. Os místicos devem ser liberados desta convicção da inacessibilidade da realidade absoluta. A incapacidade dos místicos de se expressar por intermédio da linguagem comum, arte ou música, relaciona-se ao fato de todos estes métodos de comunicação serem*

> *transformações; e de transformações lidarem com fenômenos; e com eles se lida através de serem conhecidos, amados ou odiados. (Bion, 1965, p. 147)*

O apelo às observações ou descobertas de alguém como Platão tem deixado alguns leitores perplexos. Há leitores dotados de formação acadêmica vinculada à filosofia e à teologia que não sejam essencialmente atinentes apenas à tradição mística (como fenômeno histórico). Em geral, estão habituados a manter uma visão tão isenta de liberdade que fica submissa aos vários autoritarismos: escolástico, ideológico, idolátrico. Reproduzem o mesmo problema que os "místicos", em sua procura por verdade, tiveram com o *establishment* religioso em uma época que abrangeu o que historiadores qualificam como Renascença e Iluminismo. A invariância – constituindo um problema social – aparece de modo transformado. Atualmente, sob forma de dissidências, ou de ausência de adoção de um método científico considerado como válido, ou "paradigmático" (que veremos no final deste verbete), em muitas academias pelo mundo. Esses leitores se inserem em várias modas – por exemplo, "pós-modernista", ou pessoas interessadas em manter dogmas religiosos. Têm tentado impor a qualificação de que Bion seria um "místico", ou de que estaria defendendo um "idealismo", mas nunca um "realismo", pois negam a validade da tradição científica, inseparável da experimentação, ou da experiência em senso comum, em sua fase inicial sempre por meio de nossos órgãos sensoriais.

No ciclo de "cogitações" a respeito do método científico, que se constitui como uma investigação transdisciplinar entre teoria da ciência e psicanálise, há alguns exemplos de iluminações que puderam ser feitas pelo fato de que Bion não se deixou levar pela abominação de filósofos e teóricos da ciência quanto ao fato de que os "estado ideacionais" precisam considerar, como um fator importante, experiências emocionais. Em uma "cogitação" escrita em 12 de fevereiro de 1960, Bion ressalta o mesmo esclarecimento transcendental que remonta aos tempos de Platão e Aristóteles e alguns outros médicos do período, hoje esquecidos, como Alcméon de Crotona – que descobriu a existência de nossos órgãos sensoriais: "todas as nossas ideias são redutíveis, no longo prazo, a dados da experiência sensorial". Essa afirmação categorical é uma citação do volume 6 de uma obra de divulgação histórica, científica e filosófica escrita por Frederick Copleston, *A history of Philosophy*, (Copleston, 1946, p. 8).

O exame da biblioteca particular de Bion, mantida por sua esposa até 2015, demonstra o quanto ele se utilizou de uma das obras mais populares – por mais de meio século no Império Britânico – sobre história da filosofia. O fato de ser popular, arriscando uma degradação para o lugar comum, não implica falta de acurácia. Denominada de modo recatado e nada onipotente de "*uma* história", não arrogou ser "*a* história". Ao contrário: permanece sendo publicada até nossos dias, como uma das mais respeitadas histórias sobre a filosofia e sobre a ciência jamais escritas.

Não há de ser por mera coincidência o fato de que Frederick Copleston tenha se graduado em Oxford, contemporaneamente a Bion, tendo sido criado, inicialmente, na Índia. Também pode-se estabelecer um paralelo em personalidades: nenhum dos dois podia ser qualificado como preconceituoso – Copleston, filho de um sacerdote anglicano, foi preparado para a mesma profissão do pai, mas se tornou católico e nunca foi abandonado pelo pai, que intercedeu para que o filho prosseguisse sendo professor em Oxford. A cópia de sua obra foi muito utilizada por Bion, quase como se fosse um guia de um estudo que ele mesmo nunca teve, algo que este deixa claro à introdução de *Aprender da experiência* (1962/2021):

> *Este livro lida com experiências emocionais diretamente relacionadas às teorias do conhecimento, e também, de modo especialmente prático, à psicanálise clínica. Em geral, pessoas com treinamento em métodos filosóficos não dispõe da experiência íntima dos processos que perturbam o pensar – algo disponível a psicanalistas. Entretanto, raramente os psicanalistas assumem tais casos. Tenho sido afortunado nesse aspecto, mas careço de treinamento filosófico (p. ii)*

Na "cogitação" de 12 de fevereiro de 1960, que se inicia com a citação do livro de Copleston, podemos ler:

> *A teoria de Montesquieu (ibid., p. 11) não é uma simples generalização empírica, mas lida com tipos ideais de governo. Isto levanta uma possibilidade interessante: se existem teorias, por exemplo na mecânica quântica, nas quais não há um nível de dados empiricamente verificáveis, mas um nível de hipóteses estatísticas ocupando o lugar de dados empiricamente verificáveis, poderia existir uma teoria onde o lugar dos dados empiricamente verificáveis tenha sido ocupado por hipóteses de tipo ideal, análogas a hipóteses estatísticas? E, neste caso, qual seria a relação das hipóteses de tipo ideal para com as premissas ou hipóteses de nível superior de generalização crescente? Generalização e idealização são então a mesma coisa? Se não são, em que diferem?*
>
> *Pode ser que haja lugar para três tipos de hipóteses que necessitam ser distinguidas:*

1) Hipóteses de nível superior, generalizadas e, portanto, não verificáveis empiricamente.

2) Hipóteses estatísticas, ocupando o lugar de hipóteses empiricamente verificáveis e incorporando uma asserção de probabilidade. Disso decorre uma questão: como o cientista usa essas asserções probabilísticas?

*3) Hipóteses de tipo ideal, que dizem que em um dado estado (que de fato nunca será encontrado) existe um estado de "existência necessária" de algo, qualquer que seja esse algo, a que a hipótese esteja se referindo. Por exemplo, tome a asserção: "A cisão e a identificação projetiva excessiva levam a uma desintegração da personalidade". "Identificação projetiva excessiva" é um estado ideal e não uma generalização empírica. A hipótese assevera que ao se realizar esse estado ideal, devemos encontrar uma desintegração da personalidade. Seria isso uma asserção probabilística em uma hipótese estatística? Não; mas suspeito que seja uma asserção que é "compreendida" quando uma hipótese estatística é usada, e esta é a pista para o problema colocado por Braithwaite (*Scientific Explanation, *p. 124) sobre* como *um cientista usa uma asserção probabilística numa hipótese estatística. A hipótese de tipo ideal pode ser considerada como uma asserção probabilística primitiva, não matemática, que Braithwaite chamaria de "razoabilidade" (ibid., p. 120). Até onde posso ver, ela não teria que incorporar sempre uma asserção probabilística. De qualquer modo, considero que a asserção probabilística é frequentemente empregada como uma asserção de medida de certeza.*

Mas se eu não considerar a hipótese de tipo ideal idêntica a uma hipótese estatística, também não poderei considerá-la como uma hipótese de alto nível de generalização, pois em psicanálise ela é claramente usada como uma hipótese de nível inferior.

Na experiência empírica de tratamento analítico não há, até o momento, nenhuma etapa entre a asserção "Identificação projetiva excessiva leva a uma desintegração da personalidade" e a percepção de dados sensoriais, substituindo o nível de dados empiricamente verificáveis.

Neste caso, as hipóteses de um sistema dedutivo científico em psicanálise podem ser arranjadas hierarquicamente; o arranjo não se dá entre hipóteses de nível superior de generalização crescente e hipóteses de nível inferior de particularização crescente, mas entre hipóteses de nível superior de idealização crescente e hipóteses de nível inferior de realização crescentes; ou pode haver um tipo especial de sistema dedutivo científico, no qual a generalização e a idealização estão combinadas, e a realização e a particularização estão combinadas. Como podemos cotejar isso com a realização das fórmulas matemáticas?

Antes de tentar responder à essa questão, precisamos considerar certas similaridades e contrastes que emergem, ao compararmos fórmulas matemáticas com sonhos. Os elementos de um sonho, usados como o ponto de partida para uma série de associações livres, podem ser usados para produzir pensamentos e idéias (sic) *coerentes entre si, exibindo, em sua forma integrada, um construto (O conteúdo latente dos sonhos, segundo Freud) que parece mostrar uma grande expansão de significado, se comparado com o que é mostrado no sonho do qual esse construto derivou. Certas fórmulas algébricas, tratadas de acordo com regras aditadas previamente —não associações livres— produzem, de modo similar, uma expansão que é coerente intrinsecamente; como o conteúdo latente do sonho, essa expansão é aplicável, com freqüência* (sic), *a dados empiricamente verificáveis; estes, sob a forma coerente que a expansão matemática tem revelado, provêem* (sic) *uma realização para o sistema de fórmulas que constitui o cálculo algébrico original. Por analogia, o conteúdo latente do sonho é empregado pelo psicanalista para "interpretar" os dados empiricamente apresentados pelo paciente, revelando assim uma forma coerente, que pode ser considerada como uma "realização" do conteúdo latente do sonho.*

Em ambos os exemplos a "realização" terá de ser procurada no domínio dos fenômenos que consideramos existir de modo independente do observador. Em certo sentido, o cálculo algébrico, assim como o conteúdo latente, pode ser considerado como uma tentativa, por parte do indivíduo, de produzir um aparato mental tão bem adaptado à compreensão do seu meio ambiente, como o aparato visual sensorial é bem adaptado à visão do seu ambiente. O conteúdo latente do cálculo algébrico também pode ser tratado de modo paralelo, para objetivos de comparação. Para evitar confusão, é necessário observar que o conteúdo latente está sendo usado para alcançar compreensão de dados que se julgou serem independentes do observador, mesmo que o conteúdo latente seja um produto da mente de um observador e os dados aos quais está sendo aplicado, facetas da personalidade do observador. Esta independência será posta em xeque caso o conteúdo latente tenha sido aplicado, ou tenha sido considerado aplicável, ao problema associado com a sua própria produção - em suma, como se fosse um conteúdo latente relacionado a um sonho do qual ele foi o conteúdo latente. O mesmo vale para o cálculo algébrico: em geral, esperaríamos que o fato selecionado de Poincaré fosse aplicável a dados independentes do observador, visando dar ordem e coerência a esses fenômenos. Mas eu sugeri que o fato selecionado — conteúdo latente ou cálculo algébrico, neste caso — é, em si mesmo, uma tentativa de lidar com a incoerência psíquica interna (vista na teoria Kleineana como a posição esquizo-paranóide), pelo menos como uma externalização na qual, e através da qual, o indivíduo é capaz de compensar sentimentos internos através de um senso de consecução externa. Poderia haver um conteúdo latente referente a um sonho do qual ele foi o conteúdo latente? Será possível que haja um cálculo algébrico, ou que exista uma faceta em qualquer cálculo algébrico, de modo que o todo coerente que o cálculo expressa encontre sua realização no âmago dos fenômenos mentais elementares dos quais se origina, bem como nos dados independentes do observador? (Bion, 1992, pp. 127-129)

Alguns meses depois, após ter examinado as questões de um caráter instintivo inato com uma transdisciplinaridade com a biologia – idêntica a uma das fontes de psicanálise, conforme descoberta por Freud –, Bion deixa registrada mais uma "cogitação", na qual exerce uma autocrítica dupla: à sua conduta com um paciente, "X", aquele que via "sangue por toda parte", e ao seu projeto de se preocupar com "com a psicologia do filósofo". Considera que isto "poderia levar-nos a negligenciar a questão da veracidade ou da falsidade das próprias idéias *(sic)* filosóficas" (Bion, 1992, p. 147).

Novamente, se baseia em Frederick Copleston em *A history of Philosophy*:

> *Do mesmo modo, talvez seja verdade que, além da distorção produzida pelos próprios conflitos do analista, outros elementos contribuam para que ele não consiga ser científico; por exemplo, conhecimento insuficiente do assunto. Podemos supor, com excessiva facilidade, que conseguiríamos lidar com todas as dificuldades através de mais análise. O assunto desta discussão é como determinar, elaborar e expor os procedimentos que constituam uma análise correta ou que satisfaçam padrões que evitem, pelo menos, os métodos que sob qualquer circunstância possivelmente não conseguiriam ser científicos. E, reciprocamente, como encarar que descobertas comprovadamente psicanalíticas possam ser não-científicas, mesmo quando verdadeiras?*
>
> *O primeiro requisito seria termos um meio através do qual pudéssemos dizer que alguém esteja errando; o segundo, um meio pelo qual pudéssemos retificar o erro.*

Penso que errei com X. Objeto a isso depois de anos de experiência. Minha objeção é baseada em um sentimento, o de ter feito duras tentativas e infindáveis esforços para ficar na rota certa. Mas admito isso. Tenho conhecimento da crítica e posso ser crítico, porque tenho um quadro de mim mesmo: um homem ranzinza, sentindo muita auto-piedade (sic) *pelo infortúnio em que estive, prazerosamente, me descrevendo. A visão que eu tenho, de ter feito "duras tentativas" e "esforços infindáveis", bajula a minha estima, mas é uma visão calcada em um estado de espírito moral no qual "duras tentativas" é uma virtude que será recompensada. Caso não o seja, eu tenho direito de ficar aborrecido com alguém – talvez com o destino, ou com X.*

Ocorre-me que eu possa ter errado porque não me agradei. Quer dizer, o fato de não estar me agradando, tanto na acepção de poder agradar a mim mesmo e por meu próprio intermédio, como na acepção de estar desagradado comigo mesmo, é um sinal que eu estava errando. Mas estou estabelecendo um sintoma ou uma causa? E será que isto não significa que eu acredito que "algo" causou "isso" ou que "isso" está causando alguma coisa? Estou preso numa teia que eu mesmo arquitetei.

Isso significa que eu não tenho a capacidade, caráter ou personalidade que concebo para estar agradado. Mas quem é o "eu", o sujeito que então profere julgamento sobre quais das minhas características seriam "agradáveis"? E para quem elas seriam, ou não, agradáveis?

> *Tenho uma imagem, uma imagem visual, de alguém que é amado por todos. Mas isto também soa como um estado que certa vez acreditei existir, vamos dizer quando eu era um bebê, e vai além, como se eu nunca tivesse me recuperado desse estado. Isto significaria que a ambição não é adequada para minha idade atual, assim como minhas capacidades não se adequam à minha ambição, ou para corresponder a ela – o que também pode ter sido verdadeiro quando eu era bebê ou criança.*
>
> *A necessidade parece ter sido a de reconciliar a percepção que tenho de meu caráter – isto é, como eu penso que seja o meu caráter – com minha concepção de um caráter desejável. Mas "caráter desejável" significa simplesmente um caráter que se deseja. E quando se deseja um caráter, ele se converte em um caráter que é desejado. Em suma, eu preciso sentir que sou amado por mim e pelos outros. (Bion, 1992, pp. 147-148)*

A tradição científica tem sido objeto de rebaixamento por leitores que se pensam modernos, ou que idealizam novidades – que estamos englobando sob o rótulo de "estruturalistas", que desaguaram no "pós-modernismo". Como todos os rótulos, esses são falhos. Estamos nos referindo a uma crença delineada em outro trecho deste verbete, que agora impera. Para essa crença, uma reação violenta à religião positivista, verdade não existe, e, então, inexistiriam possibilidades de acesso científico (ou de qualquer outra natureza) à verdade; uma variação dessa crença é afirmar categoricamente que ciência é sempre ideológica – como apregoaram Louis Althusser e outros. Outra variação é afirmar que a verdade não é assunto de filósofos – como apregoa Richard Rorty, qualificado como "o embaixador pós-moderno" nos Estados Unidos. Qualificam-na como "mero empirismo inglês"; ou, de modo contraditório, "mero psicologismo de Hume".

Podemos retornar à "tradição platônica", que observa "formas ideais" ultimamente incognoscíveis, mas existentes, que ronda e muitas vezes se abate sobre a pesquisa científica. Marcada por incerteza e imaterialização, dotada de teimosa resistência a explicações racionalizadas, reapareceu nos números irracionais com a descoberta do número pi – que resultou, em tecnologia, na fabricação de um dos maiores utensílios para a espécie humana: a roda. E tem reaparecido e sido repelida de um modo ou de outro: na descoberta da probabilidade por Blaise Pascal, que precisou se isolar para não ser alvo da Inquisição; na geometria não euclidiana por Lobachevsky e Riemann; na teoria dos *quanta* por Max Planck; na teoria da relatividade por Albert Einstein; na psicanálise, com o estudo dos sonhos e de estados psíquicos como ansiedade, depressão e outros; no princípio da incerteza de Werner Heisenberg; pelo "Gato de Schrödinger", que requisita a tolerância de paradoxos; e mais recentemente no bóson de Higgs, no qual uma micropartícula puramente energética – calculada em 1961 – levou uma existência imaterial, puramente matemática, até 2013, uma micropartícula, em si imaterializada, pura energia, que doa ou cria massa ao colidir com outras partículas.

Dentro dessa tradição platônica, Bion não glorifica "místicos" ou pessoas da tradição mística. Ele nos relembra da existência da tradição mística, denominada por alguns, inclusive pelo autor desse texto em outro trabalho, de cabalas judaica e cristã, *apenas* como um exemplo da possibilidade de se obter um modo verbal de se aproximar, por indicações transitórias, do âmbito numênico da verdade absoluta. Aproximar-se e – por evolução do senso comum – obter acréscimos ou incrementos de aproximação implica *nunca* dominar ou exercer propriedade sobre o âmbito numênico.

Sugerimos deixar a nomenclatura um pouco mais precisa: pessoas da tradição mística que se expressaram de alguns modos específicos – como por meio de poesia de aparência teológica. Embora alguns deles tenham sido rotulados na academia como representantes do "platonismo cristão", e da "cabala cristã" – São João da Cruz, John van Ruysbroeck, Mestre Eckhart, Dante Alighieri, John Milton (T, 139, 154) –, Bion também inclui obras que não se restringiram ao cristianismo, no que se refere a questões de publicação e da impossibilidade de se realizar enunciados verbais a respeito da realidade última: os sufistas, Isaac Luria (AI, 75) e a obra de um ou, mais provavelmente, de muitos indianos que produziram o Bhagavad Gita (C, 370; AMF, III, 473; IS, 62, 85; BLI, 52). Todas essas pessoas tentaram publicar as apreensões da realidade que puderam fazer. Bion enfatiza que essas indicações que alguns místicos obtiveram se relacionam ao que Freud denominou instintos de vida (amor), instintos de morte (ódio), solidão e seus contrários; e também obtiveram algo que foi estendido por Freud por meio de suas formulações verbais, que se tornaram máximas no movimento psicanalítico: "tornar consciente o inconsciente"; ou "onde havia id, haja ego". Também parecem ter obtido insight depois mais bem precisado na teoria das posições de Klein, no que tange a possibilidades de ocuparmos, transitoriamente, momentos que tipificam a posição depressiva.

Místicos usavam uma linguagem poético-teológica. Psicanalistas podem se utilizar de uma linguagem psicanalítica. São duas transformações buscando a mesma invariância: a verdade. Um exemplo aparece à página 103 de *Transformações* (1965), em que Bion tenta lidar com uma das mais sérias questões que um psicanalista pode encontrar, na qual há uma desconsideração com a verdade e um desrespeito à vida como reflexos comportamentais de uma das mais destrutivas vicissitudes ou dos sofrimentos da natureza humana. São uma verdade que podemos encontrar na clínica, como podemos encontrar ao longo de qualquer vida que possamos considerar, de "objetos existentes" cujo movimento psíquico se caracteriza por serem "violentos, vorazes e invejosos, implacáveis, assassinos e predatórios, sem respeito pela verdade, pessoas ou coisas", um tipo de objeto interno comumente encontrado de forma total ou predominante em pessoas rotuladas pela psiquiatria como personalidades psicopáticas, em delinquência ou em estados paranoides, maníacos e depressivos. Nesse momento, Bion faz uma analogia com "algo como se fosse aquilo que Pirandello poderia ter chamado um personagem em busca de um autor" (p. 103).

Aquilo que o autor deste texto está formulando verbalmente como "movimento psíquico de um objeto existente" foi formulado, em *Transformações*, por meio de uma notação quase matemática, também utilizada em física. A notação gráfica faz uso de setas. Em Matemática, são usadas nos estudos de cálculo diferencial - funções, limites e derivadas - e também de cálculo matricial. Em física, são utilizadas nos estudos de vetores e forças. Essas setas indicam o sentido (não o significado!) de um movimento. Dado o objetivo deste texto, estamos evitando reproduzi-las por constatar que o uso desses sinais quase matemáticos têm tido um efeito contrário ao planejado por Bion. Pretendendo simplificar a comunicação, seus textos encontram (até agora) uma preponderância de leitores que sentem um texto com esses sinais como se fosse dotado de uma complicação intransponível. Para não distorcer a comunicação do texto, podemos reproduzir o sinal para indicar o movimento psíquico de um objeto real, existente, que seja voraz e destrutivo: $\leftarrow \uparrow$. O leitor poderá consultar o verbete "Grade" (*Grid*) para ter uma melhor noção dess sinalização. Podemos continuar com o texto de Bion (1965): ele observa que

> *Até o ponto que "este objeto voraz e destrutivo tenha feito um movimento para encontrar" um "personagem", ele parece ser uma consciência completamente imoral. Esta força é dominada por uma determinação invejosa de possuir tudo aquilo que os objetos que existem possuem – incluindo a própria existência. (p. 103)*

O método científico em suas relações com o método psicanalítico, a partir de *Transformações*, ganha uma ajuda, já delineada nos outros livros, por meio de formulações analógicas – meramente analógicas – derivadas da literatura. Novamente, isso não é revolucionário: Freud, Klein e outros autores, como Winnicott e Marion Milner, utilizaram-se dessas analogias. Formulações verbais têm sido mais desenvolvidas por literatos – mesmo que outros autores que se dedicaram a outras disciplinas, como Matemática e Física, e até mesmo músicos também tivessem dotações literárias que foram usadas extensivamente em suas obras. Isso não implica nem pode ser equiparado às opiniões de alguns autores, já indicados neste verbete, de que a psicanálise é apenas uma forma de literatura, ou que faria "excelentes narrativas".

> *É evidente que, nesta visão, Deus é considerado como uma Pessoa independente da mente humana. O fenômeno de Deus ou do Belo não seria então aquele que "lembra" a personalidade de uma forma (pré-concepção)* (sic), *mas é uma encarnação de uma parte de uma pessoa independente, totalmente fora da personalidade, para quem os fenômenos são "dados". O fenômeno não "lembra" o indivíduo da forma, mas capacita a pessoa a adquirir união com uma encarnação da Divindade, ou a coisa-em-si (ou a Pessoa-em-Si).*

> *Por conveniência, vou me referir a estas duas configurações como "Formas" e "Encarnação". Em ambas, há uma sugestão da existência de uma realidade última passível de contato direto, ainda que em ambas pareça que cada contato direto seja possível apenas depois da submissão a uma severa disciplina de relações com fenômenos, em uma configuração, e com a Divindade encarnada, em outra. Em nenhuma das duas há discussão sobre estabelecer um contato direto com a realidade do mal absoluto, ainda que seja possível que algumas das qualidades "repelentes" atribuídas a São João da Cruz possam ser um preito inconsciente à sua identificação do mal real absoluto com o bem real absoluto. (Bion, 1965, p. 139)*

Bion apenas tenta relembrar seus leitores de que algumas pessoas obtiveram, e que outras talvez possam obter no futuro, aproximações verbais intuitivas ao âmbito dos númenos. Analistas poderiam fazer isto? Não é por coincidência que Bion (1965) aventa a existência de uma "intuição analiticamente treinada" (p. 18). Isso faz parte do método psicanalítico, como fez parte do equipamento de trabalho de todos os cientistas reais, que se utilizaram de sonhos, como Kekulé, para intuir a fórmula do benzeno, ou Einstein e muitos outros. Notamos que mesmo positivistas estritos, como Popper, reconheceram o valor de "inspiração".

A lembrança de Bion não implica que analistas sejam místicos – mas implica que a aproximação aos númenos, à realidade psíquica, como a definiu Freud, pela primeira vez na história das ideias da civilização ocidental, é possível.

A referência às capacidades de místicos prossegue e talvez se complete, em termos teóricos, em *Atenção e interpretação* (Bion, 1970). É aqui que possivelmente tenhamos a formulação verbal mais precisa a respeito de um instrumento interno ao analista, que nos recorda do enorme interesse de Freud a respeito da linguagem. Seria necessário haver, para uma psicanálise que possa ser qualificada como científica, uma prática na qual o analista pudesse fazer uma "linguagem de consecução" (no original, "*language of achievement*") (AI, 64), cuja maior consequência é a própria psicanálise como método de apreensão da realidade.

> *No curso da análise é inevitável que o analisando obtenha uma enorme quantidade de informação* sobre *si mesmo, do mesmo modo que o analista compartilha informação* sobre *análise. Na melhor das hipóteses esse tipo de informação é inútil; e na pior, danosa, pois toda análise é única; falar sobre análise não o é.*
>
> *O analista precisa focalizar sua atenção sobre O, o desconhecido e incognoscível. O sucesso da Psicanálise depende de se manter um ponto de vista psicanalítico; o ponto de vista é o vértice psicanalítico; o vértice psicanalítico é O. O analista não pode estar identificado: ele precisa* sê-lo.
>
> *Todo objeto conhecido ou cognoscível pelo ser humano, incluindo o próprio ser humano, precisa ser uma evolução de O. É O, a partir do momento em que evoluiu suficientemente para que as capacidades K no psicanalista o encontrem. O psicanalista não conhece a "realidade última" de uma cadeira, ou da ansiedade, tempo e espaço, mas conhece uma cadeira, ou da ansiedade, tempo e espaço. Na medida em que o analista se torna O, ele se*

> *habilita para conhecer os eventos que são* evoluções *de O. (Bion, 1970, p. 27, grifos do original)*

Assim como um poeta da tradição mística necessitava e ainda necessita de um leitor – pois essas escritas que se aproximam de verdade têm provado ser transcendentais, de um modo que nem mesmo seus autores imaginavam, um analista só pode existir se houver um paciente.

Toda a questão – ou a invariância básica que compõem um trabalho que possa ser denominado de psicanalítico, desde as descobertas registradas em *A Interpretação dos Sonhos*, pode ser resumida por um termo: intuição a respeito da existência de fenômenos imaterializados. Que se constituem no objeto de estudo para psicanalistas, como já se constituíram no objeto de estudo de místicos. Depressão, ansiedade, amor, ódio, objetos internalizados e externalizáveis são processos funcionais: analogicamente, como digestão, anabolismo, catabolismo ou internalização. Conforme ocorrem em uma vida humana, são comunicáveis, até certo ponto, para a própria pessoa, por formação de imagens e de linguagem, como ocorre nos processos oníricos e, em menor grau e talvez com menor qualidade, na vida em vigília – com exceção extremamente transitória dos artistas, nos momentos em que estão criando, sempre com a ajuda de algum tipo de mídia concretizada, ou materializada, e de um método preciso. Constituem-se como fenômenos que admitem um estado simultaneamente materializável, mas que permanece, em primeira e última análise, imaterial. São objeto de uma psicanálise, que estuda a realidade material e psíquica, na terminologia de Freud; ou realidade sensorial e psíquica, na terminologia de Bion. Não é possível um acesso direto – por meio dos nossos órgãos sensoriais, de reduzido espectro de captação – ao âmbito dos númenos. No entanto, podemos intui-lo; vislumbrá-lo parcial e transitoriamente, sob vértices determináveis por nós mesmos e ao mesmo tempo, pelos númenos.

Requerem intuição, para conhecer seu sentido e, parcialmente, seu movimento dinâmico.

Podemos equacioná-los, como processos dinâmicos – descritos de modo geral, por Braithwaite. Citamos apenas o exemplo desse autor por ter sido estudado mais a fundo por Bion. De modo específico, pelas disciplinas científicas, como biologia – por exemplo, a origem das espécies vivas; pela física – por exemplo, os processos relacionais entre matéria e energia; pela psicanálise, nos processos dinâmicos no aparato mental, como Édipo, ou resistências, ou mecanismos de defesa do ego; ou dos processos instintivos.

Podemos também lidar com suas manifestações fenomênicas, materializadas. O problema do cientista, ou da capacidade científica de qualquer pessoa, é transduzir[10] materiais empírico brutos, ou de nível inferior (conforme são chamados por teóricos da ciência), parcialmente apreendidos pelo nosso aparato sensorial, em dados imaterializados "pensáveis". A meio caminho de uma concretização materializada, em dados que possam ser "simbolizáveis". Em outras palavras, dados empíricos brutos equivalem às "coisas-em-si-mesmas"

10 Não se trata de um erro de impressão, mesmo que este termo tente ter alguma semelhança com "traduzir". No entanto, tenta implicar algo que vai além de uma atividade literária, e o autor solicita que o eventual leitor tolere o apelo para um neologismo, para comunicar um fato real para o qual não há nenhuma formulação verbal em nossa língua. Que contempla os termos transdução e transdutores; não há transduzir. Alguns leitores conhecem transdutores descritos pela tecnologia que se utiliza dos avanços da matemática e da física nas disciplinas de acústica, ótica e termodinâmica: microfones, aparelhos de ultrassom. Tecnologias que não estranham o fato de lidar com fenômenos imaterializados, ditos "energéticos", em condições normais de temperatura e pressão sobre a face da Terra, que podem ser materializáveis para efetuar estímulos sonoros, óticos e calóricos.

– denominadas por Bion, em 1962, de "elementos-beta", em evidente inspiração na teoria dos sonhos de Freud: estímulos externos e internos. Em 1965, denominadas de "O",

Em psicanálise, espera-se que o praticante consiga lidar com correspondências, na realidade humana, à compactação verbal feita, em tempos atuais, por Freud, denominada, "complexo de Édipo". Com base em observações dos antigos gregos, que puderam lidar com a mesma realidade sob modo mítico e depois, teatral. Embora essa realidade imaterializada seja inalcançável de modo último e, portanto, inefável, por encerrar o mistério da procriação, ou da manutenção de vida, tende definidamente, mas não definitivamente, para usar própria consecução, a materializações sexualizadas. No entanto, se, para um obstetra ou uma parteira, a prática se extingue em uma dessas materializações – um filho ou filha –, para um psicanalista, a prática demanda níveis de sofisticação que extrapolem a possível, necessária, mas não suficiente materialização sexualizada. O termo, "amor platônico", de ocorrência universal, não se deve a mera coincidência probabilística. Exige, pelo menos, transformações visuais. Por outro lado, dificuldades nesse tipo de apreensão sofisticada ocorrem, no senso comum e são especialmente visíveis nos assim chamados psicóticos. E também, ainda que de modos não tão visíveis, em todas as classificações psiquiátricas clássicas: neuroses, perversões e transtornos delinquenciais e psicopáticos; assim como em membros do movimento psicanalítico, a despeito de poderem receber certificados "oficiais" de alguma instituição de que são psicanalistas, mas que não podem, ou não conseguem, apreender a natureza alucinatória dos fenômenos transferenciais. Esses membros tendem a considerar que teorias psicanalíticas seriam coisas-em-si. Transformam o que poderia ser Psicanálise – ou o que um dia foi uma descrição psicanalítica de um caso determinado (inicialmente, por Freud), numa manipulação engenhosa de símbolos verbais. Outros detalhes encontram-se nos seguintes verbetes: "Édipo"; "Kleiniano"; "Manipulações de símbolos".

Bion – na visão do autor deste texto – mostrou a possibilidade de utilizarmos de modo construtivo parte das críticas provenientes de alguns cientistas, que haviam sido consideradas apenas como uma manifestação contrária à toda psicanálise, em alertas para membros do movimento psicanalítico. Embora Bion não tenha se utilizado dessa distinção – entre movimento psicanalítico e psicanálise propriamente dita, uma disciplina científica – parece-nos que a discriminação está implícita nos escritos que essa pessoa nos legou. Minha pequena contribuição é deixá-la explícita – implica gratidão, pois foi em função de minha leitura que, pessoalmente, consegui fazer essa discriminação de modo mais claro. Discriminação que originou, em parte, outros trabalhos. Os alertas de Bion nasceram de uma observação do grupo de psicanalistas do qual ele fazia parte; e continuou-se com a observação de outros grupos, nos Estados Unidos e na América do Sul.

Percebeu que parte desses membros se comportava como o "erudito" que "permanece cego com relação à coisa descrita" (Bion, 1975/1988, p. 5). Utilizando-se do objeto parcial "P.A." (psicanalista), afirma que, se alguém puder apontar-lhe a "fronteira cultural", seria

> *capaz de predizer se o termo daria origem a raiva. Mostre-me o desenho e os expectadores que vão olhá-lo, e eu vou poder predizer o desfecho. Quando Freud falou que as crianças têm uma vida sexual, as pessoas, ficaram ultrajadas. Hoje considera-se James Joyce permissível. A afirmação de que está havendo uma manifestação religiosa, dará origem a hostilidade e suspeição, por parte de psicanalistas, que negarão o fato de estarem demonstrando fanatismo. (1977/1988, p. 228)*

O diálogo imaginário prossegue, com mais alertas, no qual Bion descreve, de um modo no qual será difícil não divisar, pelo menos como hipótese, um desapontamento consigo mesmo, e impaciência com seus contemporâneos:

> *Esses elementos primitivos do pensamento são difíceis de serem representados por qualquer formulação verbal, porque precisamos nos apoiar em uma linguagem elaborada posteriormente e com outros objetivos. Houve época que tentei empregar termos desprovidos de sentido – alfa e beta eram exemplos típicos. Descobri então que "conceitos sem intuição são vazios e intuições sem conceito são cegas" rapidamente se tornaram "buracos negros nos quais a turbulência se infiltrou e conceitos vazios fluíram com significados desordeiros. (1977/1988, p. 228)*

Bion percebia claramente o que estava ocorrendo nos vários lugares onde era chamado para dar conferências e palestras. O autor desse texto menciona que "parte destes membros" do movimento psicanalítico comporta-se do modo descrito por Bion – favorecendo erudição e idolatria, fontes de pouco saber disfarçado de muito saber; de autoritarismo que gostaria de ser autoridade – um fato observado por Bion (1970) e retratado nas dificuldades de Jesus Cristo com dois de seus primeiros seguidores, São Tiago e São João, a respeito de quem estava autorizado a fazer milagres em nome de Jesus. Ainda não temos uma noção estatística desse número de pessoas. Certamente é suficiente para mover uma meritocracia política no movimento psicanalítico, às expensas de uma meritocracia científica (Sandler, 2012, 2015a, 2016). Não sabemos se essas pessoas são maioria ou se compõem apenas uma elite política dominante. No entanto, há um fato sociológico conhecido em ambientes democráticos muito clivados politicamente, é necessário apenas 17% de eleitores para entronizar um demagogo. Outro fato comprovado é que interferências ideológicas degradam e impedem a pesquisa científica e a experimentação artística. Nos dois casos, o exemplo mais conhecido ocorreu nos regimes stalinista (como o "realismo soviético", na arte pictórica) e nazista (com a expulsão ou impedimento de cientistas em todas as disciplinas).

Qual seria o sentido da terceira faceta? Implica o que Freud (1937/1964) definiu como "amor pela verdade", isento de mentiras e subterfúgios – como condição princeps para a consecução de uma análise. Expresso como a *Weltanschauung* científica da psicanálise. A terceira faceta do fenômeno pode ser vista como declaração de princípios, incorporando o movimento em tandem, da posição esquizoparanoide para a posição depressiva, e seu inverso, representado graficamente por PS ⇔ D. Outra implicação é quanto às obras de Platão, Aristóteles, Francis Bacon, Hume, Locke, Bradley, Braithwaite e Poincaré, integradas às obras de Freud e Klein, forneceram alimento, ou talvez combustível, para impulsionar essa tentativa de Bion, que ocupou pelo menos três décadas de sua vida científica. Especificamente: dotar teorias psicanalíticas de um nível de sofisticação tal que permitissem o "salto quântico" que se inicia, analogicamente, em "dados empíricos brutos", ou "dados de nível inferior", ou seja, material extraído de descrições clínicas, intensamente contaminados pelo que hoje se costuma dizer, impressões subjetivas, para um nível mais geral de abstração, que poderia caracterizar uma "lei científica" válida.

Isso já ocorria na hipótese sobre a existência de "pressupostos básicos" em um grupo. Voltaria a ocorrer na sugestão de um modelo observacional sobre processos psíquicos, conforme podem ser vistos em sessões de análise com pessoas apresentando distúrbios nos processos de pensar – essenciais para uma apreensão mínima da realidade. Talvez possa se considerar que uma procura e descrição mais acurada por *elementos de psicanálise* representaria o clímax dessa procura, sob inspiração básica dos autores citados. Embora não se possa qualificar a obra de Bradley e de Braithwaite como fazendo parte do movimento neopositivista, que procurou estabelecer sintaxes matemáticas básicas para que se pudessem qualificar certas formulações (verbais ou não) como científicas, não se estará incorrendo em erro caso se afirme que a obra do Bradley foi uma influência considerável sobre os neopositivistas; e que a obra de Braithwaite não é incompatível, e é contemporânea às tentativas de teóricos da ciência que fizeram parte desse movimento, como Rudolph Karnac.

No entanto, dentro das intenções deste texto, parece-nos necessário não considerar que duas categorias da "Grade" (Grid), denominadas G e H, ou sistema dedutivo científico (G), passível de levar a um cálculo algébrico (H), denunciaria uma submissão concreta a princípios teóricos dessa época, em que se acreditava que a comprovação de que enunciados, ou pesquisas, ou conclusões, pudesse ser qualificada como científica.

Bion se utiliza desses princípios apenas como "preconcepções", às quais vai tentar dar alguma coerência, quando tenta estudar processos psíquicos. Ao definir as várias categorias do eixo da genética dos processos de pensar, no instrumento "Grade" (Grid), de um modo ordenado (sob itens), Bion (1963) afirma, nos itens 7 e 8:

7. O sistema dedutivo científico. Neste contexto, o termo "sistema dedutivo científico" significa uma combinação de hipóteses e sistemas de hipóteses logicamente relacionadas entre si. A relação lógica de um conceito com outro, e de uma hipótese com outra, acentuam o significado de cada um dos conceitos e hipóteses assim vinculados e expressa um significado que, sozinhos, os conceitos, hipóteses e

vínculos não possuem. Neste aspecto, pode-se dizer que o significado do todo é maior do que o significado da soma de suas partes.

8. Cálculos.[11] O sistema dedutivo científico pode ser representado através de um cálculo algébrico. Neste, reúne-se um certo número de sinais, de acordo com certas regras de combinação. Os sinais não têm nenhuma propriedade além daquelas que lhes conferem as regras de combinação. $(a+b)^2 = a^2 + b^2 + 2ab$ é um enunciado das regras de combinação de *a* e *b*. *a* e *b* não têm nenhum outro significado que não aquele que lhes é conferido pela possibilidade de serem substituídos por números; devem ser entendidos como suscetíveis de manipulação definida pelo enunciado $(a+b)^2=a^2+b^2+2ab$. Resumidamente, dizer que *a* e *b* têm propriedades pode apenas e tão somente significar que eles levam, por si mesmos, a uma manipulação de acordo com regras; e que as regras às quais se conformam podem ser deduzidas a partir do enunciado, naquilo que, como a concepção, ele mantém uma capacidade para vir a ser saturado (p. 24).

O apelo a uma notação matemática com letras, a, b, para formar uma equação em que a maior complicação seria conseguir uma recordação da matemática aprendida em cursos de nível médio, não pode ser interpretada como "matematização da psicanálise"; mas depende de uma disposição do leitor para fazer uma leitura minimamente adequada, antes de saltar direto para conclusões destrutivas.

Bion também se utiliza dessas duas categorias como modelos exemplares quando nosso intuito seria conseguir "abstração e generalização", na procura de obter significado simbólico (Bion, 1966, p. 52). E qual seria a função da linguagem, entre nós, seres humanos, que não estas, a de formular sentidos – de início, instintivos – e, depois, significados, que, por sua vez, servirão para desenvolver

11 Para uma descrição completa dos termos sistema dedutivo científico e cálculo algébrico, conforme são utilizados no método científico rigoroso, ver Braithwaite, R. B. (1955). *Scientific Explanation*. Cambridge University Press, 1955

maiores sentidos? Na apreensão do autor deste texto, a obra de Bion nunca teve a intenção de matematizar a psicanálise nem de provar que a psicanálise pode ser reduzida a um sistema dedutivo científico: o termo "cachorro" ou o termo função- α passam a existir, um de modo espontâneo e inconsciente; o outro, de modo premeditado e artificioso, porque os fenômenos são destituídos de sentido e necessitam ser coligados para que se possa pensar sobre eles. O significado pode começar a ser acumulado logo que se tenha dado um nome e, assim, a dispersão tenha sido impedida. O quão rápida e espontaneamente isso ocorre pode ser ilustrado pela observação de como as tentativas de forjar um termo despido de uma penumbra de associações são vencidas, amiúde, pela velocidade com que tal termo sem sentido acumula um significado (Popper, 1934/1963, capítulos 2, 9 e 10). Para resumir: a preconcepção aguarda sua realização produzir uma concepção: o termo "cachorro" espera por um cachorro real que lhe forneça um significado. O cálculo algébrico espera uma realização que dele se aproxime. Desse modo, os matemáticos que dizem que a matemática não tem significado estão certos. As fórmulas matemáticas são análogas às preconcepções, como eu uso o termo, aguardando uma realização que delas se aproxime antes que se possa dizer que tenham um significado. A própria Grade, como eu a esbocei aqui, compartilha as qualidades que atribuo à preconcepção (Bion, 1966, p. 88).

As conclusões do autor desse texto, já citadas, advêm da leitura das obras de Bradley, Poincaré e Braithwaite citadas por Bion. Foi possível inferir que Bion não está se apoiando totalmente em algumas hipóteses teóricas desses autores. A confirmação de que Bion analisava criticamente a obra de todos eles e nunca se submetia a elas só apareceria em 1992 – o ano da publicação de *Cogitations*. Tornou-se forçoso dar um pequeno crédito, a partir daí, para alguns dos leitores que haviam julgado a obra de Bion como "obscura" ou "difícil". A ideia de que alguns leitores já possuiriam as noções fundamentais que influenciaram, ou guiaram a pesquisa e a escrita de Bion, e de que outros leitores que não a possuíam poderiam encontrá-las por si mesmos (Bion, 1979) provou-se demasiadamente otimista.

O leitor será brindado com mais uma intenção de Bion: examinar o estado psíquico dos pesquisadores científicos. Novamente, a inspiração pode ter vindo de Freud, que observou um fato influenciando a escolha da profissão médica: uma culpa inconsciente não elaborada (Freud, 1925/1959).

Nesse ponto, torna-se necessário rever o que eu já disse a partir de um ângulo um pouco diverso: se assumirmos, junto com Bradley, que existem na realidade[12] elementos que se unem em um determinado momento real, iniciando um processo de mudança que leva àquilo que denominamos o efeito, precisamos determinar, no âmbito da ideação, quais são esses elementos e qual é esse momento; isso é feito pelo processo seletivo por meio do qual, segundo Poincaré, o indivíduo pinça e retira "fatos merecedores de atenção". Portanto, eu sugeriria que Bradley não está sendo preciso ao supor, quando descreve elementos na realidade, que esses elementos se unam em um momento real para produzir um processo real de mudança que desemboca num evento real. Seria preferível dizer que é verdade que existe, na realidade, um fluxo de elementos; *vemos* alguns desses elementos unirem-se em um determinado momento; esse momento, como os próprios elementos, é selecionado *pela predisposição do observador*; o observador vê esses elementos desembocarem em um processo de mudança e em seu efeito concomitante – eventos que são característicos da atitude mental do observador. Sugiro, então, que o fluxo de elementos se mantém constante na realidade, mas que a união e a escolha desses elementos que supomos unirem-se, junto com a escolha do momento no qual supõe-se que essa união é efetuada, depende do observador; depende, em particular, daquilo

12 "*Actuality*", no original.

que poderíamos denominar disposição do observador (caso sejamos analistas) ou disciplina científica. Se uma esfera de aço cai em um assoalho de mármore, os elementos que vemos se unir em um momento específico, iniciando um processo de mudança, serão diferentes caso os observadores sejam, digamos, um físico, um astrônomo, ou um filósofo adepto da nova teoria da visão de Berkeley.

A questão que surge agora é: até que ponto a abordagem científica, ou seja, a tentativa de entender, constitui-se em um compromisso entre duas necessidades: a necessidade imposta pela compulsão a sobreviver ao "princípio da realidade", ao conhecer os fatos da realidade externa, e a necessidade imposta pela intolerância da psiquê à posição esquizoparanoide ou à posição depressiva de mover-se livremente de uma posição à outra, sem ficar nem com sentimentos persecutórios coloridos depressivamente nem com sentimentos depressivos coloridos persecutoriamente.

As citações que fiz de Poincaré e de Bradley, referentes respectivamente ao método

científico e à causalidade, estão sujeitas a uma objeção: seriam expressões das tensões internas às personalidades de seus autores, não podendo ser tomadas como descrições válidas do método científico, tendo em vista o assunto tratado neste Capítulo. Considerando que o meu objetivo é mostrar que o próprio método científico carece da "objetividade" que lhe é amplamente atribuída e que essa objetividade pode realmente originar-se de elementos muito profundos na personalidade, que buscam satisfação, fica óbvio que a própria tese desse estudo pode ser tomada como refutação de suas premissas.

Com relação a esse assunto, posso apenas responder que estou cônscio da objeção; tenho o cuidado de usar esse tipo de descrição do método científico apenas quando ela me pareça insuperável em termos de clareza de expressão e quando a autoridade dos autores dessas descrições possa ser sustentada, pelo fato de serem expoentes do pensamento científico. Excluí cuidadosamente as citações ilógicas ou as citações que evidenciem qualquer fragilidade, o que estimularia críticas, embasadas cientificamente, por parte das pessoas habituadas ao método científico (Bion, 1992, p. 7).

Leitores familiarizados com a obra de Jean Jacques Rousseau poderão ver a semelhança dessa observação com a visão, talvez excessivamente cáustica, do controverso autor francês[13] com relação a alguns ramos da ciência. Por exemplo, quando comparou a atividade do astrônomo a um disfarce para a atividade do astrólogo.

17.3.5 Senso comum e a observação psicanalítica

A "cogitação" de Bion sobre método científico se completa do modo que pode ser visto como o mais psicanalítico possível: um exemplo clínico de um paciente que vê "sangue em toda parte". Todas as citações que se seguem, exceto quando indicado, foram extraídas da página 9 do livro *Cogitations.*

O caso se inicia quando o paciente entra na sala e observa algum tipo de desordem no divã. Ato contínuo, começa a arrumá-lo de modo subserviente. Parece estar vendo alguma coisa, mas não expressa isso verbalmente: faz uma série de expressões corporais aparentemente desconexas e vários pequenos *acting-out* irrelevantes em si.

O leitor terá uma oportunidade para constatar diretamente, e não apenas inferir ou depreender – algo que era possível na leitura

13 Entre muitas controvérsias que cercam o estudo da obra desse autor, e de sua biografia: muitas vezes colocado como fazendo parte do movimento romântico; e, igualmente, como fazendo parte do iluminismo.

dos quatro livros básicos e também para os poucos que puderam assistir palestras e supervisões – que Bion foi uma pessoa intuitiva; dotada de capacidade incomum para apreender a verdade expressa por pacientes que lançavam mão de discursos aparentemente irracionais; ou por um comportamento marcado por *acting-outs* aparentemente desimportantes, de lugar comum. Ou seja, poderá perceber a possibilidade de captar a comunicação não verbal e também não se deixar enganar por comunicações verbais feitas por pacientes psicóticos que teriam perdido ou que nunca teriam tido a noção de senso comum. No lugar comum social, onde a hipocrisia é mantida por comportamentos aceitos culturalmente, o conceito de senso comum é sempre confundido com "bom senso": uma noção plena de julgamentos sociais de valor. Nessa "cogitação", Bion demonstra uma aplicação psicanalítica do conceito de senso comum – e contribui para um maior esclarecimento a respeito desse conceito, originário da obra de John Locke. Estabelece a diferença entre uma *falta de senso comum* – que caracterizaria o paciente por meio de uma visão superficial, como usualmente é, por exemplo, a visão de psicologia acadêmica ou da psiquiatria forense, baseadas em racionalizações e critérios sociológico-culturais, e outro tipo de *senso comum*, não racional. Este último surge na análise, em que o convívio prolongado é absolutamente essencial, e fornece justamente o material de trabalho para um psicanalista:

> *No devido tempo, as evidências que surgem de suas associações indicam, juntamente com uma variedade de fatos irrelevantes para esta discussão, que ele está experimentando, nessa situação específica, uma ansiedade crescente e que, além disso, o conteúdo ideacional da ansiedade é o divã desarrumado, mobília que faz parte do cenário de uma relação sexual entre os pais. (Bion,*

> *1992, p. 9. Exceto quando indicado, todas as citações provêm desta página de* Cogitations*)*

Uma leitura que possa ser qualificada como minimamente adequada, desta frase, demanda um mínimo de experiência psicanalítica. Se tal experiência não estiver disponível, a frase se torna incompreensível e arbitrária. Por experiência psicanalítica, o autor desse texto quer dizer, exige a experiência do leitor – em princípio, um psicanalista – com seu próprio Édipo. Este foi um ponto repetido algumas vezes por Freud e por Bion; provavelmente citações tornar-se-iam redundantes. Muitas expressões e frases, no trabalho de Bion, exigem uma capacidade de apreensão, por experiência, de fenômenos psicóticos. Psiquiatras experimentados também poderiam alcançar o sentido. Por exemplo, a expressão verbal "mobiliário de sonhos", utilizada em "Development of schizophrenic thought" e "The difference between the psychotic and the non-psychotic personalities". Alguns notarão um tom literário – pelo menos em um momento, Bion explicita que uma de suas frases dificilmente se coadunaria com critérios científicos vigentes em sua época:

> *Quase toda resposta parece fazer com que verdade fique contingente a alguma circunstância ou idéia* (sic)*; que são, em si, contingentes. Voltando à experiência analítica para obter uma indicação, sou lembrado de que um desenvolvimento mental parece depender de verdade do mesmo modo que o organismo vivo depende de alimento. Caso falte verdade, ou ela seja deficiente, a personalidade deteriora. Não posso sustentar esta convicção por intermédio de evidência considerada como científica. Pode ser que esta formulação pertença ao âmbito da Estética. (Bion, 1983, p. 38)*

Sem dúvida, é verdade que o conceito de senso comum foi elaborado por pessoas que tentaram se aproximar de verdade; se as atividades básicas da pessoa que descobriu este conceito, John Locke, podem servir de indicação: foi médico e também cientista político: elaborou os princípios básicos de democracia representativa.

O término da frase há pouco citada, extraída de *Cogitations* – "o conteúdo ideacional da ansiedade é o divã desarrumado, mobília que faz parte do cenário de uma relação sexual entre os pais" serve como um exemplo que justifica a exigências, ou pré-requisito, de que o leitor precisa ter uma experiência de análise para alcançar o sentido da frase. Esse critério incorpora toda a prática empírica de psicanálise. Freud alertara sobre esse fato; o alerta incitou resistência, pois muitos não se dispõem a se submeter à dor que pode estar implicada em uma experiência de análise. Os membros do movimento psicanalítico não precisariam se sentir vitimados pela situação: todas as atividades práticas exigem, para serem aprendidas, a própria prática. Não se pode aprender medicina, jardinagem, cozinha, engenharia ou a pilotar meios de transporte apenas por leituras. Prática sempre inclui intuição; prática inclui sempre algo que não é racional nem compreensível logicamente: é algo "vivenciável". Um neologismo, cujo significado pode ficar óbvio: tenta dar o sentido mais puro possível ao termo "empiricamente observável" – especialmente em psicanálise e antropologia. Dado o fato de que esse verbete é sobre método científico, podemos acrescentar que esta frase confere validade a pelo menos uma das regras estabelecidas por Karl Popper (1934/1963) para poder-se afirmar que um experimento é científico: a regra de reprodutibilidade. A rigor, intuições científicas da realidade não necessitam, em si, de "provas empíricas", que, lamentavelmente, são falseadas por interesses financeiros ou rivalidade. No vértice psicanalítico, prevalência de núcleos esquizoparanoides em algumas pessoas em todo e qualquer ambiente que se considere – no caso, o ambiente científico. Exemplos: a teoria da relatividade primeiro demonstrada por Albert Einstein, que não dependeu da experiência de Arthur Eddington (feita no Brasil) para que pudesse ser verdadeira; ou a descoberta da penicilina por Alexander Fleming. Podemos retornar ao texto escrito por Bion: "Esta conclusão, e o ato psicanalítico que a expressa, a interpretação, são alcançados pela observação dos fatos, vistos a partir de uma hipótese psicanalítica" (Bion, 1992, p. 9). Seis anos depois, Bion chamaria o critério diagnóstico e, portanto, a conclusão a que chegou, de "abordagem psicanalítica intuitiva". O leitor poderá ver detalhes nos verbetes "Édipo" e "Intuição". Fica explícito que, neste momento, introduz-se o conceito de senso comum – tanto na vivência, que poderá, com justiça, se considerada como manifestação de um estado de alucinose, pelo paciente, como na interpretação fornecida por Bion:

> *Mas o senso-comum diz a esse paciente que ele está deitado em um divã comum, que as pessoas comuns, como ele mesmo poderia dizer, saberiam que um divã é um divã, e que o paciente anterior, ao se mexer, foi quem desarrumou o divã.*

Para o autor deste texto, Bion demonstra que o paciente, cujos processos de pensar apresentam perturbação, recorreu ao que Kant chamaria de "realismo ingênuo": "O senso-comum, o mais elevado fator em comum do nosso aparato sensorial, por assim dizer, sustentaria o ponto de vista que os seus sentidos veiculam" (Bion, 1992, p. 10). Um paciente agindo sob esta égide acabará por desenvolver a ideia de que seu analista é louco. Idêntico ao modo pelo qual muitos leitores isentos de experiência psicanalítica, ao lerem textos escritos por psicanalistas que fizeram reais contribuições a essa disciplina – começando com Freud – acharam que esses psicanalistas, incluindo Freud, eram loucos. Dezesseis anos depois, Bion observaria que nenhum analista pode tolerar seu trabalho a menos que esteja preparado para tolerar este tipo de acusação:

> *A ficção pode ser tão retórica a ponto de se tornar incompreensível; ou tão realista que o diálogo se torna audível para os outros. Ocorre assim um duplo medo: o medo de que a conversa seja tão teórica que os termos possam ser considerados um jargão completamente desprovido de significado; e o medo da realidade aparente. Sente-se como loucura o fato de se ter duas séries de sentimentos a respeito dos mesmos fatos, e, consequentemente, desgosta-se desse estado. Essa é uma razão pela qual se sente que é necessário ter um analista; outra razão é o desejo de que eu esteja disponível para ser considerado louco, e usado para ser considerado louco. (Bion, 1988a, p. 113)*

Na visão do autor desse texto, Bion adota, de modo claro, mas sem mencionar a fonte, o conceito de Locke: senso comum refere-se ao uso conjunto de mais de um dos cinco sentidos humanos básicos. Em termos da vida humana como ela é, ou da verdade humana, o conceito mostrou-se vantajoso: é claramente biológico; está ligado à sobrevivência. Ou seja, se coaduna com necessidade e possibilidade: exigências do princípio de realidade conforme descoberto – pela primeira vez na história das ideias da civilização ocidental – por Freud. É independente de preconceitos sociais ou culturais, mesmo que, paradoxalmente, tenha sido invocado para criar algumas convenções sociais básicas e necessárias. Apreensões possibilitadas por senso comum são absolutamente necessárias para a sobrevivência, no início da vida e também no início de uma vida em grupo. Duas pessoas precisam estar concretamente juntas para haver procriação; é necessário um senso comum, no espaço e no tempo, simultaneamente, para um óvulo e um espermatozoide se encontrarem. De algum modo – em psicanálise e em antropologia usa-se o termo filogenia – há uma memória genética (na época de Freud, chamava-se filogenética, na versão mais imprecisa de Ernest Haeckel, que cunhou o termo), e será necessário que a boca de um bebê mantenha um senso comum com um mamilo. Um grupo precisa estar reunido, e, então, há, socialmente, um senso comum, observado inicialmente por Locke e alguns de seus seguidores que idealizaram a constituição dos Estados Unidos da América, como Tom Payne. A Inglaterra adotou o conceito na prática, ainda que com defeitos sérios, com a Commonwealth (riqueza comum):

> *Para evitar uma discussão excessivamente detalhada, proponho que agora possamos dizer o senso-comum é um termo empregado comumente, abrangendo experiências nas quais o orador sente que seus contemporâneos, indivíduos que ele conhece, irão sustentar, sem hesitação e de comum acordo, o ponto de vista que ele apresentou. (Bion, 1992, pp. 9-10)*

No entanto, será necessário enfatizar o fato de que o conceito de senso comum alerta que há sempre um nível privado, intrapsíquica: o âmbito da psicanálise real:

> *Também nesta acepção, privativa ao próprio indivíduo, ele sente que o termo "senso-comum" é uma descrição adequada, que abrange uma experiência que sentiu estar apoiada por todos os sentidos, sem desarmonia. Como contraste, posso citar a experiência na qual uma impressão táctil de, digamos, veludo – repentina e imprevista – dá origem à idéia (sic) de um animal, idéia (sic)*

> *que então tem de ser confirmada ou refutada pela visão; e assim, espera-se, o ponto de vista de senso-comum é adquirido. (Bion, 1992, pp. 9-10)*

O âmbito privado, que tem reflexos mal aprendidos, mas ainda os únicos disponíveis, nas disciplinas ainda filosóficas e teológicas de estética e ética, respectivamente (muitas vezes interpenetradas), diferencia psicanálise e medicina de filosofia, sociologia e, até certo ponto, de literatura; mas não da música e, até certo ponto, das artes pictóricas, que possuem uma natureza atemporal – em psicanálise, do sistema inconsciente – e anespacial. Uma literatura excessivamente carregada de fatores temporais e espaciais (muitas vezes ditos, culturais) não pode ser universal nem atemporal. Há uma diferença entre uma poesia de Homero, Shakespeare e Goethe, de uma crônica de costumes bem-humorada de Nestroy ou Gilbert e Sullivan; de uma peça de Racine e Moliére e uma crônica de costumes de Simone de Beauvoir. Não podemos saber o que ocorreria se um grego antigo tivesse contato com a música de Bach, mas podemos saber o que ocorreu com asiáticos que finalmente tiveram; um filme de Werner Herzog, *Fitzcarraldo*, fornece um trabalho onírico a respeito de uma ópera italiana apresentada a índios na Amazônia brasileira. Até hoje, economistas e políticos não apreendem o valor do fato de que povos que atingiram o maior grau de senso comum – nos quais o índice Gini, que mede desigualdade financeira em um povo – são justamente os povos dentre os quais ocorre a maior prevalência de suicídios, uso de álcool e até mesmo homicídio de líderes serenos, não corruptos e humanitários.[14]

Para a vida, para a realidade material e psíquica, ou sensorial e psíquica, como Bion a denominou, com alguma imprecisão, em 1970

14 Exemplos mais marcantes, há quase um século: países da região escandinava.

(Bion, 1973, p. 26), há algo além do senso comum. Bion observa – e a observação inclui um alerta:

> *Mas existe uma dificuldade. Poderíamos dizer que, até aqui, o ponto de vista do paciente concorda essencialmente com o ponto de vista estritamente científico, que Braithwaite investiga depois de ter limitado o escopo de sua pesquisa, como mostrei anteriormente. No entanto, o analista também pode reivindicar que sua interpretação se baseia no senso-comum; mas ele é comum somente para alguns psicanalistas, presumivelmente, os que testemunham os mesmos eventos e fazem as mesmas deduções.*
>
> *O problema do analista não se associa às possíveis objeções de um fenomenologista, embora seja possível argumentar que o ponto de vista do analista, de que todos os analistas deveriam ser analisados, apoia implicitamente uma percepção da crítica do filósofo fenomenologista à teoria científica. (Bion, 1992, p. 10)*

Há um problema: "...o procedimento do psicanalista não satisfaz a objeção do filósofo fenomenologista; por ora, vamos discutir esse problema relegando-o ao âmbito referente à transformação do conhecimento privado em conhecimento público" (Bion, 1992, p. 10). Portanto, trata-se exatamente do mesmo problema, que se introduz no percurso do psicótico; na tarefa do fenomenologista; do cientista e do psicanalista. Aquilo que se considera como "leis gerais", na ciência – o termo *rex*, originalmente, tentou ser uma referência à verdade – é algo que permite uma ação pública.

Bion elenca dois componentes para que dados empíricos brutos, de nível inferior, que possam conduzir e ficar entranhados em leis gerais. Em outras palavras, aquilo que usamos para realizar observações, com o intuito de obter informações que possam ser comunicáveis – a nós mesmos, e a outros. Isso ocorre por meio, primariamente (ou inicialmente) como função do nosso aparato sensorial.

Um dos componentes refere-se à possibilidade de um aumento na capacidade de absorção, ou captação, além do espectro possibilitado pelos vários órgãos sensoriais: estetoscópios, amplificadores, microscópios e telescópios, ou métodos mais indiretos, como uma balança para medir "peso" (na verdade, massa). Neste momento, na história das contribuições de Bion, este primeiro componente não é examinado mais detalhadamente, segundo o vértice psicanalítico – sempre com a intenção de melhor apreender o fenômeno psicótico. Bion precisaria de mais seis anos para fazê-lo: em *Transformations*, o examina por meio de um modelo matemático, a respeito de hipérbole (Bion, 1973, p. 141).

O outro componente, mais enfatizado neste momento,

> *depende do equipamento mental do observador. O filósofo da ciência ocupa-se com um aspecto restrito do equipamento mental do observador; como já ficou patente pela breve exposição que fiz, sobre a delimitação da área que Braithwaite deseja discutir. Mesmo o filósofo fenomenologista, que estuda o método científico, tenta restringir seu campo, embora seja incerto que ele o queira tão restrito como está – pela falta das descobertas psicanalíticas, que poderiam dar maior liberdade. Como poderíamos esperar, o psicanalista não exclui de sua investigação*

> *nenhuma parte do equipamento mental; no entanto, a aspiração a uma investigação plena é limitada, automaticamente, pelas próprias limitações de seu conhecimento e de sua capacidade. A investigação da técnica científica foi imposta ao psicanalista, primeiramente, pelo ímpeto de Freud, de investigar a mente de modo científico; depois, por Freud ter percebido que suas descobertas levavam a suspeitar do equipamento mental do investigador – o próprio Freud, em primeiro lugar. (Bion, 1992, pp. 11–12)*

Bion não propõe nada de "revolucionário" nem "novo". Qualificativos exagerados, frutos de desatenção e pouco saber, ocorrem na espécie humana por pelo menos três fatores em conjunção constante: idealização, negação e esquecimento (ou resistência bem-sucedida à verdade): o título do último livro de Bion avisa, como que premonitoriamente, sobre uma "aurora do esquecimento" (Bion, 1988c). Essas considerações são opinião pessoal do autor desse texto? Caso sejam, não merecem atenção. São a atitude prática de Bion, conforme podemos ver em seus escritos – que propõe a mesma situação anteriormente proposta por Freud: que se considere psicanálise como atividade científica. Há medidas mínimas para que se possa apreender, sempre transitória e parcialmente, aspectos do que é realidade. Foram levadas a cabo por Freud, Klein, Winnicott e Bion, entre vários outros, para prover auxílio a pacientes minimamente dispostos a se submeterem a uma psicanálise. Pode-se generalizar: todas essas medidas incluem diminuição e, até onde for possível, ausência de: 1) dogmas, dos quais fluem preconceitos; 2) indisposições para coletar dados empíricos – no caso de psicanálise, por atenção e interpretação, como Bion sugeriu onze anos depois; 3) diminuição do fator pessoal. Ficam claramente indicado em:

> *Estou convencido de que muito do que se fez até agora, em termos de trabalho psicanalítico, tem sido uma investigação da técnica científica ou do componente mental, ainda que sob outra denominação. Temos apenas que considerar, como exemplo, o predomínio da Teoria do Princípio da Realidade, de Freud, para reconhecermos que ele descreve um desenvolvimento que inclui necessariamente, em suas manifestações mais sofisticadas, a elaboração do que hoje chamamos de técnicas científicas – ou de técnicas conhecidas pela ciência como – técnicas de dedução, indução, hipóteses. (Bion, 1992, p. 12)*

Esse texto pertence ao período no qual Bion mantinha uma hipótese a respeito do estado psíquico que parecia caracterizar as recomendações de filósofos da ciência para cientistas; tendiam a descartar situações emocionais que ocorrem em conjunção constante com o que Bion denominou de "estado ideacional", e de "estado de mente". A hipótese contemplava outro fato: de que tal estado ideacional é idêntico ao estado ideacional do psicótico. Hipótese fadada a ser mantida até o final de sua vida. No entanto, o que Bion chamava método científico entre 1959 e 1963 sofreria uma expansão e, ao mesmo tempo, uma eliminação – depois de 1965. A eliminação já estava delineada, quando aventou a impossibilidade atual de aplicarmos a categoria H (cálculo algébrico), na "Grade" (Grid) para o método psicanalítico. E eliminação, de modo geral, se fez no abandono das tentativas que lembravam a abordagem neopositivista, substituindo-as pela aplicação de uma outra teoria matemática de observação, além daquela de fatores e funções: a de transformações e invariâncias. No que tange à teoria de fatores e funções, Bion seguiu adiante, no mesmo caminho iniciado por

Newton e Berkeley: utilizou-se da teoria sobre cálculo diferencial, de limites e derivadas.

Embora eu não pretenda, expressamente, estar dizendo nada de novo aqui – exatamente porque, do meu ponto de vista, a psicanálise sempre se ocupou de tais problemas, elucidando-os –, acredito que haja alguma novidade na justaposição dos fatos que servirão para focalizar a atenção psicanalítica, de modo mais direto e intencional, sobre elementos que ainda não foram suficientemente considerados.

Isso me faz voltar à dificuldade que precisei abordar, por meio dessa longa digressão. O indivíduo cujo desenvolvimento permitiu a implantação do princípio da realidade estabeleceu, no decorrer de sua vida e com vários graus de sofisticação, uma enorme massa de hipóteses. A maior parte dessas hipóteses admite um certo grau de justificação, tanto no que tange às circunstâncias externas existentes no período em que foram formuladas como no que se refere à qualidade e gradação do equipamento mental disponível para o indivíduo, naquele momento. Em outras palavras, não precisamos supor que elas sejam injustificáveis, embora como no caso que mencionei, o paciente não hesite em dizer que é injustificável a reconstrução que *o analista* faz da formulação que ele, analista, acredita ser a formulação hipotética original e ainda atual do paciente. E essa reconstrução não se justifica mesmo – no nível de mente em que o paciente se encontre mais adulto, mais sofisticado, mais científico (Bion, 1992, p. 12).

A mesma afirmativa – isenta de qualquer dúvida no que se refere à usa postura e às suas intenções, apareceria em termos mais concisos, no final de sua vida:

> *P.A.: O que está envolvido é uma capacidade para julgamento e descriminação. Isto é algo primitivo e fundamental, sofisticado, fazendo parte de uma sociedade*

desenvolvida. Os peixes sentem, através do cheiro uma diferença entre o nocivo ou perigoso e a "coisa" que desenvolve e nutre. O anfíbio, também. O animal que, como o homem, vive em fluído gasoso, também.

Robin: Você está sugerido seriamente que sejamos iguais a peixes, sapos, répteis?

P.A.: Estou sendo totalmente sério, mas isto não é uma discussão científica; estou especulando livremente como uma conversa social. Confino a especulação científica às reuniões científicas; aqui reivindico liberar-me da disciplina imposta pelo pensamento científico.

Robin: Mas para mim soa como se você estivesse discutindo assuntos científicos.

P.A.: Este é um dos problemas da comunicação verbal. Discurso é ambíguo; sua ambiguidade é a mais perigosa por estar disfarçada em sua aparente precisão

Robin: Você quer dizer que a psicanálise, como a maioria de nós sempre suspeitou, abriga-se em termos (sic) *aparentemente científicos, mas na realidade é jargão?*

P.A.: Penso que a crítica é justa. No entanto, temo admiti-la, pois em geral se considera que estou concedendo "verdade" superior às outras disciplinas.

Alice: Disciplinas! Esta não é uma palavra que surge de modo espontâneo (sic) *em minha mente quando penso em psicanálise ou psicanalistas. Êles* (sic) *me parecem*

> *reivindicar os méritos das emoções desobstruídas, sejam elas sexo, raiva ou aquilo que eles adoram chamar de amor.*
>
> *Roland: Aqueles que geralmente encontro parecem um bando de deprimidos e ansiosos – para não dizer "chatos".*
>
> *P.A.: Temos o direito de sentir.*
>
> *Roland: À noite passada, sonhei um sonho – (AMF)*
>
> *P.A.: Supõe-se que mesmo as teorias e os têrmos teóricos nos re-lembrem de uma realidade. Não tenho dúvidas que alguém "fala" com uma pessoa experiente; o assunto da psicanálise é tal, que tanto o analista como o analisando não podem permitir negligenciar todas as suas capacidades sofisticadas, das quais ambos são capazes. O psicanalista tem uma vida inteira de experiência incluindo a experiência de treinamento técnico psicanalítico; o analisando, mesmo que seja apenas uma criança pequena, pode lançar mão de uma experiência prévia considerável. Certamente a psicanálise falhará caso o analisando não respeitar o conhecimento, caráter e sabedoria do analista – e vice-versa. (Bion, 1988)*

Em outras palavras, pode-se fazer uma hipótese sobre a existência de uma "função científica em nosso aparato psíquico", ligada à sobrevivência – aquela que tenta atender às demandas do princípio da realidade. Ciência – pelo menos duas vezes, na história das ideias da civilização ocidental, denominada, "nova ciência" (por Bacon e por Vico) é um método para se tentar apreender a realidade como ela é. Se é um método mais antigo ou mais novo do que o outro que nós, seres humanos, descobrimos, o método artístico, será uma questão que ainda procura evidências. Voltemos ao texto de Bion, de 1959:

> *A maior parte dessas hipóteses admite um certo grau de justificação, tanto no que tange às circunstâncias externas existentes no período em que foram formuladas, como no que se refere à qualidade e gradação do equipamento mental disponível para o indivíduo, naquele momento. Em outras palavras, não precisamos supor que elas sejam injustificáveis, embora como no caso que mencionei, o paciente não hesite em dizer que é injustificável a reconstrução que* o analista *faz da formulação que ele, analista, acredita ser a formulação hipotética original e ainda atual do paciente. E essa reconstrução não se justifica mesmo – no nível de mente em que o paciente se encontre mais adulto, mais sofisticado, mais científico. Eu chamaria a atenção para o ponto de vista do cientista, que a hipótese científica é uma generalização, abstraída do fato de encontrarmos certos fatos constantemente conjugados – a teoria da conjunção constante. A complicação é que a experiência clínica mostra como é forte o desejo de formular uma hipótese que estabeleça que certos eventos estão constantemente conjugados e que, portanto, precisamos considerar o duplo sentido da relação entre a conjunção constante e os fatos a partir dos quais ela foi inferida, enquanto generalização. Ou seja, que a hipótese pode ser considerada como:*
>
> *(a) Inferência obtida de fatos constantemente conjugados.*

> *(b) Destinada a afirmar que certos fatos estão constantemente conjugados, mesmo que tenha se derivado desses fatos. (pp. 12-14)*

Bion propõe que aceitemos que "as duas opiniões estão corretas"; sendo este o caso, a hipótese científica desempenha três funções: 1) uma experiência particular fica *transmutada* em comunicação pública; 2) a memória que nos permite afirmar que alguns fatos são *aglomerados*, *articulados* ou *integrados* está ligada à realidade; podemos testar essa realidade por meio do que Freud observou como uma função de ego; 3) o encontro de vários elementos e fatos da contrapartida ideativa de uma dada realidade (implicando que os elementos não precisam necessariamente estar reunidos na realidade externa) "dá início a um processo que resulta em uma mudança; mudança esta que denominamos de efeito". Bion usa a formulação de Braithwaite, em que não há sequer apelo a uma palavra, causa, que está colocada no mesmo sentido que foi colocada por Hume; que é também o mesmo sentido assumido pelo termo *fato selecionado*, formulado por Poincaré (o leitor pode consultar o verbete "Fato Selecionado") (Bion, 1992, pp. 14-15). Haveria implicações – e não explicações – decorrentes destas constatações e observações? Caso haja uma leitura do texto de Bion, sem dúvida. Ele aceita, de modo absolutamente claro, uma postura científica que nunca poderá ser considerada – a não ser que se tente distorcer seus textos – como idealista. Enuncia claramente que "podemos e devemos aceitar o senso-comum *(sic)* como o árbitro que decide quais são os fatos na realidade externa que se relacionam a essas atividades mentais." Com a possível exceção de Freud em "A questão de um *Weltanschauung*" e de outros pioneiros, como Abraham, Jones e Alexander, o movimento psicanalítico foi adentrando a uma época em que minguam registros de que outros psicanalistas tenham percebido o fato de que

> *o filósofo da ciência sempre acaba chegando a um impasse, encurralado, por um lado, pela lógica do filósofo idealista e, por outro, pelo sentimento de irrealidade ao qual ficaria exposto, caso aceitasse tal lógica. Não há, essencialmente, nenhuma diferença entre as reações de Braithwaite e as do Doutor Johnson frente às demandas do idealista.*
>
> *Se voltarmos à experiência clínica psicanalítica, talvez possamos considerar o dilema do cientista, e portanto o nosso próprio dilema, de um modo diferente, pois essa experiência pode esclarecer algo sobre o senso-comum e sobre o que conhecemos como interpretação psicanalítica, este exemplar específico de hipótese científica e dedução. (Bion, 1992, p. 15)*

"*Experto credite*", ou "Confie em quem passou por isto" (Horácio, *Eneida*, XI, 283)

Onde está o senso comum do paciente? O que aconteceu a esse senso? (Bion, 1992, p. 17).

Problemas inesperados – novos – aguardam psicanalistas que empreendem uma pesquisa científica, intrassessão. A situação, suficientemente complicada nos casos em que ideias que poderiam parecer de senso comum eram apenas ideias racionalizadas, compartilhadas socialmente? Por exemplo, quando o paciente atendido por Bion passou a arrumar o divã. Uma pessoa que se dispusesse a exercer a função analítica, mas estivesse desprovida de uma "intuição analiticamente treinada", poderia interpretar que o paciente era uma pessoa educada e prestimosa; ou submissa, caso essa pessoa que poderia ser analista tivesse falhas em sua análise e não tivesse noção de sua própria vaidade e onipotência. O paciente não se surpreenderia com esse tipo de interpretação e não suporia que o analista estaria maluco. Uma probabilidade maior caso o paciente recebesse a interpretação dada por Bion – de que os dois estariam testemunhando uma relação sexual parental. O mesmo ocorre quando esse mesmo paciente – que já havia sido qualificado como psicótico – exclame haver "sangue por toda parte" foram provocadas como tais, devido ao fato de serem socialmente compartilhadas? Na verdade, tratava-se apenas de ideias adultas racionalizadas, como no caso do paciente que arrumava o divã e recebeu uma interpretação baseada no "testemunho" de relação sexual entre os pais. O que acontece com um paciente rotulado desde o início como psicótico?

Podemos nos recordar de que essas "cogitações" sobre o método científico foram escritas em torno de nove anos depois da publicação do trabalho "O Gêmeo Imaginário", com o qual Bion se apresentou para adquirir a qualificação de psicanalista; e, no espaço entre seis e dois anos, depois da publicação dos trabalhos sobre a linguagem de pacientes rotulados como esquizofrênicos, e de uma teoria psicanalítica sobre esquizofrenia, cujo clímax foi a publicação de um trabalho que constatou clinicamente a coexistência de algo que, à falta de nomenclatura já existente, nomeou como "personalidade psicótica", coexistindo com "personalidade não psicótica" em todos estes pacientes. Em outras palavras, um passo decisivo não apenas na demonstração da universalidade da psicose, mas de um modo psicanalítico de lidar com essas pessoas. Atualmente, analistas inspirados no trabalho de Bion experimentam o mesmo em pacientes rotulados como neuróticos e com transtornos de personalidade. O paciente tratado por Bion e utilizado para o texto dessa "cogitação" usualmente deitava-se no divã. Mas, em um certo dia, "olha de modo apreensivo e cauteloso ao seu redor e, finalmente, senta-se precariamente na borda do divã". Demonstra de modo inequívoco[15] sinais de ansiedade, misturados com uma postura apressada e superficial, apenas para confirmar preconcepções; ato contínuo, submerge em silencio – profundo e prolongado, denotando uma diminuição sensível de ansiedade, que agora fica substituída por desânimo, desalento. Bion leva sua atenção para esse comportamento, de modo dinâmico, que corresponde aos momentos descritos brevemente acima. Esses movimentos parecem indicar que o paciente está obnubilado, ou vagamente cônscio da presença de outra pessoa na sala. Bion verbaliza o fato observável.

Dr. Bion: "Hoje, você não se deitou".

Paciente: "Há sangue em toda parte" (Bion, 1992, p. 15).

Justamente por ter observado um fato – em princípio, observável por qualquer observador participante que se mantivesse atento – Bion faz a hipótese de que "a sugestão do paciente, de que havia sangue por toda parte, impossibilitou que deitasse" (Bion, 1992, p. 15).

Tentamos deixar explícito, ao longo deste verbete, que qualquer tipo de publicação, configurando uma tentativa de compartilhar dados, depende de uma experiência psicanalítica compartilhável. Em outras palavras, partimos do princípio de que existe análise pessoal entre os vários observadores que tentam se comunicar. No entanto, um relato de dados que não puderam ser observados pelo leitor – um caso absoluto, a não ser que o leitor tenha sido o paciente, ou o analista – sempre esbarra no fato de que vai ser necessária uma

---

15 Ou, pelo menos, inequívoco sob a visão de senso comum de Bion, que ele mesmo poderia até esperar que fosse compartilhada por eventuais leitores. Em conversa com Francesca Bion, o autor desse texto levantou a possibilidade de ter havido pelo menos quatro leitores deste texto, antes da publicação póstuma: seus colegas Maurits Katan, Roger Money-Kyrle, Oliver Lyth e sua esposa, Francesca Bion. Encontrou nela uma confirmação da possibilidade, mas certeza apenas a respeito dela mesma. O nome de Katan aparece no artigo.

postura de "fazer crer", ou "faz de conta", se usarmos uma linguagem de crianças. Portanto, é impossível, já de saída, haver um senso comum real. O leitor não poderá usar seu aparato sensorial para uma experiência que não teve e, portanto, nunca poderia ter observado. Uma experiência viva, no aqui e agora de uma sessão de análise, só pode ocorrer no âmbito da interação entre um paciente e seu analista. Afirmo que a descrição que dei é uma descrição de senso comum; não estou indeciso sobre qualquer das afirmações que fiz; acredito que qualquer ser humano comum, de minhas relações, estaria de acordo que o relato que fiz é uma descrição precisa, mesmo quando emprego termos do tipo, "como se estivesse confirmando alguma preconcepção". Essa frase é sancionada pelo uso, e pode-se esperar que ela veicule uma impressão com a qual o leitor possa cotejar as suas próprias impressões. Infelizmente, nesse exemplo, o leitor não pode ter nenhuma impressão do episódio ao qual me refiro, a não ser aquela que eu transmiti. Portanto, parece razoável dizer que dei ao leitor uma oportunidade de exercitar seu senso comum, de modo que ele possa decidir, por si mesmo, se o seu senso comum diz, ou não diz, que um evento como o que eu descrevi realmente ocorreu, ou não. Em suma, estou dizendo que é senso comum falar que os fatos ocorreram do modo que descrevi, e acreditar nisso (Bion, 1992, p. 16).

Essa afirmação de Bion não é diferente de todas as comunicações aceitas como científicas. Quantos dos leitores de prestigiosas publicações medicadas, por exemplo *The Lancet*, são efetivamente capazes de "reproduzir" as experiências registradas por um determinado cientista? E, se a reproduzirem a posteriori ou reconhecerem o trabalho como algo que espelha suas experiências passadas bem-sucedidas, existe alguma diferente daquela que está na afirmação de Bion? Senso comum, aqui, é a base: "... atribuo um papel extremamente importante à natureza do senso-comum *(sic)* para o qual apelo... de acordo com as visões de uma poderosa escola de filósofos à qual me afilio" (Bion, 1992, p. 16); contenta-se com

> *uma delimitação parcial do termo, que abarque aquele aspecto da personalidade que é um condensado de um componente dos sentidos, comum a dois ou mais sentidos, que acredito ter um componente social; este componente social funcionaria de modo análogo aos impulsos sexuais, segundo a suposição de Freud; parece-me verdade para todos os impulsos emocionais. (Freud, 1959, "Instincts and their Vicissitudes")*

"Onde está o senso-comum *(sic)* do paciente? O que aconteceu a esse senso? ... Existe alguma razão para duvidar que julgamento do paciente, 'há sangue por toda parte', seja, na opinião dele, uma visão de senso-comum *(sic)*?" (Bion, 1992, p. 17). Afinal, existe na resposta desse paciente uma espécie de comunicação de senso comum – por ser "racionalizada" (no sentido dado por Freud ao termo, no exercício psicanalítico sobre; ou, no lugar comum, "racional". Está equipada, por assim dizer, de uma relação de causa e efeito – na interpretação (que pode parecer a alguns observadores uma inferência) psicanalítica feita por Bion. Quem, em sã consciência, e que tivesse um mínimo de senso comum, estaria disposto a deitar-se sobre um divã com sangue em toda parte? Ou seja, o paciente racionaliza, explica – isso fica claro quando Bion pode adotar uma postura de, em linguagem coloquial, se colocar no lugar do paciente, ou "na pele do paciente", se usarmos uma linguagem popular. Seis anos depois, ajudado pela aplicação da teoria de transformações e invariâncias à observação psicanalítica, Bion propõe uma questão técnica para que se possa obter esta postura; um analista precisa participar do estado de alucinose do paciente:

> *É possível apreender sensorialmente apenas os elementos de alucinose que são manifestações mais grosseiras e de menor importância; para apreciar alucinação o analista precisa participar do estado de alucinose. A partir daquilo que eu disse ficará claro que assim é, pois postulei que um vínculo K pode operar apenas sobre um pano-de-fundo dos sentidos; que permite apenas um conhecimento «sobre» algo, e precisa ser diferenciado do vínculo O, essencial para transformações em O. (Bion, 1973, p. 36)*

O leitor que não estiver familiarizado com esses sinais quase matemáticos poderá consultar os verbetes "K", "Vínculo K", "O" e "Vínculo O".

Mesmo que em 1959 Bion não estivesse munido da teoria das transformações e invariâncias, estava munido de uma postura que precisa ser qualificada como psicanalítica. O que ainda não tinha era um instrumento verbal para comunicar o que lhe parecia mais fundamental. Estamos enfatizando este fato porque há uma tendência, nos movimentos em grupo, a eleger-se um líder messiânico quando o grupo está fragmentado (dilacerado) sob a égide de um subgrupo de "luta-fuga". No movimento psicanalítico, isso aparece sob forma de rivalidade entre "escolas" e entre "autores". Todos convenientemente falecidos, o que facilita sua entronização ou demonização. É questionável que Freud, ou Klein, ou Winnicott, tenham sido "piores" analistas do que analistas mais recentes; ou, de modo inverso, como propagam os autointitulados "bionianos", ou "neokleinianos", que a análise inspirada em Klein ou Winnicott ou Bion ou Fairbairn ou Bowlby ou Kohut ou Green (a lista é extensa, cada leitor pode fazer a que lhe mais aprouver) seja "melhor" do que uma análise feita por – em última análise – Freud.

Nessa postura psicanalítica, de análise crítica (ou criticismo, se usarmos o termo de Kant), já usada por Freud (e antes dele, por Charcot), Bion enumera alguns fatores *para duvidar* de que o paciente de fato expressa uma visão de senso comum:

> *Em situações anteriores, parecidas com esta, mostrou não acreditar que eu compartilhasse de sua visão; a prontidão com que ele, voluntariamente, explicou porque não deitava no divã, expressa a confiança que eu vá tolerar sua opinião, mas não que eu vá compartilhá-la... sabe que sua visão não é a de senso "comum". Ele prefere que a diferença de perspectiva não se torne pública. Portanto podemos supor que ele experimente que seu sentido de "sangue por toda parte" não é senso-comum, não estando de acordo com a visão "comum" que se espera dele, como o preço que se paga por fazer parte do grupo. (Bion, 1992, p. 17)*

A conclusão nos parece óbvia, mesmo que o óbvio seja o mais difícil de ser visto: podemos concluir que Bion fica nos limites de sua experiência observacional dentro da sessão. Existe uma conjunção da experiência prévia com o paciente, com aquilo que está ocorrendo na sessão. Bion enfoca o monitoramento das opiniões do paciente – e não as possíveis visões, e menos ainda preconceitos do analista. Se houver um senso comum proveniente de um estado psíquico científico (disposto a aproximações à realidade) de um leitor conjugado constantemente com um estado psíquico científico de um escritor, fornecido por um repertório de experiências clínicas em análise compartilháveis, notar-se-á que a resposta do paciente, dada (na descrição ao mesmo tempo fenomenológica e também psicanalítica, por observação participante de Bion, naquele momento) de um modo demasiadamente rápido apresenta paradoxo. Possui um senso comum aparente, racionalizado, mas, ao mesmo tempo, está, fundamentalmente, desprovida de senso comum: trata-se de um aprendizado de um lugar comum, ou hipocrisia social, como condição para sobreviver em grupo. Não parece ser coerente com a observação, "Você não está se deitando hoje"; pois não é, na realidade, apenas "hoje". Para alguém que apela de modo costumeiro para hipocrisia social, o ato real, na realidade material e psíquica, de deitar-se ao divã, fica clivado; a verdade, "não deito", está negada. Costuma-se dizer, "só veio fisicamente", como em cerimonias religiosas, "missa de corpo presente"; denominação imprecisa, por dar valor excessivo a uma alucinose: a pessoa não está presente, por mais que os órgãos dos sentidos sintam que está presente. Para qualquer leitor com um mínimo de experiência psiquiátrica, esse aspecto está ligado à alucinação; mais especificamente, a um estado de alucinose. O mesmo tipo de leitor poderá se recordar do fato de que pacientes psiquiátricos "treinados" se autodomesticam: tentam esconder sua atividade delirante e/ou alucinatória – o que parece ter ocorrido no início da sessão, com a resposta racionalizada. "Portanto, uma resposta à questão, 'Onde está o senso-comum do paciente?' É: está onde sempre esteve; ainda é uma parte daquela parte não psicótica da personalidade que eu... e outros observadores, acredito que sempre subsista" (Bion, 1992, p. 17). Se o paciente consegue sobreviver, sempre há uma parte não perturbada que permanece respeitosa com relação a alguns aspectos materializados da realidade. Não há compromisso com verdade, no entanto (p. 125).

Pode-se dizer que, até agora, na descrição deste caso destinado a demonstrar a cientificidade de uma observação empírica sob o vértice psicanalítico, tivemos um prelúdio, um estágio inicial – já demonstrando uma postura psicanalítica de não se deixar levar por aparências, justamente por dar atenção total a elas. Nos termos da teoria de Freud a respeito de funções do ego, até agora, havia uma situação de notação e atenção. Neste momento, consideramos que se iniciará um estágio caracterizado uma ação psicanalítica: uma atitude respeitosa pelo conteúdo manifesto, ou seja, daquilo que o paciente traduz (ou transduz) de seu estado psíquico, em discurso, por uso de formulações verbais, ou linguagem – feita de palavras. Não obstante, isso tem parecido estranho, para algumas audiências – desde a época da descoberta de psicanálise, por Freud; na linguagem proposta por ele, em alemão, *Unheimlich*: um estrangeiro que pode ser recebido pelo vértice psicanalítico, e não expulso, por amedrontador. A atitude respeitosa "vê" que a verdade, como o belo, vai além, ou aquém, de aparências. Há algo subjacente (na linguagem mais comum entre os membros do movimento psicanalítico) ou "superjacente" às palavras: a própria verdade. Pelas palavras, carreada; pelas mesmas palavras, escondida. Freud denominou essa situação de "resistência". Não se consegue apreender essa verdade, no caso de aceitarem-se as palavras pelo seu valor nominal: isso ocorre no lugar-comum social. É necessário perceber o paradoxo: palavras escondem e traem, concomitantemente, uma verdade interior: "Onde está o senso-comum *(sic)* do paciente? Obviamente, está 'em todo lugar'. O que ocorreu com ele? Igualmente óbvio, transformou-se em sangue – 'sangue por toda parte'" (p. 18). Um enunciado verbal puramente psicanalítico, no sentido de que sintomas (fenômenos) podem ser vistos como o último bastião das tentativas objetivando a saúde. Um paradoxo apontado por Freud várias vezes: por exemplo, "Os caminhos para a formação do sintoma", *Palestras introdutórias à psico-análise*, XXIII, *SE*, XVI.

O leitor poderá se recordar da percepção de Bion a respeito da existência de um senso comum racionalizado: ninguém se deitaria num divã "com sangue por toda parte"; quem estaria disposto a exibir abertamente suas próprias alucinações e delírios? Mesmo quando ocorre prevalência da personalidade psicótica, nos "esquizofrênicos" certificados por alguma instituição psiquiátrica, das duas uma: ou o delírio é apresentado expressamente, conscientemente, como senso comum, e então, negado à percepção pelo próprio paciente; ou o delírio é (paranoidemente) apresentado como algo tão especial, do qual ninguém em "sã consciência" poderia duvidar. A segunda interpretação, que parte de uma nova hipótese. Ou seja, Bion, agora, considera que há um episódio de senso comum entre as duas pessoas presentes na sala de análise, em uma experiência que pode ser vista como de análise, feita pelo paciente e pelo analista (no caso, Bion): "Caso eu esteja correto, então eu e o paciente estamos a caminho de estabelecer uma visão de 'senso comum', ou seja, uma visão comum a nós dois" (p. 18).

Seria possível "sustentar" (um termo de Bion, ou seja, uma fornecer uma evidência científica) de que essa descrição, de um senso comum entre duas pessoas, naquele episódio limitado, peculiar, no desenvolvimento de uma sessão de análise, seria "uma descrição de senso-comum em um contexto mais amplo, extra-analítico? E, se assim for, de que modo?" Esta, a pergunta que Bion, neste momento de sua "cogitação"; sua resposta: "É evidente que, mesmo nesse sentido limitado [uma sessão de análise], a interpretação que propus do comportamento do paciente, baseada nos fatos que dei até o momento, não pode ser considerada como um "senso" comum ao paciente e a mim" (p. 18). Recorre, então, a um de seus modelos de teoria da ciência até então preferido – o empréstimo de Poincaré, a que nos referimos no início deste verbete. Considerado como prioritário, sem acréscimos, até 1965 – no que tange aos cuidados que Bion mantinha para não adentrar efetivamente em enunciados mais incisivos em relação à verdade intrapsíquica do paciente. Ou seja, do objeto observado. Parecia sentir-se mais seguro ao fazer enunciados a respeito de constelações que faziam sentido ao observador.

O que era central nessa "cogitação", ou seja, nesse momento de dúvidas que o fizeram não publicar o texto? Em primeiro lugar, uma "questão fechada" para Bion: concisão e síntese. E, depois, questões frente a tentativas de aproximações à verdade psíquica do paciente que pudessem estar o mais livre possíveis de outras interferências: (1) teóricas "a priori"; (2) ditadas pelo *establishment* social, inclusive do movimento psicanalítico; e (3) da análise pessoal do analista:

> *É uma idéia* (sic) *selecionada, ou acolhida, dentre uma penumbra de circunstâncias, sugerindo uma semelhança com o fato novo que, segundo Poincaré, o matemático busca – "o vínculo que une fatos que possuem uma analogia profunda, porém oculta". Pois se for realmente um fato, que o senso-comum transmutado que eu procuro é o sangue que meu paciente descreve estar em toda parte, então esse fato une uma quantidade de outros fatos, revelando uma analogia profunda, porém oculta. Assim o paciente, como sei, acredita-se louco, e sempre sentiu que era diferente dos outros; acredita ter um sentimento compatível com não ter nenhum "senso" em comum com as outras pessoas e com a aparente ausência de qualquer fator em comum entre os seus sentidos. (Science And Method, p. 27; Bion, 1992 p. 18)*

Atenção livremente flutuante – o equivalente de associações livres, pelo analista, alerta para fatos experimentados no aqui e agora de uma sessão, tão alerta quanto alguém que examina um preparado orgânico em um microscópio, compõe uma atividade científica ininterrupta desse analista, durante qualquer sessão que se considera.

Não por coincidência, Freud recomendou que a atitude de um analista precisaria se modelar à de um cirurgião, em "Recomendações a médicos que praticam Psicanálise". Com a extensão de informações a respeito de medicina em época de maior comunicação, e também com a participação de psicólogos em trabalho hospitalar, por meio de equipes multidisciplinares, a recomendação de Freud mantém-se válida mesmo para os que não puderam contar com formação médica. Podemos também comparar à atitude de Alexander Fleming, que lhe permitiu descobrir penicilina onde antes outros encontravam apenas bolor, ou um fato que, na interpretação deles, apenas estragava o experimento. Continuemos com o texto da "cogitação": Bion se recorda (atenção livremente flutuante) de que o paciente:

> *Frequentemente expressa isso, (como dois outros pacientes) por um lamento reiterado sobre quase todo sentimento que tem – "Não sei por quê". Sei que se ele visse sangue em toda parte, e aí também sentisse que o sangue estava em toda parte e, além disso, pensasse que sentia o cheiro de sangue em toda parte, então iria pensar que sabia por quê – ver sangue por toda a parte seria apenas uma questão de senso-comum – pois o senso-comum do paciente lhe diria que o sangue estava por toda parte. No entanto, como o seu senso-comum não lhe diz isso, pode ser interessante e significativo considerar qual foi o sentido que lhe disse isso. (Bion, 1992, p. 19)*

Neste momento, Bion retorna – por algo que depois classificaria como "visão binocular" – ao aqui e agora da sessão. Conclui que, simultaneamente à dúvida real que tanto seu paciente como o analista mantiveram a respeito da afirmação em alucinose, "há sangue por toda parte". O paciente, de modo parcialmente inconsciente e indireto, tentando forçar, por identificação projetiva, que o analista "pense" por ele e o chame de louco; e o analista (Bion, no caso) e de modo conscientemente ativo, por atenção e interpretação, por meio de uma "dúvida psicanalítica", a melhor versão do que Descartes pregou, mas não realizou, como "dúvida filosófica". Essa dúvida, nos diz (ou mais precisamente, escreve) Bion,

> *serviu para apontar uma possível direção para continuarmos investigando; ao mesmo tempo, serviu para vincularmos o fato atual, a afirmação que o paciente faz a respeito do sangue, aos fatos observados anteriormente, referentes a um sentido profundo, de isolamento e esquisitice. Além do mais, sei que para esse paciente a visão do sangue é significativa; o paciente sente o sangue como algo que perdeu, e sente que a perda está associada a um desastre sofrido pelo objeto que perdeu o sangue. Nesse episódio que narrei, a presença do sangue estava associada a sentimentos de depressão e perseguição (esses últimos sendo observações de meu senso-comum). Sei que o ódio que esse paciente tem à realidade está fortemente colorido pelo sentimento de que um senso de realidade leva à estimulação do aspecto socialmente polarizado de seus impulsos emocionais; o paciente sente que essa estimulação ameaça os aspectos ego-cêntricos* (sic) *de seus impulsos emocionais e, portanto, ameaça seu narcisismo, incrementando o temor que sente da aniquilação. Sei, portanto, que a crença que seu senso-comum foi perdido, destruído ou alienado, ilumina e combina com o ódio que sente da realidade e do aparelho mental que poderia vinculá-lo a ela. . . (Bion, 1992, p. 19)*

A capacidade de autocrítica e uma busca incansável por verdade, típicas de cientistas reais – que pode ser, se utilizarmos a observação de Freud sobre "séries complementares" (Freud, 1917/1963), parcialmente genética e parcialmente aprendida – aparece na evolução dessa "cogitação". Este comentário não pode ser tomado como idolatria por parte do autor do texto, mesmo que aparente ser: demonstra que Bion aponta uma situação que pode ser alcançada por qualquer pessoa disponível para a tarefa analítica; mesmo que haja variações no grau de intuição, peculiares a cada um. Estamos nos referindo à clareza contida na afirmação de que Bion *não está*

> *defendendo a idéia* (sic) *que minha interpretação está baseada em observações anteriores, que ela seja uma hipótese científica, na acepção em que esse termo é usado por quem considera que uma hipótese é uma generalização feita a partir de um certo número de observações específicas dos fatos. "Ainda que lhe pareça que esse ponto de vista ainda lhe pareça ter substância, já não o considero adequado." Pois não deseja "excluir do debate a influência exercida por numerosos estímulos, sejam eles patentes ou subliminares, que são recebidos durante um certo período da experiência psicanalítica.*

Bion reafirma uma vez mais que faz parte de uma apreciação das situações experienciais multifacetadas que possam se tornar parte do repertório inconsciente do analista e, portanto, não podem controladas. "Seria enganoso" afirmar que a interpretação específica "nada deva ao fluxo de estímulos que eu, como analista, recebi". Na ilustração de Bion, a interpretação foi que "sangue em toda parte" é o senso comum do paciente influenciado pela sua postura de cometer identificações projetivas "em toda parte" (Bion, 1992, pp. 17-19).

O leitor deste verbete poderá se recordar do fato de que, para o autor desse texto, esta interpretação de Bion foi qualificada como puramente psicanalítica. É a apreciação psicanalítica do discurso manifesto (fala) do paciente, sem que o analista fique escravizada pelo significado conscientemente manifesto. Corresponde àquilo que Freud observou ser um "conteúdo manifesto" de um sonho; e foi um dos condutos para que Bion, no mesmo ano em que escreveu esta cogitação, recomendou que analistas "sonhassem o material do paciente". Esses significados claramente aparentes, conscientes tanto para o paciente como para o analista, constituem-se, quase sempre, em lugar comum, e não em senso comum. É um lugar comum travestido em senso comum, como apareceu na primeira interpretação, que esclarece ao paciente o significado "social-ístico" do enunciando do paciente, dado como explicação lógica racionalizada, socialmente e moralmente justificáveis. Ou seja, que este paciente, como qualquer outra pessoa que tivesse seus sentidos funcionado, *obviamente* nunca conseguirá deitar-se num divã manchado de "sangue em toda parte". Também é do âmbito do senso comum de um louco certificado por algum psiquiatra ou psicólogo ou instituição social que ele não pode comunicar esse tipo de ideia livremente, temendo ser acusado de estar tendo uma alucinação, ou estar delirando. De qualquer modo, enfatizar, como faz Bion, que a segunda interpretação está ligada à experiência, não implica que ela seja só e unicamente "baseada na experiência" (Bion, 1992, p. 19); seria "igualmente enganoso afirmar" isso. Aqui, podemos ver um analista – no caso, Bion – como um prático que não pula direto para conclusões. Como ele mesmo escreveria em 1970, e também diria, se utilizarmos algumas gravações de palestras, tendo como exemplo, em São Paulo (Bion, 1990, p. 72), seguindo analogicamente um alerta de Keats para que se possa realizar uma construção poética, mas como um psicanalista prático: munido de "paciência", por "capacidade negativa", não procura irritavelmente por fato e razão (Bion, 1973, p. 124). Usando-se os termos que Bion usaria sete anos depois: já praticava ativamente, intrassessão, uma disciplina com relação a memória, compreensão e desejo.

Somente por desinformação, ou falta de análise, ou pura má-intenção, alguém poderia acusar – como vários membros do movimento psicanalítico, inclusive e talvez principalmente, os autodenominados "bionianos" que Freud "não fazia isto", que já tinha interpretações prontas, "a priori", e todas elas, ditadas apenas por "teorias" – "suas" teorias. Não são apenas os "bionianos" que afirmam isso, com certeza. Segundo André Green (2003), havia, em 2003, institutos de psicanálise aprovados pela Associação Internacional de Psicanálise, em Nova Iorque, que retiraram o ensino de Freud para os candidatos à formação analítica. A verdade dos fatos históricos é diversa: Freud aprendeu, por experiências dolorosas, a disciplinar seu desejo, entendimento e memória, para poder descobrir psicanálise. Por exemplo, as experiências nefastas com aquilo que era uma droga psicoativa aprovada socialmente, distribuída em farmácias e que deu à Alemanha uma liderança comercial na fabricação de fármacos: cocaína (que logo recebeu uma concorrente, a heroína; os laboratórios envolvidos ainda existem: Merck e Bayer). Usar cocaína era ser escravo de desejo, de intolerância à dor e frustração, e também de memória e entendimento, pois nunca faltaram falsas teorias "neurológicas" para explicar a ação da droga. Freud não entreteve nenhuma restrição em abandonar a administração de cocaína; nem de poucos anos depois renunciar à teoria do trauma, uma teoria causal (memória e entendimento) que lhe dera guarida na instituição médica. Ou de modificar a teoria dos instintos. Todos esses abandonos e renúncias foram fruto de experiência: o mais puro empirismo. Tanto a adesão como o abandono estavam ligadas a algum tipo de experiência, mas não se baseavam na experiência de um modo exclusivo ou absoluto. Embora Freud não tenha usado de modo sintético, como Bion usou, o termo "disciplina sobre memória, desejo e entendimento", a noção foi claramente cristalizada em "A Questão da Análise Leiga" –, que parece ao autor deste texto como a inspiração para Bion – que não deixou nenhum registro escrito, mas apenas notas à margem no seu exemplar do livro de Freud.

Existe um paradoxo que exige ser tolerado: quando Bion descreve sua interpretação como "descrição", que

> *deveria ser reservada para crenças, interpretações e hipóteses que foram comprovadamente submetidas ao que o senso-comum reconhece como sendo o teste da Realidade. (Uma vez mais eu apelo para o senso-comum, ou seja, um senso orientado grupal ou socialmente, cujos "objetivos" vão além do indivíduo. Eu, como indivíduo, preciso considerar o que o "grupo" irá aceitar como teste da realidade, antes de poder sentir que meu ponto de vista está sancionado pelo meu "senso comum". (Bion, 1992, pp. 19-20)*

Em uma análise, o analista depende da resposta do paciente. O casal analítico forma um grupo – exatamente o que Freud observa no início de "Construções em análise" (Freud, 1959, p., XXIII). Um trabalho que não apenas sintetizou toda a sua obra anterior, mas abriu o caminho para o futuro, em que o termo "interpretação" é substituído por "construção". Freud aborda, o tempo todo – mesmo antes de descobrir a psicanálise – a questão científica: validação de teorias, e, em psicanálise, validação de interpretações, por meio de evidências. Isso se continua na obra de Bion. Verdade, insight – emergem por meio de uma experiência emocional criativa, que depende de uma relação e ocorre no fluxo momentâneo do aqui e agora, em uma sessão de análise. Isso não diferencia psicanálise de nenhuma outra disciplina científica, em que cientistas "dialogam"

– sob formulações específicas de cada disciplina – com "algo". O algo é sempre materializável, mas, paradoxalmente, é também imaterializado, ou imaterializável; ou animado e inanimado. Um texto escrito – como este aqui, ou os textos de Freud, ou de Bion – pertencem ao inanimado. Podem ser animados, na dependência de leitores. Sempre há uma zona intermediária entre inanimado ou animado, milenarmente denominado, matéria ou energia. Uma "zona" denominada por matemáticos, "zona de confusão" – nos estudos astrofísicos do grande Universo; nos estudos quânticos, sejam do grande universo ou das micropartículas; em eletricidade, acústica e óptica, em biologia. O "algo" (evitamos propositalmente denominá-lo "coisa", pois é coisa e também não é coisa, que tem uma penumbra de associações que nos parece excessivamente concreta) possui propriedades que fornecem e "respondem" à experiência científica. Que se faz por interferência contínua entre o observador e o observado, os métodos do observador – que sempre vão além de uma mensuração de resultados dessas interferências. Na interpretação sobre "sangue em toda parte", Bion "sugere" a existência de um

> *componente, entre os elementos a que deve seu aparecimento, a influência que os eventos externos exercem na psique do analista, tanto ao moldar a forma que a interpretação assume enquanto cristalização da experiência, o componente de memória, quanto como um compêndio que facilita a predição da realidade e, em função disso, o teste da Realidade. (Bion, 1992, p. 20)*

Na experiência do autor deste texto, será necessário ter cuidado com o uso – a intepretação – do termo "previsão". Liga-se ao repertório das experiências que permitem que se aprenda inconscientemente a partir delas. Bion precisaria de mais quatro anos para esclarecer o sentido desse termo, substituindo-o por "premonição": "estados emocionais observados diretamente são significativos apenas como premonições" (Bion, 1966, p. 75). O termo parece-nos ter sido originado pela noção de Kant de "intuições sensíveis", em *Crítica da razão pura*. Até este ponto, Bion cita Bradley, que foi uma das maiores autoridades na obra de Kant. As indicações dessa origem, sempre dependentes de intuições, aparecem em 1962, sobre "pensamentos vazios" (Bion, 1962/2021, p. 91); perpassam toda a sua obra e ficam esclarecidas em algumas palestras ao redor do mundo, a partir de 1975 – quando Bion cita explicitamente a máxima de Kant sobre intuições sem conceitos, que são cegas, e conceitos sem intuições, que são vazios (Bion, 1988, p. 33). "Resta o elemento de cuja existência Hume suspeitou, e que classificou como 'psicológico'. Esse elemento destaca-se principalmente no momento em que a síntese da experiência do senso-comum *(sic)* converte-se em uma ordenação científica, em um sistema científico" (Bion, 1992, p. 20).

> *Não há uma linha firme e segura que divida o ponto em que a síntese da experiência do senso-comum converte-se em uma ordenação científica, em um sistema científico. Assim como, refazendo o caminho do senso-comum no indivíduo ou na raça, não há ponto onde não haja uma generalização em que se acredite, também é raro existir, na história da ciência, existir uma única data histórica, na qual seja possível dizer que se esboçou a primeira hipótese. (Esta é uma citação literal de Braithwaite – [Scientific Explanation, p. 28])*

Essa questão tornou-se divisor de águas que tem se constituído como enigma para muitos teóricos da ciência e filósofos, criando dois partidos, como se fosse um tipo de guerra militar ou política.

Criou uma terra de ninguém no âmbito do conhecimento humano que fica dependendo de explicações e racionalizações, entre "idealistas" e "realistas". Tem sido combustível para críticas infundadas à psicanálise. Bion parafraseia Braithwaite:

> *Eu acrescentaria que isso também é verdadeiro na história de uma análise – raramente existe um momento preciso no qual se possa dizer que uma interpretação específica foi enunciada pela primeira vez. No entanto, mesmo que na realidade seja difícil dizer que um dado momento é* o *momento, podemos supor que tal momento exista; é justamente antes de alcançarmos esse ponto que suspeitamos do papel dominante desempenhado pelos assim chamados fatores psicológicos na atividade científica. (Bion, 1992, p. 20)*

O último uso da frase "há sangue por toda parte" foi em *A Memoir of the Future*. Dois objetos parciais de Bion, denominados "Robin" e "Roland", que colocam em relevo um "Bion jovem" marcado (na "pele" de Robin) por um misto de prudência e covardia, e seu oposto (na "pele" de Roland), um homem totalmente imprudente, que não consegue fazer uso mínimo do seu próprio aparato de pensar. Os dois objetos parciais são lembrança de infância e adolescência: os dois põem em risco a própria vida. "Robin", por se "acomodar", em delírio imaginário de que se salvaria de invasores cruéis em um lugar tão impossível quando um pombal (Bion, 1988a, p. 51); "Roland", que leva uma precocidade imposta pelos seus pais e pelo *establishment* social inglês – que separava os filhos se os pais eram funcionários públicos em uma colônia em ultramar, fazendo adesão voluntária impensada, à uma hecatombe chamada Primeira Guerra Mundial (WM, 106). "Roland", inopinadamente, coloca-se em perigo e também coloca "Robin" em perigo ao não prestar atenção à maneira como conseguiu escapar de um tiroteio do exército invasor; e "fala" a frase: "Sangue por toda parte" (Bion, 1988a, p. 58). "Roland" representa um homem que tem relações sexuais com uma "empregadinha", "Rosemary", de modo escondido de alguém que poderia ser sua esposa ("Alice"), mas não é. Ambos se submetem a hipocrisias sociais. Seu destino, depois de vários desatinos, é acabar sendo "alvejado". Por um objeto parcial de Bion, denominado de "Homem", que representa os grupos de instintos mais profundos de todo ser humano: ódio e amor; é o "comandante de um exército invasor" incomparavelmente mais efetivo, por violência e cupidez, do que os nazistas, que eram "gentis e bondosos. Um pouquinho sentimentais e incrivelmente incompetentes" (p. 37). Parecendo que se utiliza de senso comum, "Roland" acredita que "Homem" está portando uma arma feita de chocolate. Não presta atenção ao fato de que se trata de balas de verdade (Bion, 1988b, p. 370).

Bion apoia-se integramente na observação de David Hume sobre um fato: uma hipótese científica não passa de uma generalização, e mais nada; de que os elementos acrescentados a partir da experiência não pertencem à generalização científica propriamente dita, mas são expressões contínuas do fator psicológico presente no observador. Hume reconhecia uma tendência da mente humana: a de que certas ideias se associam entre si. Chamado pelos contemporâneos de "cético" e atualmente quase expulso do movimento filosófico de inspiração francesa (como ocorre no Brasil, em boa parte) por ter sido, segundo essas escolas, "muito psicológico", foi alguém que resgatou o âmbito platônico para fazer emergir de vez a atitude científica, no iluminismo. Antes de Hume, nenhum filósofo da ciência esteve preparado para admitir o fato de que elementos acrescentados à generalização, que seriam "algo extra" à generalização, absolutamente não existem na realidade dos fatos. Ou que sua existência está apenas na personalidade do ser humano. Foi apenas Immanuel Kant, e em outro país, depois de muitos anos, que reconheceu a verdade na denúncia aparentemente falsa sobre o "escândalo da filosofia" – nas palavras de Kant, que reputou o fato de ter "acordado de seu sono dogmático" por intermédio de Hume (em *Prolegômenos*). Kant poderia ter sido mais permeável à contribuição de Hume – que, de início, rejeitou – caso tivesse seguido os passos de seu próprio mestre, Georg Hamann (Sandler, 2000; 2002).

O "algo extra" era atribuído à lógica da mente humana; mas nunca seria uma função da realidade externa. Se o fosse, sequer poderia existir, na medida em que é apenas um produto da mente, como observou Hume. Caso isso soe como perigosamente idealista, poderemos nos recordar que a crítica de Bion sobre a neutralidade do observador – como ainda acreditam os adeptos da religião positivista – vincula-se à impossibilidade de apanhar totalmente, ou ter maestria, ou ter propriedade sobre o âmbito numênico.

Pois é isso mesmo que o psicótico sente, ou fantasia, ou imagina que pode fazer. O realista ingênuo e o idealista ingênuo cometem exatamente o mesmo erro. Defender a possível inexistência, ou incognoscibilidade de "alguma coisa extra" (os elementos acrescentados a partir da experiência e externos à generalização científica) não equivale a uma negação solipsista ou idealista da realidade externa. É reconhecer as limitações de nossas percepções, cognições, esquemas e modelos, teorias e realizações que possam ser advindas das anteriores.

Meu ponto de vista diverge daquele que inclui na lei ou na hipótese científica algo que vá além de uma generalização, e que esse algo seja uma função da realidade externa. Minha visão se aproxima dos pontos de vista dos epistemologistas – Kant, Whewell, Mill, Peirce, Poincaré, Russell e Popper – cujas crenças são compatíveis com a ideia de que o conhecimento científico resulta do crescimento do conhecimento de senso comum (Bion, 1992, p. 21).

Bion aproxima suas "cogitações" daquelas de uma certa corrente de teóricos da ciência, mas sem aderir aos autores de modo cego. Essa corrente vê o que é conhecido pelo nome de "conhecimento científico" como resultado de um desenvolvimento do conhecimento por meio do uso de senso comum. Não implica que o objeto do conhecimento seja, em si mesmo, senso comum. Caso mantenhamos em mente o que nos parece – e também para muitos outros autores – a melhor definição de senso comum, essa definição contempla uma relação entre, pelo menos, dois órgãos humanos. Pode haver senso comum com mais de dois órgãos – audição, tato, visão, por exemplo; ou o senso de extinção, denominado por Freud, "instintos de morte", que permitiu que alguém cujo nome perdeu-se, ou algum grupo, certamente antes da descoberta da comunicação escrita, pudesse descobrir – por exemplo – a existência de cogumelos venenosos. A complexidade dos sistemas vivos, ou animados, exige a aplicação de um senso comum composto de todos os sensos (órgãos dos sentidos) possíveis. A teoria de Freud sobre a função do sistema consciente – de órgão sensorial para percepção de qualidades psíquicas – tem se demonstrado útil para o avanço da ciência, para o manejo, por vezes terapêutico, de alguns sofrimentos na natureza humana. Uma, ou mais utilidades construtivas, e não destrutivas, se dá, ou se dão, independentemente de algum encontro materializado, que tem sido visto, erradamente, como se fosse evidência ou prova da realidade última desse sistema. Podemos encontrar algo que corresponde a isto, mas não o "isto". Não nos parece que Bion, ou a "corrente" de filósofos à qual ele adere criticamente (ou seja, em parte) almeje descobrir alguma realidade última de "senso comum"; que é apenas mais um modelo científico, útil para alguns objetivos. O acordo de Bion com as noções de Kant, Whewell, Mill, Peirce, Poincaré, Russell e Popper, além de outros, elencados em outro trabalho do autor desse texto (Sandler, 2006), advém de experiência clínica, e não de uma preferência pessoal, ou nacional, ou ideológica.

Em todas as "cogitações" que desaguaram na atitude científica do trabalho de Bion, nunca existe nenhuma negativa da abordagem intuitiva a respeito daquilo que seja naturalmente real e externo à pessoa, ou genético, de herança genética. Bion, com a ajuda, ao menos parcial, dessa "corrente" de filósofos, afirma que, pelas acumulações do conhecimento propiciado pelo senso comum, se poderia estar mais perto do número do que se estava anteriormente.

Na visão do autor deste texto, está implícito no que Bion afirma que o "anteriormente" se refere a uma questão temporal e espacial. Pode-se demonstrar isso na história do indivíduo, à medida que ele se desenvolve, de um bebê para um adulto, e na história da ciência.

Aquisições do conhecimento humano reais – chamadas por Freud, *insights* – são, como o sistema inconsciente, atemporais. Algumas manifestações fenomênicas podem ser citadas e constituem-se como descobertas, e não invenções: o mecanismo imaterializado e nada racional que se materializou pelo que conhecemos como "roda"; a relação de matéria com a velocidade da luz ao quadrado que se iguala à energia; à descrição do complexo de Édipo. O insight pode ser interno ao indivíduo e interno a um processo vital, presente em qualquer nível que se considere. Essa apreensão do método científico amplia-se na aplicação da teoria de transformações e invariâncias. Nesse momento, Bion sugere a possibilidade de algum tipo de apreensão – nas palavras dele, "contato" com a realidade última, ou "O", em sua notação quase matemática.

Bion lançaria mão da teoria de transformações e invariâncias seis anos depois. Talvez seja verdade afirmar, ao evitar adesões partidárias, seja à religião positivista, que acredita cegamente em deduções e induções que chama de "científicas", e nega a participação do observador, ou seja, ao idealismo relativista. A noção de que Bion rejeita qualquer armadilha que possa negar o valor da experimentação científica aparece sob a forma de um método que não se seduz pelo falso problema colocado na guerra entre "realistas" versus "idealistas".

Traz à baila um paradoxo e, simultaneamente, enfatiza que psicanálise pode contribuir para desenvolver a ciência – justamente por evitar a falsidade de uma "guerra" entre os que acreditam que o Universo pode ser captado apenas pelo nosso aparato sensorial, contra os que acreditam que o Universo é produto da mente individual. O leitor pode constatar a ausência de tutela de nenhuma das duas abordagens:

> *As concordâncias e discordâncias que tenho com esses epistemologistas, resultam diretamente de uma investigação psicanalítica dos fenômenos que eles todos conheciam e denominavam por vários sinônimos do senso-comum científico. Minha visão é que o impasse no qual se encontram os cientistas e filósofos da ciência não pode ser melhor esboçado, e muito menos resolvido, sem que se empregue a pesquisa psicanalítica e, mais precisamente, a pesquisa do fenômeno chamado coletivamente de senso-comum, que é o tema principal dessa investigação. Digo tema principal, mas de fato proponho que assim seja apenas porque seus dados, embora fugazes, são mais acessíveis a uma investigação preliminar do que os fenômenos associados à intuição, à primeira hipótese, à inspiração [Karl Popper,* The Logic of Scientific Discovery, *pp. 31-32]. Se não elucido essa última é porque não consigo fazê-lo. Na realidade, não*

> *considero que a elaboração de um sistema dedutivo a partir do que o senso-comum declara como fatos, possa ser separada do fenômeno mais palpável, a inspiração, que é uma pré-condição para a elaboração de um sistema dedutivo. Proponho, portanto, não fazer um esforço extenuante para separar um fenômeno do outro. (Bion, 1992, p. 21)*

Mesmo que tivesse avisado – em princípio, para si mesmo, já que se trata de uma "cogitação" na qual não pensou que seria publicada – mas, atualmente, para leitores – a respeito de discordâncias em relação a algumas das colocações de Karl Popper, Bion também concordou com aspectos da obra dessa pessoa. Um desses poucos aspectos pode ser visto como um tipo de capitulação, por parte de um adepto da religião positivista, como foi Popper – outro emigrado austríaco que adquiriu fama após se estabelecer na Inglaterra. Popper achou necessário para cientistas obter algo que ele denominou de "inspiração". Podemos lembrar do testemunho de Albert Einstein, que dominava a opinião pública – senso comum ou lugar comum? – da época, e o respeito absoluto de todos os teóricos da ciência para com Einstein. O que Popper chamou de "inspiração" foi equiparado, por Bion, à "intuição". O leitor poderá consultar o verbete específico ("Intuição"). A postura de Bion quanto a isso nunca mudou; pode ser constatada no seguinte alerta dado no final de sua obra:

Se a intuição psicanalítica não provê uma reserva para seus asnos selvagens, onde se vai achar um zoológico para preservar as espécies? De maneira inversa, se o meio ambiente é tolerante, o que acontecerá com os "grandes caçadores" que repousam não revelados ou reenterrados? (Bion, 1988a, p. 6)

17.3.6 Causas, indução e dedução: crenças positivistas

Essa "cogitação", que inicia o livro *Cogitations*, data de janeiro de 1950. Em torno de um ano e meio depois, em meados ou final de 1960, segundo o método digno de um detetive utilizado por Francesca Bion para fazer a cronologia das "cogitações" de Bion, ele parece ter se sentido em condições (independentemente dos fatores que poderiam ter dado essas condições) de se aprofundar em um problema que "originou tanta confusão para o filósofo da ciência" (Bion, 1992, p. 193). Um problema que se repetia em muitos "pontos" na sua obra e também nas leituras que fazia a respeito da história de cientistas (e, por extensão, da ciência). Bion tangencia, "nesse ponto", o *problema da indução*. Havia alguma consequência no conceito que Bion encontrou e se fascinou, na obra de Poincaré, de Fato Selecionado:[16] "um fato apropriado faz com que a massa embrionária de elementos incoerentes, ou aparentemente incoerentes, apareça ao observador como se estivesse reunida em um todo; nesse, os elementos parecem estar relacionados entre si, enquanto partes do todo" (Bion, 1992, p. 193).

Qual era esta consequência? Bion não estava nada à vontade para lidar com a ideia de que

> *fato selecionado é conhecido como a causa, quando o "tempo" é um componente essencial; mas esse fato não é diferente de outros fatos que são selecionados pela sua aparente capacidade de reunir elementos em um todo. Tais fatos não possuem, necessariamente, importância intrínseca; a importância dependerá do fato que falta ao*

16 O leitor poderá consultar o verbete específico neste texto.

> *observador; e isso, obviamente, depende do observador. (Bion, 1992, p. 192)*

A importância dessa análise crítica não pode ser exagerada, mesmo que, na investigação do autor desse texto, não tenha sido explorada, até agora. Muito ao contrário: tem sido desprezada, ou ignorada, ou negada.

Há quatro pontos notáveis:

1) Indução – a noção da dependência do observador e da personalidade do observador – ou seja, a contribuição possível à psicanálise, para a teoria da ciência;

2) Causalidade – que Bion, criticando Poincaré, quer dissociar do conceito de fato selecionado;

3) Senso comum;

4) Temporalidade – algo fundamental em psicanálise e ciência, em função da atemporalidade que caracteriza toda aquisição transcendental (a época, cultura e nacionalidade), incluindo, principalmente, a identificação de um "sistema" que Freud, utilizando uma aquisição milenar, denominou, "sistema inconsciente", que equivale ao âmbito numênico.

Vamos começar do mesmo modo que está nesta "cogitação" de Bion – pelo "*problema da indução*".

17.3.7 Indução

Hume parece ter sido o primeiro a desafiar uma das mais poderosas ilusões que se abateram sobre o movimento científico: o método indutivo. Uma das figuras que inauguraram o iluminismo na Inglaterra, deu um exemplo, na *Investigação sobre o conhecimento humano*, que, durante alguns séculos, ficou famoso, fazendo parte do senso comum: embora o sol apareça todos os dias, nada garante que isso continuará a acontecer.

Sempre se achou que a indução era muito importante. Mesmo hoje, Bertrand Russell considera que nenhum método científico é possível sem indução; ele chegou até a sugerir que a indução é o alicerce de todo conhecimento científico. É evidente que Russell não está feliz com as consequências dessa crença; declara expressamente estar convencido de que os argumentos de Hume nunca foram realmente satisfeitos (pois Russell discorda da suposição de que haja, na conjunção constante, algo além de um fenômeno puramente psicológico, fenômeno originário da tendência da mente humana para associar as ideias). Espero demonstrar que, agora, graças à psicanálise, temos a possibilidade de enxergar por que os filósofos favoráveis à indução acabaram chegando a um impasse, para o qual, até o momento, não encontraram saída; e também, por que os filósofos insatisfeitos com a maneira com a qual Hume limitou a conjunção constante – dispensando-a de acrescentar qualquer coisa a um puro fenômeno da mente humana, a saber, a sua tendência para associar uma ideia à outra – não conseguem propor nenhuma alternativa que expresse simultaneamente a natureza de sua insatisfação *e* que preencha o hiato que esses filósofos sentem que Hume deixou na estrutura do método científico (Bion, 1992, p. 193).

Bion prossegue a "cogitação" introduzindo seu modo de observar: para ele, "a falha reside na crença de que o método indutivo consista em uma coleção de dados e da inferência de generalizações, a partir dos dados observados, como aquelas que são, normalmente, incorporadas em uma hipótese". Um modo de observar nada arrogante: "Acredito que a hipótese não seja baseada naquilo que supomos, usualmente, ser a observação; mas a hipótese é, essencialmente, uma afirmação de que isso-ou-aquilo é um fato". Ou seja, coloca uma crença, e uma crença nada onipotente: reduz um autoritarismo a uma hipótese – e, com isso, delimita um âmbito científico, a ser investigado sem preconceitos ou superioridades. Nessa hipótese, Bion elenca "as seguintes características, essenciais ao fato como hipótese: '1. Afirma que certos elementos estão constantemente conjugados; 2. Afirma que esses elementos estão conjugados de um modo particular'" (p. 194).

Bion introduz, então, o fator tempo. Simultaneamente a algo que parece ser, pelo menos ao autor deste texto, como uma expressão de uma primeira contribuição da psicanálise para a teoria da ciência. Esse fato nos parece importante. Usualmente, os membros do movimento psicanalítico têm ficado mesmerizados, fascinados com disciplinas completamente estranhas ao âmbito psicanalítico: historicamente, dadaísmo, existencialismo, fenomenologia, estruturalismo, linguística, semiótica, literatura, neurociência, pós-modernismo, hermenêutica. Isso sem contar a influência de autores famosos – que, como cometas, ofuscam tudo e desaparecem sem deixar vestígio. Bion coloca uma situação que pode ser expressa por uma analogia: a obra de Beethoven para violoncelo, ou violino e piano. Nessa obra, não é superioridade ou rivalidade de nenhum instrumento. Apenas colaboração mútua. Se uma formação e informação em teoria da ciência pode ser útil para o desenvolvimento da psicanálise, psicanálise pode ser útil para teoria da ciência. Freud tentou fazer isso, mesmo que de modo não explícito, para teorias históricas e sociológicas.

Afirma-se sempre, quando o tempo é um dos elementos, que os elementos estão relacionados entre si como causa e efeito. A palavra "causa" é aplicada ao fato selecionado que, para o observador individual específico, dá coerência a certos elementos; elementos que estavam mentalmente presentes de modo incoerente para o observador, reclamando coerência. São elementos essenciais, dentre esses, os elementos de tempo (externamente) e os sentimentos de culpa (internamente, peculiares ao indivíduo). Posteriormente, veremos a importância dessa descrição sobre a natureza de uma hipótese científica. No momento, quero abordar o problema da indução.

Acredito que os filósofos estejam certos quando expressam a necessidade de algum conceito teórico como a indução, para representar um fato que desempenha um papel essencial no método científico e seja passível de verificação. Acredito também que o processo de indução – seja lá o que venha a ser isso – relaciona-se, e precisa relacionar-se, à consciência sensorial dos dados da realidade externa.

O leitor pode notar, uma vez mais, a função de uma análise crítica sobre teoria da ciência – sempre seguindo as contribuições de Locke, Hume e os outros autores citados por Bion, isenta de superioridades, mas movida sob um vértice psicanalítico. Que sempre traz algo de novo – ou seja, algo que era inconsciente pode começar a ser consciente. No caso, a questão básica em ciência e em uma sessão de psicanálise: a pública-ação. Com um neologismo hifenizado – que se tornaria característico na obra de Bion, sempre usado com parcimônia –, Bion traz um termo duplo que remete à origem etimológica: todo ato só pode ser científico se for publicado. Trata-se de uma "ação pública", denotada pelo neologismo "pública-ação". Todo ato só pode ser científico se for publicado – do paciente para o analista e do analista para o paciente. O autor desse texto sugere que a mesma atitude também configura, necessariamente, um ato artístico.

Mas a função da indução não é extrair uma hipótese dos dados coletados por meio do aparato sensorial, e, sim, uma pergunta – de preferência a pergunta certa. Entendo por "pergunta certa" aquilo que o senso comum dita (senso comum na acepção por mim definida); pois, qualquer outra pergunta é um assunto de interesse particular, e todos os assuntos científicos são fatos que se tornaram públicos e de conhecimento público – o trabalho científico consiste em public-ação (p. 195).

17.3.8 Causa

A *rationale* básica – um termo de senso comum em teoria da ciência, que, em psicanálise, equivale à racionalização básica, de quase todos os trabalhos apresentados como psicanalíticos – ignora, ou despreza o fato de que a psicanálise, desde Freud, tenta descrever relações de elemento em um todo, mas nunca de modo causal nem explicativo. Como toda e qualquer ciência, e como toda e qualquer arte, psicanálise descreve e tenta manipular relacionamentos entre elementos, que, em si, permanecem incognoscíveis. Psicanálise não lida com "essências" – isso tem sido tarefa de religiões. Traduções do alemão de Freud, acopladas a aspectos não analisados de narcisismo ou de imobilidade na posição esquizoparanoide (onisciência e onipotência, manifestadas fenomenicamente por rivalidade vaidosa) dos membros do movimento psicanalítico, tem favorecido esse tipo de interpretação. No caso deste texto, a maior preocupação é com as leituras da obra de Bion, que, igualmente, têm favorecido esse tipo de raciocínio hipersimplificador, ao transformar o que poderia ser psicanálise em algum tipo de religião, ou de prática jurídica, ou forense, ou policial. Toda vez que aparece alguma teoria que parece esposar causalidade, ou já esposa abertamente causalidade sob o modo da religião positivista, essa teoria adquire popularidade instantânea, por ficar automaticamente isenta de crítica. Psicanálise sempre enfrentou este problema, que pode ser visto sob uma forma geral, hipersimplista: "doenças mentais têm causa física", de um lado, ou "doenças mentais têm causa psicológica". O leitor pode fazer o exercício nos trabalhos que puder ler, para ver se encontra o racionalismo básico que norteia boa parte deles. Alguns autores mais famosos – começando com Freud – não fizeram isso. Ou, quando fizeram, depois criticaram sua investigação – novamente começando com Freud, no exemplo do abandono da teoria traumática.

Na mesma época em que Bion escreveu sobre essas duas "cogitações", começaram a aparecer noções a respeito de formulações verbais sob formas narrativas. Justamente o tipo de formulação utilizado por Freud: formas narrativas constituem todas as formulações míticas. Em outras palavras, a forma mais antiga de se fazer ciência é por meio da construção de mitos. Pode ser vista até mesmo nas primeiras formulações matemáticas, feitas por antigos egípcios e gregos. Sonhos, que podem ser considerados, como associações livres, um fulcro de toda a psicanálise, fazem-se sob formas narrativas; que só não é totalmente completa em função do trabalho onírico, cuja característica é nunca ser racionalizado.

Elucidações sobre forma narrativa e teorias causais aparecem entre 1962 e 1965. Em um certo momento, para conseguir demonstrar o que significa e qual é o sentido dos "elementos de psicanálise" – um dos maiores esclarecimentos sobre a natureza científica de uma pesquisa sob o vértice psicanalítico, durante uma sessão, e de toda teoria psicanalítica que possa almejar a qualificação de ser válida –, Bion "abandona" a forma narrativa do mito de Édipo (Bion, 1962/2021, p. 46).

A psicanálise surgiu quando Freud, inspirado em Charcot, ressaltou a inadequação de seguir-se unicamente conteúdos manifestos. Charcot e Freud não estavam inventando nada de novo: a formação médica dos dois provavelmente os ensinou que pacientes procuram médicos munidos de suas próprias formas narrativas a respeito de seus problemas – culturalmente influenciadas e fantasticamente efetuadas. Para tentar fazer um diagnóstico, o médico se utiliza da forma narrativa do paciente como passo inicial – é chamado de sintomatologia. A partir daí, busca por sinais, em uma disciplina chamada semiologia. A conjugação dos dois pode fornecer um diagnóstico sindrômico. Não se trata de desprezar a forma narrativa, ou, quando Freud descobriu a possibilidade de interpretar sonhos, o conteúdo manifesto. Trata-se de encontrar seu devido valor, como algo que indica e também disfarça, ou não indica, o que é necessário elucidar. Vivemos em uma época em que entronizam-se formas narrativas – principalmente na redação dos vários órgãos midiáticos e em propaganda política. Formas narrativas têm sido usadas como instrumentos de persuasão – sua principal arma é a falsidade. Atualmente, em muitas disciplinas, pensa-se que psicanálise é apenas isto: mais uma forma narrativa a respeito de sofrimentos humanos.

Segue-se um elenco de páginas nas quais o leitor poderá encontrar análises críticas que ressaltam perigos envolvidos em seguir-se unicamente formas narrativas: LE (*Learning from Experience*): 15, 17, 64, 74, 77; EP (*Elements of Psychoanalysis*): 5, 23, 45, 67 82; T (*Transformations*): 96, 97 e 120; AI (*Attention and Interpretation*): 13, 19, 20, 59, 60 (na qual Bion diferencia narração de um verdadeiro mito), 93, 102, 106, 109.

Sejam essas narrações, qual uma história de Sherazade, contadas em mitos básicos usados para a construção de alguma teoria analítica, geral, ou particular a cada caso, no "mito privado" descrito por Bion, instrumento único em análise. Sejam essas narrações usadas pelos pacientes nos relatos de conteúdos manifestos dos sonhos. Sejam elas contadas no "sonho em vigília", que corresponde a toda e qualquer sessão em análise; e, em consequência, em toda a teoria da ciência e no trabalho de pessoas que gostariam de ser cientistas, mas que não conseguem fazer ciência; ou perpetram falsa ciência, que pode obter popularidade no lugar comum, passando-se por ciência. Os danos que isso acarreta, na função social de uma psicanálise, que tem sido acusada de ser falsa ciência, ou "ciência fraca", no dizer de Karl Popper, são incalculáveis.

17.3.9 Validação científica

Caso permaneçam dúvidas sobre a postura de Bion, pode ser oportuno esclarecer que a experiência, os dados empíricos e dados do nível inferior bruto foram as fontes que deram vida às suas observações. Este nos parece um valor necessário e fundamental para a formação de teorias psicanalíticas, e esse era o método de Freud: seu início era a clínica. O item 9 da "Introdução" a *Learning from Experience* reproduz exatamente o que Freud seguiu:

> *Os métodos neste livro não são definitivos. Mesmo quando percebi sua inadequação, frequentemente não fui capaz de aprimorá-los. Encontrei-me em posição similar à do cientista que continua a empregar uma teoria que sabe ser falha, porque ainda não se descobriu outra melhor que a substituísse.*

O início deste verbete começa com um – entre vários – alerta a respeito da existência de construções teóricas falhas em psicanálise. Como em filosofia, há um fascínio por um jargão autoalimentante.

Embora durante os anos 1950 Bion manteve esperanças de que dados empíricos pudessem "validar" teorias e hipóteses, os anos 1960 trouxeram-lhe mais dados, mais experiência clínica. Quando resolveu publicar algumas novas conclusões que pudessem substituir as mais antigas, extraídas de casos clínicos, no livro *Second Thoughts*, após quinze anos de prática contínua, havia desenvolvido ainda mais sua análise crítica sobre teoria da ciência. Aproveitou de modo peculiar uma certeza racionalizada de Descartes, sobre a inexistência de "pensamentos sem pensador", para questionar a validação científica por meio do método empírico – outro ponto controverso na história da ciência, que dividiu "realistas" de "idealistas". O fato de que estudos científicos se originam do que é empírico não implica que possam ser validados pelo que é empírico, pois, se a pesquisa continua, pode-se, inclusive, refutar o que já foi descoberto – também em função das descobertas:

> *Preciso alertar a respeito de uma frase que empreguei: "dados empiricamente verificáveis". . . Não estou querendo dizer que a experiência "verifica" ou "valida" coisa alguma. A crença que encontrei na literatura de filosofia da ciência relaciona-se à experiência que capacita o cientista a obter um sentimento de segurança para neutralizar e compensar o sentimento de insegurança na descoberta de que a própria descoberta expos mais profundamente novas visões de problemas não-resolvidos – "pensamentos" em busca de um pensador. (Bion, 1967, p. 166)*

Nenhuma teoria proposta por Bion foi fruto de um idealismo – a ideia de que o Universo, ou o mundo, ou as pessoas sejam fruto de uma construção peculiar de alguma autopropalada autoridade ou genialidade atribuída pelo grupo e por ele mesmo. Na obra de Bion, considerações sobre a possibilidade de se discriminar se um enunciado é falso ou verdadeiro sempre foram empíricas – ou seja, não dependem de escolas, apóstolos ou verdades absolutas faladas por algum ídolo social. Para que um enunciado verbal seja considerado – ainda que provisoriamente e parcialmente – expressão de verdade, precisa ter, necessariamente, uma contrapartida na realidade de Spinoza. Um dos resultados da investigação de Bion foi o desenvolvimento de um instrumento para ser usado, primariamente, fora de uma sessão clínica para uma "busca de verdade-O" em enunciados verbais falados durante uma sessão: a "Grade". Na visão do autor deste texto, há uma espécie de namoro teórico com algumas pretensões dos autores que fizeram parte, segundo eles mesmos, do neopositivismo.

Outro resultado foi a adoção de analogias com a física e a matemática, no sentido de evidenciar algum valor-verdade nos enunciados psicanalíticos – chamados por Bion, "abstrações".

Matemática e física, ao lado de biologia, têm sido disciplinas usualmente consideradas como as mais sofisticadas em termos da precisão de suas formulações para chegar o mais próximo possível da realidade como ela é. Também é verdade que ambas as disciplinas têm possibilitado intervenções efetivas na realidade materializada e imaterial, ou psíquica. Podemos ver os primórdios, ainda sob forma de "cogitação", dessa adoção, na tentativa de Bion de examinar uma concepção de Freud sugerida várias vezes em sua obra. De modo mais generalizador, na observação da existência de uma conjunção constante (Freud não se utiliza desse nome nem da teoria da ciência de Hume – mas usa-a de modo talvez intuitivo) entre algo que denominou "séries complementares", que não recai em dos muitos falsos problemas colocados por algumas disciplinas científicas e filosóficas, de natureza *versus* criação. Em trabalho anterior, indicamos o fato de que Freud baseou-se, em parte, nas "afinidades eletivas" de Goethe – uma pessoa que desenvolveu atividades, boa parte bem-sucedidas, em várias disciplinas: literatura, desenho técnico, economia, botânica e física. As séries complementares totalizam e regulam o aparato psíquico; Bion centra-se na questão atualmente pesquisada pela antropologia cultural, genética e biologia molecular, da existência de algo interno a indivíduos, que denominou, "disposições". Como quero dizer que *existem* tais coisas, isto é, coisas correntes, coisas na realidade, representadas pela palavra "disposição", é essencial usar sempre a mesma palavra; assim, o leitor assumirá corretamente que estou querendo dizer o mesmo que havia dito anteriormente: que existe algo, na realidade, que a palavra "disposição" representa.

Não valeria a pena trabalhar essa questão caso houvesse apenas uma dificuldade específica relativa a esse contexto imediato; no entanto, ela é inerente ao trabalho psicanalítico, confrontando-se com o analista a todo momento. Para o filósofo, esse problema não é novo; mas a posição do analista é mais difícil, pois ele se ocupa da prática da psicanálise, isto é, tem de aplicar suas teorias em um contexto empírico. Mesmo assim, talvez as dificuldades do analista não sejam maiores do que as dificuldades que o cientista enfrenta ao ter de expressar suas teorias em termos de dados empiricamente verificáveis, antes de sujeitá-las ao teste experimental; mas o teste experimental da psicanálise e de suas teorias difere, em aspectos importantes, dos experimentos do físico, cujos procedimentos, pelo rigor que os caracteriza, foram recomendados até mesmo por Kant. O físico tem, ou costumava ter, seu laboratório; suspeito que a situação analítica que o analista procura preservar é apenas similar a essa, pois suspeito que tentamos estabelecer uma identidade com o conhecido, o que é, de fato, inadmissível, exceto do modo mais superficial. As atribulações do físico, desde que os físicos da mecânica quântica demostraram que suas hipóteses de nível inferior e seus dados empiricamente verificáveis são hipóteses estatísticas, podem ajudar o analista a sentir que o hiato que o separava da mais rigorosa dentre todas as disciplinas científicas diminuiu; mas não contribui para que seu assunto seja mais impecável cientificamente. Tampouco contribui para a elaboração de um método ou, na falta desse, para que se compreenda a necessidade de um método, que colocaria toda ciência, inclusive a dele, em uma base mais firme.

Além do mais, a exposição que Heisenberg fez sobre a filosofia da mecânica quântica demonstra que os fatos observados pelo físico dependem da relação com fatos que são desconhecidos, e que jamais poderão ser conhecidos; isso aboliu as paredes limitadoras de seu laboratório e, portanto, o próprio laboratório; assim, o físico tem com seu laboratório, dificuldades análogas às que o analista tem com seu consultório e com a situação analítica. Mas, a menos que esse conhecimento possa trazer um grande avanço no front psicanalítico, ele não ajuda os psicanalistas a se ajudarem, ou os físicos a saberem disso. Daí a necessidade, para um ponto de vista científico, de investigar a natureza de nossas próprias abstrações (Bion, 1992).

Não será falso fazer a hipótese de que essa "cogitação" pode ter sido contemporânea e ter servido de preparo a três livros: *Aprender da experiência*, *Elementos de psicanálise* e *Transformações*; e sob modo dialógico e mais aprofundado em alguns aspectos, na trilogia *Uma memória do futuro* (1988). Há dezenas de formulações sobre a possibilidade de colaboração mútua entre psicanálise, teoria da ciência e a física quântica, especialmente no volume I da trilogia, "O Sonho". Algumas formulações aparecem abaixo, em "verbetes cruzados recomendados":

> *P.A.: De acordo com Heisenberg o fato de observar a interação de fatores físicos muito pequenos influencia a interação sob observação. Não sei se ele está falando sobre algo que eu costumo encarar como um fenômeno mental tendo um efeito sobre o que eu denomino um fato físico. Pode ser que eu erre em discriminar fenômenos "mentais" de fatos "físicos". Tal "idéia" (sic) pode ser uma falha do aparelho mental. Será que, como humano, eu tenho um preconceito que favorece encarar meus pensamentos como*

> *sendo "superiores" aos movimentos aparentemente ao acaso de partículas infinitamente pequenas de matéria?*
>
> *Roland: Você tem preconceito contra os movimentos ao acaso das minúsculas partículas de matéria?*
>
> *Robin: O todo da teoria psicanalítica parece estar viciado – como o demonstra a natureza estruturada do próprio sistema – pelo favorecimento apenas daqueles fenômenos que parecem estar de acôrdo* (sic) *com a lógica clássica, à qual já estamos familiarizados. (Bion, 1988b, p. 265)*

17.3.10 Seta dupla: sinais e símbolos quase matemáticos

O leitor poderá consultar os verbetes "Matematização da Psicanálise" e "Saturação" nesse mesmo texto, além do presente verbete sobre "Método Científico".

As "cogitações" sobre método científico, escritas em 1959, marcam a primeira vez em que Bion faz uso de uma seta dupla. É uma descrição gráfica, ou uma formulação visual, permitindo comunicação quase instantânea daquilo que os autores que dele fazem uso, precisam comunicar – já que "uma imagem vale mais do que mil palavras". Neste caso, foi usada para demonstrar um movimento em vaivém e que tem sido um símbolo usado em física e matemática.

Posteriormente, Bion estendeu o uso para descrever o funcionamento de outros três mecanismos psíquicos, sob forma de teorias. Uma, de Klein; e duas, do próprio Bion: (1) teoria das posições, descrita verbalmente por Klein; (2) a relação entre continente e contido; (3) o par antitético narcisismo e socialismo. Poderá ser utilizada para descrever o movimento entre os três sistemas psíquicos, conforme descritos por Freud: inconsciente, pré-consciente e consciente.

Em primeiro lugar, vou considerar o oposto da intuição. "Não sei por quê", diz o paciente. Retruca com um "não compreendo" a uma interpretação especialmente clara que eu lhe dei. Quero dizer, com uma interpretação "especialmente clara", que, em minha opinião, dei uma interpretação que junta um certo número de fatos, aparentemente não relacionados, de um modo que mostra a relação entre eles; e faz de modo tão preciso que a expressão da interpretação não deturpa a dedução que depende intrinsecamente de seu modo de expressão. Essas duas afirmações, "não sei por quê" e "não compreendo" são tão ativas, tão afirmativas, quanto "eu sei", ou "eu compreendo". De fato, minha interpretação disse: "isso é porque..." e "ouça o que eu estou dizendo e descobrirá que fiz você compreender...". Em ambas as asserções, declaro implicitamente que a relação que o paciente tem comigo é análoga à relação que poderia existir entre a sua capacidade para inspiração, qualquer que ela seja, e a contraparte ideacional dos elementos aparentemente não relacionados entre si, dispersos e aparentemente estranhos uns aos outros. De fato, eu disse: "eu sei por que...", isto é, eu uno os elementos. O paciente, efetivamente, disse: "eu, diferente de você, *não* sei por que...". Meu ponto é que essa afirmação é uma declaração de igualdade para comigo; não é simplesmente rivalidade, mas igualdade de status "Eu uno..." é uma afirmação. "Eu desuno..." é a resposta antífona.[17] Proponho esclarecer meu ponto em uma série de fórmulas como:

1) Eu uno ⇔ Eu desuno

---

17 Antífona: 1. Curto versículo recitado ou cantado pelo celebrante antes ou depois de um salmo e ao qual respondem, alternadamente, as duas metades do coro 2. Forma surgida na Inglaterra no século XVI (*anthem*) e que apresenta a estrutura do motete latino, porém, com a letra em inglês (em sua evolução, aproxima-se hoje da cantata) (Novo Texto Aurélio da Língua Portuguesa).

2) Eu sintetizo ⇔ Eu analiso

3) Eu metabolizo ⇔ Eu catabolizo

4) Eu analiso violentamente ⇔ Eu faço uma cisão

5) Eu sintetizo violentamente ⇔ Eu faço uma fusão

A compreensão implica tanto análise como síntese. Se o ato for levado a cabo de modo amoroso, conduz à compreensão; se é levado a cabo de modo violento, isso é, violentamente e com ódio, então conduz à clivagem, justaposição cruel ou fusão (Bion, 1992, pp. 21-2).

Entre 1950 e 1976, Bion considera que o instante inicial, o "*start-up*" de tudo na vida humana, seria o nascimento obstétrico.

A partir de 1977, sob forma de um anexo complementar ao artigo "Turbulência Emocional", com a ajuda de um texto de Freud, traz um paradoxo, contido na "cesura do nascimento" – a noção é de Freud: há mais em comum entre a vida dos pré-natais e dos pós-natais do que poderia indicar a formidável cesura provida pelo ato do nascimento físico. Bion dá uma versão demasiadamente personalizada e mais detalhada dessa questão, no início das palestras que fez em Roma, que inclui uma questão no movimento psicanalítico, durante a época em que foi conduzido por Ernest Jones. Marca uma exceção: não conseguimos encontrar nenhuma outra menção tão pessoalizada a respeito de outros, em toda a obra de Bion: "Há mais continuidades entre a vida intrauterina e a infância precoce do que a impressionante cesura do ato do nascimento nos permite acreditar" (SE 20, p. 138). Freud abordou isso anteriormente, porém, nunca pareceu ter levado o assunto adiante. Essa visão surgiu-lhe mais próximo ao final de sua vida. Infelizmente – talvez, por intervenções de Ernest Jones, fomentando, a meu ver, preconceitos de Freud contra Otto Rank – este último não seguiu adiante com suas ideias sobre o trauma do nascimento, ideia original sua. Freud tendeu a ignorar o fato daquela "impressionante cesura". Entretanto, sendo Freud quem era, chegou a considerar o fato do nascimento, e que havia alguma verdade em afirmar-se que tal evento seria muito impressionante.

Sugiro que aceitemos o recado; que admitamos o fato de que nos impressionamos excessivamente com o trauma do nascimento. Faço isso da seguinte maneira: Quando você nasceu? Qual foi o local de seu nascimento? Se você me fornecer as respostas comumente aceitas, eu poderia dizer "Isso é muito útil para estatísticas vitais do governo, que quer saber quando ocorreu seu nascimento, se foi no dia tal de tal, de tal e tal mês e de tal e tal ano. Isso seria ótimo para o governo." Eu gostaria, por outro lado, de ser capaz de perguntar e obter alguma resposta, "por favor diga-me quando foi que suas fossas ópticas tornaram-se funcionais, durante a ocasião em que apareceu sua terceira protovértebra? Diga-me, quando suas fossas auditivas se tornaram funcionais?" Sei perfeitamente que ninguém poderá responder a tal questão (Bion, 1967).

Utilizando a mesma observação, podemos dizer que não há limite entre a maledicência e a beneficência (ou em linguagem coloquial, fofoca negativa e fofoca positiva), já que a mesma invariância é a mesma: Bion fala livremente sobre três pessoas – Ernest Jones, Sigmund Freud e Otto Rank – já falecidas. Mesmo que tenha substituído a maledicência sobre Freud, que seria um homem que agia por preconceitos e poderia ser influenciado, termina a frase dando um desconto "sendo Freud quem era". Talvez Freud tenha se inspirado em Shakespeare (*Hamlet*, I: v), no alerta do principesco personagem que protagoniza a peça, para o personagem Horácio: há mais situações "entre o céu e a terra do que sonha sua filosofia". Provavelmente, o leitor está familiarizado com essa citação de Shakespeare, e também com a história do movimento psicanalítico, que registra a diatribe ocasionada por uma certa teimosia juvenil de Otto Rank. Alguém que desejava alcançar fama por meio de uma elucubração simplista sobre uma causalidade única que negava a complexidade do nosso aparato psíquico. Nossa versão sobre a atitude de Freud se baseia nos textos do próprio autor, quando comentou o exagero generalizador de Otto Rank.

Isso não implica que a observação não contenha algo importante para analistas, a respeito de conteúdos manifestos, conteúdos latentes e aparências sensorialmente apreensíveis: o paradoxo trazido por Freud e enfatizado por Bion, foi feito também em outras palestras e supervisões dadas em algumas cidades no mundo, entre 1977 e 1978 (Nova Iorque, São Paulo e Buenos Aires). Originou um diálogo imaginário escrito entre 1978 e 1979. Publicado em forma de livro no terceiro volume de *A Memoir of the Future* – intitulado *A Aurora do Esquecimento* (*The Down of Oblivion*) –, é composto de objetos parciais oníricos que podem parecer surpreendentes a todos aqueles que não obtiveram uma formação médica ou biológica: os vários somitos, representando uma vida intrauterina plena de potencialidades, que ficam "dialogando" entre si e também com outros objetos parciais, representando crianças, jovens, pessoas maduras e idosas. A imaginação de natureza onírica não pode ser tomada concretamente, mas como analogia em relação ao imenso desconhecido que cerca a investigação psicanalítica do nosso aparato psíquico.

Gradativamente, Bion deixou de lado pretensões para construir algum sistema científico dedutivo no âmbito psicanalítico, a não ser como um estágio para testar a cientificidade das interpretações. Coincidiu com um abandono geral das pretensões de encontrar uma sintaxe matemática que pudesse generalizar todo enunciado científico possível, para conferir-lhe verdade, do movimento que ficou conhecido como "neopositivismo". Isso ocorreu por razões probabilísticas em que o fator pessoal prevaleceu. Por exemplo, pelo falecimento físico de dois expoentes, Rudolph Carnap e Imre Lakatos. A tendência ainda existe, como uma espécie de último bastião, em escolas de filosofia, de aproximações à verdade, mas sem a pretensão inicial, no desenvolvimento do que atualmente se denomina "filosofia lógica", com autores provenientes da matemática, como Victor Tarsky (Bion, 1962/2021, p. 92). Parece-nos fundamental citar a obra de um brasileiro, Newton da Costa. A eles se acrescentaram ramos da matemática – como o intuitivismo de Brouwer (Bion, 1988b, p. 246), mesmo que sejam atualmente considerados mais como curiosidade, mas que questionam alguns postulados tornados sacrossantos pela religião positivista, retirados da lógica euclidiana, como a lei dos meios excluídos. E os vários paradoxos irresolvíveis pela lógica formal, como o paradoxo de Zeno, ou os trazidos por Russell e Whitehead. Esse abandono iniciou-se com o livro *Transformations*. Bion jamais polarizou suas considerações; sempre propôs extrair o que lhe pareceu útil no que se refere à tarefa do analista, dos autores da "corrente" à qual se refere. Propôs, pelo menos a partir dessa "cogitação", mais expandida em outra logo a seguir, uma postura que persistiria até o final de suas obras posteriores, de modo mais acentuado e explícito. Pode-se afirmar que, à medida que ficou mais em paz em relação a um aspecto da teoria de Freud – sobre a função da consciência – e foi aproveitando com maior felicidade alguns aspectos na época abandonados da teoria de Freud – como o termo "barreira de contato", emergiu essa postura. Bion não deixou um nome para tal postura, que repete a postura psicanalítica de Freud e de Klein, e as estende. À falta deste nome, o autor deste texto propõe uma postura de "tolerância dos paradoxos" (Sandler, 1997; 2009). Consiste em considerar plenamente a existência, na natureza humana e em seus sofrimentos, de pares antitéticos capazes de resultar em uma síntese, que, por sua vez, podem funcionar como um dos polos de um novo par antitético. Essa postura aparece como "razão de ser" da trilogia *A Memoir of the Future*. Pode-se isolar os seguintes aspectos:

1) A influência de Poincaré (o leitor pode consultar o verbete "Fato Selecionado");

2) O uso intransigente da prática psicanalítica como origem das investigações científicas, expressa pela procura de aspectos que transcendem aparências;

3) Uma iluminação, por meio do uso dos aspectos 1) e 2), daquilo que, que "efetivamente" está sendo imaterialmente *dito*, para além do que está sendo materialmente *falado*. A imaterialização será denominada, a partir de 1975, como "ultra- e infrassensorial". Algo que pode ser dito por meio da formulação verbal negativa, com um "não", sempre traz consigo um "sim", e vice-versa. O princípio básico é o mecanismo de defesa "negação", descrito por Freud;

4) Ausência de julgamento moral, autoridade ou fantasias de superioridade, por parte do analista, sobre o paciente, permitindo uma experiência, muitas vezes única, do paciente, desse tipo de situação, que talvez seja uma diferença fundamental entre o vértice psicanalítico e outros vértices, como o pedagógico, o religioso ou o judicial, ou de parentalidade. Essa situação foi referida por Freud como a de fantasias transferenciais: uma análise começa quando se resolvem essas fantasias, ou "neurose transferencial", um artefato da situação analítica inicial.

Será difícil exagerar a importância dessas "cogitações" sobre método científico, que trata da violência de emoções como um fator instintivo de sofrimentos e vicissitudes da espécie humana, como um tipo de semente de descrições posteriores mais precisas: as duas teorias de vínculos, de 1962 e 1970.

No final de sua vida, dedicou três livros e quase todas as palestras ao redor do mundo para detalhar sua visão sobre o método científico, e também os outros métodos ou formulações. Em Londres – não na sociedade britânica de psicanálise, mas em uma instituição sempre considerada com desconfiança por esta, Tavistock Clinic –, deixou gravada uma espécie de súmula sobre a trilogia *A Memoir of the Future.*

Sem perder tudo isso de nossas vistas – os fatos sobre nossa ignorância e de que temos de tentar fazer incursões no universo em que vivemos por meio desses vários métodos –científicos, religiosos, artísticos – poderemos continuar multiplicando o número de abordagens que fazemos individualmente. Constituiremos, desse modo, nossa pequena contribuição individual para arranhar um espaço, por menor que seja, no enorme material que desconhecemos.

Faço a hipótese de que houve permissão para biólogos, e outros, falarem sobre o sexo. No entanto, lembremo-nos do furor causado pela sugestão, por meio de Freud, sobre a enorme parte desempenhada pelo sexo. O próprio fato de que Freud tenha sido capaz de fazer tal sugestão teve um efeito: pudemos ver que a maior parte do desenvolvimento da psicanálise foi feito em termos de efeitos biológicos. Esse modo de ver mostrou-se adequado para Mendel, cujo trabalho promulgou leis de hereditariedade – algo que traz uma questão tautológica: hoje, falamos de uma "herança mendeliana". No entanto, penso que nos encontramos em uma situação um tanto difícil quando supomos que existe algo que denominamos mente; supomos que todos nós possuímos uma mente, ou alma, ou psiquê, ou qualquer outro nome dado – temos de falar deste modo, por falta de vocabulário mais adequado. A partir do momento em que possamos reconhecer tal situação, perceberemos haver uma lacuna, não totalmente vazia. Empréstimos da biologia falham quando consideramos questões da mente e de transmissão de ideias. Precisamos acrescentar algo além da herança biológica, esse mito mendeliano de propagação aplicado ao mundo das ideias, no qual se transmitem características de uma geração para a seguinte; ou para gerações subsequentes. Poderíamos dizer que há genótipos – herança genética – e também fenótipos – transmissão das aparências. Ensinaram-me a crer que características adquiridas não seriam transmissíveis; em outras palavras, que as únicas características genéticas, mendelianas, seriam as únicas passíveis de transmissão. Não penso que assim seja nem mesmo de modo mínimo; penso haver, inequivocamente, um modo para se transmitirem *ideias*. Um indivíduo gera, por assim dizer, para outro indivíduo, que agora abriga sinais ou sintomas desses "fenomas" – estou inventando uma palavra para descrever as partículas transmitidas, e que continuam a ser transmitidas: pode-se imaginar uma situação tal em que uma nação inglesa, afetada por Shakespeare, obtém características transmitidas, de algum modo – não de formas óbvias, por livros e similares, como se poderia supor (Bion, 1967).

17.3.11 Falhas e distorções na apreensão do conceito; *des-entendimentos*

Ao longo deste verbete, detivemo-nos em alguns *des-entendimentos* que produziam distorções a respeito da postura científica de Bion. Não se trata de um estudo transdisciplinar; trata-se de tentativas de substituição. Em outras palavras: a obra de Bion não foi imune à questão de modismo, que tenta fazer transplantes heterólogos, fadados à rejeição histórica.

Uma delas ignorou, ou não considerou, ou não leu sobre a questão da falsa causalidade necessariamente carreada por formas narrativas. Como a obra de Bion – idêntica à obra de Freud, Klein, Winnicott e outros – dedica a aprofundar o estudo da imaginação (nossa capacidade de fazer imagens, envolvendo todo o sistema cerebral, óptico e endócrino) e do trabalho onírico, com a corrente filosófica denominada "idealismo"; atualmente mais bem representada pelo assim chamado relativismo "pós-moderno". Pessoas adeptas desse credo afirmam que Bion estaria "enganando" o leitor ao manifestar sua adesão ao método científico – como vimos ao longo deste verbete – e citar teóricos da ciência que, a exemplo de Kant, estabeleceram (ou reestabeleceram, já que foram resgatados do conhecimento dos antigos gregos) as bases da ciência moderna, pós-Inquisição. Por exemplo, a citação de Thomas Browne (Um médico renascentista) e Francis Bacon, usadas como mote para dois de seus livros, quando reimpressos nos Estados Unidos: *Aprender da Experiência e, Atenção e Interpretação*. Usou as contribuições desses dois autores, sintetizadas por essas frases utilizadas como mote, até o final de sua vida, como pode-se perceber na leitura da trilogia *Uma Memória do Futuro*. Ao endeusar formas narrativas, confundiram – ou preteriram – psicanálise com outras disciplinas – principalmente a semiótica, na sua versão "pós-moderna". Foi detectada, na obra de outro membro do movimento psicanalítico, Jacques Lacan, por dois físicos respeitados nessa atividade, Sokal e Bricmont (1998). Observaram uma expropriação de concepções e conceitos da física, disfarçada de "Psicanálise lacaniana", plena de desinformação idealista e relativista, típica do assim chamado "pós-modernismo".

Preferimos, neste texto e neste momento histórico, não ocupar o espaço destinado para este verbete com evidências de casos – de um modo que nos parece respeitar a tradição científica esta afirmação: citando autores e demonstrando onde e como essas distorções, colocadas de modo geral, ocorreram. No movimento psicanalítico, ainda em sua "*tateante infância*" (Bion, 1988a, p. 131), e, principalmente dentre os autointitulados "bionianos", não há disponibilidade, e em consequência, nenhum hábito ao criticismo[18] – de poder aproveitar de uma análise crítica dos métodos que esses membros usam. Uma contradição, pois o fato é que o exercício de algo que possa ser qualificado como psicanálise é sempre o exercício de uma análise crítica. O leitor interessado pode ver um exemplo disso em outro estudo do autor desse texto (Sandler, 2015c), que encontrou uma resistência fanática – e por ser fanática, intransponível – de um membro do movimento que se autointitula "bioniano". Sentindo-se atacado ao

18 Introduzido por Kant, em *Crítica da razão pura*.

receber três críticas, das quais duas delas eram muito semelhantes, arregimentou um tipo de fã-clube, usando de influências políticas para nunca se endereçar cientificamente às críticas. O fã-clube alegou que as críticas impediam que o autor tivesse liberdade de usar os textos de Bion como bem lhe aprouvesse – sem respeito ao que Bion havia escrito. Essas críticas foram levantadas, inicialmente, pela equipe editorial do próprio periódico no qual esse autor desejou publicar seu artigo: foi qualificado como um artigo controverso e não podia ser publicado sem que outros três autores fizessem uma análise crítica. Fazendo parte da meritocracia política no movimento psicanalítico, ele se utilizou de outros métodos políticos além da arregimentação: ausência de sinceridade e ataques personalizados, com o propósito de não se endereçar às críticas, que se tornaram, no seu entender, crimes de lesa-majestade.

Referências

Bion, W. R. (1965). *Transformations: change from learning to growth*. Heinemann.

Bion, W. R. (1966). *Os elementos da Psicanálise* (J. Salomão e P. D. Corrêa, Trads.). Zahar Editores. (Trabalho original publicado em 1963)

Bion, W. R. (1967). *Second thoughts*. Heinemann.

Bion, W. R. (1973). *Atenção e interpretação: uma aproximação científica à compreensão interna na Psicanálise e nos grupos* (C. H. Afonso, Trad.). Imago. (Trabalho original publicado em 1970)

Bion, F. (1979). Preface. In W. R. Bion, *Bion in New York and São Paulo*. Clunie Press.

Bion, W. R. (1983). *Transformações: mudança do aprendizado ao crescimento* (C. H. P. Affonso, M. R. A. Junqueira e L. C. U.

Junqueira Filho, Trads.). Imago. (Trabalho original publicado em 1965)

Bion, W. R. (1988a). *Uma memória do futuro* (P. C. Sandler, Trad., Vol. 1. O sonho.). Martins Fontes. (Trabalho original publicado em 1975)

Bion, W. R. (1988b). *Uma memória do futuro* (P. C. Sandler, Trad., Vol. 2. O passado apresentado.). Imago. (Trabalho original publicado em 1977)

Bion, W. R. (1988c). *Uma memória do futuro* (P. C. Sandler, Trad., Vols. 1-3). Martins Fontes.

Bion, W. R. (1990). *Brazilian Lectures*. Routledge.

Bion, W. R. (1992). *Cogitations*. Karnac Books.

Bion, W. R. (2021). *Aprender da experiência* (E. H. Sandler, Trad.). Blucher; Karnac. (Trabalho original publicado em 1962)

Bion, W. R. (2022). Uma teoria do pensar. In W. R. Bion, *No entanto... pensando melhor* (P. C. Sandler, Trad., pp. 157-170). Blucher; Karnac. (Trabalho original publicado em 1961)

Copleston, F. C. (1946). A history of philosophy. Imagem Books.

Ellenberger, H. (1970). The discovery of unconscious. Basic Book.

Eysenck, H. J. (1988). *Decline & fall of the Freudian Empire*. Penguin Press. (Trabalho original publicado em 1985)

Freud, S. (1959). An autobiographical study. In S. Freud, *The standard edition of the complete psychological works of Sigmund Freud* (S. Strachey, Trad., Vol. 20. An autobiographical study, Inhibitions, symptoms and anxiety, The question of lay analysis and other works, pp. 1-74). The Hogarth Press. (Trabalho original publicado em 1925)

Freud, S. (1963). *The standard edition of the complete psychological works of Sigmund Freud,* (S. Strachey, Trad., Vol. 16. Introductory lectures on Psycho-Analysis). The Hogarth Press. (Trabalho original publicado em 1917)

Freud, S. (1964). Constructions in analysis. In S. Freud, *The standard edition of the complete psychological works of Sigmund Freud,* (S. Strachey, Trad., Vol. 23. Moses and monotheism, An outline of Psycho-Analysis and other works, pp. 256-269).

Freud, S. (1974). Formulações sobre os dois princípios do funcionamento mental. In S. Freud, *Edição Standard Brasileira das Obras Completas de Sigmund Freud* (J. O. A. Abreu, Trad., Vol. 12. O caso Schreber, Artigos sobre técnica e outros trabalhos, pp. 273-288). Imago. (Trabalho original publicado em 1911)

Grünbaum, A. (1984). The foundations of psychoanalysis: a philosophical critique. University of California Press. Hogarth Press. (Trabalho original publicado em 1937)

Green, A. (2003). *Quatro questões para André Green.* SBPSP; Imago.

Kuhn, T. (1970). *The structure of scientific revolutions.* University of Chicago Press. (Trabalho original publicado em 1962)

Merton, R. K. (1948). The self-fulfilling prophecy. *The Antioch Review*, *8*(2), 193-210. https://doi.org/10.2307/4609267

Pinckney, E. R. (1965) The fallacy of freud an psychoanalyse. Englewood Cliffs.

Popper, Karl (1963) Conjecturas e Refutações – Editora: Universidade de Brasília (1982)

Popper, K. R. (1963). *A lógica da pesquisa científica* (L. Hegenberg e O. S. Mota, Trads.). Cultrix. (Trabalho original publicado em 1934)

Sandler, P. C. (1997). *A apreensão da realidade psíquica* (Vols. 1-7). Imago.

Sandler, P. C. (2000). *A apreensão da realidade psíquica* (Vol. 3. As origens da Psicanálise na obra de Kant). Imago.

Sandler, P. C. (2001a). Le projet scientifique de Freud en danger un siècle plus tard? Une étude psychanalytique et épistémologique (A.-L. Häcker, Trad.). *Revue Française de Psychanalyse*, (núm. fora de série), 181-201.

Sandler, P. C. (2001b). O quarto pressuposto. *Revista Brasileira de Psicanálise*, *35*(4), 907-934.

Sandler, P. C. (2002). *A apreensão da realidade psíquica* (Vol. 4. Turbulência e urgência). Imago.

Sandler, P. C. (2006). O quarto pressuposto. *Revista Portuguesa de Psicanálise*, *26*(2), 75-105. (Trabalho original publicado em 2001)

Sandler, P. C. (2006). The origins of Bion's work (A. Weller, Trad.). *The International Journal of Psychoanalysis*, *87*(1), 179-201.

Sandler, P. C. (2009). *A clinical application of Bion's concepts* (Vol 2. Analytic function and the function of the analyst). Karnac Books.

Sandler, P. C. (2012). Publicações, psicanálise e o movimento psicanalítico. In P. C. Sandler, *Dimensões: Psicanálise*. SBPSP.

Sandler, P. C. (2013a). *A clinical application of Bion's concepts* (Vols. 1-3). Karnac Books. (Trabalho original publicado em 2009)

Sandler, P. C. (2013b). *A clinical application of Bion's concepts* (Vol 3. Verbal and visual approaches to reality). Karnac Books. (Trabalho original publicado em 2009)

Sandler, P. C. (2013). The sixth assumption. In *A clinical application of Bion's concepts:* (Vol 3. Verbal and visual approaches to reality). Karnac Books. (Trabalho original publicado em 2010)

Sandler, P. C. (2015a). *An introduction to W. R. Bion's A memoir of the future* (Vols. 1-2). Karnac.

Sandler, P. C. (2015b). *An introduction to W. R. Bion's A memoir of the future* (Vol. 1. Authoritative, not authoritarian, Psychoanalysis). Karnac.

Sandler, P. C. (2015c). Commentary on "Transformations in hallucinosis and the receptivity of the analyst" by Civitarese. *The International Journal of Psychoanalysis, 96*(4), 1139-1157.

Sandler, P. C. (2016). Curso de psicoterapia psicanalítica: meritocracia técnica e política. In R. Simon, K. Yamamoto, & G. K. Levinzon (Orgs.), *Novos avanços em psicoterapia psicanalítica.* Zagadoni.

Shakespeare, W. (2007). *Measure for measure. The Project Gutenberg.* (Trabalho original publicado em 1623)

Sokal, A., & Bricmont, J. (1998). *Fashionable nonsense: postmodern intellectuals' abuse of science.* Picador.

Sulloway, F. J (1979) Freud Biologist of the Mind – Editora: Basic Books (1979)

18. Teoria da ciência e a silhueta azul do encontro

Ana Regina Morandini Caldeira

A trajetória não é apenas um modo de ir.
A trajetória somos nós mesmos. . .
Somos a vida que está em nós.

Clarice Lispector, *A paixão segundo G.H.*

E assim, vivamente, finalizamos nossa trajetória de 2020, ano intenso e repleto de desafios e renovações, com a conclusão do projeto promovido pelo Espaço Cultural da Sociedade Brasileira de Psicanálise de Ribeirão Preto (SBPRP): Algumas Matrizes Filosóficas na Obra de Bion.

A luz doce da primavera era volumosa o bastante para que o encontro virtual daquele sábado fosse polvilhado de vitalidade e interesse.

Nessa época, em que uma multiplicidade de cores se apresentava, iniciamos com a performance artística de Karina Giannecchini, que nos conduziu, com suas leitura e interpretação, aos espaços de T. S. Eliot, William Blake e J. E. Flecker. Por lá, encontramos um tempo eternamente presente, no qual os ecos habitantes de um jardim revelavam rosas que dispunham o ar das flores olhadas, junto às crianças que se escondiam, excitadamente, contendo o riso. Havia, então, um convite para que fôssemos aves.

Nesse voo com Karina, convivemos com tigres, palavras e músicas que se moviam e rejeitavam a proposta de ficarem quietas.

Estávamos já, nesse momento, inspirados para o encontro com o psicanalista Paulo César Sandler.

Fomos, então, presenteados com sua fala, que discorreu com riqueza de conhecimento sobre a teoria da ciência ou o método científico para levar a cabo o exercício psicanalítico.

Sem cair no clichê, pode-se dizer que o último alinhavo do projeto Matrizes foi tecido com linhas douradas (ou fechado com chave de ouro).

Sandler inicia com um questionamento sobre o quanto nos é possível uma aproximação com emoções, sensações e afetos, na medida em que não nos cabe o recurso dos poetas – aqueles que, sabemos nós, conseguem se deitar à beira do luar e pescar palavras em lagos de águas não tão límpidas.

Entendemos nós, psicanalistas que somos, que a atmosfera do sonhar a dois, ou em grupo, como fizemos nesse encontro, tem um fluxo que, às vezes, mais se parece com uma cor (escura ou clara), ou com uma passagem de ar (brisa ou ventania), ou, até mesmo, com uma respiração (palpitação ou suspiro), e menos com uma palavra.

Então, com que palavras escreverei este artigo?

Encontro-me em meados de dezembro, época de plenas comemorações ao centenário do nascimento de Clarice Lispector, e, apesar de concordar com Sandler que poesia difere da psicanálise, acabo por encontrar um ponto em comum entre elas, no qual ambas se apresentam no reino do que é livre. Resolvo, assim, junto ao meu texto, tanto homenagear quanto receber ajuda dessa grande escritora que tivemos, com a inserção lúdica de seu pensar ao longo do que confecciono aqui.

Coloco-me a postos e, logo de início, identifico minha hesitação em escrever sobre a tão generosa e profunda fala de Sandler, e me lembro de Clarice (2005/2020) novamente, quando ela escreve: "senta-te. Estende tuas pernas. Fecha os olhos e os ouvidos. Eu nada te direi durante cinco minutos para que possas pensar na Quinta Sinfonia de Beethoven" (capítulo 1, "Cartas a Hermengardo").

Minha associação, portanto, é de que ouvimos, junto com os conhecimentos de Sandler, uma música cujas variações sobre o tema nos fizeram pensar e sonhar o nosso ofício.

Enfrento meus receios, depois de voarmos com as aves e ouvirmos a sinfonia, e dirijo-me a falar sobre o método científico para a vivência da psicanálise.

Conta-nos Sandler que o pensamento bioniano sustenta que a ciência tenha uma contraparte na realidade para assim sê-la, com abstenção de títulos e rótulos para se constituir.

Nos lembra, também, de que há três modos de aproximação do que é factual, sem mentiras e subterfúgios. Quais sejam, as formulações científicas, as artísticas e as teológicas ou míticas.

Partindo da formulação científica, Bion utilizou-se da teoria correspondencial, sendo a invariância científica usada pela psicanálise a formulação verbal, pela qual, desde Freud, é transformada em palavra a subjetividade do encontro analítico.

Porém, sabemos que "toda palavra tem sua sombra" (Lispector, 1964/2020).[1]

---

1 Todas as obras de Clarice consultadas para citação neste texto estavam em formato e-book, e por isso não se informa o número da página de cada trecho. Sempre que foi possível indicar alguma localização, acrescentou-se o indicativo

Seus ruídos são constantes. A conversa íntima entre duas pessoas, quando abrigada desses ruídos (como a memória, o desejo e as tentativas de entendimento do analista), tem o recurso de transformar a realidade interna em imagens verbais ou visuais, sem necessariamente ter um estímulo externo.

Assim, tentamos nos aproximar da verdade interna, no anseio de encontro com a essência que nos habita.

Mas "a verdade é sempre um contato interior inexplicável. A verdade é irreconhecível. Portanto não existe?" (Lispector, 1977/2020)

Pergunto mais: "é culpa minha se não tenho acesso a mim mesmo?" (Lispector, 1978/2020, "O sonho acordado...").

O mistério que nos ronda solicita a liberdade de estarmos sentados sob o luar, para que possamos nos desprender de um autoritarismo definidor e fechado, e, por meio daquilo que "não é", alcançarmos "o que é".

Essa tentativa de apreensão da realidade parece ter sido a aspiração do humano ao longo de sua história, iniciando com a arte e chegando até a ciência.

Música, pintura, escultura, literatura poética ou mitológica, teatro, filosofia e ciência tentam atravessar o fato e torná-lo pensamento. Mas, como fazer essa trajetória se sua essência é inalcançável, indizível e intransferível? Se "sou um enigma para a esfinge e, no entanto, não a devorei. Decifra-me, disse eu à esfinge" (Lispector, 1978/2020, "Livro de Ângela").

Transferida, assim, a responsabilidade de conhecimento para a Esfinge, questiono agora se a psicanálise teria a intenção de decifrar

---

de capítulo ou parte do livro em que o trecho se encontra, mas nem todo livro de Clarice tem divisões.

algo. Ou, caso assim o tentasse, se seria devorada por esta grandiosidade que é nosso mundo mental.

O anseio do saber foi definido por Aristóteles, repensado por Kant e denominado por Freud como "instinto epistemofílico".

Fizemos um trânsito. Partindo do positivismo, embasado na crença em relações concretas e causais, cujos fenômenos teriam valores absolutos a partir da neutralidade do observador. Fomos aos neopositivistas, para quem o conhecimento solicitava ser verificável. Todavia, ambos se baseavam na ciência causal, no pensamento concreto e no respaldo do aparato sensorial.

A rota renovou-se mudando a direção ao subjetivismo, para o qual a realidade não existe por si só, mas se dá a partir de criações da própria mente, chegando ao pós-modernismo, que revela uma realidade sempre em estado de construção, relativa e não absoluta, em que a verdade em si se torna inexistente.

Encontramo-nos nesse momento psicanalítico, o qual se fia no pensamento complexo, comportando paradoxos e contradições, cujos espaços para pensar se renovam e se recriam. Em vez do entendimento, prestamo-nos ao sentir.

Pois "estou lidando com a matéria-prima. Estou atrás do que fica atrás do pensamento" (Lispector, 1973/2020, seção 2).

Estamos lidando com um trabalho diante do imprevisto, do inefável e do indireto, que, mesmo com essas características, ao despregar-se do aparato sensorial, nos possibilita enxergar o azulado existente em cada alma.

Porque, se "a terra é azul para quem a olha do céu[,] azul será uma cor em si, ou uma questão de distância? Ou uma questão de grande nostalgia? O inalcançável é sempre azul" (Lispector, 1984/2020, "Cosmonauta na terra").

O processo criativo de nossa arte (científica) psicanalítica encontra-se no espaço transicional entre um pensamento e um não pensamento.

A proposta revolucionária de Bion é a de que a emoção seria a base do pensamento. "Pensar é um ato. Sentir é um fato" (Lispector, 1977/2020). Isso desbanca e subverte a concepção de um pensamento tradicional e racional. Entramos em áreas dos pensamentos sem pensador e dos pensamentos selvagens.

Porque a psicanálise nos ensina que mergulhamos no mistério do lugar sem definição. Nem fim nem começo. Talvez iniciemos pelo meio, pelo recheio de um caminho que não é reto, e, sim, sinuoso, depurado e essencial.

A parceria analítica comporta a condição de criar silêncios para que haja a formulação de palavras, atravessando estágios primitivos e irrelatáveis para depois se dizer. Essa parceria pressupõe a condição de ser contemporânea de manhãs e de nascimentos; do enfrentamento de violências subterrâneas, qualificando a sensibilidade, até tocar a aura volátil da alma.

Assim, "que se espere. Não o fim do silêncio, mas o auxílio bendito de um terceiro elemento, a luz da aurora" (Lispector, 1974/2020b).

Mas nem só de manhãs vivemos.

Talvez nossos maiores paradoxos sejam que acabamos por buscar pela verdade ao mesmo tempo que nos afastamos dela. Pois enlouquecemos por nos mantermos distantes da verdade, tanto quanto adoecemos ao tomarmos contato com ela.

Buscar a realidade que nos habita é função analítica das mais preciosas. E é a partir da experiência emocional de transformação vivida na relação analítica que o que antes era inefável pode se revelar.

A sintonia da dupla analítica, junto com a coragem de enfrentar o primitivo e à geração da criatividade instigadora de novas possibilidades vinculares e vivenciais, nos habilita para transformação de nossas áreas sem margens aos contextos azulados de esperança.

Somos, no fundo, salvos pelo encontro com o outro e com a gente mesmo. Salvos pela intimidade que nos é possível construir. E, se assim não fosse, a solidão que nos permeia desde o nascimento acabaria por nos golpear mortalmente.

Somos salvos por encontros como esse que tivemos em nossa sede da SBPRP, com presenças vivas como Karina e Paulo César, que puderam nos contar que, apesar de estarmos num encontro virtual, dada a pandemia do Coronavírus, mesmo assim era primavera, e nosso céu era cristalino.

Porque, se estamos juntos, "o céu muito azul é" (Lispector, 1974/2020a).

Referências

Lispector, C. (2020). Os obedientes. In L. Lispector, *A legião estrangeira* [E-book]. Rocco Digital. (Trabalho original publicado em 1964)

Lispector, C. (2020). *Água viva* [E-book]. Rocco Digital. (Trabalho original publicado em 1973)

Lispector, C. (2020a). O relatório da coisa. In C. Linspector, *Onde estivestes de noite* [E-book]. Rocco Digital. (Trabalho original publicado em 1974)

Lispector, C. (2020b). Silêncio. In C. Linspector, *Onde estivestes de noite* [E-book]. Rocco Digital. (Trabalho original publicado em 1974)

Lispector, C. (2020). *A hora da estrela* [E-book]. Rocco Digital. (Trabalho original publicado em 1977)

Lispector, C. (2020). *Um sopro de vida* [E-book]. Rocco Digital. (Trabalho original publicado em 1978)

Lispector, C. (2020). *A descoberta do mundo* [E-book]. Rocco Digital. (Trabalho original publicado em 1984)

Lispector, C. (2020). *Outros escritos* [E-book]. Rocco Digital. (Trabalho original publicado em 2005)

Comissão organizadora

Patrícia Rodella de Andrade Tittoto

Psicanalista, membro associado da Sociedade Brasileira de Psicanálise de Ribeirão Preto (SBPRP). Graduada em Psicologia pela Universidade de São Paulo (USP), campus Ribeirão Preto. Publicou artigos em revistas como a *Berggasse 19* e a *Revista Brasileira de Psicanálise.*

Alessandra Paula Teobaldo Stocche

Psicanalista, membro associado da Sociedade Brasileira de Psicanálise de Ribeirão Preto (SBPRP). Graduada em psicologia pela Universidade Federal de Uberlândia (UFU) e especialista em Orientação Psicanalítica pelo Instituto Sedes Sapientiae. Tem formação teórica na Sociedade de Psicoterapias Analíticas Grupais do Estado de São Paulo (SPAGESP). Trabalhou por anos no ambulatório de dor da Faculdade de Medicina de Ribeirão Preto da Universidade de São Paulo (FMRP/USP). Publicou artigo na *Revista Brasileira de Psicanálise.*

Cristina Mendonça

Psicanalista, membro filiado à Sociedade Brasileira de Psicanálise de Ribeirão Preto (SBPRP). Graduada em Psicologia Clínica e especialista em psicologia pela Universidade de São Paulo (USP), campus Ribeirão Preto, com orientação psicanalítica do Prof. Ryad Simon.

Lídia Neves Campanelli

Psicanalista, membro associado da Sociedade Brasileira de Psicanálise de Ribeirão Preto (SBPRP). Graduada em Psicologia e mestre em psicologia Clínica pela Universidade de São Paulo (USP). Organizadora do livro *Matrizes míticas na obra de Bion* (Ed. Blucher, 2020).

Luciana Marchetti Torrano

Psicanalista e psicanalista vincular – casal e família –, membro associado da Sociedade Brasileira de Psicanálise de Ribeirão Preto (SBPRP). Graduada em Psicologia pela Pontifícia Universidade Católica de São Paulo (PUC-SP), em Psicoterapia Sistêmica para Casal e Família pelo Instituto Familiae, especialista em Psicologia Hospitalar, mestre e doutora em Psicologia pela Universidade de São Paulo (USP), campus Ribeirão Preto.

Marta Dominguez Sotelino

Psiquiatra e psicanalista, membro filiado da Sociedade Brasileira de Psicanálise de Ribeirão Preto (SBPRP). Graduada em medicina pela Universidade Federal de Sergipe (UFS), com residência médica no Hospital das Clínicas da Universidade de São Paulo, campus Ribeirão Preto (HCRP/USP).

Sobre os autores

Ana Regina Morandini Caldeira

Psicanalista, membro efetivo da Sociedade Brasileira de Psicanálise de Ribeirão Preto (SBPRP). Graduada em Psicologia pela Universidade de São Paulo (USP), campus Ribeirão Preto. Professora convidada do curso de pós-graduação Aprimoramento em Psicoterapia Psicanalítica no Centro Universitário Municipal de Franca (Uni-Facef). Cofundadora e integrante do Cinema e Psicanálise de Franca e do Polo de Estudos Psicanalíticos de Franca (Poepsi), com especificidade no enlace entre psicanálise e literatura. Apresentou trabalhos em congressos da Federação Brasileira de Psicanálise (Febrapsi). Publicou artigos na revista *Berggasse 19* e na *Revista de Psicanálise da Sociedade Psicanalítica de Porto Alegre.*

Arnaldo Chuster

Psiquiatra e psicanalista, membro titular e didata da Sociedade Psicanalítica do Rio de Janeiro (SPRJ) e do Newport Psychoanalytic Institute (NPI, Califórnia – Estados Unidos), membro da Associação

Brasileira de Psiquiatria (ABP) e da Associação Psiquiátrica do Estado do Rio de Janeiro (Aperj). Professor do Instituto Wilfred Bion, em Porto Alegre. Coordenador de grupos de estudo em Porto Alegre, Ribeirão Preto, Rio de Janeiro, São Paulo, Goiânia e Fortaleza. Autor de diversos livros e artigos sobre a obra de Bion, entre os quais foi coautor de *W. R. Bion: a obra complexa* (Ed. Sulina, 2014).

Danilo Marcondes

Graduado e mestre em filosofia pela Pontifícia Universidade Católica do Rio de Janeiro (PUC-Rio) e doutor em filosofia pela University of St Andrews, no Reino Unido. Psicanalista em formação pelo Círculo Psicanalítico do Rio de Janeiro. Professor titular do departamento de Filosofia da PUC-Rio e professor associado, tempo parcial, da Universidade Federal Fluminense (UFF). Foi pesquisador visitante na Brown University (Rhode Island, Estados Unidos), *directeur d'études associé* na Fondation Maison des Sciences de l'Homme (FMSH, Paris/França) e professor convidado na Université Paris X. Seu livro mais recente é *Raízes da dúvida: ceticismo e filosofia moderna* (Ed. Zahar, 2019). Seu livro mais recente é *Skepticism and language in early Modern Philosophy* (Lexington Books, 2020).

Ester Hadassa Sandler

Médica e psicanalista, membro efetivo e analista didata da Sociedade Brasileira de Psicanálise de São Paulo (SBPSP). Graduada em Medicina pela Universidade de São Paulo (USP). Traduziu livros de Roger Money-Kyrle, W. R. Bion, Thomas H. Ogden e Antonino Ferro.

Fernando Giuffrida

Psiquiatra e psicanalista, membro associado da Sociedade Brasileira de Psicanálise de São Paulo (SBPSP). Graduado em medicina pela Universidade de São Paulo (USP).

Julio César Walz

Psicanalista, membro fundador do Instituto Wilfred Bion em Porto Alegre. Graduado em psicologia e doutor em Ciências Médicas. Professor na Universidade La Salle, em Canoas-RS.

Luciano Bonfante

Psicanalista, membro filiado da Sociedade Brasileira de Psicanálise de Ribeirão Preto (SBPRP). Graduado em psicologia. Editor associado da revista *Berggasse 19*.

Luiz Carlos Uchôa Junqueira Filho

Médico e psicanalista, membro efetivo e analista didata da Sociedade Brasileira de Psicanálise de São Paulo (SBPSP). Graduado em Medicina pela Universidade de São Paulo (USP). Organizador dos encontros bienais da SBPSP e editor das publicações correspondentes. Já foi presidente da SBPSP. Autor de *Sismos e acomodações: a clínica psicanalítica como usina de ideias* (Ed. Rosari, 2003); *Dante e Virgílio: o resgate na selva escura* (Ed. Blucher, 2017) e *Vaidade: a sedução pelo desejo mimético* (Ed. Blucher, 2021). Autor e tradutor de diversos artigos sobre psicanálise e docente de cursos sobre a obra de W. R. Bion no Brasil e no exterior.

Luiz Celso Toledo

Psicanalista, membro associado da Sociedade Brasileira de Psicanálise de Ribeirão Preto (SBPRP). Graduado, mestre e doutor em Psicologia Social pela Universidade de São Paulo (USP). Atualmente é diretor de publicações e divulgação da Federação Brasileira de Psicanálise (Febrapsi). É autor de *Diálogos familiares: sobre a loucura* (Ed. Vetor, 2006) e coautor de *A interface entre Psicologia e Psiquiatria: novo conceito em saúde mental* (Ed. Roca, 2006) e *Psicologia, pesquisa e clínica: por uma análise institucional do discurso* (Ed. Annablume, 2007), entre outros livros. Publicou trabalhos nas revistas *Trieb, Ateliê do Sonhar* e *Berggasse 19.*

Marcelo Salles Bueno

Psicólogo e psicanalista de adolescentes e adultos, membro associado da Sociedade Brasileira de Psicanálise de Ribeirão Preto (SBPRP) e do Grupo de Estudos de Psicanálise de São José do Rio Preto e Região (GEP Rio Preto). Graduado em psicologia pela Universidade do Norte Paulista (Unorp).

Maria Aparecida Sidericoudes Polacchini

Psicanalista, formada e membro associado da Sociedade Brasileira de Psicanálise de São Paulo (SBPSP), membro efetivo com funções didáticas na Sociedade Brasileira de Psicanálise de Ribeirão Preto (SBPRP) e membro efetivo com funções didáticas e diretora do Instituto de Psicanálise do Grupo de Estudos de Psicanálise de São José do Rio Preto e Região (GEP Rio Preto). Graduada em psicologia pela Universidade de São Paulo (USP) e especialista em Orientação Psicodinâmica pelo Instituto Sedes Sapientiae. Apresentou trabalhos em congressos da Federação Brasileira de Psicanálise (Febrapsi). Publicou artigos no livro da Febrapsi e na revista *Berggasse 19.*

Marisa Giannecchini Gonçalves de Souza

Graduada em Letras Grego e em Letras Românicas, mestre e doutora em Estudos Literários pela Universidade Estadual Paulista Júlio de Mesquita Filho (Unesp). Pesquisadora da pós-graduação da Unesp, campus Araraquara. Membro do ateliê sobre semiótica na Pontifícia Universidade Católica de São Paulo (PUC-SP) e proprietária do Evohé Espaço Cultural. Tem experiência na área de Letras com ênfase em literaturas clássicas, atuando principalmente nos seguintes temas: semiótica, enunciação, semissimbolismo, percurso gerativo de sentido e contrato fiduciário, valor e valência, mitos e diferentes manifestações das artes verbais, não verbais e sincréticas.

Ney Couto Marinho

Psiquiatra e psicanalista, membro efetivo com funções didáticas plenas da Sociedade Brasileira de Psicanálise do Rio de Janeiro (SBPRJ). Graduado em medicina pela Faculdade Nacional de Medicina da Universidade do Brasil (atual UFRJ), mestre e doutor em filosofia pela Pontifícia Universidade Católica do Rio de Janeiro (PUC-Rio), com pesquisa sobre razão e psicanálise. Coordenador dos cursos Estudo da Obra de W. R. Bion e História do Pensamento Psicanalítico. Participa desde 2009 do intercâmbio científico e cultural com a Comunidade de Países de Língua Portuguesa (CPLP). Já foi presidente e diretor do Instituto da SBPRJ, diretor científico da Federação Brasileira de Psicanálise (Febrapsi) e coordenador do curso Investigação Psicanalítica das Psicoses. Áreas de estudo e pesquisa: análise de psicóticos; relação Psicanálise/Filosofia; e difusão da Psicanálise na CPLP.

Olavo Negrão Pereira Barreto

Bacharel, licenciado e mestre em Ciências Sociais pela Universidade Estadual Paulista Júlio de Mesquita Filho (Unesp), campus Araraquara, com ênfase em Sociologia Contemporânea na análise do medo como ferramenta política de manipulação de massa por meio do terrorismo. Psicólogo em formação pela Universidade de Araraquara (Uniara).

Paulo César Sandler

Médico e psicanalista, analista didata da Sociedade Brasileira de Psicanálise de São Paulo (SBPSP). Mestre em Medicina pela Universidade de São Paulo (USP). Psiquiatra de Instituto de Medicina Física de Reabilitação do Hospital das Clínicas da USP. Sócio honorário da Academia Lancisiana de Medicina (Roma, Itália).

Paulo R. Licht dos Santos

Doutor em Filosofia pela Universidade de São Paulo (USP). Professor associado do departamento de Filosofia e do Programa de Pós-Graduação em Filosofia da Universidade Federal de São Carlos (UFSCar). Pesquisador CNPq – 2.

Renata Sarti

Psicanalista, membro efetivo da Sociedade Brasileira de Psicanálise de Ribeirão Preto (SBPRP) e filiada a International Psychoanalytical Association (IPA). Graduada em Psicologia pela Universidade Federal de Uberlândia (UFU), mestre em Saúde Mental pela Universidade de São Paulo (USP), campus Ribeirão Preto. Reside e atende em clínica particular na cidade de Campinas. Participou e coordenou comissões na SBPRP e, atualmente, coordena seminários teóricos no Instituto da mesma sociedade. Tem experiência como docente universitária e em cursos de pós-graduação em psicanálise. Apresentou trabalhos em diferentes eventos e publicou artigos na *Revista Brasileira de Psicanálise* e na *Berggasse 19*.

Silvana Maria Bonini Vassimon

Psicanalista, associada à International Psychoanalytical Association (IPA), membro associado da Sociedade Brasileira de Psicanálise de São Paulo (SBPSP) e membro efetivo com funções didáticas da Sociedade Brasileira de Psicanálise de Ribeirão Preto (SBPRP). Graduada em psicologia pela Pontifícia Universidade Católica de São Paulo (PUC-SP). Diretora científica da SBPRP e editora da revista *Berggasse 19*.

Sônia Maria Nogueira de Godoy

Psicanalista, membra associada da Sociedade Brasileira de Psicanálise de Ribeirão Preto (SBPRP). Graduada em Letras Português/Inglês pela Universidade Estadual Paulista Júlio de Mesquita (Unesp), campus Franca, e em Psicologia pela Universidade de Franca (Unifran), e mestre em Psicologia pela Pontifícia Universidade Católica de São Paulo (PUC-SP). Foi coeditora da revista *Berggasse 19*, cofundadora e integrante do projeto Cinema & Psicanálise de Franca, e cofundadora e integrante do Polo de Estudos Psicanalíticos de Franca (Poepsi). Já apresentou trabalho em congresso da Federação Brasileira de Psicanálise (Febrapsi). Organizadora do livro *Matrizes míticas na obra de Bion* (Ed. Blucher, 2020). Publicou artigos na revista *Berggasse 19*.

GRÁFICA PAYM
Tel. [11] 4392-3344
paym@graficapaym.com.br